Sylvie Vartan

Le feu sous la glace

DU MÊME AUTEUR

La Véritable Joséphine Baker, Pygmalion/Gérard Watelet, 2000, Collection « Les grands mythes du XXe siècle », Éditions Corps 16, 2000, Collection « Documents ».

La Véritable Romy Schneider, Pygmalion/Gérard Watelet, 2001, Collection « Les grands mythes du XXe siècle », Éditions Corps 16, 2002, Collection « Documents », Éditions J'ai Lu, 2003.

Joséphine Baker, 100 Images pour une légende, Éditions de la Lauze, 2001.

Tino Rossi, Éditions du Rocher, 2003.

Emmanuel Bonini

Sylvie Vartan

Le feu sous la glace

Flammarion

ISBN : 2-08-068612-7

PRÉAMBULE

« Recevoir des claques sans douleur, c'est devenir éternel[1]. »
Francis Lalanne

Moscou, août 1991.

Lui : très grand, l'œil vif, la tempe brune nuancée de gris, et d'une décontraction de cosaque qui lui ferait dominer le monde. Elle : beauté figée des bords de Neva, l'allure bourgeoise, presque invisible à ses côtés, avec un sentiment de crispation mal refoulé.

« Des touristes, sans doute des Américains », chuchote-t-on dans le sillage de l'étrange couple qu'escorte un guide aux yeux de *Nathalie*. Puis, peu à peu, Moscou se gonfle de sa foule aoûtienne et les touristes, noyés en son cœur, cessent d'être singuliers.

Après des visites d'églises et une autre dans les caves du Kremlin pour admirer la fabuleuse joaillerie des tsars en compagnie de Michèle Mercier, de Sophia Loren et d'Isabelle Huppert, suit un déjeuner obligé au café Pouchkine. Maintenant installée dans le sleeping qui doit la conduire à Saint-Pétersbourg, « l'Américaine » semble mieux canaliser ses appréhensions. Un journaliste français en profite pour lui voler un peu de sa révolution :

« J'ai compris que j'avais bien fait de venir ici lorsque tout à l'heure, sur la place Rouge, j'ai pu affronter, sereine et apaisée, la vision des soldats et des miliciens sans trembler d'effroi. Avant, ils me faisaient peur. Les communistes ont fait trop de mal à ma famille et aux amis de mes parents lorsque nous vivions en Bulgarie. Quand je pensais à cette période de cauchemar, je me disais que jamais je ne pourrai oublier. Et je ne voulais pas connaître le pays qui avait imposé ce régime à d'autres...[2] »

La confession s'essouffle.

Les yeux que l'on devine embués de larmes cachés derrière des lunettes fumées, la femme troublée se tourne vers celui qui, depuis dix ans, la protège. Italien d'origine, Tony Scotti, influent imprésario, producteur et distributeur de films installé à Los Angeles, est venu en Russie pour affaires. Une occasion saisie au bond par son épouse pour affronter d'égale à égal ses derniers fantômes et tenter de refermer définitivement les plaies d'une enfance pastel maculée de rouge.

Déjà, l'année précédente, avec courage et opiniâtreté, celle que Brigitte Bardot qualifie de « phare » de son pays avait voulu retrouver la terre de ses tendres années. Images d'un traumatisant *flashback* diffusées par la télévision un soir de Noël. Après avoir grandi avec la petite émigrée de l'Est, participé à sa gloire, vécu au rythme de ses amours et de ses drames, les Français découvrirent ce soir-là une jeune femme de quarante-six ans toute en lumière et en vérité, qui renouait avec son passé pour s'installer en héroïne nationale dans la mémoire collective des Bulgares.

Sur la scène du Palais national de la Culture de Sofia, « émouvante à l'extrême », « constamment bouleversante », débarrassée enfin de sa carapace de pudeur, seulement portée par le souffle du moment extraordinaire qu'elle vivait et donnait à vivre, la Vartan brisa son plâtre. Elle se révéla à elle-même autant qu'à son peuple, telle qu'au fond, peut-être, elle n'avait jamais cessé d'être depuis le jour où, dans le fracas de la guerre, au cœur d'un petit village bulgare, on la dota de ce prénom (cher à Gérard de Nerval) qui, de ses débuts laborieux et âprement chahutés jusqu'à ses francs succès, devint un peu son *ex-libris :* SYLVIE !

Sylvie, figure de proue mythique du bon vieux temps de feu les Carpentier ; Sylvie présentée en Amérique comme « le plus beau cadeau de la France depuis la statue de la Liberté » ; Sylvie déifiée au Japon ; Sylvie star internationale aux millions de disques vendus, aux milliers de couvertures de magazines, submergée de prix et de récompenses dont une seule pourtant fit sa fierté et aurait fait pleurer son père : une étoile et un petit morceau de ruban rouge piqués par des mains peu vertueuses sur le revers de son tailleur noir, en 1998, dans un salon de l'Élysée.

Sylvie, un prénom rond comme le visage des icônes de Bulgarie, un hymne scandé sur tous les airs depuis des générations par les admirateurs de « la Blonde » – ainsi la surnomment-ils affectueusement – la vieille garde et les derniers arrivés, dans le but avoué de lui rappeler depuis leur siège les soirs de concert ou à la sortie des artistes après la grand-messe, qu'elle reste leur encens.

« Sylvie, on t'aime ! », l'apostrophent-ils. En réponse, l'idole des temps nouveaux risque parfois avec distance un « moi aussi », collé à un timide battement de faux cils, mécanique, mais sincère.

Paradoxe étonnant cependant : plus de quatre décennies après son éclosion, avec à son actif au moins la moitié de triomphes populaires et scéniques au sens non galvaudé du terme, le talent de l'artiste est toujours discuté. D'aucuns la soupçonnent de n'être qu'une vedette de papier, dénonçant dans son cas comme dans celui de beaucoup d'autres une « disproportion scandaleuse » existant « entre les dimensions réelles et souvent fort minces de la vedette et les mises en scène outrancières et tapageuses qui autorisent impunément n'importe quelle grenouille à se faire aussi grosse qu'un bœuf » (Henry Poisot *dixit*). Pour certains encore, Vartan demeure avant tout une fille un peu plus ambitieuse que les autres, qui ne doit sa carrière qu'à son mariage avec Hallyday, sans qui elle n'aurait jamais percé.

Or, la femme culte (un mot trop à la mode) qu'elle est devenue force l'admiration et le respect et rassemble au moins les opinions par-delà les querelles partisanes. À l'analyse, cette étrange ambiguïté ne participerait-elle pas d'un savant calcul et d'une stratégie sans failles de la part de son éventuelle instigatrice pour s'inscrire dans la durée ? Ou bien Sylvie aurait-elle suivi le cours de sa destinée, en franchissant les obstacles avec le dieu Chance pour allié ?

Ennemie de l'exhibitionnisme, nécessaire, dit-on, à tout artiste de music-hall, mais qui porte en lui sa propre destruction, Vartan semble ne s'être jamais soumise qu'au contrôle de son intelligence naturelle. À l'opposé de ces vedettes qui offrent les secrets de leur vie en pâture aux journaux pour mieux servir une carrière ascendante ou en perte de vitesse, tout en feignant ensuite d'en souffrir, « la Blonde » n'est pas à proprement parler une « femme à scoops ». On la sait même prompte à défendre l'éthique opposée. Pourtant, il semble parfois qu'elle ait joué avec le feu en laissant sciemment le loup entrer dans la bergerie. Bizarre, bizarre...

Là encore, le personnage et sa configuration dans un ciel perturbé paraissent beaucoup plus complexes et intéressants qu'il n'y paraît. Et si « la plus belle pour aller danser », sous sa blondeur qui a toujours eu besoin d'un sérieux coup de pouce, dissimulait d'autres couleurs insoupçonnées, des chemins capitaux qui nous mèneraient jusqu'à elle, tout près, pour la comprendre mieux encore, avant les nécrologies redondantes et les trémolos de saison ?

L'important couche dans ce que l'on cache...

Son secret, Sylvie lui a donné plusieurs noms, différents visages. Depuis longtemps, il se promène avec elle, dans son cœur de nomade éternelle, enfoui parmi cent autres. D'aucuns affirmeront qu'entreprendre la biographie d'une personnalité vivante, c'est vouloir déjà l'ensevelir. Au contact de la légende, la notion de temps ne perd-elle pas de son sens au profit de l'intemporel ? Il y avait là assurément comme un défi à relever, un voyage à accomplir en compagnie de tous ceux qui, amis d'enfance, proches collaborateurs et vrais intimes de l'artiste, l'aimèrent un peu, beaucoup, passionnément, à la folie... pas du tout ! Un long pèlerinage entamé un jour d'été, là où il s'imposait, en Bulgarie bien sûr – un pays natal et adoré vers lequel à l'automne de sa vie, Sylvie est revenue se chercher – et plus précisément sur les rives de la « vraie » Maritza, puisque c'est à Plovdiv que la captivante saga européenne des Vartan prit sa source.

Paris, fin 1952.

5 heures. Des Halles jusqu'à la Villette, dans l'agitation naissante ou le calme provisoire, le Paname de Vincent Auriol s'éveille aux couleurs des enseignes lumineuses et des sapins de Noël décorés de bonbons acidulés en forme de quartiers de mandarines ou de citrons.

Comme partout en France, ici, dans quelques semaines, on célébrera la naissance de l'Enfant-Dieu. Le huitième Noël libre depuis la fin de la guerre. Avec ses guirlandes de chants traditionnels et de promesses de bonheurs illusoires, chacun jouera le jeu pour tenter de redonner d'autres couleurs à l'époque.

En Indochine, du sang coule. Du côté de l'Afrique du Nord, les nouvelles ne sont guère plus optimistes ; de sérieux troubles se préparent, qui ne vont pas tarder à montrer leur vrai visage. Plus grave encore, entre les deux géants, le baromètre des relations est descendu à des températures inavouables. Autant de prétextes pour ne pas penser à demain.

« Il est 5 heures, Paris s'éveille »...

Gare de Lyon, l'Orient-Express en provenance de Belgrade donne ses derniers tours de roue. Par groupes ou solitaires, à demi endormis, exténués par un voyage long de trois jours, quelques passagers en descendent avant de se disperser. Pas facile d'exiger de ses pauvres muscles endoloris l'effort nécessaire pour transporter, sur un quai dépourvu de commodités, des bagages aux dimensions démesurées ; cet homme et cette femme à la quarantaine approximative qui peinent là-bas à soulever la malle en osier et les deux valises dans lesquelles ils ont jeté pêle-mêle tout ce qui fut leur vie jusqu'ici. Comment en sont-ils arrivés là ? Leurs deux enfants suivent, hagards et frigorifiés. Elle a huit ans, il en a quinze.

Jamais plus ils ne retourneront vivre dans leur Bulgarie aimée, objet de toutes les convoitises politiques. Aussi, ce soir, lorsqu'ils se seront installés dans le centre de Paris, rue Montorgueil, au Lion d'argent – une adresse fournie par un ami de Sofia – ne restera-t-il à ces exilés définitifs que la force et la chaleur du souvenir pour communier avec les leurs, restés au pays, à la merci du régime, et oublier que dans ces périodes presque joyeuses, les gens festoient et rient toujours un peu trop fort.

PREMIÈRE PARTIE

Le roman bulgare

CHAPITRE 1

Qui a tué Boris ?

« Tous mes souvenirs les plus beaux sont bulgares[3]*. »*
Sylvie Vartan

Sofia, 5 septembre 1943.

Aujourd'hui, le petit Edmond Vartan a six ans !

Pour autant, personne autour de l'enfant ne se sent l'âme festive. Secoués par un séisme émotionnel sans précédent dans le siècle, les Sofiotes portent leur roi en terre ; les cœurs pèsent lourd et l'émotion est à son comble. Partout, Boris III a laissé l'empreinte de sa bonté doublée d'une humilité non feinte. « Il conduisait lui-même sa voiture, et sans escorte, se remémore Kamen Todorov, un Sofiote de la vieille école. L'une de mes amies me raconta qu'un jour, alors qu'elle courait en direction de l'université pour se rendre à un cours pour lequel elle était en retard, un automobiliste s'arrêta à sa hauteur et se proposa de l'emmener à l'endroit qu'elle semblait mettre tant de hâte à vouloir atteindre. C'est seulement arrivée à destination que mon amie se rendit compte de la qualité de son "chauffeur" : "N'oubliez jamais le roi Boris", lui lança le tsar avant de la laisser filer[4]. »

Quoi de plus tintinesque que cette royale *love story* entre un peuple et son souverain ? Hergé aurait pu y puiser tous les éléments nécessaires à l'élaboration du *Sceptre d'Ottokar*. Dans le rôle du roi Muskar XII, Boris évidemment, régnant sur la mystérieuse et trop belle Syldavie, un royaume comme perdu sur les cartes de l'Europe. Rien n'aurait manqué, pas même les conspirations politiques caractérisées dans la réalité bulgare par des crimes sanglants, œuvres de communistes prêts à tout pour instaurer leur ordre mondial. À maintes reprises, Boris lui-même (saint Louis, en français), échappa à la mort.

Ils sont des milliers ce jour-là à être descendus dans la rue pour s'agenouiller sur le passage de la dépouille royale. Aux scènes de désespoir s'ajoute le traumatisme d'une disparition qui n'est pas le fait de la nature. Un nom brûlant revient sur toutes les lèvres : Hitler ! Quelques jours seulement après sa convocation par le chancelier allemand à Berchtesgaden, le souverain bulgare ne regagna-t-il pas son palais de Vrana en état de choc ? Au cours de l'entrevue qui tourna à l'orage, le Führer lui reprocha son manque de zèle vis-à-vis de l'Allemagne et ses « intelligences » nouvelles avec la Russie et les Américains. Peu de temps après, à Sofia, en proie à de soudains et violents malaises, Boris dut s'aliter. Pour rapidement s'éteindre, à quarante-neuf ans, en pleine force de l'âge.

Empoisonnement par les services secrets SS ? Vol à trop haute altitude de la part du pilote allemand qui ramena le roi en Bulgarie, aux fins de favoriser un malaise cardiaque ? Toutes les hypothèses sont évoquées. Aucune de retenue. Officiellement...

À la veille de la Seconde Guerre mondiale, la Bulgarie avait recherché une place convenable sur l'échiquier des relations internationales, afin de résoudre ses problèmes. Les faibles chances de trouver un soutien dans les forces françaises et britanniques jetèrent ainsi les Bulgares dans les bras de l'Allemagne. La dépendance des premiers vis-à-vis des seconds quant à leur armement, et l'étroitesse déjà existante de leurs liens économiques finirent de favoriser ce rapprochement. Ainsi, de la prime neutralité, soucieux de préserver l'unité nationale de son peuple et surtout de le tenir à l'écart de l'influence communiste (dix ans avant la mise en service des chambres à gaz par Hitler, Staline avait exterminé en neuf mois, par une famine organisée, six millions de paysans, dont une bonne proportion d'enfants), Boris passa à l'adhésion politique. Une adhésion clairement démontrée au moment de la création de l'Axe, l'alliance militaire entre l'Allemagne, l'Italie et le Japon. Au sein de la population, on ne se posait pas tant de questions : l'Allemagne ne venait-elle pas de signer un pacte d'amitié et de non-agression avec l'URSS, dont la province de Russie, chère au cœur des Bulgares, n'était rien d'autre qu'une cousine éloignée et pourtant proche ? Or, lorsque le vent tourna en faveur des Alliés, Boris, toujours aussi sensible à la cause de ses sujets, se rallia secrètement aux probables vainqueurs. Il le paya de sa vie. Siméon, le prince héritier, ne déclarant guère plus de six ans, l'âge d'Edmond Vartan, c'est le prince Cyrille, son oncle, qui prit la tête d'un conseil de régence formé dans l'urgence. Plus qu'inquiète en attendant la suite des événements, la jeune reine – Giovanna de Savoie, troisième fille de Victor-Emmanuel III d'Italie – se dit effondrée. Qu'allait-il advenir de cette Bulgarie pétrie de montagnes et de plaines, à la malédiction séculaire, immensément riche en âges d'or punis chaque fois de déclins, au gré des invasions successives ? Apathiques et déjà peu enclins à la religion, à peine le recours était-il laissé à ses habitants de se raccrocher aux heures glorieuses d'une histoire qu'ils méconnaissent.

*

Après la mort du souverain, chez les Vartan le sentiment de deuil ressenti est aussi vif que partout ailleurs dans le pays. Si d'aucuns ont pu contester le roi, encore appelé le tsar, ici on l'aimait ! Sans être bulgare, Ilona Antonia Rudolf, la maman d'Edmond, née le 9 décembre 1914, connaît par tradition orale les différentes étapes du cauchemar de la Bulgarie. Ilona est un prénom typiquement hongrois, comme celle qui le porte avec tellement de grâce. Ses parents, Rudolf Mayer et Roza Passlouchny, sont tous deux juifs hongrois. Après que la grande guerre eut broyé en Europe centrale aigles et couronnes, les Mayer émigrèrent en Bulgarie. Rudolf, beau garçon aux yeux d'émeraude, mais surtout architecte de talent qui édifia en Hongrie l'église dans laquelle il fut le premier à se marier, rêvait de la grande Amérique, comme sa petite-fille, une certaine Sylvie, rêvera un jour de conquérir par d'autres voies cet Eldorado, terre de tous les possibles. Ainsi souvent, d'une génération l'autre, les fantasmes transitent et perdurent, au sein d'une même famille. Ils prennent corps un jour. Ou trouvent porte close...

En attendant les rives de Manhattan, c'est dans leur nouvelle patrie que les Mayer se virent présenter un jour celui qui deviendrait leur gendre, Georges Vartan. La saga ancestrale de ce jeune homme de bonne famille n'est pas non plus des plus fades.

« Le grand-père de Georges, un Arménien, s'appelait Hagop, nous apprend Sonia Kevorkian, une amie intime de la famille. Il aimait beaucoup rire et possédait l'art de raconter de belles histoires et nombre d'anecdotes. Sa femme était très belle, quelle tête et quel visage ! Elle était aussi toujours très bien habillée. On surnommait Hagop Vartan "*Kutchuk* Hagop", *Kutchuk* signifiant "petit", en turc[5]. » L'équivalent français de Hagop, prénom arménien, est Jacques. Parmi les plus illustres, citons Hagop Meghabard qui, dès 1511 fit imprimer à Venise les premiers livres arméniens. Le nôtre s'installa à Plovdiv, ancienne Philippopolis fondée par Philippe II de Macédoine, le père d'Alexandre le Grand. Plovdiv où, toujours aux dires de Mme Kevorkian, il fit fortune dans le négoce et le commerce de blé. Parti de Turquie à la fin du XIXe siècle ou au tout début du suivant, Hagop Vartan s'inscrit dans la lignée de ces milliers d'apatrides qui convergèrent en masse vers les États-Unis, la France ou la Grèce, ou encore la Bulgarie et Plovdiv en particulier.

« Les plus riches, à l'instar des Vartan déjà installés dans la ville, ne se mélangèrent pas avec les nouveaux arrivés, explique Hagop Guiliguian, éminent spécialiste de l'histoire des Arméniens de Plovdiv. Ceux qui, comme ma famille, furent expulsés, ou qui durent fuir le génocide sans rien pouvoir emporter avec eux, se retrouvèrent atrocement pauvres [6]. »

En inculquant à son fils Robert, grand-père de Sylvie, une éducation empreinte de culture française dans un établissement où rigueur et prestige doraient le blason, Hagop Vartan allait décider de l'avenir de sa propre filiation.

Depuis 1884, date de l'achat d'un premier bâtiment par les Assomptionnistes arrivés de France vingt ans plus tôt et dont c'était la toute première mission dans le monde, à Plovdiv, l'intelligentsia était en effet formée à Saint-Augustin, premier foyer français de la ville avec l'Alliance française. Il le sera jusqu'en 1948. Dans ce collège pluri-ethnique dont le roi Boris affirma qu'il avait « transformé la mentalité de la Bulgarie », des élèves de toutes confessions se côtoyaient. Un enseignement supérieur y était dispensé en français par des pères assomptionnistes, dont l'un sera béatifié par le pape Jean-Paul II lors de sa visite triomphale en mai 2002. Les valeurs promues à Saint-Augustin étaient :

— la foi religieuse, et cela quelle que soit la confession ;

— le goût du travail bien fait et la reconnaissance de l'effort, avec la possibilité pour chacun de racheter ses erreurs et certaines fautes de discipline ;

— le goût de l'universel, qui passe par l'apprentissage d'une autre langue et d'une autre culture, ce qui, automatiquement, casse les frontières.

Dans toute l'Europe on commença à envier le parfait mécanisme de fonctionnement de Saint-Augustin. Fait exceptionnel, en 1915, l'Académie française attribua même un « prix de vertu » à ce collège.

Robert Vartan n'aurait pu faire de meilleures classes qu'ici, au bord d'une certaine rivière nommée Maritza, « l'Hèbre des anciens, large et peu profonde, aux eaux mal endiguées, dont les colères subites sont parfois la terreur des riverains pendant l'hiver... »

On a prétendu, en créant un amalgame avec son père, que dans ce collège pour le moins singulier, Georges Vartan avait été élève de monseigneur Roncalli. Rien n'est plus fantaisiste ! Georges fréquenta un lycée catholique de Sofia où la famille s'était définitivement installée. Quant au futur Jean XXIII, il exerça effectivement en Bulgarie de 1925 à 1934 en qualité de délégué apostolique du Saint-Siège, sans toutefois se voir attribuer le titre de nonce ni celui de diplomate officiel. Dans ces circonstances, il avait la voie libre pour dispenser des cours religieux. C'est ainsi que papa Georges compta ni plus ni moins parmi les élèves d'un pape en devenir, mais non à Plovdiv et encore moins à Saint-Augustin qu'il ne fréquenta guère.

De ces enseignements de premier choix, les Vartan tirèrent une passion accrue et entretenue pour l'Europe occidentale et pour la France en particulier. Le français devint la langue la plus fréquemment usitée dans la famille, au même titre que le bulgare.

Le mariage entre Ilona et Georges eut lieu à Sofia le 9 février 1936. Les deux jeunes gens n'avaient pas eu à s'enfuir pour convoler, à l'instar de Robert Vartan qui, pour épouser Slavka Tarlova (une pure Bulgare née en 1891) contre la volonté de sa famille, dut s'exiler pour un temps dans l'est de la France. Le père de Sylvie y est né en 1912, n'acquérant pas pour autant la nationalité française.

En Ilona, jeune femme robuste aux traits purs et apaisants, Georges venait de trouver celle qui lui donnait la volonté enfin de fonder une famille et de lui consacrer ses forces. Il allait en avoir besoin ! Ilona ? Une passion de plus à l'actif de cet homme décrit comme « très intelligent » par Sonia Kevorkian. Bien avant son engagement conjugal et la naissance d'Edmond l'année suivante, Georges avait déjà mis à profit ses prédispositions pour les arts plastiques, la sculpture notamment, en réalisant à ses heures jamais perdues nombre d'œuvres qu'il distribuait à ses amis. Un jour qu'il admirait le profil de sa femme lui vint l'idée de le couler dans le bronze en lui donnant les traits de Jeanne d'Arc. Le bas-relief fut offert à l'ambassade de France, où Sylvie le retrouva intact lors de son retour en Bulgarie, en octobre 1990.

Seul enfant au milieu de trop d'adultes, Edmond (à qui chacun s'accorde à donner du Eddie), ne cache plus maintenant son désir de voir la famille s'agrandir. Un mâle serait le bienvenu, avec qui partager ses jeux de garçon. Aussi, en novembre 1943, au moment où, à Téhéran, Churchill et Roosevelt déclarent que pour obtenir la scission officielle de la Bulgarie et de l'Allemagne, la solution passe par le pilonnage systématique du territoire bulgare, Ilona et Georges entreprennent-ils de remédier à la situation...

Au-dehors, le tonnerre gronde et s'amplifie. Est-ce sagesse que d'envisager dans une telle conjoncture l'arrivée d'un petit être à qui l'on sera tenu d'offrir le meilleur ? D'autant que, victime d'une prime occupation allemande, l'infortunée Bulgarie est plus que menacée par une Russie vorace qui déjà montre patte rouge. En vérité, tout s'enchaîne très vite. Le 5 septembre 1944, la Bulgarie, à qui l'URSS vient de déclarer les hostilités, demande l'armistice. Le lendemain, elle entre en guerre contre l'Allemagne pour *in fine* se voir refuser par les Alliés le statut de pays belligérant. Lorsqu'il prépare le découpage de l'Europe centrale en jetant ses pourcentages sur le papier, ce vieux lion de Winston Churchill a déjà prévu de livrer la Bulgarie aux Soviétiques. Le coup d'état militaire du 9 septembre par le parti communiste bulgare encouragé par la proximité de l'armée Rouge, est du reste la date généralement retenue pour marquer le début de l'histoire contemporaine de la Bulgarie. Le temps des communistes annoncé, le trône vacille. Deux ans plus tard, il va s'ébranler.

Avec notamment l'exécution du prince Cyrille, frère de Boris, le 1er février 1945... « Quant à la fameuse consultation populaire du 8 septembre 1946, qui instaura à une "écrasante majorité" la République, je puis vous affirmer que c'est un leurre honteux, un scrutin tronqué à la mode bolchevique ! », s'emporte Temenouga Lekova, ex-bru du ministre de la Justice de Cyrille, qui tomba sous les balles communistes dans le même fossé que le prince. « Tout s'est passé entre eux. La majorité des Bulgares étions restés profondément royalistes. À la suite de cela, notre reine Giovanna a été contrainte de quitter le pays[7]. »

Avant de partir, elle a toutefois tenu à léguer à la France quelques reliques de la reine Marie-Antoinette conservées par la famille de son époux, un Saxe-Cobourg descendant de Charles X, et qui furent acheminées à Paris au musée Carnavalet. Pour ne pas froisser les nouveaux maîtres de la Bulgarie, le gouvernement de Paris remercia du bout des lèvres, à la demande expresse de la légation française de Sofia.

Siméon II enfui avec sa famille, arrive le sinistre Gueorgui Dimitrov.

Mais où sont passés les Vartan depuis cette fin de 1943, ou l'on croyait encore en l'avenir ? À Sofia on n'en trouve plus trace.

Disparus...

CHAPITRE 2

« Djidjika »

« Dans les pays totalitaires, où il n'y a qu'une seule presse, il n'y a souvent qu'une seule pâte dentifrice[8]*. »*
Daniel Filipacchi

En France, où le surréalisme et les années folles sont déjà entrés dans l'ère de la fossilisation, les zazous lancent des « zazou-zazou, eh ! » à n'en plus finir sous les lampions de la fée électricité ; ici comme ailleurs, depuis longtemps, la TSF, indispensable relais des émotions humaines, s'est banalisée ; en Amérique c'est à peine si le public se souvient de ses idoles du muet. Oublié itou le crash boursier de 1929... On ne trouve plus guère que les Anglais pour se gorger du spectacle anachronique de leur souverain, promené les jours de cérémonie dans un carrosse tiré par huit chevaux blancs, quand des bolides toujours plus bath et performants fascinent les foules sur le circuit de Monaco.

Mais, au milieu des années 40, à Lakatnik en Bulgarie, le XXe siècle n'est toujours qu'un nom sans visage, un animal inconnu, sorte de Léviathan terrestre à trois cornes et sabots dérapants. Là-haut, dans ce village construit à flanc de montagne, entre 360 et 400 mètres d'altitude, la vie s'écoule comme si la première aube bleuissait chaque matin pour la première fois. De la neige en hiver, beaucoup, et un froid presque sibérien ; en été un soleil despote qui ne fait pas de sentiments, encouragé par les gargouillis de l'Iskaar qui court, rieur, tout en bas, en aval du village, dans la petite vallée. Au cœur de ce décor somptueux, éléments en sursis, mobiles et prisonniers à la fois, quelques habitants qui lui ressemblent. Au dernier recensement, on a compté un millier d'âmes à Lakatnik. C'est seulement quand vient la belle saison qu'il faut gonfler les chiffres et tout multiplier par huit. Or, depuis novembre 1943 et le début des bombardements, nombre de Sofiotes ont pris d'assaut les dernières demeures à louer pour y passer l'hiver, à l'abri des fusées de feu qui peu à peu défigurent la capitale située à une heure de train à peine. Certains, à l'instar des Vartan, avaient déjà leurs habitudes et leurs repères à Lakatnik. Cette année, avec les événements, la villégiature prend des allures de retraite forcée. Ce qui n'est pas pour déplaire à Eddie. Ainsi qu'aux Mladenov, amis et locataires de ses parents.

« Eddie était comme mon frère, se souvient Itcho Mladenov. Depuis 1942, dans l'une de nos deux maisons, mes parents louaient aux siens deux chambres en étage ; une pour les grands-parents Vartan, Robert et sa femme, *baba* (grand-mère) Slavka, l'autre pour Georges, Ilona et Eddie. Il y avait aussi leur femme de chambre et parfois une tante. Mon pote à moi, c'était Eddie ! Ensemble, nous avons fait les quatre cents coups... »

Dans *Il a neigé sur le mont Vitocha,* une autobiographie romancée parue en 1990, Eddie Vartan s'étend longuement sur cette période de la vie de sa famille dans les montagnes de Bulgarie. Il y fait état d'une certaine Isskra, indéfectible compagne de jeux en tous genres, avec qui il aurait découvert les voluptés de l'amour. « Isskra, c'était moi, s'esclaffe Itcho. Pour les commodités de son livre, Eddie, avec lequel j'étais toujours fourré, m'a débaptisé en me donnant un autre sexe. D'ailleurs, nous avons bien ri en lisant le livre en famille. Nous y avons découvert que j'avais fait de la résistance contre les Allemands, en compagnie d'Eddie ! Nous n'avions même pas quinze ans à nous deux...[9] »

Dieu, « que la montagne est belle ! » Certes, mais ce panorama féerique masque mal les difficultés de la conjoncture. Comme en tous lieux et de tout temps entre les villes et les campagnes, le marché noir bat son plein et commet ses méfaits dans les esprits les plus purs. L'heure est à la guerre et aux incertitudes et rien ne saurait arrêter ceux qui y voient leur chance. « Les citadins n'étaient pas toujours les bienvenus dans les campagnes, témoigne Maria Georgieva, traductrice bulgare de Proust et de Marguerite Yourcenar. Ma grand-mère me racontait souvent comment les paysans les abusaient plus qu'à leur tour en leur vendant par exemple des mottes de beurre alourdies d'une énorme pierre à l'intérieur[10]. »

Avec ses sentiers pavés ou terreux que sillonnent toute la sainte journée des femmes en noir aux traits émaciés, l'endroit rassemble néanmoins les premiers souvenirs d'une petite princesse, parce que les nouveau-nés de par le monde sont tous de sang royal. Parce qu'aussi, « la vraie noblesse ne se trouve ni dans les parchemins, ni sur les trônes, mais dans le cœur et la pensée et dans leur puissance à vivre sur les hauteurs », (Marie Bonaparte *dixit*), la nôtre, qui jamais ne perdra son titre, arrive un 15 août 1944, à 17 heures 30. Une franche petite boule de 5 kg. Oui da !

« Le service des accouchements de l'hôpital de Sofia ayant été évacué au sanatorium d'Iskretz construit par le roi Ferdinand, Ilona fut donc conduite d'abord en train jusqu'à Svogue, puis en bus jusqu'à Iskretz, raconte Maria Alexieva, sœur de Itcho Mladenov. C'est là que Sylvie est née, à 26 kilomètres de chez nous. Après une semaine au sanatorium, un endroit magnifique au cœur de la forêt, parsemé d'arbres et de petits pavillons blancs distribués par des allées pavées, mère et fille sont rentrées à Lakatnik et y sont restées jusque vers la fin de l'année. »

Et toujours ces femmes vêtues de noir, un pot de grès en équilibre sur la tête, qui reviennent défiler en procession jusqu'à la fontaine du village pour y puiser l'eau qu'elles n'ont pas chez elles ; et cette maison, la dernière, tout en haut, que les enfants croient habitée par les nains et qu'ils fuient pour aller répandre leurs rires diffus jusqu'aux abords de la petite gare où s'organise le mouvement sporadique des trains en provenance de Sofia, qui font halte avant de poursuivre jusqu'à Vratza. Là s'arrête le premier film de Sylvie. Un court métrage en noir et blanc auquel se substituera bientôt un champ de vision plus large et moins flou, nuancé de jaune clair et de bleu pâle, « les deux couleurs de mon enfance... »

*

Retour à Sofia. Après le baptême de la petite à Saint-Joseph, le 19 novembre 1944, veille de la Saint-Edmond, toute la famille va camper désormais chez grand-père Robert et *baba* Slavka, boulevard Totleben. Par bonheur la demeure a été épargnée par les bombardements. D'autres, toutes proches, n'ont pas eu cette chance. Il faut dire que les pilotes anglais aux commandes de leurs bombardiers n'ont pas chômé pendant ces longs mois ! Avec souvent des erreurs d'aiguillage. Leur cible dans ce coin-ci de Sofia était un hippodrome que les Allemands avaient réquisitionné et transformé en dépôt de barils de fuel. Dorénavant, terminés les allers et retours de papa Georges entre la montagne et Sofia pour aller chercher en ville ce que ne donnait pas la terre de Lakatnik : morceaux de saindoux pour faire du savon, sucre, produits de première nécessité, cigarettes auxquelles on n'avait pas voulu renoncer.

Sur son terrain de 356 m^2, pas très loin du puits qu'il a fallu recouvrir de tôles par sécurité, Robert plante un arbre pour symboliser l'arrivée de Sylvie, comme il l'a fait sept ans plus tôt à la naissance d'Eddie.

Entre le vieil homme et sa petite-fille, on peut parler de coup de foudre. Une histoire d'amour longue de huit années, qui s'achèvera sur le quai d'une gare, là où souvent naissent et se brisent les plus belles illusions. Si le premier souvenir de Djidjika (« jolie petite poupée ») est féminin, « un beau visage de femme, lisse, protecteur, attentif, penché sur moi, celui de ma mère », elle doit à grand-père Robert l'originalité de sa première boîte à sommeil taillée dans un vieux pétrin « consciencieusement raboté, gratté, lavé », garni ensuite par *baba* Slavka de lainage et de deux épaisseurs de draps.

Couple singulier que ces grands-parents Vartan ! Lui, retraité de la compagnie belge Sebion, le ventre dodu cintré dans un éternel gilet, « avec la chaîne en or de sa montre accrochée à la boutonnière, qui accentuait le côté respectable du personnage ». « Sous son air sévère, il cachait un humour féroce qu'il appliquait d'une manière égale à tout le monde[11] », note Eddie Vartan dans ses souvenirs. « Pour le taquiner, nous l'appelions "le vieux Vartan", complète Maria Alexieva. Il était petit de taille, portait des lunettes et paraissait toujours calme. Ceci était vrai pour toute la famille, d'ailleurs. Jamais nous ne les avons entendus, ni les uns ni les autres, hausser la voix pour quoi que ce fût[12]. » Elle, « petite, un peu ronde, les cheveux ramenés en chignon », selon Maria Alexieva, toujours : « Je me souviens qu'elle était extrêmement bienveillante, et surtout envers nous, les enfants. Les excellentes relations entretenues dans cette famille très musicienne au demeurant (Georges, le père de Sylvie nous régalait de son accordéon), étaient dues en grande partie à *baba* Slavka. Je ne pourrai jamais oublier les fêtes organisées par elle, à Noël surtout... »

Une force de caractère, *baba* Slavka ! Un courage à toute épreuve, inscrit dans ses gènes. Sorte de femme-saumon, elle nage souvent à contre-courant, non par esprit de contradiction, mais par pure originalité. Eddie se montrera sidéré que « dans un pays où la religion orthodoxe prédominait, où les juifs étaient nombreux et dans lequel subsistaient quelques musulmans au sud et quelques catholiques au nord », sa grand-mère fasse office d'« Uniate » en choisissant d'être membre d'une secte chrétienne considérée comme hérétique. Les Uniates, au nombre de 14 000, pour la plupart des réfugiés de Macédoine et de Thrace, étaient tous de rite slave. À l'instar de tous les catholiques, les Bulgares les taxaient d'« étrangers. » D'où les difficultés rencontrées par monseigneur Roncalli, qui s'efforça durant dix années de rendre leur image sympathique à travers celle du pape.

Digne héritier de ses parents, en somme parfaitement assortis puisqu'aux antipodes l'un de l'autre, Georges saura-t-il transmettre intacte à sa fille cette dot morale ? Longtemps, Sylvie se convaincra qu'en amour les extrêmes donnent le meilleur miel, longtemps elle vivra campée sur cette trop belle certitude, qui un jour volera en éclats...

CHAPITRE 3

Terreur rouge sur les Balkans

« Tout anticommuniste est un chien. »
Jean-Paul Sartre

En Bulgarie, l'occupation allemande fut brève. Communiste, elle semble promise à l'éternité. Après la peste, le choléra. Le rouge, couleur de l'espoir et du sang, de la colère et du feu, celle de la vie qui va. Ah, la belle usurpation !

Après le coup d'État de septembre 1944, en dépit de son manque de cohésion et de son absence de programme, au Parlement comme dans la presse, l'opposition avait encore voix au chapitre. Bientôt, avec le durcissement de la politique dictée par Moscou, la donne change du tout au tout. Chaque jour et à tout propos, sous le joug d'une milice devenue au fil des mois plus importante que l'armée (100 000 hommes contre 65 000), la population est soumise à rude épreuve : espionnage actif des citoyens, purges intempestives au moyen d'exécutions sommaires, arrestations non moins arbitraires, procès fabriqués où les interrogatoires plutôt musclés se concluent trop souvent par l'envoi des suspects dans des camps concentrationnaires où ils mourront à petit feu sous le poids du labeur. La mine fière et pleine de morgue que seul le pouvoir peut conférer, et la puissance absolue dans leurs petits uniformes vert foncé, les camarades de la milice n'obéissent qu'à ce diktat qui, de tout temps et en tous lieux, fit ses preuves et ses ravages : diviser pour mieux régner. Et créant ce climat de malaise permanent, de sorte que personne ne se sente plus en sécurité nulle part, que tout le monde en arrive à se méfier de tout le monde, on innove : derrière chaque uniforme se cacheront au moins trois espions en civil ! Les quelques téléphones sont mis sur écoute, les concierges d'immeubles remplacés par d'autres plus dévoués à la cause bolchevique. Bref, par le chantage et la menace, encourageant les délations, les vertueux héros de la guerre tiennent les habitants à leur merci. Beaucoup tentent déjà de fuir le pays. Des jeunes filles de la bourgeoisie s'efforcent pour cela de découvrir un mari étranger disposé à une union blanche qui leur permettrait de s'évader. Ainsi en va-t-il dans les contrées qui, à l'issue de la guerre, ont eu le malheur d'être absorbés par le bloc communiste. Mais dans ce contexte, la vie essaie toujours de prendre le dessus. Chez les Vartan comme chez les autres.

*

Triste d'avoir abandonné provisoirement ses montagnes, Eddie n'est pas mécontent de retrouver son ami Kamen Todorov, l'idole du quartier, la sienne... « Avec mes parents, nous habitions sur le même boulevard que les Vartan, Totleben (du nom d'un général russe), nous au n° 65, eux un peu avant, au n° 51. Au printemps, le jardin de leur maison était un vrai bijou. Il y avait beaucoup de fleurs, surtout des tulipes et des roses. Je trouve d'ailleurs que le grand-père Robert s'en occupait d'une façon un peu trop maniaque. Je me souviens aussi de trois grands chiens de race qui avaient leur cabane dans le fond du jardin, derrière la maison. On les laissait en liberté à des heures bien précises. Si mon père, un chirurgien très renommé et ma mère, institutrice à Sofia, nous assuraient un train de vie confortable, n'étaient les affres de la guerre et les difficultés d'approvisionnement, les Vartan, eux, semblaient vivre mieux que nous [13]. »

S'il en reste aujourd'hui peu de chose après le passage des promoteurs, Totleben était en effet un quartier huppé. Répartis de part et d'autre, entre platanes régulièrement alignés et rues pavées, se succédaient les domiciles d'intellectuels et de bourgeois. Juste derrière la maison des Vartan vivait la famille du docteur Dikov, dont le fils Anton, pianiste classique, fit une carrière internationale avant d'enseigner entre autres à l'Académie de musique de Paris. Il est revenu vivre dans sa maison d'enfance. Plus loin, on trouvait le foyer des Leschnikov. Leur fils devint le Charles Aznavour bulgare. Deux des membres du quatuor Avramov campaient également dans le secteur. Tout ce beau monde se fréquentait assidûment. Tantôt chez l'un, tantôt chez l'autre, la fête battait son plein et les maisons ne désemplissaient pas.

« Eddie avait pour moi de l'admiration car en plus d'être un bon basketteur (je devins professionnel par la suite), je jouais du jazz, poursuit Kamen. À l'école, comme tout le monde à cette époque, nous nous étions mis à l'accordéon, mais ce n'était pas le truc d'Eddie. Ni le mien d'ailleurs ! L'amour, nous l'avons découvert ensemble... avec la belle Constance. Elle habitait entre nos deux maisons et son comportement très libre en incita plus d'un à se risquer jusque dans la pièce qu'elle occupait dans la partie arrière de la demeure de ses parents. Ma famille et celle des Vartan se voyaient très souvent. Entre gens qui subissions les mêmes ennuis car de même condition sociale, nous nous sentions solidaires. »

La Légation de France, au 29 de la rue Oborichté : le nouveau lieu de travail de papa Georges. N'ayant pu conserver son commerce d'électroménager, il y devient traducteur-secrétaire auxiliaire au service de presse, venant ainsi gonfler la liste du personnel de nationalité étrangère près la Légation, une vingtaine de personnes environ, dont la plupart occupent les emplois très modestes de femmes et de valets de chambre, d'huissiers, de cuisiniers, ou de femmes de ménage. À l'instar d'une immense majorité de Bulgares, les Vartan sont de purs francophiles. L'influence de la France en matière culturelle fait d'ailleurs bien des envieux du côté de l'Angleterre et de l'Amérique. Quant aux cultures allemande et italienne, elles ont été après la guerre purement et simplement bannies pour des raisons évidentes. Seule la France bénéficie d'une véritable cote d'amour. Si les films anglais et américains ne sont connus et appréciés que de rares initiés, les importations françaises en revanche recueillent le plus grand succès. Il en va de même pour les pièces de théâtre et les livres. Dans les principales villes du pays, sept écoles françaises tenues par des religieux regroupent près de dix mille élèves qui, chaque année, s'initient quotidiennement à la langue de Molière et aux arcanes de sa littérature. À Sofia, les cours du soir dispensés à l'Institut français ne désemplissent pas. Les bibliothèques sans cesse enrichies y regorgent d'ouvrages français. Les membres adultes de l'élite, issus pour la plupart de ces établissements, assistent régulièrement à des conférences littéraires, sociales, commerciales qui leur permettent de se tenir au courant de l'évolution de la société française et de toutes les tendances de sa pensée.

Dès son entrée en fonction après le coup d'État de septembre 1944, le nouveau ministre bulgare des Affaires étrangères, le conservateur francophile Petko Stainof, membre influent de l'Alliance française, avait exprimé le désir de son gouvernement de reprendre en priorité et dans les plus brefs délais des relations diplomatiques normales avec la France. M. Hateau, jusque-là directeur de l'Institut français de Sofia depuis vingt-deux ans, fut alors provisoirement affecté à la Légation de France pour y défendre les intérêts de Marianne en Bulgarie, en attendant l'arrivée d'un nouveau ministre de France – une fonction assimilée à celle d'ambassadeur – : Jacques Émile Paris, nommé en juillet 1945. Dès lors, après une éclipse forcée de six années, les relations entre les deux pays semblèrent promises au plus bel avenir. Jusqu'en 1947, dans la presse bulgare, les articles français allèrent croissant dans le nombre et dans la consistance. À la Légation, plusieurs revues furent éditées, traitant de sujets éclectiques qui n'en masquent pas moins les difficultés économiques et politiques dans lesquels la Bulgarie s'enlise. Avec une bonne provision d'astuces, de la volonté et des couvertures d'un optimisme chauffant, on peut atténuer la piqûre des hivers à venir, et les nœuds finissent toujours par se dénouer, les problèmes par n'en être plus. À preuve, cette nomination de Georges Vartan à la Légation de France. Son salaire n'y a rien d'enviable, mais déjà il regarde ailleurs. Il y a de quoi : le durcissement de la politique communiste commence à créer des tensions diplomatiques entre Paris et Sofia. À Burgas, le premier gérant du poste de l'agence consulaire est victime d'une expulsion pour « espionnage », suivi de peu par la représentante de l'Agence France-Presse à Sofia, Mme Bœuf, une demi-Bulgare née Milka Ghenadiev et directement mise en cause par le camarade Gueorgui Dimitrov.

De fait, les relations avec la France se sont réellement et sensiblement dégradées à partir du 18 mars 1947, date de la signature du traité d'amitié, de coopération et d'assistance entre la Bulgarie et la Russie, « le grand frère Ivan ». Paris est désormais dans l'œil du cyclone. Dans une presse à la solde de Moscou, où le terme « impérialiste » est utilisé à tout bout de champ contre les États-Unis, chaque jour la propagande antifrançaise fait rage. On va jusqu'à accuser de Gaulle, « ce néo-nazi », de percevoir des sommes importantes de la part des Américains pour lutter contre le programme communiste et revenir dans la foulée au pouvoir. Même le pape est soupçonné d'espionnage actif...

L'image de la France représente d'autant plus pour ces gens cultivés que sont les Vartan qu'ils savent que le pays de Voltaire et d'Hugo est un symbole de liberté, denrée plutôt rare et périssable actuellement en Bulgarie. Georges évoque l'éventualité d'une demande de changement de nationalité pour sa femme et ses enfants. Si les choses ne s'arrangeaient pas, l'Hexagone pourrait encore leur servir de rocher. À Eddie qui l'interroge, fébrile, « Pourquoi pas l'Amérique ? », le père répond avec grandeur : « Parce que nous sommes européens ! Regarde par exemple les grands écrivains : Balzac, Tolstoï, Dante, Shakespeare, Cervantès, Goethe ; à tous, dans des langues différentes, ils ont participé à notre culture commune. On peut vivre à Sofia, à Madrid, Vienne, Rome, Budapest ou Paris, on sera toujours chez nous en Europe [14] ! »

*

Dans un quotidien obstrué par la quête incessante de tout ce qui permettra de vivre et d'espérer, la valeur sûre de la maison reste la fossette de la petite Sylvie. La Djidjika de son grand-père ! De la première chute à la dent volontaire qui a poussé sans prévenir, mademoiselle chasse le blues et capte sur elle toutes les attentions. Pour cette perle que l'on n'attendait plus, grand-père Robert s'applique à chanter comme jamais auparavant ses vieux classiques, accompagné au piano par Georges ou Eddie. *O Sole mio*, *La Bohème, Joli Tambour,* tout y passe, tout s'imprime dans la mémoire de Djidjika, comme ce refrain du français Charles Trénet, *Le Soleil a rendez-vous avec la lune,* comme lui restera le goût de son grand-père pour les antiquités. Dans une vitrine qui fait face au vaisselier dans le salon, Robert-pince-sans-rire a exposé sa collection de « japonaiseries » : statuettes en porcelaine, tasses de thé avec leur théière « dont l'anse était gainée de paille de riz... [15] »

Passent les mois. Depuis que Sylvie a découvert qu'en plaçant un pied devant l'autre l'horizon vient à soi, elle n'a de cesse de vouloir l'aller embrasser. Souvent elle recueille un bleu, une bosse. Un jour, elle manque de se tuer en dégringolant l'escalier qui conduit aux deux chambres du premier étage. Le sang et les cris d'orfraie ne donnent pas plus de gravité à la blessure, mais l'alerte a été chaude. Alors, on prend toutes les précautions nécessaires pour ne pas que Djidjika se transforme en un hématome articulé. L'accès au grenier qui sert d'étendoir lui étant désormais interdit, lorsqu'elle ne traînera pas dans les jupes d'Ilona et de *baba* Slavka, toutes deux très actives à accomplir des prodiges avec trois fois rien au-dessus de la cuisinière à charbon de la petite pièce qui prolonge le salon, l'intrépide sera placée sous la stricte mais bienveillante surveillance de ce vieux fou de grand-père Robert. « Il passait des heures à jouer avec moi, écrit Sylvie dans *Si je chante,* à m'apprendre à dessiner (il possédait une très belle boîte de crayons de couleurs), à lire, à former des lettres ; et il peignait lui-même – j'ai pu conserver quelques-unes de ses toiles. Je passais mes après-midi avec lui, j'étais bien, je l'adorais. »

« La grand-mère, c'est la tradition chez nous, élève les petits-enfants. Celle de Sylvie, comme les autres, s'est beaucoup occupée d'elle », souligne Kamen Todorov. Une autre coutume bulgare très ancienne veut que, dès qu'un enfant commence à marcher, on réunisse des objets hétéroclites sur une table, puis que l'on invite la famille, les voisins, les amis à assister au choix par l'enfant de l'un de ces objets. Ainsi détermine-t-on quel sera son métier. Bigoudi, pièce de monnaie, passoire à légumes, tournevis et consorts ; si la future pionnière du Palais des Congrès de Paris, assidûment pastichée par les transformistes de tous poils, s'y est prêtée, sur quel accessoire sa menotte put-elle bien se fixer ? Haro sur les pronostics perdants !

*

Plus que l'extérieur menaçant, le jardin de grand-père Robert rassemble la plupart des souvenirs bulgares de Djidjika. Modeste, il garnit la propriété au centre de laquelle trône la maison. Avec sa tonnelle de bois laqué blanc, sa cabane où parfois en été l'on baigne les enfants. Avec ses sapins aussi, et encore ses dahlias, ses poiriers et, bien sûr, les fameuses roses de grand-père. Robert y tient comme aux prunelles de sa Djidjika. Mais, lorsque d'aventure celle-ci, bravant les interdits, se risque en cachette à faire un sort à ces fleurs plus hautes qu'elle, la comparaison, le temps d'une grosse colère, perd de son pétale !

Les animaux se font toujours de doux consolateurs pour la petite fille, Fifi le canari et surtout Pouhtcho, le lapin blanc, inséparable compagnon de joie ou de bouderie. Le drame de sa mort ne fut rien en comparaison de la mauvaise farce qu'on fit à l'enfant en servant à table ce jour-là... un civet de lapin. De son propre aveu, le dégoût poursuit encore Sylvie aujourd'hui.

« Bruits assourdis d'assiettes que l'on range, de chiffons passés sur des meubles toujours propres, bruits de paix et d'amour dans ce monde clos que je parcourais en tout sens, trottinant, curieuse et comblée pour ce que je croyais être l'éternité [16]. » En écoutant rouler doucement les souvenirs de Djidjika, rendus pastels par le temps, on ne peut s'empêcher de se tremper dans l'univers d'un autre illustre enfant de la belle Bulgarie, Elias Canetti, avec son *Histoire d'une jeunesse.*

Mais tout n'est pas exactement « bleu pâle et jaune clair », comme Sylvie croit se le rappeler. De plus en plus longues et aliénantes, conséquence directe de la crise politico-économique d'après-guerre, les files d'attente devant les magasins en font foi. Tous les jours, les hommes du foyer, relayés par les femmes, doivent rivaliser d'imagination pour ramener ce que l'un ou l'autre a pu dénicher en ville dans les rares boutiques approvisionnées ou sur le marché après d'interminables séances de marchandage. Salami, huile de tournesol, œufs ou vodka, quelquefois un gigot de mouton ; chaque trouvaille prend des allures de victoire.

Au-dehors, la faucille n'en finit plus de faucher et le marteau d'enfoncer les consciences et les esprits. Et de broyer les moins résistants. La milice perquisitionne à tour de bras, n'importe où, chez n'importe qui, à toute heure du jour et de la nuit, emmenant dans la foulée des innocents à demi endormis. Sans rien dire des jours de fête où l'on est tenu d'accrocher le portrait de Staline au balcon, sous peine d'écoper de sérieux ennuis. « Nous ne méritions pas ça [17] », maugrée papa Georges, les jours de grand découragement. En écho aux paroles de son père, Sylvie Vartan déclarera quelque quarante ans plus tard : « Lorsque je vois comment un système et des politiciens ont pu saigner un peuple à blanc et le dépouiller de tout au profit d'une caste, j'ai la rage au ventre et la colère au cœur [18]. »

CHAPITRE 4

« Accusé Vartan, lève-toi ! »

« Je crois que le courage est une des grandes qualités de notre famille et se traduit chez nous par une sorte de fierté dans l'endurance. On sait encaisser, quoi[19] *! »*
Sylvie Vartan

Puis un jour il faut se résoudre à quitter la maison, faire place nette pour des « inconnus » qui partageront le loyer avec Robert et Slavka, et partir s'installer en ville dans un appartement loué à une relation à un prix attractif ; un arrangement... En fait d'inconnus, Sonia Kevorkian et son frère, les nouveaux locataires des grands-parents Vartan, boulevard Totleben, n'en sont pas vraiment. On les sait même plutôt proches de la famille. En 1991, après le retour de Sylvie en Bulgarie, Sonia, seule survivante de l'époque, se souviendra : « Lorsqu'en 1949, Georges et Ilona déménagèrent avec leurs enfants, mon frère racheta la maison de Robert Vartan. Quand celui-ci disparut, en 1954, *baba* Slavka resta avec nous jusqu'à son départ pour la France, en 1965. Son tombeau est là-bas. Pendant des années, la famille continua à nous envoyer des colis bourrés de provisions[20]. »

Devant la pénurie des logements à Sofia, les sévères lois de 1948 et 1949 sur les loyers vont bientôt rationner l'occupation des appartements au même titre que la nourriture. Ainsi, deux personnes bénéficieront d'une seule pièce, une famille de trois à cinq personnes se verra attribuer deux chambres et une cuisine. À noter qu'un enfant de sept ans révolus n'est pas pris en considération dans l'établissement des chambres à utiliser. Deux enfants n'ayant pas sept ans révolus sont considérés comme un seul membre de la famille... En cas de litige ou de recours, le seul à pouvoir trancher sera le tout-puissant juge du Tribunal central du logement.

La nouvelle adresse de Georges et de sa famille est le 104, boulevard Evlogui Gueorguieff mouillé par la Tarlova, la petite Maritza de Sofia. Lily Kostadinova, la nouvelle amie de Sylvie, a gardé des souvenirs précis de ce trois pièces avec balcon, bien agencé et bien meublé situé au cinquième étage, à droite de l'escalier.

« Bâti avec du matériel solide, l'immeuble datait de 1946 ou 47, raconte Lily. Avec mes parents, nous vivions juste à côté, au 102. Bien que plus âgée de vingt mois, j'avais trouvé en Sylvie le compagnon de jeu idéal. Nous devînmes vite inséparables ! Toutes deux menues, sans doute les plus menues du quartier, nous ne payions pas de mine, mais notre force et notre vivacité en étonnaient plus d'un ! Nous aimions nous dépenser en courant dans tous les sens. Sylvie était très joueuse. Je me souviens qu'un jour, elle avait transformé les paroles d'une chanson de propagande socialiste qui vantait les vertus des coopératives agricoles, pour en faire quelque chose de tout à fait comique. Bien sûr, cela resta entre nous. Déjà, à cette époque elle avait bon cœur. J'ai toujours chez moi le livre d'un très grand écrivain bulgare, Eline Péline, qu'elle m'avait offert pour ma fête. Ce livre, dont le titre est *Ian Bibian*, raconte l'histoire d'un méchant garçon qui n'a pour seul ami qu'un petit diable appelé Fute. À la fin, bien sûr, le héros devient un gentil garçon, comme doivent l'être tous les petits garçons qui obéissent à leurs parents... [21] »

De construction récente, nous l'avons vu, le 104 du boulevard Gueorguieff voisine avec le stade et l'École polytechnique, à deux pas du quartier le plus chic de la capitale bulgare. Sur ce boulevard, si les ambassades côtoient aujourd'hui les hôtels particuliers à la hauteur des numéros 159 et 161, deux superbes maisons dont l'une, faute d'entretien, tombe en décrépitude, rappellent plutôt aux anciens Sofiotes de terribles souvenirs. « Abandonnées par leurs propriétaires lors de la stalinisation, l'État réquisitionna ces demeures pour y installer les bureaux de torture des services secrets, nous apprend une ancienne habitante du quartier. J'entends encore les cris affreux qui s'échappaient des caves... Bien plus tard, dans ces mêmes sous-sols, on retrouva des murs maculés de sang séché [22]. »

Dans les écoles, les administrations, les théâtres, partout le régime impose l'ordre nouveau et pratique sa politique d'intoxication de l'esprit, commanditée depuis Moscou. Avec le stalinisme pur, 1948 a marqué un virage considérable dans le durcissement. L'installation de Gueorgui Dimitrov au pouvoir en 1946 avait paru un moindre mal à la population bulgare qui avait placé en lui quelque espoir. Aujourd'hui, trois ans plus tard, l'homme n'est plus là. Mort ! Comment ? On ne tente pas impunément de se rapprocher du dissident Tito sans devoir rendre des comptes à Staline. Et quand le bourreau de Moscou se fâche...

L'avenir plus qu'incertain de la liberté en Bulgarie incite Georges Vartan à établir une demande de naturalisation française auprès de la Légation de France, et des visas pour lui et sa famille. On lui a bien signifié que le délai sera long ; ils attendront le temps qu'il faudra. Pour l'heure, les enfants ne doivent pas pâtir de la situation chaotique dans laquelle sombre le pays. Il faut continuer à les éveiller à la vie et au monde. Tiens ! cet après-midi, nous emmènerons Djdjika au théâtre pour enfants. Dans cette cité vivante et animée qu'est encore Sofia dont la population est passée de 300 000 âmes avant la guerre à 800 000 aujourd'hui, les comédies musicales y sont toujours du meilleur goût et les mises en scène particulièrement léchées. Sylvie se souvient du *Loup et les Chèvres,* dans cette lumière bleu cru des projecteurs qui la fascine encore aujourd'hui quand elle chante.

*

Curieusement, ce n'est donc pas à Paris au Golf-Drouot, pas davantage sur la scène de l'Olympia que la Sylvie Vartan que nous connaissons fit ses débuts véritables, mais au cinéma et dans son pays natal, à Koprivchtitsa, une bourgade aux maisons richement décorées dans un souci étonnant du détail, symbole d'une Bulgarie renaissante à la fin du joug turc. Koprivchtitsa où en 1876, sur un pont demeuré fameux, fut tiré le premier coup de fusil contre l'occupant musulman.

Sylvie a six ans. En dépit de sa réticence à devoir quitter sa famille pour plusieurs semaines, la perspective de participer au tournage d'une vraie grande production la stimule. Actrice de cinéma, vous songez ! *Sous le joug* est à l'origine une œuvre politico-historique d'Ivan Vazov, le Hugo bulgare. Dans ce superbe ouvrage, l'auteur traite la question de la domination des Turcs et dénonce les méthodes qu'ils employèrent pour anéantir psychologiquement et physiquement le peuple de Bulgarie, comme ils le firent avec les Arméniens et comme ils le feront plus tard avec les Kurdes. À l'époque pas si lointaine de l'islam en Bulgarie, nombre d'enfants bulgares étaient enlevés à leurs parents, pour être conduits à Istanbul. Là, les filles devenaient de la chair à pacha. Quant aux garçons, enfermés dans des prisons, ils subissaient de continuels lavages de cerveaux et lorsque des années plus tard, ils revenaient au pays, ces gamins devenus des hommes avaient la haine du Bulgare chevillée au corps. On appela cela « l'impôt du sang ». Une méthode que les Russes reprirent à leur compte au moment de former chez eux une caste de bêtes féroces uniquement dressées pour casser du chrétien, du royaliste et du bulgare en général. Djivkov le Terrible, successeur de Dimitrov, est un pur produit de cette brillante école.

De retour à Koprivchtitsa, en 1990, pour les besoins de la fameuse émission des Carpentier, Djidjika fit une halte sur son passé... « C'est drôle mais, en me promenant ici, j'ai l'impression de reconnaître une rue, une maison, les pavés, et au fond de ne pas savoir si je m'en souviens vraiment ou si c'est mon imagination qui me joue des tours. Ce dont je suis sûre, en tout cas, c'est que c'est bien à Koprivchtitsa que j'ai trouvé ma vocation. »

Certes, Djidjika n'a décroché qu'un rôle mineur, mais qui lui réclame trois semaines de sa petite vie, parmi d'autres petites filles costumées et maquillées comme elle et qui prennent leur rôle très très au sérieux ! « J'avais des rubans, de la poudre, du rouge... j'étais folle[23] ! », dira Sylvie. Avec le cachet, Ilona compte bien acheter des chaussures à sa fille, dont la petite a besoin et qui la conduiront à Paris si Dieu le veut.

« Ce rôle, Sylvie l'avait obtenu grâce au réalisateur de cinéma, Sertchdjiev, un ami de la famille qui habitait dans le même immeuble que les Vartan, au deuxième étage, précise Lily Kostadinova. D'ailleurs, aujourd'hui, l'un des fils Sertchdjiev, Iosco, comme moi copain d'enfance de Sylvie, est l'un des acteurs bulgares les plus populaires. Quand le film sortit sur les écrans, ce fut un événement considérable pour tous les gosses du quartier. Nous étions fascinés par l'engagement de Sylvie qui, du coup, devint notre star à nous autres, gosses d'Evlogi Gueorguieff[24]. »

*

À nouveau aux prises avec la réalité, son heure de gloire plutôt bien digérée, Sylvie retrouve les bancs de son école : « Je me souviens très bien que nous y apprenions des hymnes à la gloire de Mao Tsé-toung en chinois ! C'est fou, non ? Je me rappelle aussi des membres du régime, armés de matraques, qui obligeaient les gens à applaudir devant le mausolée de Gueorgui Dimitrov. Comme j'étais très jeune, j'arrivais à la hauteur des genoux des gens et donc des matraques et je voyais la police frapper. Lorsqu'on regarde, dans certains films d'archives, les gens heureux en train d'applaudir, on constate quelle démagogie et quelle corruption ce système impose[25]. »

En dépit de la séparation d'avec Robert et *baba* Slavka qu'elle revoit par épisodes, Sylvie se laisse choyer dans la sécurité d'un foyer solide et uni. Jusqu'au jour où l'on doit davantage resserrer les rangs ; une paire de colocataires désignés par le régime va bientôt venir troubler l'atmosphère... « On nous avait imposé leur présence, expliquera Sylvie. Ces deux personnes avaient annexé tout notre appartement et nous étions entassés à quatre dans une chambre. C'était des méthodes très courantes et les Bulgares n'avaient absolument aucun recours. Pendant deux ans, il y a eu cette angoisse latente, cette façon de vivre avec des étrangers qui apparemment étaient inquiétants pour moi. J'avais toujours peur qu'ils me questionnent, que je puisse être piégée. Parfois, un des types me parlait en tête à tête, alors que ma mère n'était pas là, et j'étais terrorisée à l'idée de raconter des choses qu'il ne fallait pas dire ou qui pouvaient entraîner des réactions terribles[26]. »

Par chance, les fréquentations ne sont pas toutes du même acabit. Des amis arrivent, comme Philippe Marinov, un Bulgare d'une trentaine d'années employé auxiliaire à la Légation des Pays-Bas, avec qui Georges Vartan devient très complice. Mais il y a surtout les Brink ! André Brink, un Hollandais présent depuis vingt ans dans le pays et marié à une Bulgare, est 2e secrétaire de la Légation néerlandaise sise au 31 de la rue Gueorgue Gueorghiou, où il occupe depuis 1947 la fonction de chargé d'affaires. D'emblée, Sylvie y voit l'avantage de gagner deux nouvelles copines : Jeanine et Simone, les enfants du couple. De son enfance auprès de ces gens, elle gardera le souvenir le plus doux.

De par sa position privilégiée et relativement indépendante dans une Légation qui relève du lointain Belgrade, Brink bénéficie de privilèges dont il fait profiter les Vartan. Même si l'on s'attend à ce que dans la rue l'air devienne un jour réquisitionné et soumis à contrôle, l'ordinaire reste supportable ; complicité des épouses Brink et Vartan, amitié non surfaite entre leurs hommes, chapardages de bon aloi des enfants, soirées et fêtes improvisées cousues de bric et de broc à la faveur d'un événement à fêter, ou d'une réalité trop lourde à oublier. Les sorties en commun conduisent parfois à Vitocha dans la maison des Brink, plantée au milieu des champs de tournesols, mais le plus souvent à Lakatnik, avec ses joyeuses parties de baignade dans l'Iskaar.

« À Lakatnik, accrochée aux barreaux de notre balcon, Sylvie a fait ses premiers pas, témoigne Maria Alexieva. Mon frère Itcho la prenait sur ses épaules pour la faire rire tandis qu'une vieille femme du village, très très grande, s'amusait à l'effrayer. Rien d'étonnant qu'elle n'ait gardé que du bon de sa vie là-haut. Tout y était tellement beau, comme entre parenthèses, malgré les difficultés bien réelles. Les familles étaient tout le temps réunies ; les femmes préparaient les repas dans la cuisine extérieure, pendant que les hommes s'adonnaient à la pêche. Le père de Sylvie et son grand-père étaient des champions dans cette discipline ! Ilona cuisinait souvent français, sans doute à la demande de son mari, mais elle-même n'appréciait pas ses propres plats. Elle préférait manger bulgare, ça lui rappelait les saveurs de son pays, la Hongrie[27]. »

*

Son drapeau a beau être souillé de sang, la Bulgarie peut encore camper sur son histoire. Quand l'hiver Sofia (l'Esprit-Saint) s'habille de neige, il faut voir sur ses avenues les traîneaux glisser avec la légèreté d'un daguet et dépasser les vieilles carrioles et les phaétons embourbés ! Le tram même s'avoue vaincu. Il se sent plus utile en été à transporter sans encombres ceux qui peuvent encore s'offrir un ticket. Djidjika éprouve un plaisir immodéré à grimper à bord du « tram », la sensation de roulis y est si exaltante... mais c'est en calèche, excusez du peu, que mademoiselle se rend à sa première séance de photographie. Que de scénarios pour obtenir de cette enfant à la fois timide et pugnace l'esquisse d'un sourire ! Le photographe en a vu d'autres, il en fera son affaire. Regarde, petite, le beau livre d'images... Chacun des membres de la famille, venue au grand complet pour l'événement, prend le relais en se risquant à improviser une grimace. Peine perdue ; ce sera la bouderie et rien d'autre ! Le vilain monsieur avec son étrange machine à éblouir n'a pas à rougir du résultat de son travail. La « petite » a finalement su lui dicter le style de pose auquel toute sa vie elle sera fidèle : rigueur professionnelle et mystère, avec toujours cet air d'être ailleurs.

*

Soudain, c'est le coup de tonnerre ! Ce que le clan Vartan redoutait depuis longtemps tout en faisant provision d'espoir, s'abat un jour sans prévenir sur la famille. Tout commence par l'envoi, le 28 mars 1951, d'un télégramme alarmant de Jean-Louis Baudier – successeur de Jacques Émile Paris à la tête de la Légation de France à Sofia, depuis le 5 septembre 1950 – au ministre français des Affaires étrangères :

« Le bureau des services pour le corps diplomatiques a convoqué ce matin un de mes collaborateurs pour lui faire savoir "qu'il n'était plus en mesure de continuer de m'assurer la collaboration de M. Georges Vartan, de nationalité bulgare, traducteur de presse de la Légation."

M. Vartan, a-t-il été indiqué, se serait rendu coupable "d'actes criminels", antérieurement au 9 septembre 1944.

Je n'ai pas jugé opportun de présenter une protestation auprès du ministère des Affaires étrangères bulgare, car une telle démarche aurait certainement pour résultat d'amener la milice à faire la preuve de ses affirmations en ouvrant un procès, M. Vartan étant actuellement en instance de naturalisation[28]. »

Pour replacer cette histoire dans son contexte, rappelons que nous sommes arrivés à une époque où toutes les Légations étrangères de l'Ouest sont devenues les cibles privilégiées du régime. Il faut coûte que coûte réussir à paralyser les activités des diplomates occidentaux en rendant la vie de ces derniers de plus en plus difficile. Couper tout contact avec le monde « capitaliste et bourgeois » : tel est le but des dirigeants bulgares à la solde de Moscou. À cette fin, on ne lésine pas sur les procédés les plus sournois comme les restrictions financières, l'interdiction de circulation sur plus de la moitié du territoire bulgare pour les hommes de Baudier. Ainsi instaure-t-on en toute légitimité un système de « tactiques » : « tactique de l'isolement » et « tactique des brimades », des coups d'épingle destinés à obtenir des diplomates qu'ils se lassent et quittent le pays de leur plein gré ou qu'ils se rebellent avec trop d'énergie et justifient alors une demande de rappel.

Dans ce carcan, les plus exposés sont encore les employés bulgares de la Légation qui ne bénéficient d'aucune immunité diplomatique. Deux ou trois fois par semaine, les malheureux sont convoqués à la milice où on les oblige à faire un rapport sur les « activités secrètes » de leurs employeurs. Après quoi, ils reçoivent, s'ils le méritent, quelque encouragement et des récompenses. L'un d'entre eux, quelque peu rétif à jouer le jeu, s'en plaint ouvertement à Jean-Louis Baudier : « Depuis un certain temps, je suis tourmenté par un agent de la milice qui de plus en plus devient insolent et exigeant. Travaillant à la Légation, je dois mettre mes yeux et mes oreilles partout, prendre des notes de tout ce que je vois et entends, marquer sur une liste les personnes qui par téléphone ou personnellement se rendent à la Légation et de m'intéresser du but de leur visite. Plus tard, il me serait donné du mastic pour prendre l'empreinte des clefs des coffres, des armoires et des portes pour lesquelles je devrais fouiller les poches des manteaux accrochés, afin de faciliter une éventuelle recherche de papiers pour lesquels je serais payé[29]. »

Depuis août 1950, date à laquelle l'Alliance française et l'Institut français de Sofia ont été contraints de fermer définitivement leurs portes, la Légation a déjà perdu plusieurs de ses employés bulgares, dont un chauffeur, mis aux arrêts de façon arbitraire et un traducteur, contraint de démissionner sous la pression de la milice. Le 6 septembre 1950, au lendemain de son entrée en fonction, Jean-Louis Baudier évoquait déjà l'éventualité de se voir privé des services de Georges Vartan :

« Le point le plus vulnérable qui s'offre naturellement à de nouveaux coups est certainement le service de traduction de la presse locale pour lequel, faute de personnel français qualifié, nous ne disposons plus, après l'exclusion de M. Derderian, puis de M. Stoyanov, que de M. Georges Vartan.

Bien que M. Vartan me donne entièrement satisfaction, il conviendrait donc de prendre sans trop tarder des mesures pour former un agent français susceptible de le remplacer au pied levé, dans une éventualité qui n'est que trop à craindre[30]. »

Et le ministre de France de sortir une hypothétique remplaçante du chapeau : Melle Irène Martino – une ancienne de l'École militaire d'Alger, qui a servi en qualité d'officier interprète au service des écoutes radiophoniques de la Résidence générale de Tunis avant d'être traductrice à Vienne, puis au Conseil de contrôle de Berlin, et enfin à Trieste – et d'établir les conditions financières de son recrutement à la Légation de Sofia. Pauvre papa Georges, déjà exclu en étant toujours là...

« Les brimades policières qui s'exercent à l'encontre de nos collaborateurs bulgares (traducteur, employés des bureaux, huissiers) sont particulièrement odieuses et nous font craindre que dans l'avenir, nous ne puissions utiliser leurs services qui sont indispensables en raison de leur connaissance des deux langues, continue de s'alarmer Jean-Louis Baudier, dans un rapport au Quai d'Orsay. Nous serions alors coupés de tout contact avec le pays[31]. »

Baudier vit dans les murs de la Légation avec son épouse et ses deux enfants, dont une petite fille de l'âge de Sylvie. Aussi le ministre n'appréhende-t-il que mieux la situation dramatique et périlleuse dans laquelle se retrouvent subitement relégués les Vartan. Dans un second télégramme adressé à Paris le 2 avril 1951, il ne se montre guère plus optimiste lorsqu'il évoque le départ plus qu'éventuel cette fois de Georges Vartan :

« Il est à craindre que M. Vartan, dès qu'il aura quitté cette Légation, soit l'objet de pressions de la part de la milice, qui semble avoir reçu pour instruction de chercher à créer des incidents avec ma mission.

Aussi bien, en tout état de cause, mon collaborateur ne pourra trouver ici aucun nouvel emploi.

M. Vartan, qui est né en France, a obtenu en temps utile des autorités bulgares l'autorisation d'acquérir la nationalité française.

Dans ces conditions, je serais obligé au Département s'il veut bien hâter la procédure de naturalisation et m'autoriser à lui délivrer d'ores et déjà un passeport français qui lui permettrait de quitter rapidement le territoire bulgare[32]. »

*

Le 28 mai 1951, après accord du ministre français des Affaires étrangères, un passeport français est *in fine* délivré à Georges Vartan, qui expirera le 28 mai de l'année suivante. Sa petite famille et lui disposent donc d'un délai d'un an pour quitter le territoire. « Valable pour un seul voyage en France », est-il encore mentionné au-dessus du cachet officiel et de la signature de Christophe Loppe, l'un des deux vice-consuls de la Légation.

Commence alors pour les Vartan un long chemin de croix semé d'embûches et de doutes. N'est-il pas de notoriété historique que les régimes totalitaires ont la fibre maternelle si ardente, que chez ces gens-là, monsieur, on ne laisse pas ses enfants s'en aller, on les tuerait plutôt ? Entièrement prisonniers du bon vouloir des autorités bulgares, Georges et Ilona campent sur des charbons ardents. Leur liberté, ils vont devoir la gagner en donnant au moins l'illusion d'être de parfaits patriotes communistes.

« À Sofia, une chose nous intrigua longtemps, déclare Kamen Todorov, voisin des Vartan à Totleben et ami d'enfance d'Eddie. Dans un quartier particulièrement exposé où beaucoup connurent des sueurs froides, il semble que les Vartan aient échappé aux problèmes politiques de la plupart. Étaient-ils protégés ? On pensa à l'époque, sans oser se l'avouer, que Georges Vartan, le père de Sylvie et d'Eddie, faisait partie des services secrets. Les riches n'étaient jamais couverts s'ils n'avaient pas la carte du parti [33]. »

« Terrorisée à l'idée que mon père soit jeté en prison, ma mère nous faisait jouer à la famille militante modèle [34] », rectifie Sylvie.

L'illusion fut parfaite jusqu'au bout. Puisant dans ce capital « sympathie », le régime alla jusqu'à commander à Georges Vartan une sculpture représentant Staline et Dimitrov (l'homme fort du moment), assis côte à côte, en grande conversation. « Staline et Dimitrov... J'imagine combien ça a dû lui coûter [35] », se désolera la chanteuse, des années plus tard.

Certains Bulgares avertis continuent néanmoins de s'interroger. Maria Georgieva qui, outre son métier de traductrice, fut également membre du cabinet du vice-président de la République bulgare de février 1992 à août 1993, pense que si rien ne peut être démontré, aucune hypothèse n'est à écarter : « Il est de notoriété qu'en cette époque trouble, tous ceux qui travaillaient dans les ambassades étaient de près ou de loin liés avec les services secrets bulgares. Il est possible que M. Vartan ait joué le jeu avec le régime pour pouvoir être libre, sans en aviser sa famille [36]. »

*

Partira, partira pas ? La loi bulgare de 1941 sur la nationalité prévoit que toute personne qui répudie la nationalité bulgare doit quitter le territoire dans un délai de trois mois à partir de la date de la répudiation. C'est précisément le cas de papa Georges et la date butoir arrive très vite. Le 28 mai 1952, les Vartan sont toujours à Sofia, incapables de se délivrer des tentacules de la pieuvre rouge.

C'est alors qu'entre en scène de manière déterminante un personnage énigmatique que Georges fut amené à côtoyer quelques années plus tôt, dans le cadre de ses activités à l'ambassade : Romain Gary ! Né Roman Kacew en Russie la même année qu'Ilona Vartan, lorsqu'en décembre 1945 il était arrivé à Sofia en qualité de conseiller culturel auprès du ministre de France, la gloire littéraire du Compagnon de la Libération Kacew, décoré par de Gaulle, était déjà en route avec, la même année, l'obtention du prix des Critiques pour *Éducation européenne.* C'est sa mère, Nina, ex-petite actrice de théâtre russe, « sans prestige ni triomphes », qui avait élevé Gary dans le mythe de la France et au-delà, dans celui de la liberté. Tous deux avaient dû fuir dans les années 20, le communisme et l'antisémitisme polonais pour se réfugier sur la Riviera. Une école de la misère qui fit naître chez le jeune homme une boulimie de démesure et d'ambition.

Dans sa biographie consacrée à l'écrivain, Dominique Bona souligne l'existence à Sofia de magasins spéciaux réservés aux seuls diplomates, le reste de la population bulgare se contentant d'être acculé à la faim. Précisément parce qu'il compatit à la souffrance et au désespoir des Bulgares, un peuple envers lequel sa propre slavitude le rend proche, Gary entretient des relations étroites avec tout ce que Sofia peut compter d'intellectuels et de bourgeois hostiles au régime, suscitant par son imprudence la méfiance des autorités en place. On lui doit à ce propos de remarquables exposés sur la situation militaro-économico-industrielle bulgare, rapports adressés au président du Conseil Léon Blum et conservés aux archives du Quai d'Orsay. Le premier, il avait fait état à son gouvernement de la perte de vitesse de l'influence française dans les Balkans. Mentionnant la menace qui pèse sur le lycée Saint-Augustin de Plovdiv, comme sur toutes les écoles françaises du pays, il avait noté : « Leur rôle en Bulgarie a été trop beau et trop grand dans le passé pour que la succession éventuelle n'apparaisse pas comme difficile[37]. » De fait, tous les établissements français, hauts « repaires du fascisme », fermèrent définitivement leurs portes en 1948.

Discret parmi les discrets, Georges Vartan se rapproche du fascinant Gary arrêté un soir devant la Mission britannique et fouillé sans ménagement par des miliciens à motocyclette qui, toute la journée, l'avaient pisté. Jusqu'à son départ de Bulgarie pour la Suisse, puis pour l'ONU où il deviendra la voix de la France, le futur prix Goncourt ne l'oubliera pas. C'est précisément depuis New York où son poste est beaucoup plus influent que celui qu'il occupait à Sofia, que Gary œuvre à venir en aide à Georges Vartan et à sa famille. « Il m'avait raconté tout cela, lors d'un festival de cinéma auquel nous avions participé ensemble, raconte un célèbre compositeur, ami des jeunes années de Sylvie. Nous y avions passé huit merveilleux jours. Je tiens du même Gary qu'il avait conservé le meilleur souvenir du père de Sylvie[38]. » Dans son *Romain Gary,* Dominique Bona rappelle l'extrême sollicitude du grand écrivain : « Il va apporter son aide à des familles éperdues, accorder des visas pour la France, à des hommes et à des femmes menacés d'emprisonnement, de déportation, d'assassinat. Il donnera personnellement de l'argent – lui qui peut passer pour avare – à des amis bulgares qui aujourd'hui encore peuvent témoigner de son extrême générosité[39]. »

Dans la deuxième moitié de 1952, à l'issue de leurs procès, les pères Proustov de Sofia, et Tontchev, de Plovdiv, sont condamnés à vingt ans de prison pour le premier, à la peine capitale pour le second.

Pour les Vartan, il était donc plus que temps de plier bagage ! Ça tombe bien, les visas viennent d'être accordés. Dans les bras les uns des autres, on s'embrasse, on rit, on pleure, on ne sait plus trop. Paris ! France ! ! Liberté ! ! Enfin... La ténacité est toujours bonne payeuse ; un message reçu dix sur dix par Sylvie. La douleur de la séparation est remise à plus tard, quand sonnera le glas des adieux à la famille, aux oncles, aux tantes, à *baba* Slavka, à grand-père Robert ; aux amis aussi ; aux femmes en noir de Lakatnik ; au 51, avenue Totleben, avec son jardin étoilé de roses et de tulipes ; à ces soirées de plénitude où, regroupés près du poêle quand la neige tombait au-dehors, on se protégeait du vacarme du monde. Autant de souvenirs qu'il faudra laisser derrière soi, comme la fugue de Djidjika, lors de vacances à Varna, la station balnéaire à la mode, au nord-est du pays. Pour l'avoir cherchée comme une folle, pendant des heures, sur son vélo, par toute la ville, Ilona sait la frayeur qu'une petite fille soucieuse d'aller laver ses chaussettes dans les vagues peut causer à sa maman. On avait retrouvé l'enfant au beau milieu d'un vaste parc bordant la mer Noire.

*

La date du départ approche. Dans *Si je chante* ainsi que dans toutes ses interviews, Sylvie travestit quelque peu la réalité, de manière à faire partir sa famille le 21 décembre environ, pour une arrivée à Paris le 24. Carte postale accommodante et presque parfaite. N'était que les écrits restent et sont bavards... Le registre de l'hôtel d'Angleterre, seconde adresse des Vartan dans la capitale française, mentionne, lui, la date du 14 décembre 1952 comme étant celle de leur entrée dans l'établissement. Ce qui revient à dire que les exilés débarquèrent encore plus tôt en France puisque leur prime adresse parisienne fut l'hôtel du Lion d'argent où selon Sylvie ils restèrent quatre ou cinq mois. C'est Laurent Boyer qui, sans le savoir, leva le voile lors du « Fréquenstar » consacré à Sylvie en 1992. Au milieu des gravats d'un hôtel voué à être démoli, l'animateur retrouva le vieux registre de l'année 1952, miraculeusement conservé. Anachronisme innocent qui n'a d'importance que dans la mesure où il démontre la volonté de la chanteuse d'opposer une situation plutôt dramatique, qui était alors la sienne, à celle d'un monde libre où tout paraissait s'arrêter à des arbres chargés de guirlandes. Noël : symbole des enfants rois et heureux. L'équipée n'en demeura pas moins rocambolesque. Le début d'une fêlure...

Maintenant que les quelques meubles ont été vendus, il va falloir solutionner le problème de l'argent, car il est strictement impossible de sortir du pays avec des devises étrangères. Que d'interdits pour si peu de libertés ! La tension des derniers jours devient perceptible pour la petite Sylvie, qui étreint un peu plus fort chaque soir sa poupée Francette avant de s'endormir. Parce qu'il faudra aller à l'essentiel, l'amie silencieuse sera sacrifiée... Pour l'argent, le ministre de France, Jean-Louis Baudier, a trouvé le stratagème : il suffira aux Vartan de s'arrêter à Belgrade pour y passer la nuit. Là, des représentants des deux ambassades tiendront à leur disposition des francs français. Ensuite, en route pour Paris et à la grâce de Dieu ! La nuit de Varennes revisitée. Fatalité : devenue une vedette internationale, Sylvie retrouvera l'accommodant diplomate à Athènes lors d'un voyage avec Johnny en 1967.

Cette scène finale du dernier acte, combien tous la redoutent pour l'avoir imaginée cent fois. Comme les étapes de leur périple... Les bagages chargés, le train s'ébranlera vers la frontière, après une halte à Slivnitza, puis ce sera la Serbie, la Roumanie et l'Italie à bord du grand Orient-Express qui cinglera au bout de l'inconnu. Du fait de la fermeture de la frontière bulgaro-grecque, les voitures-lits ont été stoppées à Sofia, précisément cette même année 1952. Il faudra donc se contenter des sièges hostiles de la seconde classe.

Sur un quai anonyme, un monde s'écroule, un autre pointe qui n'a pas encore dit son nom. Entre les deux, les acteurs de ce drame : des hommes, des femmes et des enfants condamnés au vide par un régime comme en apesanteur dans le sien propre.

C'est seulement dans le train que Sylvie commence à mesurer l'ampleur du drame qui se joue autour d'elle. Lorsqu'elle voit les portes du compartiment se refermer sur son grand-père resté seul sur le quai de la gare, le visage rougi par les larmes, un mouchoir à la main, dans la fumée qui l'entoure, son ciel affectif se déchire d'un seul coup. Toujours elle cherchera à le reconstituer, à pallier ce morceau manquant de sa vie. Au moment où le train s'ébranle, il lui faut encore affronter la vision insoutenable du vieil homme qui se met à courir avec difficulté. Soudain, pour la première fois elle a peur pour ce vieux monsieur à qui elle ne pourra plus dire combien il était adoré.

Fini le bleu et le jaune de l'enfance. Djidjika devenait adulte.

*

Pour autant la partie n'est pas gagnée. À la frontière serbo-bulgare, les douaniers font du zèle. Curieux, ces individus décorés comme pour une kermesse du dimanche qui voyagent dans un wagon de troisième classe totalement désert... Les femmes et les hommes séparés pour être fouillés dans deux pièces différentes, le contrôle s'éternise. Des livres de littérature emportés par Eddie jusqu'aux boulettes de viande préparées par *baba* Slavka que l'on triture avec des piques pour y découvrir l'arme d'un crime, tout est disséqué, passé au peigne fin. « J'avais des nattes, confiera Sylvie à Jacques Ourévitch, ils ont défait mes nattes à la recherche de je ne sais quoi... J'avais peur... » Pendant les deux heures que dure la longue séparation, Ilona et sa fille élaborent les pires hypothèses : « Et si papa a été emmené pour être déporté dans un camp... [40] » Le reverront-elles avec Eddie ?...

« Enfin, après un ultime coup de tampon, les douaniers s'éloignèrent et, à petite vitesse, le train pénétra en Serbie », note Eddie Vartan dans son livre. Et papa Georges de solenniser l'avènement de la reine Liberté : « Cette fois, c'est pour de bon ! »

Songeuse, Sylvie entre dans une nouvelle ère, celle de la nostalgie. Adieu, donc ou « si ce n'est qu'un au revoir, on se retrouvera... » Serment d'enfant, foi de Bulgare !

« J'ai longtemps pleuré après leur départ, note tristement Lily Kostadinova. Souvent j'ai cherché Sylvie dans mes songes. Elle m'avait dit que nous serions amies pour la vie et que nous nous écririons tous les jours. Puis le temps a passé et je n'ai jamais rien vu venir... [41] »

*

Ici s'arrête la part de légende. En fuyant la Bulgarie, les Vartan ne laissèrent pas seulement derrière eux un pays qu'ils adoraient.

Les différentes personnes interrogées, dont toutes ont souhaité rester anonymes, sont formelles sur ce sujet. Un drame, en effet, un accident malheureux aux conséquences dramatiques aurait entaché la fin de leur séjour à Sofia. « Un jour, raconte un ami d'enfance d'Eddie qui a souhaité témoigner sous couvert d'anonymat (nommons-le témoin n° 1), nous devions nous réunir, quelques jeunes du quartier, dans un hangar, sur une place de la ville, à l'angle de deux rues. Mon père m'ayant réquisitionné pour une tâche domestique, je n'ai pu m'y rendre... Dieu merci ! Ce qu'il advint ce jour-là marqua en effet longtemps les esprits. L'un de mes camarades avait apporté le fusil de son père, une sorte de carabine à plomb qui tirait des morceaux d'os. Au cours d'une mauvaise manipulation, Eddie atteignit l'un de nos amis à la gorge. La carotide fut touchée. L'adolescent ne survécut pas. Comment cet homme pouvait-il détenir une telle arme à pareille époque ? Encore une fois, cela semblera exagéré et incompréhensible à qui n'a pas vécu cette période, mais il fallait être en odeur de sainteté avec le régime pour prendre de tels risques passibles d'une déportation et plus. Si je me permets d'insister davantage sur l'atmosphère dans laquelle nous étions confinés c'est uniquement dans le but de me faire mieux comprendre. Dans les usines, par exemple, les bureaux, ou ailleurs, chaque geste, chaque parole était rapportée. Tout le monde savait quels étaient les ustensiles que vous possédiez à la maison. Si vous racontiez des histoires drôles, que votre ambition était d'acheter un poste de télévision, aussitôt vous deveniez un suspect. De même, plus tard, lorsque la mode pour les jeunes filles fut à la queue de cheval, gare aux audacieuses ! Les policiers avaient en permanence sur eux des ciseaux avec lesquels ils coupaient les cheveux des insolentes. Pas question bien sûr de broncher si on ne voulait pas se retrouver dans un camp de travail. Quant aux délations, on ne se donnait jamais la peine de vérifier les informations. Il fallait des coupables, des espions. De quelle manière le pauvre Georges et Ilona purent-ils échapper à la justice [42] ? » Une question qui n'obtiendra sans doute jamais de réponse si tant est qu'elle ait raison d'être. Ne traduit-elle pas aussi, et surtout, le legs de paranoïa qui entoure aujourd'hui encore tous les souvenirs de ces années noires ? À force de ne rien savoir et d'avoir vécu des décennies dans la peur, l'âme des Bulgares ne fut-elle pas contaminée par la certitude sans preuve que tout un chacun pouvait être dans les petits papiers du régime ?

« Peu de temps avant leur départ pour la France, les Vartan sont revenus à Lakatnik, se souvient Maria Alexieva. Ilona tenait à revoir une dernière fois les lieux où elle avait été si heureuse. Une femme toujours si souriante, fabuleusement belle, élégante. Et si bonne !

Nous nous aimions énormément. Nous en avons passé des heures ensemble... À Lakatnik, lorsqu'elle m'emmenait avec elle chercher du lait à environ un kilomètre de la maison, nous parlions beaucoup sur des sujets très divers. Plus exactement, c'est elle qui parlait et moi je l'écoutais très attentivement. Hongroise d'origine, par ses récits, elle m'ouvrait les portes d'un monde tout à fait différent et beaucoup plus fascinant que celui dans lequel je vivais[43]. Elle fut mon premier professeur de français, m'apprenant quelques mots de cette langue qu'elle connaissait un petit peu. En dépit des différences sociales et culturelles avec ma mère, toutes deux s'aimaient aussi profondément. Je n'ai pas oublié les spectacles qu'Ilona montait pour nous et avec nous, les enfants, dans la cour de la maison. Comme dans l'un d'entre eux, nous évoquions les différentes saisons, elles nous avaient fait des costumes adaptés à l'été, à l'automne, à l'hiver et au printemps. C'était modeste et tellement somptueux à la fois. Il faut dire que nos familles qui invitaient souvent beaucoup d'amis étaient toujours très bon public ! Soudainement, nous fûmes privés de la compagnie et de la chaleur de ces gens merveilleux. Cela dura des années. Dix ans sans nouvelles ! Ilona... c'était le soleil[44] ! »

DEUXIÈME PARTIE

Salut la copine !

CHAPITRE 5

Parisienne

« Dans ces moments où l'on teste la force de notre amour... »
Jean-Jacques Goldman
(J'irai au bout de mes rêves)

5 mars 1953. À peine transmise dans les salles de rédaction, la dépêche court les ondes : Staline a rendu son âme au diable. Est-ce le début d'une espérance, ou un entracte mystificateur ? « Camarade Staline, votre mémoire vivra éternellement dans nos cœurs[45] », s'écrie à Paris ce bon et brave Jacques Duclos. À Sofia, un groupe d'opposants commémore d'une tout autre façon l'événement en dynamitant comme il se doit la statue du défunt dans un parc de la capitale. Les mesures de répression n'en sont que plus renforcées. Arrivera bien le jour où, sur l'échiquier soviétique, un pion gagnant fera sauter les précédents. Ce jour-là, peut-être, *baba* Slavka et grand-père Robert, à leur tour, obtiendront leurs visas pour la France. Alors seulement, Paris deviendra une fête. Sylvie en est certaine, ce grand moment tombera bientôt ; la patience n'est-elle pas bonne payeuse ?

« Paris Canaille » cuvée 1953, la petite fille le goûte déjà depuis plusieurs semaines, éblouie par la richesse et la profusion symbolisés par la densité du parc automobile. La nuit, sur les avenues, le ballet des lumières gagne en féerie. Aux néons et aux réverbères figés répondent les phares azimutants des Deux-Chevaux Citroën – si prisées que le délai de livraison sera de six ans ! – déboulant sans complexes parmi les Versailles, les Ariane ou encore les Frégate, les vieilles Traction et les dernières Delahaye.

1952 et 1953 sont pourtant des années de grève. Le pays tout entier vit au rythme de la reconstruction, dans un climat social et politique encore peu favorable, avec parfois un divertissement de portée nationale dont semble se repaître une population désaltérée au Coca-Cola, qui en oublierait presque le bon vieux temps du marché noir. Dernier show en date qui tient l'Hexagone en haleine : le procès en province de « l'empoisonneuse », « la super-Brinvilliers », « la bonne dame de Loudun ». Marie Besnard sera-t-elle condamnée ? Lorsque le Parigot ne se répand pas en pronostics, il se plaît à chiner le Président Vincent Auriol en faisant une anagramme de son nom : « Voilà un crétin ! »

De l'autre côté du rideau de fer, les proches des Vartan sont à un tout autre festin : l'ami Philippe Marinov vient d'être condamné à mort pour « espionnage. » André Brink, victime du même chef d'accusation, ne doit son salut qu'à sa position d'étranger et à son statut de diplomate. Après un infâme simulacre de procès au cours duquel Brink est reconnu coupable d'avoir « organisé et financé, pour le compte d'une tierce puissance » – il a été indiqué au cours du « procès[46] » qu'il s'agissait de la Grande-Bretagne – un réseau d'espionnage et des groupes clandestins chargés de mener la lutte contre le pouvoir populaire, il est jugé *persona non grata* par le gouvernement bulgare qui a demandé son rappel aux Pays-Bas. C'est encore ce qui pouvait lui arriver de mieux, mais l'affaire prend une tournure si grave et importante que le maintien même de la Légation néerlandaise en Bulgarie est remis en question. Le ministre de France à Sofia, Jean-Louis Baudier, ami de Georges Vartan comme il est resté celui de Brink, bénéficie des confidences de ce dernier qu'il s'empresse de faire parvenir au ministre français des Affaires étrangères. Finalement, le 10 juin 1953, Brink et sa famille sont définitivement expulsés du territoire bulgare. Quinze jours plus tard, après un long voyage à bord d'un wagon de marchandises, dès leur arrivée au Pays-Bas, André Brink maintenant libre de parole dénonce à la presse les conditions d'existence du peuple bulgare.

Comme les Vartan, les Brink ont eu très chaud, mais en somme tout est bien qui finit bien. Plus tard, même, les amis se retrouveront et, clin d'œil extraordinaire du destin, en épousant le frère de Tony Scotti, Simone Brink deviendra un jour la belle-sœur de Sylvie Vartan !

*

Pour la petite fille de huit ans dont les yeux s'écarquillent chaque jour davantage, la Bulgarie, c'est loin maintenant. Sylvie ramène tout à Paris, à ses lumières et à son spectacle permanent. Fantasque et lunatique, le grand Paris peut piétiner la misère, casser les illusions, comme offrir un avenir et même la gloire dans un accès de cyclothimie. Reste que, pauvres ou nantis, chacun revendique ce titre de Parisien pour lequel, selon le mot de Guitry, naître sous ce ciel-ci n'est pas utile. Simplement savoir y renaître. C'est la preuve par le talent d'un Paris accessible qui, pour ignorer les préjugés, donne sa chance à tout étranger de bonne volonté. L'impossible, la petite fille le remet au lendemain. Pour l'heure, seul l'étalage presque insolent des victuailles sur les tréteaux des marchands de Montorgueil, son nouveau quartier, recueille les faveurs de son enthousiasme insouciant. Juchée sur ses huit ans, curieuse de tout, passionnée, l'enfant de l'été laisse ses yeux filmer en sépia son nouveau monde. Pour rendre, dans le rire, des années plus tard, le détail colorisé et sucré que sa mémoire aura retenu : « J'étais obsédée par les bananes[47] ! » (...) « À l'époque, je ne savais même pas comment c'était fait, une banane. Découverte merveilleuse de ce fruit superbe et délicieux à la chair tendre et parfumée. Des régimes de bananes[48] ! » La première banane de Sylvie fut italienne, lors du fameux voyage vers la liberté : « (...)Ah, la banane c'était quelque chose ! Quand je suis arrivée à Paris, j'en mangeais des kilos parce que je trouvais ça tellement formidable... Maman avait tout le temps peur que j'attrape des indigestions[49] ! »

Le plus étonnant pour ces émigrés de fraîche souche reste les étalages des crémiers avec ces foisonnements de fromages de toutes sortes : « Surtout, ce qui m'épatait... ce qui épatait ma mère aussi, c'est quand les gens ouvraient les camemberts et qu'ils les touchaient avec leurs doigts. On se disait : “Mais qu'est-ce qu'ils font ces gens, avec leurs doigts comme ça ?” On ne savait d'ailleurs pas que c'était du fromage... (...) En fait, notre plus grand Disneyland, à l'époque, c'était la rue Montorgueil[50] ! »

Le bien-être français dont grand-père Robert, assis à l'ombre de la tonnelle du jardin, à Sofia, se faisait le laudateur n'était donc pas un mythe. Quel bonheur de pouvoir se promener libre et serein par les rues de Paname sans la sensation obsessionnelle d'être talonné par d'invisibles mauvais génies. Pendant longtemps, Ilona se retournera dans la rue pour voir si on ne la suit pas. Un mécanisme enraciné chez ces gens anciennement traqués.

La jouissance de penser, de parler, d'être tout simplement. Les « bâtards », les filles-mères, les enfants de divorcés et les homosexuels sont encore montrés du doigt, mais qu'importe ! On peut mâcher du chewing-gum et fumer à volonté sans penser au cancer, en affinant sa silhouette, un hula-hoop en mouvement autour de la taille.

Si la Liberté donne des ailes, la Dame ne nourrit pas son homme. Les jours se sont écoulés et Georges, au chômage, assiste impuissant à l'érosion lente mais progressive de ses économies. En dépit des efforts du gouvernement, les prix s'envolent. L'exil commence à montrer son vrai visage. Alors, seulement, ces épris de liberté commencent à dessiller les yeux sur une réalité qui vaut partout, ici comme ailleurs : seul celui qui possède l'aisance financière peut aspirer à la justice et au pouvoir d'agir presque en toute latitude.

*

Hôtel d'Angleterre, 56 rue Montmartre.

— Une chambre, s'il vous plaît, nous sommes quatre...

— Parfait, pour vous ce sera la 14, au deuxième étage !

Cette pièce et ce chiffre, ses premières références parisiennes, jamais Sylvie ne devait les oublier. Davantage, sans doute, que ce film tourné en Bulgarie à un âge où les fées se font encore de tendres compagnes, c'est ce lieu taillé dans l'humidité qui donna à la fillette la volonté de sublimer le médiocre en offrant l'une des plus belles preuves d'amour qui soit d'un enfant à ses parents : la réussite et l'assurance d'un avenir protégé. Toujours elle saura rendre hommage à ce jeune couple qui, dans la dignité et la droiture, surmonta les obstacles sans que l'un ou l'autre n'obéisse au moindre signe d'une défaillance physique ou morale ; pour les enfants ç'eût été le début d'un pessimisme néfaste à leur équilibre et un coup de canif dans leur foi en tout ce qui leur avait été inculqué jusque-là.

Au Lion d'argent, les Vartan bénéficiaient de deux chambres, la première attribuée aux parents, l'autre pour Eddie et Sylvie. Ici, à l'hôtel d'Angleterre, leur univers devra se réduire à une seule pièce, un espace comblé principalement par deux lits qui donnent sur une cour intérieure sombre comme Paname quand Paname fait la gueule. Parfois, si le temps ne s'y oppose pas, Sylvie descend jouer à la corde, au ballon et à la marelle, ou bien avec Ketty, le basset des propriétaires. Dans ces temps de vaches maigres, M. et Mme Daniel sont à peu près les seuls à tendre une main compatissante à cette famille d'émigrés, leur proposant de temps à autre de partager leur séjour à la campagne, dans leur propriété. Le bonheur est si beau à regarder sur le visage de la petite Sylvie quand, dans le jardin qui ceint la bâtisse, le temps d'une illusion elle se croit revenue à Sofia, chez grand-père.

Grand-père Robert...

Au numéro 14, les rats sont aussi chez eux ! Il y en a toute une colonie qui résistent aux flots de Javel d'Ilona. La malheureuse n'a d'autre recours, la nuit, lorsqu'elle s'échine sur son ouvrage ou sa planche à repasser, que de mettre ses pieds à l'abri dans le bidet. « Je la revois encore, écrira Sylvie, fatiguée au point de s'endormir quelquefois à la lueur de sa lampe dont elle diffusait la lumière avec un journal pour ne pas nous réveiller, toujours vaillante et gaie, malgré les soucis qui devaient courir dans sa tête. Un soir, je l'ai secouée doucement, promettant : "Plus tard, je t'achèterai une grande maison avec des rideaux partout et tu ne travailleras plus." À ce moment-là, c'était difficile à croire, mais ce soir-là j'y ai cru de toutes mes forces et je me suis juré que le rêve deviendrait réalité, rien que pour effacer l'incrédulité et la fatigue que je lisais sur son visage[51]. »

L'apparition puis la sophistication de la machine à laver, le robot à dix vitesses vanté par les grandes marques d'électroménager, le réfrigérateur, toutes ces inventions à moteur qui tournent dans le sens de l'Histoire ignorent le foyer des Vartan. C'est à peine si Ilona est en droit de tester, en se brûlant plus souvent qu'à son tour, un réchaud à gaz capricieux sur lequel elle obtient des directeurs de l'hôtel de pouvoir préparer du chocolat au lait le matin, et le soir des potages en sachet. Pas question non plus et pas le temps pour Georges d'aller vider sa maigre bourse dans l'une de ces 6 000 agences du PMU qui alimentent de blé frais le Tiercé nouvellement créé. Mais à tout le moins, la famille vit dans une relative sécurité à l'abri de la rue. Au mois de janvier 1954, il n'a pas fait bon traîner dehors : –15° a indiqué le thermomètre, une température qui a fait exploser celle d'un ancien maquisard, ex-député, devenu abbé. En lançant « une insurrection à la bonté » dont les échos ont porté jusqu'à l'hôtel Matignon, l'abbé Pierre a touché au miracle et sauvé des milliers de sans-abri... jusqu'au prochain hiver.

*

Sous le ciel d'un Paris passé sous la coupe de Mendès France, loin, si loin de Diên Biên Phu, l'été est revenu et les amoureux n'éprouvent plus de gêne à se bécoter sur les bancs publics. Et plus si affinités. En chemin vers son dix-septième anniversaire, Eddie n'est pas le dernier de la classe... Tous les jeudis, il faut le voir dans les parcs ou les jardins s'exercer à attirer « le regard oblique des passants honnêtes », sa « petite gueule sympathique » fondue dans celle de quelque dulcinée de collection. Dans ce contexte, Sylvie ne peut représenter qu'un élément perturbateur, un « boulet » qu'Eddie refuse de traîner derrière lui. Ou plus exactement devant ! Chaque fois que sa mère lui demande de sortir sa sœur, parce qu'il est le plus grand, qu'il se doit de veiller sur elle, le scénario coule, immuable ; ils n'ont pas franchi le portail voûté de leur refuge au-dessus duquel est inscrit en lettres de bois collées sur la façade HOTEL D'ANGLETERRE que déjà, abusant de son statut d'aîné, Eddie ordonne à Sylvie de marcher devant lui, à un bond de chèvre de distance. Tempête de la gamine qui refuse sa qualité de quantité négligeable. Mais Eddie règne en maître. C'est compter sans l'esprit de fronde du « boulet » qui prend un malin plaisir à traînasser autant que possible, réduisant ainsi son ange gardien à un sur-place horripilant. À ce jeu qui gâche leur jour de relâche à tous deux, Sylvie préfère les promenades au Palais-Royal avec une cliente de l'hôtel et sa fille. C'est mieux que de passer des heures toute seule dans la chambre, à pleurer dès que passe *Le Petit Cheval blanc* de Brassens à la radio. Les jours de repentance, dans un élan de solidarité qui précède en général un service à quémander, Eddie emmène l'enfant terrible aux Tuileries pour une séance de patins à roulettes, aussi courte que possible... À chacun ses occupations !

« Il m'a beaucoup appris, dira Sylvie. Un grand frère qui vous bouscule, qui vous tape, qui vous agace, ça vous donne une certaine décontraction, une force et surtout beaucoup d'humour, sur soi-même et sur les autres [52]. »

Chaque lendemain de petite villégiature, c'est le retour en classe. Depuis son arrivée, Sylvie fréquente l'école communale de la rue de la Jussienne. Elle a du mal à s'exprimer mais comprend assez bien le français ; pour cette raison, la directrice de l'école décide de l'intégrer au cours élémentaire deuxième année, classe correspondant à son âge. En la présentant à ses petites camarades, Mme Lecoq, l'institutrice, donne la consigne : « Elle est étrangère, alors il faut être très gentilles et s'occuper d'elle. » La nouvelle arrivante est placée à côté de la meilleure élève. Après des débuts pénibles où elle se sent observée comme un jouet mécanique dans une vitrine de grand magasin en période de fêtes, elle qui n'aspire qu'à l'indifférence (Sylvie avouera n'avoir perdu son accent qu'au terme de trois années de pratique), difficilement elle s'installe : « Les enfants étaient très gentils avec moi, mais moi j'étais affreusement intimidée et j'étais très honteuse de ne pas savoir parler correctement. Je faisais plein de fautes... En plus, il y avait des mots typiquement français que je ne comprenais absolument pas... La maîtresse disait tout le temps : “Par conséquent... par conséquent...” Et je me disais : “Qu'est-ce que ça peut bien vouloir dire, par conséquent ?” J'ai mis deux mois pour le comprendre [53] ! »

Le sérieux dans son travail fait de la petite Vartan une élève vite remise à niveau qui offre maintenant les meilleures dispositions, si l'on exclut les mathématiques, ses derniers prodiges dans cette matière datant de l'époque où grand-père Robert lui laissait croire qu'additionner un cube à un autre relevait du génie. En revanche, l'histoire de France à laquelle toute petite déjà elle fut initiée ne la laisse pas indifférente. Depuis que Robert autrefois, et son père aujourd'hui, lui ont appris qu'ici, sous les clochers et derrière les hautes façades tarabiscotées, le grand roi Louis XIV fit au même âge qu'elle aujourd'hui sa première communion, que Molière et Mme de Pompadour y furent baptisés, qu'enfin M. de La Fontaine eut ses obsèques, Sylvie ne passe plus devant Saint-Eustache, dont le bourdon envahit la chambre de jour comme de nuit, sans se laisser aller au rêve. Il en savait de bien belles choses, grand-père Robert... Des enseignements qui lui serviront durant de nombreuses années.

*

Barbara assise au piano de l'Écluse, les yeux dans le vague, guettant chaque soir sa Dame en noir ; plus loin l'ami Brel, encore inexistant, qui attend de devenir l'ombre du chien de Suzanne Gabriello, pour supplier sa maîtresse de ne pas le quitter ; Jujube, l'existentialiste, qui revendique l'exclusivité de son trône de Saint-Germain et enregistre du Sagan nouvellement traitée de « charmant petit monstre » par François Mauriac ; Cocteau et Guitry, brillant encore au royaume des mots, prêts à partir pour l'Autre ; Gainsbourg, seul en tête à tête avec son génie, les oreilles décollées et sourdes au vibrato d'un Mariano catalyseur d'hystérie ; Piaf et Montand, amants terribles d'autrefois qui font maintenant gloire à part, laissant rêveuse Yolanda, une ancienne reine de beauté égyptienne trop à l'étroit dans sa chambre de bonne, même si tout aussi désargenté qu'elle, son voisin de palier a les beaux yeux d'Alain Fabien Delon : c'est un peu de tout cela et tellement d'autres choses encore le Paris-néon des années 50, celui des Brassens, Constantine, Mireille, Cora Vaucaire ou Philippe Clay. Autant d'univers prometteurs ou déjà bien estampillés qui aident à vivre le populo et se retrouvent au coude à coude avec celui des aînés, Momo, Tino, Sablon, Trénet, pour continuer à répandre à travers le monde, quand le monde ne vient pas à lui, l'inaltérable mystère de Paris.

Après le lycée (elle est maintenant en sixième à Victor Hugo), étrangère encore à l'extraordinaire fourmillement artistique qui coule Paris dans un âge d'or, une planète qui sera un jour la sienne avec tous ces êtres de lumière dont elle deviendra pour certains et l'égale et l'amie, en attendant le retour de ses parents au quartier général, Sylvie fait chaque soir l'apprentissage de la solitude. Parce qu'elle est trop petite pour accéder directement aux casiers de la réception, on a imaginé pour elle un système très simple qui lui permettra d'attraper la clef de la chambre 14 sans avoir à déranger les patrons de l'hôtel. Il lui suffira de tirer sur le fil au bout duquel la clef a été attachée... Et alors, à elle les grands espaces de l'imagination ! Le corps devant la glace, à mimer des situations, des personnages qu'elle a vus sur les écrans de cinéma des Grands Boulevards, avec Eddie, l'esprit ailleurs, très loin, comme tous les enfants pauvres en mal de palais onirique, elle monte le spectacle de sa vie. Facile : enfiler le col de son pull bordeaux à côtes sur la tête pour imiter la coiffe du pharaon d'Howard Hawks, puis lever les bras au ciel en se concentrant toujours sur la même réplique : « Quand les montagnes parleront... » Et pour un instant, quelques heures, être quelqu'un d'autre et faire semblant d'y croire. Ainsi, l'illusion vient à soi et le rêve est légitimé. « Un jour ma mère m'a surprise et le soir, elle a dit à mon père : "Georges, Sylvie ne devrait plus aller au cinéma, ça la perturbe[54]." » Ilona a oublié que lorsqu'elle était elle-même une enfant, elle terrifiait ses parents avec sa volonté de devenir un jour une grande trapéziste !

Pour toutes les *Alice au pays des merveilles* de la terre, les films et les acteurs internationaux des années 50 constituent un vivier magnifique. Gina-reine de Saba, ensorcelante d'exotisme, qui manque de mourir d'amour sous les pierres du peuple de Salomon ; James Dean, qui rejoint sa légende sans attendre un dernier « Moteur ! » Un ange est passé... Silence, il ne tournera plus. Non plus Grace, qui trahit Hitchcock en devenant Grimaldi sur un rocher trop petit pour elle. Et puis, en France, Martine Carol et surtout Gérard Philipe... Ah, Gérard Philipe ! Sylvie se pâme : « Je l'avais vu dans *Les Caprices de Marianne* et j'en étais ressortie subjuguée. C'était ça, absolument, cette fêlure, cette incarnation parfaite de l'autre. Il était beau, il palpitait ailleurs, au-dessus, et je savais qu'il touchait l'absolu dans ce monde de lumière. Et je savais que c'était ma vie, une idée fixe, avec l'intime sensation de ne pouvoir faire autre chose...[55] »

— Bien sûr, ma fille, bien sûr, un jour... En attendant, aide-nous à rassembler nos affaires, papa a trouvé un appartement en banlieue. Nous allons l'acheter à crédit et dans vingt ans, il sera à nous !

Quitter la chambre 14.

— Pour un appartement ? Un vrai, avec des portes, des armoires et puis des chambres et...

— Oui, avec tout ça !

— Sensas !

Près de quatre années durant, le précaire et le provisoire furent le seul luxe matériel de ces gens. Pour autant Sylvie n'a pas le souvenir d'avoir porté une couronne d'épines. Au contraire, avec le recul, ce ne seront pour elle que souvenirs bénis. Certes, son frère et elle souffrirent quelque peu de l'absence de leurs parents obligés de travailler sans relâche, mais la chaleur des gens qui s'aiment les rassemblait toujours. Une famille des plus unie.

Georges avait finalement dégoté un emploi de modeste comptable, à deux pas de l'hôtel, aux Halles, où bientôt Ilona elle aussi fut embauchée. Les Halles ; toute la mémoire de Paris célébrée par Carco et fixée par Zola dans l'un de ses chefs-d'œuvre réalistes. Jusqu'aux pelleteuses et bulldozers de la grande ère pompidolienne... Au fond, en 1950, presque rien n'avait encore changé depuis que les Halles servaient de *ventre* à la capitale. Petite métropole grouillante d'hommes, de femmes, le visage mordu par le froid et les chaleurs aoûtiennes, au corps à corps avec des armées de denrées regroupées par régiments au fil des arrivages de camions sous les intimidantes cathédrales de verre. Fraises du Périgord, asperges d'Argenteuil, petits pois de Carrière-sous-Poissy, tomates de Marmande, chaque spécialité se laissait vanter par « la voix de son maître », dans une cacophonie des mieux réglées. Voyez encore, là-bas, ces cerises de Montlhéry ; elles nous feraient une crise d'érubescence devant la belle santé des pêches joufflues de Montreuil que les navets de Viarmes n'y verraient point d'étonnement ! « Objets inanimés, avez-vous donc une âme ? » Aux Halles se trouvait celle du peuple de Paname, surgie de la nuit des temps et coulée à jamais dans le trémolo de Fréhel. Tout ici arrivait. Pour en repartir. Les camions surchargés avaient pour guide d'une nuit quelques clodos qui pour un litre de rouge ou deux jouaient les poissons pilotes à travers un dédale de rues qu'ils connaissaient mieux que le pucier qui leur servait de clébard. Le secteur le plus déconsidéré dans cette panique hiérarchisée restait sans conteste celui de la triperie en gros, couvrant les rues de Vauvilliers et du Roule. C'est ici que, pour 115 F par heure, le cours du SMIG faisant foi, Georges, le petit Arméno-Slave et Ilona, sa Hongroise d'épouse (« notre fille est comme toi, elle descend d'Attila[56] ! ») mêlèrent leur sueur à celle des héritiers de Gavroche, se firent une place dans un maelström de casseurs de têtes de veau, de jets de sang, de bataillons d'ordres lancés sans douceur et d'échaudoirs fumants et pestilentiels.

Et « là-bas », la vallée des roses...

*

— Clichy-sous-Bois, c'est pas un peu loin, maman ?

Pas tant que ça, pour se rendre à son travail, Ilona prendra le bus et Georges voyagera sur son cyclomoteur acheté d'occasion. La Mobylette, bête de somme de l'ouvrier parisien, c'est le prix d'un SMIG et c'est trop cher ! Fraîchement sortie des usines de Motobécane, près de Saint-Quentin, objet aujourd'hui mythique s'il en est, en 1956 la Bleue devient jaune lorsqu'elle est enfourchée par les postiers, blanche si la police décide d'en faire un cheval de bataille au service des lois.

Reste que pour le père Vartan, des chromes flambant neufs et un compteur à zéro, ça n'est jamais que du superflu. Fou ce que cet homme de cent soixante-trois centimètres peut avoir de détermination chevillée au corps lorsque de la sécurité des siens il s'agit ! Pendant trois autres longues années, il va effectuer le même trajet : cité de La Pelouse/Les Halles ; Les Halles/cité de La Pelouse, sur son deux-roues, bravant les caprices du ciel d'Ile-de-France. « Le pauvre homme s'en est bousillé les articulations[57] », déplore le chanteur Carlos. Qui, hors les poètes et les fous, pourrait encore croire qu'à Paris, « les nuages sont en poudre de riz » ? Deux activités pour une même fonction ; l'une de jour, l'autre nocturne. Entre les deux, peu de temps pour récupérer. Travailler, travailler toujours plus. S'user jusqu'à la corde. Et attendre l'embellie... Diantre, la patience n'est-elle pas bonne payeuse ? !

CHAPITRE 6

Pas de rock'n roll après 17 heures !

« Le sauvage adore des idoles de bois et de pierre,
l'homme civilisé des idoles de chair et de sang. »
Bernard Shaw

— Dis-moi si je me trompe, Ilona, mais depuis que Sylvie fréquente ce lycée du Raincy, il me semble qu'elle n'est plus tout à fait pareille. Elle a même une drôle de façon de regarder les garçons... Si mon père voyait sa Djidjika !

Djidjika a passé le relais à Sylvie, Eddie à présent est un homme et un jour, peut-être plus tôt qu'il ne le pense, Georges deviendra lui aussi un beau grand-père rose et lisse.

— Que Dieu t'entende...

Vrai que Sylvie a bougrement changé, depuis... Depuis quand, au fait ? Cette enfant a poussé sans que ses parents n'aient eu le temps de valider et les années et les centimètres. Sans rien perdre de son aspect espiègle et poupin, la gentille diablesse de Sofia, championne du grimper aux arbres, qui adorait flanquer des sueurs froides aux siens lorsque, imitée par Simone et Jeanine Brink, elle jouait aux funambules sur le toit de la maison de Robert, s'est transformée en une petite demoiselle exigeante, qui réclame à sa mère le dernier *duffle-coat* « tendance » et aspire à encore plus de liberté, dans la lignée des camarades qu'elle fréquente au Raincy, un lycée pilote résolument très rock'n roll. Et pour cause, filles et garçons partagent les mêmes bancs et se côtoient aux récréations, qui parfois se poursuivent après les cours...

En Ile-de-France, les surprise-parties du jeudi après-midi sont aux banlieusards ce que le Golf-Drouot du très académique Henri Leproux est aux Parisiens. En règle générale, c'est Suzie, une camarade de classe avec laquelle Sylvie s'adonne à l'occasion au moto-cross sur une vieille mobylette dans un champ cabossé de Montfermeil, qui les organise : la maison de ses parents est spacieuse. Les premières boums et surboums du genre, où il est de bon ton de se trémousser sur des cha-cha-cha tel que le fameux *Si, es el amor,* le préféré de Sylvie, mais surtout sur Little Richard, Bill Haley, Fats Domino. Mais lorsque le Teppaz dernier modèle inventé par l'un des fils de Maurice Jarre se fait plus slow sous le velours de Paul Anka et des Platters, on passe très vite aux choses sérieuses. La maladresse toute masculine dans le geste et un assaut purpurin naissant sur la joue des filles l'indiquent à qui en aurait encore douté ; nous ne sommes pas ici en pays adulte. L'essentiel dans chaque camp étant de sauver l'honneur, honte sur celui qui n'aura pas levé le bon lièvre et malheur à celle qui sera restée clouée sur son fauteuil à faire tapisserie ! Le lendemain à l'école, au moment de compter les billes, les commentaires émaillés de « super », « sensas », « terrible », les dernières expressions à la mode, iront bon train et nul ne sera épargné.

Drôles de mœurs !

C'est au cours de l'une de ces innocentes booms que Sylvie, vit ses premiers émois. Le pedigree du jeune loup qui fait fondre toutes les lolitas autour de lui : il est blond et bouclé ; gentil ; ses yeux sont émeraude moucheté d'or ; il répond au prénom de Luis ; on le dit Vénézuélien ; son vélo est vert... Signe particulier : il est le seul à porter des jean's et son oncle d'Amérique lui envoie tous les disques d'Elvis Presley. Les deux adolescents se disent « Je t'aime » et veulent se marier, mais le flirt ne dure pas. Sylvie, longtemps inconsolable, s'est fait doubler par une bonne copine qui lui veut du bien...

Tristes mœurs !

*

Pour la plupart insensibilisés à la politique et à la culture (Bertrand Blier en fera un film en 1962, *Hitler ? Connais pas*), les enfants du baby-boom ne revendiquent pas le statut de valeurs pensantes, mais déjà, ils aspirent à plus d'indépendance, de parole et d'action. En en mot, ils étouffent ! Il leur faut un dérivatif à ce mal de vivre. Comme la boxe autrefois, la musique va se révéler pour les plus agités un précieux garde-fou. Inexorablement, l'époque bouge, portée par les plus jeunes de ses locataires. Le rock'n roll, ou r'n'r', auprès duquel le be-bop fait déjà figure de menuet, en est la force agissante, au grand dam des parents et des autorités ecclésiastiques américaines, où le vent de pierres a soufflé un cyclone qui va ravir en pleine phase ascensionnelle deux de ses génies majuscules : Eddie Cochran et Buddy Holly.

Tous les garçons maintenant ne jurent plus que par celui à qui la presse ne fait pas de cadeau : Elvis Presley, « Une idole au visage bouffi[58] ». Que pèse pour ces adolescents le petit drame d'Agatha Christie qui vient de se casser le poignet en tapant la douzième page de son sixième roman face aux déhanchés d'Elvis devant lesquels gloussent les filles ? Que peut bien leur inspirer ce nouveau traité de Rome qui, paraît-il, scellera leur avenir ? Ont-ils conscience qu'en Tchécoslovaquie, des enfants de leur âge ont dû prendre les armes pour résister à l'invasion des chars soviétiques ? Qu'en matant la révolte hongroise, les Russes ont voulu donner aux pays du bloc de l'Est une idée du sort qui les attendait si d'aventure il leur venait la fantaisie d'imiter les Hongrois ? Qu'au-dessus de leurs propres têtes d'Européens, la menace de la bombe atomique se balance comme une épée de Damoclès ? Que leur importe encore que Christian Dior et son *new-look* ait tiré sa révérence, eux qui n'aspirent qu'à s'attifer de vêtements américains « dans le vent », tennis, pulls et pantalons ? Et tant pis si les expériences de laboratoire sur les animaux commettent leurs premiers ravages !

« Souriez, souriez mieux, souriez Gibb's ! » Inaccessible, voire interdite à la « secte des vieux », la folie des *teenagers* des années 50 obéit à des codes spécifiques. Il y a du *Spoutnik* dans l'air et puis en 1955, il a quinze ans ans ; alors *Happy Birthday to you,* cher inconnu nommé John Lennon !

Un jeune baladin qui suit sa famille d'artistes de théâtre en cabaret et de ville en pays ne jure plus lui aussi que par le *King*, découvert par hasard un jour de flânerie sur un écran de cinéma à Pigalle. Son nom ne dit rien à personne, puisque personne ne sait que Jean-Philippe Smet n'est encore que l'un des maillons anonymes de l'hystérie collective jaillissante.

« Elvis, toujours imité, jamais égalé », dira Sylvie. Cette révolution est aussi la sienne.

*

Au lycée du Raincy, la discipline plus que permissive laisse la place à une ambiance que seule la mixité pouvait laisser prévoir. Pendant les cours, on chahute, on rigole, de tout et de rien, aux dépens de la caste enseignante bien sûr. Ainsi les yaourts aux fruits connaissent leur petite heure de gloire : l'époque étant à leur première commercialisation, les élèves ne se privent pas de les goûter pendant les cours avant d'envoyer les pots vides voler au plafond. À la russe ! Un plafond déjà constellé de chewing-gums de toutes les couleurs, mâchés et remâchés.

Un seul professeur échappe à cette douce tyrannie : M. Daniel, le prof de maths, terrifiant sous sa blouse grise qui ajoute à son air de faux Cerbère. Sylvie, presque comique en calcul, le craint autant qu'elle respecte la droiture de cet homme, symbole à ses yeux d'adolescente plutôt studieuse du professeur idéal... qui s'est juste trompé de discipline.

En 1965, le même M. Daniel ayant pris connaissance d'un article de *Salut les copains* dans lequel la nouvelle Mme Hallyday le décrit comme « un monsieur à grosses lunettes cerclées, très sévère, une vraie terreur », se verra accorder un droit de réponse par voie de presse. Il nous dévoile l'une des caractéristiques, particulièrement intéressante, du caractère de son ancienne élève : « Les principaux individus qui composaient le "clan" de Sylvie au lycée du Raincy ne sont pas pour moi tout à fait inconnus. Sylvie Vartan était peu douée pour les mathématiques, bien que parfois elle parût s'y appliquer ; elle était alors bien insignifiante et peu communicative. Sa meilleure compagne était la nièce d'un de nos actuels ministres ; elle essayait à tel point de l'imiter en tout qu'elle en était parvenue à copier jusqu'à son écriture : il m'arrivait parfois de me demander qui des deux amies avait bien pu rédiger les deux copies que je devais corriger...[59] »

Sur un bulletin de février 1957, Sylvie étant alors en classe de 5e M2, le professeur de français qui déplore ses absences trop fréquentes en rédaction salue cependant la qualité de son interprétation de Sosie dans *Amphitryon*[60]. Cette comédie de Molière en vers libres est une suite de quiproquos, Jupiter ayant pris les traits d'Amphitryon, et Mercure ceux de Sosie. Comme des adolescents peuvent jurer de ne jamais se séparer, Annie, Colette, Suzie et Sylvie se font la promesse d'un jour monter sur les planches. De vraies planches, où le premier prix qu'elles se partageront à tour de rôle ne sera plus distribué par des piliers d'Académie, mais par cette redoutable hydre à mille têtes qu'est le public.

On l'aurait deviné à moins, le roi Pythagore n'est pas le cousin de Sylvie. Elle lui préfère les beaux yeux bleus et le crâne rasé du prof d'anglais. M. Smith est-il à l'origine de la passion de la petite Vartan pour les langues ? L'élève est douée, le fait est certain.

Un après-midi, le lycée est en émoi : où est donc passé le chat de monsieur le censeur ? Nul n'en sait rien... Les frais en seront pour le prof de musique qui, entre deux notes d'une *Truite* étrangement miaulante découvre l'animal transi de peur dans le ventre de son piano, sous les éclats de rire de l'impitoyable jeunesse.

*

Été 1959. En pleine ascension du rock'n roll, Henri Varna, directeur du Casino de Paris, s'est mis en frais pour rénover son théâtre et faire recouvrir les murs de la capitale d'affiches présentant une Line Renaud nouveau genre. Mme Gasté, née Jacqueline Ente, s'imagine qu'avec trois plumes de paradis fichées dans le derrière, autant piquées sur son bijou de tête, un joli filet de voix et de la lumière à profusion sur toutes les marches d'une « échelle » qui en a vu d'autres, on peut se prévaloir du titre prestigieux de meneuse de revue. Essai transformé ! Michel Gyarmathy, pittoresque directeur artistique des Folies-Bergères, a beau faire barrage à la Ch'ti en clamant à l'envi qu'il n'a pas besoin d'une autre « cuisinière » que la sienne chez lui, le triomphe de Line au Casino, son talent pour se mettre en scène tant sur les planches qu'à la ville avec la même théâtralité, font taire les derniers ricanements. Désormais, elle possède le swing nécessaire pour s'extraire du registre des « chanteuses à papa ».

Pour les Vartan, s'il n'est pas descendu des cintres d'un vieux music-hall en phase de résurrection, le décor a changé. Paris, les revoilà ! Quand un jour Paname vous a fait la cour, fût-ce sous un toit de fortune, dans une chambre sans apparat, toujours vers lui l'on revient pour revivre l'idylle. En prolonger les heures. La terrible crise du logement d'après-guerre sévit encore cruellement à Paris, mais la solidarité de la diaspora bulgare n'est pas une légende et les Vartan se contentent de savourer leur chance et les fruits de leurs efforts. Si l'on ne danse pas comme à Versailles dans le nouvel appartement parisien, toute comparaison avec le réduit de l'hôtel d'Angleterre paraîtrait presque osée. D'abord, ce n'est plus une cité, mais une résidence dont la construction vient à peine d'être achevée. Modeste certes, mais très représentative de l'époque, avec ses cent quarante-huit logements répartis dans cinq immeubles de sept étages. L'accès à la « Résidence 117 Michel Bizot », du nom de l'avenue qui borde l'immeuble n° 1, se fait en vérité par le 35 rue Louis Braille. Juste en face, le n° 2, le bâtiment dans lequel les Vartan ont élu domicile. Lorsqu'on entre dans leur appartement, on se trouve directement dans le salon/salle à manger, la cuisine est à gauche, la chambre de Sylvie juste en face du salon. L'ameublement est modeste mais de bon goût. Humble et digne. Il ressemble aux Vartan.

« Ils ne sont pas restés là très longtemps, se souvient M. Joseph F., l'un des plus anciens locataires des lieux, ils habitaient au 2e étage, je crois. Des gens comme ça ! sociables, courtois, d'un commerce des plus plaisants et d'une éducation parfaite. Je revois le pauvre M. Vartan, à demi infirme, que sa jambe faisait visiblement beaucoup souffrir. Il conduisait une DAF spécialement aménagée pour les personnes dans son cas, sans embrayage au plancher. Quant à la petite Sylvie, j'en garde les souvenirs les plus roses. À l'instar des autres membres de sa famille, elle était adorable, très sympathique. Terriblement gaie aussi, et tellement mignonne ! Des qualités qui n'avaient pas échappé à mon fils. Comme beaucoup d'autres, le bougre tenta sa chance... [61] »

Le quartier également, à deux pas de la Porte Dorée et loin de la HLM de Clichy ou de la bruyante moiteur des Halles, gagne en standing et en commodité. Georges ne travaille plus et Ilona fera des travaux de couture à domicile ; le sempiternel casse-tête du transport ne se posera plus pour Eddie, infatigable papillon de nuit ; quant à Sylvie, n'est-ce pas ce qui aurait pu lui arriver de mieux ? Désormais, elle n'aura plus à redouter chaque matin de rater le car, les fameux « Cars Jean-Pierre »... Voici donc un retour parisien qui pour l'heure paraît fort consensuel. Sylvie n'a pas encore découvert son nouvel établissement distant de quelques centaines de mètres seulement ; plus qu'un lycée, une caserne disciplinaire. Adieu les yaourts aux fruits du Raincy et le matou du censeur, mélomane malgré lui...

*

S'il eût été dans les attributions de cette bâtisse aux briques rouges alignées sur le cours de Vincennes, dans le XIIe arrondissement de Paris, de pouvoir parler, elle nous aurait conté l'histoire et l'esprit d'un lycée à la réputation de fer, d'abord appelé lycée du cours de Vincennes, puis rebaptisé pendant la guerre du nom de la célèbre aviatrice, Hélène Boucher. « Le 1er octobre 1937, date d'ouverture, les travaux n'étaient pas encore terminés, se remémore Germaine Prudhommeau, une ancienne élève devenue professeur à Paris I et Paris IV mais aussi présidente des Anciennes d'Hélène Boucher. Nous avons dû nous installer avec une semaine de retard au milieu des gravats. Le premier jour, je me souviens être rentrée chez moi, la manche enduite de peinture. Dès le début, la discipline s'avéra stricte. Les études étaient très sérieuses. D'ailleurs, la plupart des anciennes que je connais ont réussi de belles carrières. Nombre d'entre elles sont même revenues y enseigner [62]. »

La politique de ce lycée un peu particulier devait perdurer après la guerre, qui offrit l'opportunité à ces demoiselles de se distinguer en période d'épreuve : « Le jour du 11 novembre 1940, reprend Mme Prudhommeau, sans en aviser la direction, nous nous étions toutes concertées pour la conduite à tenir face aux Allemands qui occupaient l'aile du lycée située le long de la rue des Maraîchers : du bleu, du blanc et du rouge sur tous nos vêtements ! Que pouvions-nous risquer ? Nous étions des enfants...[63] » Et l'ex-élève Prudhommeau de nous rappeler que selon l'idéologie nazie, tous les hommes ne naissent pas égaux ; un principe qui faillit coûter cher à Melle Fontaine, la directrice, décédée à l'âge de cent un ans dans les années 1990 et qui fut arrêtée pendant plusieurs jours pour avoir refusé de livrer la liste des élèves juives du lycée. Moins chanceuse, Melle Dambuyant, professeur de philosophie, fut déportée à Ravensbrück pour faits de Résistance et jamais ne revint.

Du beau linge à Hélène Boucher, rien que du beau linge... En 1959, peu de choses ont changé. Mêmes principes, même droiture d'esprit. Toujours cette rigidité que l'on pense nécessaire à l'obtention de résultats scolaires probants. Pour former les nouvelles recrues dans la tradition des anciennes, il ne saurait être question d'accorder quelque concession que ce soit aux modes qui passent et se défont. Aussi, talons et maquillage considérés comme l'apanage des seules dames de petite vertu sont-ils prohibés. Interdit également le port du pantalon. Celui des bas est en revanche imposé en hiver comme à l'heure des premières cerises, sans dérogation possible. Rien ne doit différencier les élèves entre elles.

Dès son premier jour de classe, Sylvie éprouve un sentiment d'étouffement, pis, d'injustice : « Je ne m'entendais avec aucun professeur si ce n'est avec celui d'anglais. Je me souviens même d'une certaine Mme Pascal, un professeur de français qui faisait preuve à mon égard d'une injustice flagrante. Elle me mettait invariablement 2 sur 20 à tous les devoirs que je lui remettais même quand, de guerre lasse, je les faisais rédiger par Eddie qui venait de passer son bac de philo. Un jour, je n'ai pas pu m'en empêcher, je lui ai dit ses quatre vérités et cela a déclenché un énorme scandale. À la fin de l'année, j'appris sans surprise que je devais redoubler[64]. »

Mme Courbebaisse, professeur de sciences naturelles, aujourd'hui disparue, n'aura pas souvenir d'une telle anarchie de la part de la jeune Vartan ; au contraire elle gardera de son ancienne élève l'image d'une jeune fille réservée, studieuse et sage.

Pour sa seconde « seconde », Sylvie intègre l'annexe de la rue des Maraîchers, qui deviendra plus tard le lycée Maurice Ravel. Ici aussi, les professeurs sont respectés et néanmoins souvent aimés des jeunes filles avantagées par une discipline ressentie comme « plus souple » par Sylvie.

Quel élève de bonne foi, ou quel employé de bureau oserait arguer qu'éloigné de la hiérarchie, on ne gagne pas en oxygène ?...

Soufflant chaque soir dans le piston de sa trompette au *Blue Note,* considéré par les avis éclairés comme une petite Mecque du jazz moderne, Eddie, lui, semble avoir trouvé son ballon d'air pur.

Flanqué de Francis Dreyfus, futur producteur de Christophe et de Jean-Michel Jarre, un tout jeune homme de ses amis, sain praticien de cœur, fait parfois l'effort de traverser la Seine pour venir l'écouter. Depuis longtemps, de par l'éducation libérale reçue de ses parents médecins, Jean-Chrysostome Dolto jouit d'une autonomie qui lui a permis de promener sa curiosité aux quatre coins du dernier carré sacré d'un Saint-Germain voué à disparaître et d'y faire de l'observation une science sans même d'ambition à la clef. Juste vivre. Et bien vivre ! Lui aussi est le fils d'un immigré de l'Est, Boris Dolto, originaire du nord du Caucase. Forcément cela rapproche les âmes et le futur Carlos devient un membre du clan Vartan. « Georges et Ilona étaient des gens d'une simplicité qui me touchait au plus profond de mon être, écrit le chanteur dans ses mémoires. J'étais bien avec eux, nous parlions le même langage. Pour Sylvie, du Raincy à Hélène Boucher, ce ne fut pas toujours facile et elle demeura longtemps la petite étrangère du fond de la classe. Heureusement, il y avait cette cohésion de la famille, cette affection entre les membres, qui représentait un soutien si important pour les enfants. J'ai conservé de Georges Vartan un souvenir ému. Je ne l'ai jamais entendu se plaindre ; il était toujours souriant et pourtant ses conditions de vie étaient rudes. Il payait cher le prix de sa liberté. J'ai bien sûr souvent pensé aux premières années de mon père en France en le voyant trimer ainsi. Ils furent l'un et l'autre de ces déracinés que le destin oblige à reconstruire une vie dans un là-bas dont ils ont rêvé et qui se révèle souvent bien différent de ce qu'ils avaient imaginé. Comme j'ai de l'admiration et de l'estime pour des hommes tels qu'eux [65] ! »

S'en sortir par le haut, par l'effort et prendre conscience qu'une double culture peut aussi être un cadeau. Jamais les services de police de Clichy-sous-bois ou du XIIe arrondissement de Paris n'eurent à sonner à la porte des Vartan, pour annoncer à des parents interloqués qu'il y a un risque pour des gosses livrés à eux-mêmes de pratiquer le racket à la sortie des classes ou d'incendier des poubelles quand ce ne sont pas des parkings de voitures entiers, et qu'à ce jeu pourrait bien brûler celui qui brûlerait le dernier.

En 1998, devenue entre-temps l'épouse d'un homme très riche, Sylvie Vartan, femme de cœur mais aussi de tête, qui n'entretient par ailleurs aucune ambiguïté sur son goût pour le luxe, creusa pour un Frédéric Mitterrand gagné à sa cause le triangulaire dilemme du bonheur, de l'argent et de la liberté : « On ne choisit pas, on ne sait pas dans quelle famille on arrive. C'est une grande chance d'être entouré quand on est petit. Chaque vie est mouvementée, donc si elle ne commence pas d'une manière paisible, après il y a des chaos qu'on ressent d'autant plus fortement qu'on ne peut se raccrocher à rien. Quant à la liberté, c'est plus fort que tout ! Quand on en a, on ne se rend même pas compte de ce que c'est que d'en manquer. Avec la famille, ce sont les plus grandes richesses de la vie. Rien d'autre n'est impressionnant au fond. Ce qui compte c'est le courage des gens qui travaillent tous les jours pour s'en sortir, c'est beaucoup plus étonnant et plus fort que tout le reste. L'amour et puis c'est tout ! On apprend tout avec l'amour. On n'a pas besoin d'argent[66]. »

CHAPITRE 7

Une voix sans visage

« Si Vartan avait eu la voix, elle aurait enterré les plus grandes[67] *! »*
Johnny Stark

Dans les rangs de la rentrée scolaire 1960-1961, ravie de retrouver ses camarades de classe, la redoublante Sylvie Vartan ne perd pas de vue son lointain objectif de fin de saison prochaine : le premier bachot, elle l'a promis à sa mère, elle le lui doit. Cet été, avec bonheur, elle a fait une tentative d'incursion dans la vie active, juste une expérience, un job comme ça, sur les « Champs », dans une ambiance, un cadre et au sein d'une équipe plutôt sympa ; Sinfonia, c'est une adresse qui parle à tous les fanas de musique, branchée ou pas. Quoi de plus bath que de gagner sa première poignée de fafiots à vendre des galettes de vinyle ? Il est maintenant enfin à elle, ce magnifique collier à boules bleues qu'elle convoitait depuis si longtemps, son petit nez en trompette joliment collé à la vitrine d'un magasin de bijoux fantaisie !

Partout ailleurs, le Français râle. Ah, la belle invention que ce nouveau franc ! Personne ne semble s'y retrouver, les anciens surtout. Si le Général est revenu aux affaires pour cautionner cela et chambouler ainsi leur quotidien, mieux valait qu'il demeurât à Colombey à rédiger un énième tome de ses Mémoires-fleuve ! Brigitte Bardot, nouveau sex-symbol du cinéma hexagonal, a beau clabauder qu'avec le « Grand Charles » le pays a retrouvé un père, ce petit provincial rondouillard... comment s'appelle-t-il déjà... ah oui, Tisot, Henri Tisot, n'est en définitive pas le dernier des mulots lorsque avec un aplomb extraordinaire, il s'applique à pasticher sur scène ou sur disque, comme pas un avant lui « Qui vous savez » et madame, alias tante Yvonne.

Si à ce grand débat qui agite l'opinion, l'on ajoute la querelle passionnelle qui la divise quant au sort à réserver à l'Algérie, nul doute que pour une jeune fille de seize ans, d'origine bulgare, écouter dans sa chambre le soir après les cours Jerry Lee Lewis ou le dernier Brenda Lee constitue le meilleur gage de neutralité. Sylvie prend un plaisir fou à chanter à tue-tête tous les nouveaux airs qu'Eddie, devenu conseiller artistique chez Decca-RCA, lui fait découvrir. Le temps où l'on jouait à chat et chien entre frère et sœur est désormais révolu. Tous deux se sont fondus dans une même génération. *Exit* la mouffetarde cafteuse que l'on ne pouvait décoller de ses semelles ; celle-là a maintenant intégré le club des grands. Pour preuve, dans la rue, elle ne laisse plus indifférents les minets blonds ou bruns, pour certains encore soumis à la dictature de la *gomina argentina* de papa, les autres déjà calqués sur les variations capillaires à venir.

*

Au n° 2 de la résidence 117 Michel Bizot, Franck Ténot, son épouse et leur fils occupent l'appartement en dessous de celui des Vartan. Ex-ingénieur au commissariat à l'énergie atomique, Ténot anime une émission de jazz sur Europe 1 et en parallèle œuvre chez Decca-RCA. Eddie lui doit son embauche dans la célèbre firme. Inutile d'ajouter que depuis, les deux lascars sont compères en diable ! Leurs familles même se sont rapprochées. À la faveur de dîners improvisés chez les uns et les autres, Ilona en profite pour régaler son monde de ses recettes bulgares et hongroises ; c'est sa façon à elle de garder le passé au chaud en honorant ceux qui lui sont chers.

Parfois, de sa terrasse, Ténot entend chanter Sylvie. Un jour il en touche mot à Eddie : sa sœur a un joli brin de voix, ne croit-il pas qu'elle pourrait peut-être tenter sa chance ? Une suggestion mort-née à laquelle Eddie, tout accaparé par l'enregistrement du nouveau disque de Frankie Jordan, n'accorde pas même un intérêt d'estime. C'est qu'il faut le tenir, le Frankie ! Au vrai, fou de musique mais hostile aux rouages du métier, cet enfant du soleil né Benzaquen, en Afrique du Nord, se préoccupe davantage de son diplôme de chirurgien-dentiste que d'une carrière pourtant commencée sur les chapeaux de roue. « En 1958, j'accomplissais ma première année de cursus à la cité universitaire de Rabat, se souvient Frankie Jordan. Dans le cadre du gala de fin d'année, il était convenu que je me produise en vedette avec mon orchestre. Pour la première partie, on me conseilla de faire appel à un chanteur inconnu. Le gars que j'ai eu au téléphone à Paris m'a précisé : "Vous pouvez l'avoir pour presque rien. Il s'appelle Jacques Brel." Brel ? Qui c'est ce mec-là ?

Personne ne le connaissait. C'est ainsi que l'illustre enfant du plat pays fut le temps d'une soirée ma vedette américaine. Le délire total. Exactement le contraire de ce qu'il aurait fallu faire, mais qui pouvait prévoir l'avenir[68] ? » Une fois installé à Paris où il poursuit ses études, Benzaquen remonte son orchestre et engage comme trompettiste un certain Eddie Vartan. Ensemble, ils écument les cités universitaires, les clubs. Jusqu'à la rencontre avec Daniel Filipacchi qui prend le chanteur-étudiant sous son aile, lui trouve un pseudonyme et lui offre un contrat chez Decca-RCA pour l'enregistrement d'un premier disque. En quelques semaines, *Tu parles trop,* le titre phare, propulse son créateur sur la scène du Palais des Sports. Entre-temps Eddie est devenu l'arrangeur et le directeur artistique de Jordan.

Avant de retrouver Benzaquen, Claude pour les intimes, et de s'éteindre dans l'anonymat d'un cabinet dentaire du XVIe arrondissement de Paris, Frankie veut se frotter une dernière fois au succès. C'est décidé : ce sera *Panne d'essence,* l'adaptation française du duo américain *Out of gas.* Qui donnera la réplique à son fougueux poulain ? Eddie songe d'abord à Pétula Clark. Trop « âgée » ! Le public n'accrochera pas. Mieux vaut miser sur une midinette, une ingénue ayant peu d'expérience dans le métier. Pourquoi pas Gillian Hills ? Faire vite, le temps presse. Localisée, l'Anglaise donne son accord de principe. Ouf !

*

Printemps 1961. Ignorants du bruyant triomphe des Soviétiques et de leur Iouri Gagarine, seulement troublés par les menaces d'attentat de l'OAS, les bords de Seine, obéissant à un rituel vert comme les siècles, ont renouvelé leur miracle cyclique. Reste que chaque jour, sur les avenues Michel Bizot et Arnold Netter qui conduisent droit au cours de Vincennes, les mines printanières croisées sur les trottoirs rappellent à Sylvie qu'avril mène à juin, et juin toujours au baccalauréat. Encore un an et deux mois... Un travail assidu et régulier fourni tout au long de sa scolarité devrait jouer en sa faveur, mais à la seule idée de l'échéance fatale, sa nature anxieuse reprend le dessus. C'est le moment que choisit Eddie pour ramener dans la cour d'Hélène Boucher sa bobêche des mauvais jours ; il vient de traverser Paris à toute vitesse, il lui faut parler au plus vite à sa sœur. La perfide Albion a encore frappé ! Maudite Gillian Hills : estimant sa partition trop réduite dans *Panne d'essence,* minaudant au téléphone, miss Pudding l'a planté au dernier moment. « Ta sœur a une jolie voix... » Véritable boomerang, les paroles de Ténot, subitement, sont revenues cogner à la mémoire d'Eddie. Pourquoi pas, après tout. Encore faut-il convaincre la principale intéressée.

Sur ce qu'il advint alors entre le frère et la sœur, les souvenirs divergent. Le premier affirme s'être vu opposer un refus formel de la part d'une Sylvie « en crise » qui, mise devant le fait accompli, lui rappela ses obligations scolaires : « Je lui ai dit, écoute, si tu viens tu me sauves la vie, et puis il y a les musiciens qui attendent aux studios Louis Beaujon...[69] » Des arguties plus que des arguments, car la bande ayant déjà été enregistrée, la sœurette n'avait plus qu'à poser sa voix, sans même la présence de Frankie Jordan, à qui il suffirait de répondre par chanson interposée.

Sylvie : « J'aimais beaucoup la musique parce que j'avais été élevée dans la musique, mais je ne voulais pas chanter. Lorsque Eddie m'a dit bon, voilà, est-ce que tu peux chanter cette chanson, il me l'a fait apprendre, j'ai dit oui, pourquoi pas[70] ! »

Frankie Jordan nous apporte son éclairage personnel : « Je connaissais déjà très bien Sylvie, elle était tout le temps avec nous, en studio, au restaurant, à mon fan-club... Toujours accompagnée par Eddie bien sûr, mon chef d'orchestre et ami. Elle aimait cette ambiance, cet univers. J'avais sur elle l'œil d'un grand frère. Quelles que soient les conditions dans lesquelles l'affaire s'est déroulée, tout est allé très vite. À l'époque nous faisions ce que l'on appelait des super 45 tours, avec deux titres sur chaque face. Eh bien, Daniel Filipacchi et moi-même croyions tellement peu à cette chanson *Panne d'essence* que nous avions décidé de la mettre en deuxième position sur la face B ! C'est vous dire...[71] »

On a fait entrer Sylvie dans « une espèce de salon aménagé en studio[72] », on lui a mis un casque sur les oreilles, en lui disant : « Maintenant, chante[73] ! » En une prise, l'affaire est dans le sac. Chez Decca-RCA, on est bien conscient de n'avoir pas réalisé l'enregistrement de la décennie mais, soulagé, Eddie se déclare satisfait et agréablement surpris par l'application de sa cadette et son aisance. De fait, la bande ayant été enregistrée dans la tonalité de Gillian Hills, pour *Panne d'essence,* Sylvie, à la voix plutôt placée dans les graves, dut chanter en voix de tête tout au long de la chanson. Exercice de style également concluant pour l'adolescente, aux anges. Comment peut-elle trouver l'expérience autrement que rigolote et distrayante !

En attendant son entrée en première, pendant les vacances d'été, elle part en vacances puis retourne chez Sinfonia vendre les disques des autres et... le sien. Incroyable ! Contre toute attente, *Panne d'essence* se vend très bien. C'est un succès ; sur la pochette du disque, aucune photo ne figure, on n'a pas eu le temps, mais c'est un succès. Aussi, petite Mata-Hari de rayon, faussement distraite, un rien amusée, Sylvie capte-t-elle avec plus ou moins de bonheur les réflexions des jeunes de son âge venus se procurer entre autres nouveautés le « petit dernier » de Frankie Jordan, un duo enregistré avec une chanteuse inconnue, une certaine Sylvie machin...

CHAPITRE 8

Il n'est pas de petite gloire

« On peut agir sur sa vie. Je suis quelqu'un d'instinctif et de volontaire [74]. »
Sylvie Vartan

« La première fois que je me suis vue sur la couverture d'un magazine, j'étais toute contente. Au début, on est fier, mais qu'est-ce que ça dure, six mois, un an ? Après on en a marre, mais on en a marre... ou alors c'est qu'on est un con [75] ! »

Franchise de ton, raccourcis musclés, vocabulaire sans décorum ; c'est du Bardot ! Pour Sylvie, le temps des interminables séances de photos où le marketing vole la vedette au rêve n'est pas encore arrivé. Sans le savoir, puisque l'avenir ne se prédit pas, la jeune fille jouit de ses derniers quartiers de liberté. La célébrité est un pacte avec le diable, une fois le contrat signé, impossible de faire marche arrière.

Tout commence, ou tout finit, à la rentrée scolaire de 1961 : depuis qu'ils l'ont vue apparaître à la télévision, le 29 septembre, dans le « Discorama » de Denise Glaser aux côtés de Frankie Jordan, celles des élèves d'Hélène Boucher qui ignoraient encore l'activité parallèle de Melle Vartan sont maintenant dans la confidence. On va jusqu'à rapporter qu'elle serait sur le point d'enregistrer un second disque. Jusque-là, une seule d'entre elles détenait le secret : Luce Dijoux, une amie de classe, passionnée de théâtre. Sylvie doit à sa mère la confection de sa tenue portée lors du « Discorama », une robe blanche à galons verts que les archives de l'INA s'obstinent à rendre en noir et blanc.

Du jour au lendemain, au lycée, la cour de récréation connaît une sorte d'émeute. Lorsque entrent en scène les échotiers, les choses se corsent. Flanqués de photographes aussi jeunes que leurs proies, ensemble ils se risquent jusqu'aux abords du lycée pour y chercher du grain à moudre. Le soir, à la sortie des cours, il faut les voir s'essayer à soudoyer les camarades de classe de Sylvie ; tous les témoignages sur miss Vartan sont les bienvenus, chaque anecdote recevable. Depuis les bureaux de la direction de l'établissement, on considère cet étrange ballet d'un très mauvais œil. Le lycée Hélène Boucher ne saurait avoir pour vocation de devenir une gigantesque surprise-partie ! Que peut la jeune fille, sinon tenter de dissuader ses poursuivants qui s'aventurent jusqu'à l'avenue Michel Bizot de la laisser tranquille. Sylvie n'a guère l'âme d'une exhibitionniste. Dans l'enceinte même du lycée, elle n'est pas mieux traitée. Courageusement, elle fait front et s'enferme toute seule en classe pendant les récréations. Dans le même temps et en dépit de déclarations futures, tout ceci n'est pas pour lui déplaire...

Tenir jusqu'au bac. Les choses finiront bien par rentrer dans l'ordre et les journaleux par se calmer. Très vite, Sylvie doit solliciter des autorisations spéciales afin de se rendre aux séances d'enregistrement de son second LP : *Quand le film est triste,* dont la sortie est prévue pour novembre. Mordant sur le contrat, elle s'arrange pour n'assister qu'aux cours qui lui plaisent, délaissant ainsi les mathématiques, son irréductible bête noire.

C'est à cette époque que deux jeunes fans âgées d'à peine treize ans réunissent tout leur courage pour aller frapper au domicile des Vartan. En dépit de leurs appréhensions, elles y sont reçues de la manière la plus avenante par Ilona. Ce jour-là, la fille prodigue est absente, mais Mme Vartan, loin de dissuader les jeunes filles dans leur démarche, les encourage à revenir lui rendre visite de temps à autre. C'est le début d'une longue et singulière amitié entre notamment Liliane Boyer et la mère de son idole, une femme dans la force de l'âge qui aurait pu être sa maman : « Mme Vartan m'aimait bien. Nous parlions beaucoup ensemble. Le papa, lui, était plus discret. Je le revois encore passant d'une pièce à l'autre en écoutant d'une oreille, avec un petit sourire en coin. Ces déracinés semblaient puiser quelque réconfort à travers des adolescentes si admiratives de leur propre fille[76]. » Dans la bulle de l'exil, chaque main tendue est un repère, chaque repère un phare.

*

Quelques mois après son premier enregistrement, voici donc Sylvie propulsée, comme par le plus grand des hasards, dans le petit monde de la chanson. Son remplacement de Gillian Hills n'aurait-il été qu'un subterfuge de la part d'un Eddie qui aurait tout manigancé dans la fable du « dépannage » ? La vérité est que si Sylvie n'avait rien fait pour orienter son destin dans cette voie, elle ne fit bientôt plus rien qui puisse tordre son cours. Bien au contraire ! Suite à *Panne d'essence*, la logique commerciale de Decca-RCA appelait naturellement à un second succès. Par goût du jeu, Sylvie s'y est prêtée, en imposant une condition *sine qua non* : qu'on lui laisse honorer sa promesse à sa mère de poursuivre ses études jusqu'au bac. De quoi alarmer la pauvre Ilona, qui devine l'agitation secrète de sa fille émoustillée par ce qui lui arrive. Un tourbillon s'est emparé d'elle sans qu'elle le sache vraiment. Eddie n'a-t-il pas poussé sa sœur un peu trop loin ? Certes, tout ceci est encore à l'état de batifolage et pour elle comme pour Georges, le bonheur des enfants reste une priorité, mais il paraît presque évident que sa fille aurait tout à gagner en s'orientant vers l'interprétariat, ainsi qu'elle le lui a elle-même conseillé, eu égard aux dispositions de Sylvie pour les langues.

Deuxième disque, deuxième heureuse surprise ! Pour Sylvie, en dépit de la tension qui monte à Hélène Boucher, le film n'est pas si triste que cela. La petite Vartan commence même à éveiller la curiosité au 33 avenue des Champs-Élysées, où elle a signé un premier contrat. Au sein de la firme Decca-RCA, certains pensent avoir décelé chez cette adolescente à l'air boudeur une personnalité qui pourrait bien surprendre un jour. D'autres ricanent... Au mois de décembre 1961, on lui fait faire pas moins de trois télévisions dont *Âge tendre et tête de bois*. Mais le grand moment de ces débuts qui, pour Sylvie, inconsciente de tout, n'en sont pas vraiment, survient avec son premier passage-éclair à l'Olympia. L'Olympia ! Depuis sa construction par Joseph Oller en 1893, de La Goulue en passant par Colette, Chevalier, Mistinguett, Max Linder, Judy Garland ou les Platters, à peu près tous les monuments du music-hall y ont laissé un peu de leur nom. Tant d'autres beaucoup de leurs illusions... Au tour de Sylvie et de Frankie de venir gonfler à présent ce prestigieux palmarès, avec deux chansons, *Panne d'essence* et *J'aime ta façon de faire ça,* en première partie du « Musicorama » de... Gilbert Bécaud. « *Mister* 100 000 volts » est un monsieur qui compte dans le métier, un cinglé du music-hall qui chante *Salut les copains* et joue du piano avec ses pieds avant d'en faire voler le clavier en éclats, une vedette internationale dont Édith Piaf fut la première a avoir flairé le talent. Le général de Gaulle même avoue lui porter « une grande tendresse. » Bécaud, encore, ou la légende des premiers fauteuils cassés à l'Olympia, où de vedette américaine en 1954 il est passé vedette l'année suivante, un « artiste maison » qui se sent sur le plateau de Coquatrix comme une ménagère dans sa cuisine. Dylan et Presley le chanteront, mais hélas pour lui, sa révolution, il l'aura faite dix ans trop tôt. Dix années qui ne le rattraperont jamais.

Le 12 décembre 1961, dans les coulisses de l'Olympia, nerveux, Eddie qui, sur les recommandations d'Ilona chaperonne sa sœur, veille à tous les détails. En plus d'être son directeur artistique, c'est lui qui va l'accompagner avec son propre orchestre. De son côté, morte de trac, la sœurette a demandé à Suzanne, la fameuse Zazie des premières surprise-parties et des séances de moto-cross à Montfermeil, de venir la soutenir.

Une première scène, et laquelle ! Sans aucune expérience, ni du public, ni de la technique, avec seulement deux succès à son actif et à un âge où d'autres sucent des sucres d'orge, cela relève de la folie pure. Il fallait l'insouciance propre à l'enfance pour oser s'y risquer. En 1960, l'Alhambra, Pacra, l'ABC ont disparu ou sont en perte de vitesse, Bobino et le théâtre Européen sont devenus trop petits. Le Palais des Sports ne dérogeant que rarement à sa vocation première, Bercy, le Zénith ou le Palais des Congrès n'étant encore que science-fiction, tout se résume donc à l'Olympia, passage obligé pour être consacré vedette par un public particulièrement démonstratif, ou dégagé en coulisses avec sifflets et huées en prime sans autre lot de consolation. À l'époque les programmes à l'Olympia sont présentés par différents humoristes : presque tous, devant ce public nouveau genre, déclarent forfait. « Jean-Marie Proslier qui, un soir, n'avait pu se faire entendre, disparut dans les coulisses. Il revint en pointant un vrai fusil à travers le rideau rouge fermé, visant la salle qui a subitement fait le silence total. Il nous a demandé de ne plus avoir à présenter de spectacle rock ou assimilé. Roger Pierre et Jean-Marc Thibault nous ont fait la même supplique. Jacques Martin a continué, mais dans la douleur[77]. »

Sylvie n'a rien à perdre, mais veut gagner.

— Sylvie, Frankie, en piste, ça va être à vous !

La jeune fille fait ici la connaissance d'un autre monstre sans visage : le trac ! Jamais elle ne s'en fera un ami. Maladif et chronique dans son cas, il lui fera mener la vie dure à son entourage au cours des années qui allaient suivre.

Fidèle à lui-même, Jordan donne à une partenaire tétanisée ses premières sueurs froides de professionnelle : « J'avais répété pendant de longues heures pour ne pas oublier les paroles, mais Frankie avait totalement négligé de les apprendre. Comme nous devions chanter devant un piano, il avait copié chacun des couplets sur une feuille séparée et il avait posé le tout sur le chevalet du piano. Je me souviens encore de ma terreur lorsque pendant le spectacle, je me suis aperçu qu'il s'emballait dans les couplets, qu'il ne savait plus très bien quel était le premier, quel était le deuxième. Heureusement, il réussit à rétablir la situation et tout se passa très bien[78]. »

Soirée mémorable également pour Zazie : Sylvie l'ayant, avant sa prestation, placée juste derrière le rideau et le rideau s'étant ouvert, l'adolescente se retrouva au milieu des musiciens au moment où ceux-ci entraient sur le plateau. Elle dut évacuer précipitamment les lieux pour aller se perdre dans le dédale des coulisses, incapable de retrouver la toute petite loge qui avait été attribuée à Sylvie.

L'immense Jean-Louis Rancurel, figure emblématique de ces années perdues, œuvrait déjà en qualité de photographe lorsque Vartan osa se brûler aux feux de la rampe en cet hiver 1961-1962. « À cette époque, il n'y avait pas toutes ces histoires de fric, toutes ces contraintes qui pourrissent notre métier, raconte-t-il. Si vous vous faisiez discret, à l'Olympia on vous laissait vous placer dans un coin de la coulisse et la chance venait toujours à vous. C'est ainsi qu'un soir, j'ai décidé d'attendre Sylvie pour lui proposer un reportage photo dans les rues de Paris. Le contact a été facile. Près d'elle se tenait l'une de ses amies. Soudain, Sylvie qui était en passe de me donner son accord, remarqua entre mes mains un numéro de *Disco-revue*, le tout premier magazine musical pour les jeunes paru en France. "Est-ce que je peux le feuilleter ?", me demanda-t-elle. Quelle expression de bonheur sur son visage et quels trépignements de joie lorsque feuilletant ledit magazine, elle tomba sur une publicité d'elle. "C'est formidable ! Tiens, lança-t-elle à son amie, voilà de l'argent, cours vite au kiosque m'en acheter un exemplaire[79] !" »

Ce témoignage attendrissant nous démontre si besoin était combien toute cette mousse était loin de laisser la petite Vartan indifférente. Dans son magazine, Jean-Claude Berthon, amoureux de Sylvie comme l'étaient tous les garçons dans l'entourage de la jeune fille, quelle que fût leur nature, servira abondamment la soupe à la jeune chanteuse, à une époque où aucun de ses confrères ne lui portait le moindre intérêt. Jusqu'à ce qu'un jour, un certain Daniel Filipacchi ne prenne le relais...

*

Panique, trac, soulagement, extase ; Sylvie a du mal à faire la synthèse de ce qu'elle est en train de vivre, cette petite notoriété qui lui est tombée dessus comme un diamant sur le disque. Dans quinze jours et pour trois semaines, elle va de nouveau devoir affronter le public de l'Olympia avec quatre chansons, et cette fois sans Frankie. Seule dans l'arène, dans sa petite robe signée Torrente, face à 2 000 fauves invisibles et affamés. Tous les parachutistes ne sont pas sans l'ignorer, le plus difficile n'est pas le premier saut, celui de la découverte et des sensations pures, mais le second, parce qu'on « sait »...

Deux ans plus tard, pour July Maillard, encore humectée par la fraîcheur du souvenir, Sylvie décrira avec force précision cette tempête métabolique : « Le premier soir, je fus prise d'une telle peur qu'il fallut, une heure avant le spectacle, m'allonger dans ma loge pour que je retrouve mon calme. Mais il n'y avait rien à faire et presque au moment d'entrer en scène, j'eus des nausées qui m'enlevèrent le peu de forces qui me restaient. Ce fut une véritable épave qui, sous les feux de la rampe, pénétra sur scène. C'était atroce. J'avais envie de fuir. J'entendais vaguement et comme venant de très loin, la musique assourdie de l'orchestre. Je reconnus un air qui m'était familier, celui de ma première chanson. Instinctivement, je suivis le rythme, et les paroles me revinrent en mémoire. J'avais l'impression de ne pas avoir de voix. Dieu, que j'ai souffert ! Tout ce que j'avais appris était oublié et mon jeu scénique était réduit à ma simple présence devant le micro. Pourtant, cette première réelle "entrevue" fut décisive, en ce sens qu'elle me permit de me rendre compte à quel point les spectateurs sont indulgents et gentils. Après un moment d'hésitation, le public, comprenant mon désarroi, me fit une ovation. Je garde de cette soirée un souvenir inoubliable. Un souvenir à la fois exécrable et merveilleux [80]. »

Ainsi, du 27 décembre 1961 au 18 janvier 62, le nom des émigrés de Sofia aura-t-il brillé de tous ses feux sur l'un des plus grands théâtres parisiens, à deux ampoules de ceux de Vince Taylor et d'Henri Tisot. Après la *Dépigeonisation* et la *Débardotisation*, le truculent « fils de pâtissier », grand triomphateur du feuilleton télévisé *Le Temps des copains,* a résolu de s'attaquer à la *Dérock'n'rollisation*, en empruntant toujours la voix de « qui vous savez » : « Français, Françaises, votons pour un twist franc et massif. À bas le tango de papa ! »

CHAPITRE 9

« Sylvie, va-t'en ! »

« On a la mauvaise foi de toujours comparer l'acteur complet qui se retire à celui qui le remplace et qui n'a pas encore la moitié de ce qu'il aura un jour. La comparaison est acquis nécessairement au désavantage du dernier venu. »
Baronne d'Oberkirch
(*Mémoires*)

Partout, il s'échappe des transistors et juke-box, saute sur les pistes de danse, envahit les corps sous l'emprise de ses rythmes saccadés. À Paris, à grand renfort publicitaire, Régine l'enseigne à Sophia Loren, puis au tout-gotha ; lors d'une sortie commune entre les membres de son fan-club et ceux du club Romy Schneider, Jean Marais se lance à son tour ; à Saint-Trop, c'est Claude François, un jeune musicien futur ex-inconnu, qui donne l'exemple en dispensant des cours à la reine Bardot. Même Jacques Faizant !... Dans un ouvrage paru chez Denoël, l'humoriste se risque à mettre ses *Vieilles Dames* dans le coup : « [Elles] considèrent que la civilisation s'est arrêtée à la valse, la décadence au tango et font dater du charleston le début de la barbarie. Fredonnent cependant du twist, en cachette, après deux verres de liqueur à cassis. »

Le twist ne compte cependant pas que des adeptes. Loin s'en faut ! À leur tour, le plus solennellement du monde, deux médecins français, les professeurs Bernard Duhamel et Charles Alamovitch, jettent un pavé dans la mare en déclarant qu'ils ne connaissent pas de danse provoquant de ravages comparables. Les deux hommes se posent en observateurs scientifiques : « Si cette danse à la mode est appelée *twist,* en prenant ce verbe dans le sens de "se tortiller", elle nécessite une importante et anormale tension des genoux qui est susceptible de provoquer des lésions graves de cette articulation. Les lésions du genou occasionnées par la pratique du twist vont de la simple entorse du ligament collatéral-tibial aux fractures graves, en passant par les ruptures méniscales, les luxations de la rotule et les fractures parcellaires de la rotule ou du condyle latéral du fémur[81]. »

Roulez jeunesse ! Sourde aux mises en garde de la science, la folie se propage. Est-ce pour autant la fin du bon vieux rock'n roll ? Ou bien, le twist avec ses rythmiques moins violentes et ses effets vocaux plus proches de la variété traditionnelle n'en est-il qu'une douce variante ? Les purs et durs ne sont pas inquiets et pensent pouvoir piétiner encore longtemps les services d'ordre et faire voler les fauteuils lors des concerts de leurs idoles. Comme ce 18 novembre 1961, au Palais des Sports, où devant l'ampleur de la démence collective, Vince Taylor, l'« Ange noir » à la sinistre réputation, a dû renoncer à se produire.

Et de « bébé Vartan » au cœur de ce formidable chahut ? Face à des groupes, puisque la mode est en leur faveur, tels Les Chats sauvages ou Les Chaussettes noires, elle fait figure de précurseur. Plus que de surprendre, dans le monde très macho du rock, cette percée inattendue dérange. D'autant que Sylvie n'est ni Brenda Lee, ni Connie Francis, les deux exceptions du r'n'r au féminin, et que ce succès, si peu significatif soit-il, est un succès français. Donc suspect...

Inutile de préciser qu'à Hélène Boucher, rien ne va plus. Voilà que, soucieuse sans doute d'entretenir son image de fauteuse de trouble, la « collégienne du twist », ou du « rock », selon les appellations non contrôlées, se paye maintenant l'audace de se pointer le matin devant les grilles du lycée perchée sur des talons aiguilles dans des jupes hyper-seyantes ! « C'est drôle, j'avais le pressentiment que je ne passerais jamais le bac... Et tout ce que je pressens arrive. Cela me fait peur parfois...[82] » Pourtant Sylvie s'accroche à la volonté de rapporter ce fichu diplôme, comme un trophée, un hommage filial à sa mère, « cette princesse ».

C'est le moment que choisit Decca-RCA pour lancer le projet d'une tournée de la petite Vartan avec Gilbert Bécaud ! Pour le mois de mai suivant... Le doute un instant taraude la gamine ; va-t-elle lâcher la proie pour l'ombre, allant à l'encontre du sens des réalités qui lui a été inculqué jusqu'ici ? Au fond, sa nouvelle vie commence à la motiver bien davantage que les études et il n'y a pas de raisons de s'affoler, elle n'est pas seule, larguée dans le grand lupanar du show-biz ; il y a sa famille, ses parents, son frère, son éducation et ses principes, qu'elle conserve et qui la fixent solidement à ses racines. « Petite, je savais déjà ce qu'était la peur, la faim, les bons, les méchants. Je savais comment marchait le monde. » Et puis surtout, pour pousser à la roue, il y a « oncle Dan », alias Daniel Filipacchi, à la devise implacable : « Dans la vie, il faut savoir risquer de rater pour risquer de réussir »... « Oncle Dan » va soutenir Sylvie, la guider, la protéger, l'aimer...

*

« SLC... Salut les copains ! », un jingle, une voix. Chaque soir, depuis octobre 1959, à l'heure du goûter et des devoirs, envoûtée, la France des teenagers range ses bonnes résolutions pour communier avec les ondes. En vacances, sur la plage, avec les amis allongés sur le sable, en cercle autour du transistor, mais aussi à la maison, avec ou sans contrôles à préparer, dès 17 heures, le monde cesse de tourner. Du rock, du twist, des disques inédits, un ton frais, nouveau, direct où le copain du copain devient un copain ; les jeunes croient enfin se reconnaître. Les politiques font la gueule ? C'est de bonne guerre, mais pour eux le conflit s'annonce rude. Derrière toute cette agitation, deux amoureux du jazz qui ont mal tourné : Franck Ténot et Daniel Filipacchi. Filipacchi, surtout : ex-photographe et directeur des informations à *Match*, puis photographe de mode à *Marie-Claire,* il co-anime depuis 1955, en compagnie de Ténot avec qui il a racheté le journal *Jazz Magazine* à Eddie Barclay, l'émission « Pour ceux qui aiment le jazz », sur Europe 1. Un vorace, Filipacchi, pour qui œuvrer en sus en qualité de directeur artistique et de producteur de disques chez Decca-RCA ne suffit pas, et qui s'est improvisé directeur des *Cahiers du Cinéma.*

Palmarès étonnant que celui de cet autodidacte de trente-quatre ans, fils d'un Italien émigré de Turquie avant-guerre. À quatorze ans, il était déjà indépendant. « De son épopée scolaire, il n'avait gardé que de vagues souvenirs, nous dit Franck Ténot, et un surnom : “Filippa (chie)”, mais au pot[83] ! » Décrit par ses amis, tel Robert Madjar, comme un être mystérieux, imprévisible, audacieux, surprenant, toujours en avance d'une idée, faisant feu de tout bois, avec dans les rapports une distance qui n'encourage pas les autres à aller au-devant de lui, mais dépeint aussi par ceux qui ont moins d'intérêt à l'aimer comme « un animal à sang froid, ne s'embarrassant pas de considérations sentimentales[84] », le beau Daniel a pour lui de ne pas avoir besoin des autres pour savoir ce qu'il veut.

Dès le début, Sylvie, dont il est le producteur chez Decca-RCA, s'est reconnue en cet homme au charme enjôleur, comme elle fils d'immigrés, mais beaucoup plus âgé. Tous deux sont instinctifs, pudiques et discrets, font preuve de la même droiture morale et partagent une conception égale de l'amitié qui n'admet pas la défaillance.

L'exubérance et les faux-semblants ne sont pas non plus pour leur plaire. L'ambition en revanche, ils en auraient à revendre !

Une divergence cependant : Daniel est un fieffé collectionneur. « Disques, voitures ou femmes, à l'époque tout était bon pour assouvir cette passion. Il avait de surcroît un succès désarmant auprès des femmes. Un regard, un sourire et hop, il emballait[85] ! » La confession émane de Jean-Marie Périer, ex-assistant de Filipacchi à *Marie-Claire,* à qui ce dernier doit son surnom d'« oncle Dan ». Pièce maîtresse de la collection de monsieur : madame ! Élisabeth Filipacchi depuis 1947, mère de ses deux enfants et attachée de presse chez Decca-RCA. Depuis qu'en 1957, son mari est tombé fou amoureux d'un mannequin suédois, Sondra Peterson, la malheureuse vit un enfer. Après avoir quitté le domicile conjugal, Dan vit maintenant seul, dans un studio rue François Ier, près des bureaux de Decca-RCA. Bientôt, au Golf-Drouot, où ils se rendent en général le vendredi soir, on voit souvent Sylvie accompagnée de son producteur. Une faveur réservée à Henri Leproux, car ni l'un ni l'autre n'affectionnent les endroits à la mode et les boîtes de nuit. Dans son émission, Daniel n'oublie jamais de passer les disques de Sylvie, une « chouchou de la semaine », qui est devenue la sienne depuis plusieurs mois maintenant...

Est-ce que tu le sais ? Dans son premier scopitone – en couleurs s'il vous plaît ! – Sylvie se tortille et fait se tortiller l'époque, ce qui, en février 1962, lui vaut la primeur d'un long article dans le mensuel *Music-Hall* où la petite Bulgare qui joue les mannequins avoue ne vouloir ressembler à personne. L'occasion surtout pour la jeune vedette de démarrer une belle histoire d'amitié avec l'auteur du papier, une demoiselle de bonne famille du même âge qu'elle, dont le père, Jean Calmel, un ancien général de corps aérien, est directeur des relations extérieures de Sud-Aviation. Mercédès Calmel, à qui le destin réservera un jour un sort dramatique, avec Sylvie pour actrice et témoin malheureux...

*

De dérogation en séchage de cours avec des élèves de plus en plus perturbés et des journalistes toujours plus imaginatifs qui squattent l'entrée de l'annexe d'Hélène Boucher : de l'avis de la direction du lycée, la situation est devenue ingérable. Melle Vartan est priée de plier livres et bagage et d'aller jouer les vedettes ailleurs. L'école est finie ! Filipacchi jubile, sa pouliche va pouvoir assurer la tournée avec Bécaud. Devant une certaine évidence et la force des événements, l'aval de Georges et d'Ilona à qui Daniel a été présenté n'a pas été difficile à obtenir. Voici une dizaine d'années de cela, n'ont-ils pas eux-mêmes pris tous les risques ? Ont-ils hésité un seul instant à repartir de zéro avec seulement la foi pour unique garant ? « Oui, mais Bécaud ce n'est pas un chanteur, arguë Ilona avec Liliane Boyer. Il ne fait que réciter, il y a de la musique derrière, mais il ne chante pas ! » En réalité, eu égard à la réputation sulfureuse de Monsieur 100 000 volts qui, il n'y a pas si longtemps, a tenu la presse à scandale en haleine lors de son adultère avec BB, « la bouffeuse d'hommes », elle craint pour sa petite Sylvie...

Un mois de tournée dans toute la France, ville après ville, telle une saltimbanque de luxe, avec la chance inouïe de servir de faire-valoir à l'un des chanteurs les plus adulés du moment, pendant que les copines d'Hélène Boucher plancheront sur leur bachot, n'y aurait-il pas de quoi hurler que la vie est belle ? Mais Sylvie est aux prises avec ses appréhensions. Entre l'angoisse de la page blanche sur un banc de classe au passage de l'examen et le trac vomitif qui vous prend avant le lever de rideau, quand les lumières s'éteignent, quel haut-le-cœur a le meilleur goût ?

Vu l'irrespect grandissant des photographes, la jeune fille a toujours autant de mal à se faire à la fièvre environnante. C'est bien connu, le succès ça n'arrive qu'aux autres ! Lorsqu'on la reconnaît, qu'on l'accoste pour lui demander un autographe, timide et maladroite, elle passe pour une « sauvageonne », mais plaide non-coupable : « À mon tour, j'ai souvent envie de demander des signatures aux grands artistes que je croise, mais il paraît que cela ne se fait pas entre "vedettes" [86] »... Alors, pour la convaincre, chaque semaine, Filipacchi lui montre le flot de lettres de fans qui écrivent pour l'encourager, préférant lui éviter la lecture des autres... Les filles sont les plus redoutables : vindicatives, envieuses, elles s'expliquent mal la réussite de Sylvie... et l'écrivent avec perfidie.

Sur scène, le meilleur baromètre qui soit, pas de tricherie possible. Sylvie verra bien. Si Bécaud l'a acceptée, c'est qu'elle n'est pas si bidon que certains le prétendent. Car ils sont nombreux à la diagnostiquer « en panne d'intelligence » (une référence à son duo avec Frankie Jordan). Très vite, pour eux, son surnom est même trouvé : « Sylvie-va-t-en ! »

Lasse d'avaler tant de couleuvres, considérant qu'une critique est recevable dès lors qu'elle n'est pas mue par la passion, Sylvie contre-attaque, sans jamais dépasser la mesure : « Quand on me dit sans parti pris que ma voix est mal placée, j'encaisse. Par contre, je suis furieuse contre les journalistes qui indiquent de faux renseignements. J'ai lu récemment que je dépensais 1 000 NF par mois, c'est faux ! Que je suis très surveillée par mon frère, c'est complètement faux ! Que je laisse le public froid, Dieu merci, ça aussi c'est faux [87]. »

Pierre Delanoë, tendre grincheux de référence de la chanson française qui méprise souverainement l'avènement de la soupe yé-yé, fait part à Gilbert Bécaud, son interprète et ami, de ses réticences vis-à-vis de Sylvie dont il trouve qu'elle joue plutôt mal les utilités. « Physiquement, avouera-t-il plus tard, elle me paraissait sans présence, encore que mignonnette et propriétaire de jolies jambes. Artistiquement, elle était nulle [88]. » Une opinion qui, pour l'auteur de *Et maintenant,* cadre de façon logique avec son analyse personnelle de la révolution musicale des années 60 : « De quoi s'agissait-il ? D'une forme dégénérée, primaire, de rythm'n'blues sur lequel le jazz était basé. Quant aux paroles, elles étaient affligeantes. Les paroliers ne tenaient aucun compte des accents des rimes masculines ou féminines, et pour cause, ils ne connaissaient pas ce que c'était. Ils ne savaient pas les règles du jeu, mais ils en inventaient de nouvelles, puisqu'ils tenaient le haut du pavé. Les nouvelles règles, c'était qu'il n'y en avait pas et qu'on pouvait écrire n'importe quoi, ce dont ils ne se privaient pas [89]. »

Plus tard, quand viendra l'heure de la maturité pour ceux des yé-yé qui auront eu la chance de survivre à la fulgurance de leur succès, presque tous solliciteront les services de l'homme aux 3 000 titres, accordant de la sorte une légitimité à ses arguments. Sylvie pour autant, refusera de renier ce qui fit son succès initial, et au nom de ses consœurs, France Gall, Sheila ou Françoise Hardy, avec sa manière carrée d'analyser genres, époques et situations, elle offrira une belle synthèse de ce que fut le tourbillon de sa jeunesse : « Je crois que la force des baby-boomeuses que nous sommes est d'avoir su cultiver l'optimisme qui nous a vu naître. Les années 60 inspiraient confiance et on s'était mis dans la tête que toute démarche dictée par l'envie ou le plaisir serait nécessairement valable. »

*

Commencée le 2 mai 1962 au Carillon de Saint-Quentin pour s'achever un mois plus tard, le 6 juin, à l'hippodrome municipal de Douai, la tournée avec Bécaud ne s'est pas déroulée comme un long fleuve tranquille pour Sylvie qui a peiné à s'imposer. Au final, le métier d'artiste de variétés étant plus rémunérateur que celui de coiffeuse, la jeune femme n'est pas peu fière d'avoir pu ramener de quoi financer entre autre l'achat d'une veste en daim pour sa mère qui en avait tellement envie. Bécaud fait alors cette étrange révélation à Delanoë : « Un jour, cette fille sera une star [90] ».

Entre-temps, Filipacchi s'est fondu dans un concept qui va définitivement installer sa gloire : *Salut les copains*, le magazine ! Au moment de se lancer dans la grande aventure, il a bien proposé à

Jean-Claude Berthon, directeur de *Disco-Revue,* de fusionner avec lui, mais Berthon, homme de principes, Berthon le désintéressé, Berthon le précurseur, celui qui le premier plaça Sylvie sur orbite dans la presse pour jeunes, déclina l'offre. Un refus qui lui fut fatal.

Plus qu'un succès, *Salut les copains* est un raz-de-marée, Filipacchi a tout fait pour qu'il en soit ainsi. Le premier numéro qui paraît en juin, avec Johnny Hallyday en couverture, s'arrache dans les kiosques, 100 000 exemplaires vendus en 24 heures. Dans l'urgence, on procède à un second tirage. L'envolée se confirmant, quelques mois plus tard, *Salut les Copains* qui prend ses quartiers rue Marbeuf franchit le cap du millionième magazine vendu. Dans le premier numéro, « oncle Dan » a donné la part belle à Sylvie en lui consacrant un reportage où, à nouveau, elle se fait l'ambassadrice de la mode junior, sous l'objectif de Jean-Marie Périer, devenu l'un des photographes attitrés des yé-yé. Cadeau d'adieu ? Au cours de l'été 62, en effet, au moment de l'enregistrement de *Locomotion* par Sylvie, leur relation se modifie. Il semble que, lassée par les promesses d'un homme sincèrement épris mais de trop de femmes à la fois, Sylvie ait préféré se retirer la première de la compétition. C'est l'opinion de Franck Ténot. Filipacchi est sous le choc. Pour Sylvie, la rupture avec cet homme « plus âgé que moi, que j'adorais, qui m'apprenait à vieillir, et que je ne croyais pas devoir quitter, jamais [91] » est un drame. Évoquant avec Robert Madjar les aventures extra-conjugales de son époux, Élisabeth Filipacchi, demeurée mariée à Daniel, fit le constat suivant : « Cela n'a pas toujours été drôle pour moi, mais j'ai fait un choix et étant directe, j'ai tout accepté. Sondra fut certainement plus importante que toutes les autres car elle lui a donné deux enfants [92]. »

Sondra était une femme, Sylvie encore une gamine. *Salut les copains* et SLC restent sa maison, mais pour Sylvie, la désillusion est de taille. C'est à cette époque que Françoise Hardy, que l'on présente déjà comme une dangereuse rivale, fait sa connaissance dans les coulisses d'une émission de télévision et la surprend à pleurer à pierre fendre.

Toujours, Vartan se montrera fort rétive à parler de cet épisode de sa vie et de ce qui s'y rattache. Lorsque à la télévision, Thierry Ardisson évoquera Daniel Filipacchi devant elle, et fera allusion à la fin de leur relation, la chanteuse se refermera telle une huître.

Vers le milieu années 90, Christine Bravo saura toutefois la rendre plus prolixe :

« — Sylvie pourrait-elle se suicider par amour ?

— J'y ai pensé quand j'étais très jeune... [93] »

Plus tard encore, elle fera marche arrière avec Jeanne Bordes :

« — Est-ce qu'un jour il y aura une autobiographie de Sylvie Vartan ?

— Non. Raconter ma vie impliquerait d'autres personnes. Je ne me sens pas le courage ni le droit de faire cela.

— D'autres l'ont fait, pourtant !

— Oui, mais je trouve cela malhonnête. Je pense surtout à un livre paru récemment (*Destroy,* de Johnny Hallyday), où, dans un chapitre sur moi, il est écrit que j'ai essayé de me suicider. Cela m'a mise hors de moi, parce que c'est faux. Je suis comme tout le monde, pas toujours à cent pour cent de mes capacités émotionnelles ou autres, mais je n'ai jamais essayé d'attenter à mes jours. Toutes mes rencontres, je les ai voulues. On ne m'a jamais forcé le cœur. J'assume tout. Mais pas les mensonges[94]. »

Pour Vartan, qui se définira plus tard, au micro d'Anne-Marie Peysson, comme une « femme forte, bien dans sa peau, qui a confiance en elle, avec une capacité de résoudre n'importe quel problème[95] », le suicide, souvent considéré à tort comme une faiblesse, est une entrave à l'opinion positive que les gens peuvent avoir d'elle.

Sauf à vouloir garder au fond d'elle-même ses blessures les plus intimes, pourquoi en revanche Sylvie fait-elle montre d'une telle obstination à minimiser le soutien actif de Daniel Filipacchi ? Y aurait-il déshonneur à bénéficier d'un tremplin fabuleux, voire d'un piston monstrueux, à l'aube d'une carrière aussi difficile que celle de la chanson, semée d'embûches et sujette à féroces rivalités ? De l'avis des imprésarios les plus chevronnés, c'est la chance qui est le levier initial de la réussite, le reste, tout le reste, le talent et le travail, viennent après. Peu d'artistes, aussi doués soient-ils, accèdent à la gloire d'un coup de baguette magique ; bien souvent, dans l'ombre, un Pygmalion est là pour les pousser dans la bonne direction et leur offrir ce dont les oubliés de la fortune ne bénéficieront jamais : une opportunité unique. Au corps défendant de Sylvie, il est exact que Filipacchi ne s'est pas occupé d'elle en exclusivité. Dans ses émissions et ses magazines, Johnny, Claude François, ou encore Françoise Hardy, entre autres, furent tous logés à même et bonne enseigne. Dans le métier, aucun poste n'est jamais à pourvoir, mais les places sont chères, la lutte d'autant plus saignante. Tout cela, avant que Johnny Stark ne prenne le relais, « oncle Dan » l'enseigna à Sylvie. Il lui a montré la voie du succès, offert une épaule dont elle n'a pas à rougir, car, en dépit des médisances, tout le reste, c'est à elle-même qu'elle le doit, à part égale avec le public. Faut-il que la chanteuse ait souffert de ces vilenies déversées sur son compte au sujet de son « talent fabriqué », pour penser que l'on puisse tout amalgamer dans sa relation avec Filipacchi ! Quant à ses liens avec ce dernier, pourquoi taire ce qui a été rendu public depuis si longtemps ? Johnny en parle dans *Destroy,* et Jean Peigné, de manière encore plus directe. Se targuant d'avoir été alors l'un des rares dans le secret et faisant référence à une conversation qu'il eut à l'époque avec Daniel Filipacchi, l'ancien responsable des programmes musicaux d'Europe 1 écrit : « Un jour, Daniel est entré dans mon bureau et a vu, parmi les disques qui traînaient sur la table, une pochette de Sylvie Vartan. Il l'a prise, a longuement regardé la photo, et m'a dit :

— Tu as vu comme elle est belle ? C'est fou ce qu'elle est belle ! Si tu savais...

J'étais sidéré. Je ne l'avais jamais entendu parler ainsi d'une chanteuse. Il m'a alors fait clairement comprendre que leur relation avait dépassé le stade professionnel et qu'il vivait des moments très forts [96]. »

Filipacchi lui-même ne confia-t-il pas en 1996 à Robert Madjar : « Même les gens du show-business doivent supporter les inconvénients comme les avantages de leurs choix [97] ».

*

Jetée à corps perdu dans le travail, Sylvie accepte peu ou prou tout ce qui se présente, allant jusqu'à se prêter, pour la première fois, au tournage d'un long métrage réalisé par Pierre Perrin, *Un clair de lune à Maubeuge.* La distribution de ce film, Bernadette Lafont, Michel Serrault, Claude Brasseur, Henri Salvador, Bourvil, Jean Richard, aurait pu laisser présumer un petit chef-d'œuvre. C'est peu de dire, hélas, que rarement pellicule fut aussi lamentablement gâchée. Sa brève apparition, au tout début, dans le rôle peu original d'une chanteuse de twist qui semble ne connaître qu'un slogan : « Des desserts, des desserts ! » n'est pas faite pour redorer le blason de « Sylvie-va-t'en »... À propos du *Clair de lune à Maubeuge,* Michel Serrault lui-même avouera : « La rengaine du même titre eut plus de succès que le film [98] ! »

Ce premier contact avec la caméra rend Sylvie quelque peu sceptique. Sur scène, ça marche ou on se fait siffler, au cinéma, elle a eu l'impression de travailler dans le vide. Or, les réactions du public sont pour elle essentielles. Redoutable, également, d'être jugée après coup sur un grand écran, alors qu'on ne peut plus rien modifier !

Pas folle, Sylvie se laisse rattraper par la chanson et en octobre, la voilà de nouveau sur les routes pour deux mois, avec Lény Escudéro, en première partie de Richard Anthony, à traîner derrière elle une douleur qu'elle s'efforce de maîtriser vaillamment. Chez les yé-yé, Anthony est une grosse vedette, Sylvie le sait sans pour autant consentir à se laisser dévorer. « Elle avait une énorme peine de cœur, mais elle témoignait d'une volonté et d'une détermination rares, et très vite il m'est apparu que cette fille allait faire une grande carrière, écrit le chanteur dans son autobiographie. Sur le plan professionnel, elle était encore bien maladroite et je me fichais d'elle gentiment :

— Dommage ! Chaque fois que tu descends un escalier, tu perds ta chaussure !

Mais je la respectais, elle faisait des progrès et s'attelait à la tâche. J'ai rarement vu quelqu'un d'aussi tenace dans son travail, d'aussi ambitieux. Elle me faisait une concurrence effrénée, elle s'obstinait à produire plus de décibels que moi et si je chantais douze chansons, elle en faisait quatorze, si j'avais cinq musiciens, elle en prenait un sixième... Elle avait le besoin de réussite chevillé au corps[99]. »

Au cours de ces soirées bien arrosées d'après-spectacle, Richard Anthony s'est sans doute bien gardé de relater à Sylvie son éviction de la scène du Palais des Sports, en juin de l'année précédente, lors du deuxième festival de rock, quand il fut renvoyé en coulisses à coups de bouteilles de Coca-Cola...

Daté de l'époque de la tournée avec Bécaud, le témoignage de la chanteuse Jacqueline Danno vient corroborer celui d'Anthony quant à l'état d'esprit d'alors de Vartan... Danno, qui tournait en vedette américaine avec Bécaud : « Il y avait une petite môme qui faisait le lever de rideau. Elle chantait trois chansons et se faisait constamment sortir au bout de deux minutes. Et un soir, à Toulouse, nous étions allés manger au buffet de la Gare : cette jeune fille m'a regardée (elle avait seize ans) et m'a dit : "Tu sais, Danno, tu as beaucoup de talent mais tu ne seras jamais une vedette, car tu n'en as pas la mentalité !" Je l'ai regardée et j'ai su qu'elle avait raison : c'était Sylvie Vartan[100] ! »

Eu égard à son peu de disposition pour l'art de la vocalise, Vartan est consciente d'être obligée de cravacher dix fois plus qu'une autre pour arriver à un résultat approximatif : « Ce n'est pas si facile que cela de devenir célèbre ! Je n'ai jamais chanté avant, je ne sais pas le solfège et il me faut souvent répéter plusieurs heures la même chanson (*sic* !)[101] »

Aussi, lorsque les critiques deviennent trop vaches avec elle, elle ressort sa vieille artillerie d'arguments : elle ne voulait pas être chanteuse mais actrice !

*

Outre cette nature bien cachée de battante, dans laquelle elle puise à volonté, en reconstituant le puzzle, bien des éléments pourraient expliquer chez Sylvie une opiniâtreté si marquée. Tout d'abord son désir latent de saine revanche – un mot qu'elle n'aime pas – à offrir à ses parents, des êtres merveilleux et révérés qu'elle a trop longtemps vus trimer de manière injuste ; son puissant désir ensuite d'enterrer à jamais le souvenir de la petite émigrée du fond de la classe, à qui personne ne parle parce qu'elle ne comprend rien ; sa nécessité absolue de se prouver qu'en abandonnant ses études, elle n'a pas fait fausse route. Parce qu'elle est orgueilleuse aussi, démontrer enfin à tous ceux qui ne donnent pas cher de sa peau, comme à ceux, à l'instar d'« oncle Dan », qui ont voulu placer leurs espoirs en elle, qu'un jour elle sera à la hauteur. Et plus encore.

But long is the road...

Bien plus tard, elle aura à faire mentir les sarcasmes de Johnny, son propre mari, qui lui apprendra quelques-unes des ficelles du métier. La rivalité professionnelle destructrice qui les divisera, une guerre de garçons, prouve à tout le moins que les enseignements du maître n'auront pas été sans porter leurs fruits.

*

Outre ce qu'exige le quotidien de tout un chacun, entre l'enregistrement de ses nouveaux titres, la programmation des tournées qui s'enchaînent à une allure démentielle, les photos pour les magazines, les interviews, les émissions de télévision, les radios, l'emploi du temps de Sylvie joue en sa faveur : elle n'aura pas le temps de redouter l'approche des fêtes de Noël, une période pauvre en cadeaux pour les âmes en détresse. L'année précédente à cette époque, tout était encore si beau, avec « lui » à ses côtés... Inspiré par le thème, un parolier trempera sa plume pour offrir à la chanteuse en herbe l'un de ses plus beaux textes de l'époque.

Tout comme s'inspire de leur étroite amitié Jean-Jacques Debout, lorsqu'il lui écrit ce qui devient rapidement le premier tube de Sylvie (300 000 disques vendus) : *Tous mes copains :*

Tous mes copains
Je les ai embrassés,
Tous mes copains m'aiment bien...

Avec Jean-Jacques, la relation n'est pas très bien définie. Lui, éperdument amoureux, se fond dans le regard de Sylvie ; elle, donnant le change, se laisse embrasser sur la joue, en se contentant de sourire. Est-ce là le grand amour ? Ayant longtemps attendu le désistement de Filipacchi, le jeune compositeur redouble d'ardeur. Voisin de quartier, il emmène Sylvie au cinéma – le premier film qu'ils aient vu ensemble est *Les Enfants du Paradis*, dans une salle de Montparnasse, aujourd'hui disparue – et est reçu chez les Vartan où Ilona lui fait à lui aussi les honneurs de sa cuisine slave. Debout se prend à espérer. Qui sait jusqu'où peut mener la saveur d'une purée d'aubergines maison ?...

TROISIÈME PARTIE

L'ère Johnny H.

CHAPITRE 10

Dieu est blond

« Sylvie, une Marylin gavroche ourlée d'un délicieux soupçon de vulgarité. Une fille affranchie, à la fois inflexible et romantique, pour qui on aurait piqué un Solex sans réfléchir[102]. »

Philippe Barbot

« Au début du mois de janvier 1962, j'assiste à la première de Vince Taylor et de ses “Play-boys” à l'Olympia. En lever de rideau, le spectacle est assuré par une ravissante blonde de dix-sept ans, cheveux courts, lèvres boudeuses... Adorable ! Mignonne à croquer ! Dans les coulisses, je confie mon trouble à Vince qui me répond :

— Tu n'as aucune chance, *man*, chasse gardée !

Je m'adresse alors à un jeune mec.

— Elle est mignonne, la chanteuse... Je me la ferais bien. Tu la connais ?

— Oui...

— Tu pourrais me la présenter ?

— Oui...

Dix minutes plus tard, pendant l'entracte, le type revient avec la délicieuse blonde.

— Johnny, je te présente ma sœur, Sylvie !

Le mec en question, c'était Eddie Vartan. Je ne savais plus où me mettre... [103] »

Ainsi s'exprime Johnny Hallyday lorsqu'il évoque son « flash » pour Sylvie Vartan, avant de préciser : « Sylvie, elle non plus, n'est pas libre. Elle aime un homme plus âgé qu'elle. Dans l'ombre, dans les hautes sphères, un bon génie s'occupe de sa carrière. Uncle Dan veille sur elle. Mais je vais m'accrocher. Ramer. Faire ma cour. Pendant des mois. J'ai tout mon temps[104]. »

Lorsque notre Jojo national met Eddie en scène dans le rôle du

« jeune mec » tombé là, au bon moment, comme par hasard, faut-il rappeler que les deux hommes se connaissaient déjà professionnellement depuis un bon bout de temps ! D'autre part, si la première entrevue entre les deux jeunes gens eut réellement lieu à l'Olympia lors de la première de Vince Taylor, elle date du 27 décembre 1961 très précisément. Enfin, au risque de contrarier la légende, s'il est également exact qu'au lendemain de cette soirée l'Idole envoya un télégramme de félicitations à la Blonde, accompagné d'un bouquet de roses – au grand étonnement de Sylvie qui ne pensait pas que celui qui passait pour un enfant terrible puisse être si bien élevé –, la rencontre déterminante entre Vartan et Hallyday n'est pas celle précédemment évoquée...

*

Marseille. Fin décembre 1962. Il est tard. Les clameurs à la fin du spectacle de Johnny, dont Jean-Jacques Debout partage l'affiche, résonnent encore sur la Canebière illuminée, lorsque par téléphone, Sylvie, qui termine sa tournée avec Anthony, propose à Debout de venir le rejoindre en compagnie d'Eddie. Aix-Marseille, il n'y en a pas pour longtemps. Revoir Sylvie... Jean-Jacques jubile. Son euphorie va être de courte durée. Johnny, qui savait sa passion pour elle, ne cessait de lui répéter : « Mais qu'est-ce que tu lui trouves à cette fille qui ne sait même pas chanter ! ? » Mais lui l'aimait comme un fou !

Au grand dam de Debout, dans la pizzeria qui a accepté de les accueillir à une heure si tardive, celle dont il s'est tant langui a été placée juste en face de l'Idole. La conversation s'engage au sein du petit groupe. On parle métier. Puis d'un commun accord on décide d'aller terminer la nuit dans la boîte de Mémé Guérini où Johnny est toujours reçu comme un frère corse. Sylvie paraît moins à l'aise. N'était la présence de l'Idole dont la beauté solaire et la réserve l'attirent et la troublent, elle se demanderait presque ce qu'elle est venue faire dans cette galère. Très vite, alchimie des sentiments, elle ne voit plus que lui qui l'invite à danser. Là, elle ne touche plus terre ! Estomaqué, malheureux comme la pierre, le copain Jean-Jacques préfère se retirer sur la pointe des pieds. La tournée, pour lui, c'est fini ! Il l'écrit dans une lettre adressée à l'imprésario Johnny Stark, qui le menacera de poursuites. Avant de reprendre seul en voiture la route de Paris, il rédige deux autres lettres, l'une pour Sylvie, l'autre pour Hallyday [105]. Puis c'est le cauchemar, un brouillard noir et épais. Ce que Vartan a enduré avec Filipacchi, à son tour de le vivre. T'en fais pas, vieux, un jour tu en trouveras une autre, aussi brune que Vartan est devenue blonde. Pour l'heure, va soigner ta blessure au-dessus d'un piano pour en extraire le pire et le jeter aux chiens. Pendant des années Debout va horriblement souffrir, ayant Sylvie dans la peau, espérant au fond de lui qu'avec le temps elle changera d'avis. Sans succès.

*

En France, Johnny est l'idole des idoles, un petit King en devenir, sur la carrière duquel les professionnels les plus chevronnés, dont Johnny Stark son impresario, tirent les plans d'avenir les plus prometteurs. En outre, il n'est pas repoussant. Beau comme ce qui n'existe pas. Un être solaire. Éblouie, la Sylvie. Et mordue ! Mais Johnny est amoureux d'une autre tout aussi jolie, une jeune actrice que Brigitte Bardot qualifie d'« un peu nunuche à l'époque [106] » : Catherine Deneuve. Elle et Jojo se sont connus sur le tournage des *Parisiennes*. Deneuve/Hallyday : un amour pur et romantique, presque impossible, et pourtant les liens n'en finissent plus de ne pas se distendre...

« La petite Bulgare » et l'Idole se revoient. Qu'éprouvent-ils réellement l'un pour l'autre ? Chaque fois qu'il l'appelle à l'avenue Michel Bizot et qu'invariablement c'est le seul voisin de la cité à posséder le téléphone qui vient la prévenir, elle dévale quatre à quatre les escaliers : « Je traversais la cour comme une folle [107] ! »

Lorsque arrive février 1963, après le tournage de la courte scène qui lui est dévolue dans *Just for fun* – un film inédit en France dans lequel elle ne fait qu'interpréter *M'amuser* –, Sylvie rejoint la tournée Hallyday en lieu et place d'un Jean-Jacques Debout toujours plongé dans une terrible mélancolie qu'il traînera longtemps encore. Là, chaque jour plus amoureuse, elle découvre par étapes la personnalité de l'Idole, qui cadre si mal avec son image publique, et s'en émeut. Le sourire carnassier et fendeur des félins, mais fragile, désespéré, toujours au bord de la cassure, Johnny. Dix ans plus tard, au sortir de l'une de leurs nombreuses crises, par presse interposée Sylvie devait se souvenir de ces années bleu nuit : « Quand tu avais dix-sept ans, tu disais qu'à trente ans, “on se tuerait tous les deux”. Je ne crois pas qu'on va suivre ce programme de fou [108] ! »

*

Johnny et Sylvie à l'affiche : il y a du Johnny Stark là-dessous ! Dans les théâtres et sous les chapiteaux, l'ambiance promet d'être chaude. Des bruits courent déjà sur une éventuelle relation entre eux. En avril, *Paris-Match* en fait sa une. Sylvie apparaît seule pour la première fois en couverture du célèbre magazine. Publicité ? Billevesées ? Alors, Johnny et Sylvie, c'est copain-copain ou bien... ? D'annonce officielle il n'y a pas eu et la presse bien entendu joue sur l'ambiguïté. Rumeur ou pas, « Chipie Vartan » s'est attirée de nouvelles inimitiés : celle de toutes ces filles qui, chaque soir de chaleur, poursuivent l'Ange blond jusqu'à son hôtel pour obtenir de lui un dernier déhanché, à un prix qui sera le sien.

« Sylvie Vartan n'est pas une bêcheuse » ; à Bruxelles, où la tournée fait escale, face aux attaques au vitriol qui continuent d'être déversées à gros bouillons dans la presse contre la Blonde, après son entrevue avec la jeune vedette, Annie Davriat se croit en devoir de remettre les pendules à l'heure, avec un titre choc. « Par-delà son assurance, elle est vraiment timide, explique-t-elle, dans un très long plaidoyer. De cette timidité maladive que neuf personnes sur dix prennent pour de la prétention. C'est la deuxième note insolite. Après un premier élan d'enthousiasme, un certain nombre de ses admirateurs la dénigrent. De plus en plus, on la traite de "bêcheuse". Cela ne la laisse pas indifférente. Un groupe de jeunes admirateurs niçois venus la trouver à Paris ne parvint pas à la contacter. Ils lui renvoyèrent une de ses photos après y avoir ajouté une paire de moustaches et des lunettes, avec ces mots : "Tu peux les garder, tes disques, tu n'es rien qu'une petite bêcheuse à la Marie-Chantal[109] !" »

Le lendemain du concert, la presse tire sur Sylvie à boulets rouges. Le rapport le plus affligeant émane du très sérieux *Écho de la Bourse* : « Elle a dix-huit ans, est d'origine bulgare et passe pour être la nouvelle idole offerte aux crises d'hystérie des "twisteurs" à blousons noirs ! Pauvres gosses. On ne sait comment décrire ce récital érotique et vulgaire jeté en pâture, comme on foule aux pieds un tas d'ordures. Quatre musiciens (*sic*), dont un batteriste digne de la camisole de force, une gamine à cheveux blonds tenant un micro devant la bouche tel un sucre d'orge, et des cris, des cris, encore des cris, scandés à la manière de sauvages hurlant de frayeur devant un réveille-matin ! On affirme qu'au travers de ce micro, Sylvie Vartan chante ! Étant donné que sa voix est couverte par les hurlements de ses "accompagnateurs" et les roulements de tambour du loufoque de service, il ne nous a pas été permis de vérifier cette affirmation. Ce qu'on peut dire toutefois, c'est que tout dans ses gestes, sa manière de lancer l'œillade, ses appels aux jeux de l'amour, font de cette soi-disant chanteuse, une espèce de... respectueuse de trottoir en quête d'un client ivre[110]. »

Fin de l'autodafé.

Voici maintenant la fille de Georges et d'Ilona comparée à une vulgaire grue de tréteaux ! Maman s'affole, papa collectionne les articles qu'il colle sur un cahier. « Au début, ça m'avait fait sourire, avouera Sylvie. Je n'en voyais pas l'utilité. Maintenant, c'est aussi précieux pour moi que ma première lettre d'amour. Mon press-book est un vieil ami que je feuillette souvent. Il m'aide à faire le point, et je me rappelle aujourd'hui toutes les bagarres de mes débuts. J'y retrouve toutes les bêtises qu'on a pu écrire sur moi... et aussi celles que j'ai faites [111] ! »

*

Pas de chance pour les canards boiteux : caracolant au huitième ciel, Sylvie et Johnny se sont inscrits aux abonnés absents. Leur vraie couleur d'origine, les deux jeunes gens la réservent à leurs tendres tête-à-tête. Là, ils jouent au jeu de la vérité. Sylvie rappelle à Johnny l'impression qu'il lui a faite la première fois qu'elle l'a vu sur scène à Milly-la-Forêt. C'est peu dire qu'elle n'a pas vraiment apprécié son côté cuir noir et sa façon de se rouler par terre...

À son tour de s'ouvrir et de se laisser percer à jour pour qu'elle n'ignore plus rien de ses errances de chien sans collier. Itinéraire d'un garçon qui a déjà beaucoup vécu. Trop. Une existence de bâton de chaise menée par le rocker comme il pilote et détruit ses voitures de course, sans même la notion du danger. Dans le plus grand désordre : un père absent ; une maman de substitution en la personne de sa tante Hélène Mar (« La femme qu'il a sans doute le plus aimée dans sa vie [112] », Josette Sureau *dixit*) ; une enfance chaotique et destructurée à écumer les routes de France et d'Europe au sein d'une famille d'artistes (notamment Desta, fille d'Hélène Mar et épouse de Lee Hallyday) ; des débuts forts contestés avec un présentateur de radio qui casse son disque en direct à l'antenne en hurlant « Plus jamais Johnny Hallyday [113] » ; un maréchal de France qui rattrape le coup, un soir à l'Olympia en lançant à la fin d'une chanson : « Bravo, jeune homme, vous êtes formidable [114] ! » Et l'alcool, les filles par kilos, et à chaque déplacement les bagarres, du sang, les flics, les sirènes et gyrophares, les bombes lacrymogènes... À vingt ans, cela fait beaucoup. Touché, Johnny le fut souvent, mais il ne veut plus couler. Aujourd'hui, Sylvie est là. S'il y a toujours un lendemain pour la reprendre – une série de galas à l'Olympia avec Pierre Vassiliu et Claude François, par exemple – le mois de mai les réunira pour un western à la sauce provençale, produit par Ray Ventura : *D'où viens-tu Johnny ?* Direction : la Camargue où Noël Howard a planté ses caméras. Minute !... avant de partir, Sylvie doit encore honorer son contrat avec Filipacchi qui l'a engagée pour camper l'héroïne des *Malheurs de Sylvie*, émission diffusée par SLC et aussitôt plagiée par la grande rivale, Radio-Luxembourg, qui contre-attaque en recrutant Sheila, une nouvelle venue, dans l'émission concurrente de SLC : *Balzac 10-10,* dont les présentateurs ont pour noms Jacques Garnier et Philippe Adler. Les troupes enflent et la guerre des clans s'enflamme. Devient féroce.

Qui, de Sylvie, Cloclo, Franck Alamo, Pétula Clark, Danyel Gérard, Johnny Hallyday, Lucky Blondo, Olivier Despax, Vic Laurens avec ses *Pirates* ou bien encore de Françoise Hardy, des Surfs ou de Sheila, aura encore la tête hors de l'eau dans quelques années ? Chevalier a beau avoir sacrifié à la mode (*Le Twist du canotier)*, imité en cela par Tino Rossi, avec l'opérette *Le Temps des guitares,* ces deux-là ont surmonté bien d'autres vagues et n'ont plus rien à prouver.

« Aucune fée ne se risque à prédire une gloire durable à ces vedettes en bourgeon », s'apitoie un journaliste. Un autre les affuble de sigles désobligeants : « PPH » (Passeront-Pas-l'Hiver), pis encore, « PPWE » (Passera-Pas-le-Week-End »). Qui ne mourra pas verra...

*

« Le regard à marée basse, la conversation au niveau de l'onomatopée, un petit visage de sphynx translucide et anonyme, un corps d'automate gracieux et ennuyé, une voix d'aluminium [115] » : c'est le portrait-robot, vu par l'ennemi, de Sylvie Vartan. Ça la rend folle, Sylvie ! Au feu de quels critères certains journalistes guère plus cultivés que des lapins de six mois osent-ils se poser ainsi en censeurs face à une adolescente qui n'en demandait pas le quart, et à qui l'on ne permet même pas la plupart du temps de révéler sa quintessence ? Ce jour-là, Juliette de Boisriveaud lui en donne une belle occasion, transformée par Sylvie en un superbe essai :

« —On me pose toujours les mêmes questions. De celles auxquelles il faut répondre par oui ou par non. Vous parlez beaucoup, vous, quand on vous demande où vous êtes née ?

— Mais quand on vous demande ce que vous aimez ?

— Vous avez vingt secondes pour répondre à la radio. Tout ce qu'on aime, ça ne tient pas obligatoirement en vingt secondes. J'aime bien qu'on me pose des questions agressives. Celles-là sont les plus faciles.

— Quand on vous demande si vous lisez, par exemple ?

— C'est le plus banal. On nous prend obligatoirement pour des imbéciles. Totalement incultes. Quelquefois, c'est agaçant ! Une fois, en province, il y a quatre journalistes qui m'ont demandé si je connaissais Prévert. J'ai fini par m'énerver. À croire qu'ils n'avaient jamais rien lu d'autre. J'ai fini par leur demander : “Et Schiller, vous connaissez ?”

— Et vous, vous connaissez ?

— Vous voulez que je l'épelle ? C'est incroyable, il faut toujours se défendre [116]. »

Ou comment se faire rondement moucher !

*

Par-dessus les étangs marécageux, le printemps s'est déjà rendu aux chaleurs estivales. Hommes et bêtes de Camargue s'apprêtent à retrouver le feu d'un soleil jamais tout à fait en exil dans ce coin-ci, lorsque débarque chez eux une équipe de Nordistes chahuteurs. Des gens de Paris, qui sont venus tourner un film. On dit qu'il y aurait de grosses pointures : André Pousse, Fernand Sardou, Jean-Marie Rivière... et puis ce minot, ce Johnny complètement fada qui sème la panique là où il passe. La production a lancé des annonces à la radio, dans la presse : pour la figuration, on aura besoin de beaucoup de monde. Toute la région est mobilisée, la propriété de Paul Ricard « réquisitionnée ».

D'où viens-tu Johnny ?, dont les premiers plans ont été tournés à Paris, est une ode à l'Idole, mais la participation de Sylvie, piètrement servie au demeurant par les dialogues d'Yvan Audouard, a le mérite de mettre pour la première fois en valeur son étonnante photogénie déjà remarquée par Jacques Demy et qui se révèle tout particulièrement lorsqu'elle interprète *En plein cœur,* une chanson écrite par Georges Aber, l'un de ses premiers paroliers fétiches, sur une musique d'Eddie Vartan et de Johnny Hallyday. Quant à Debout, toujours « souffrant » mais pas rancunier pour un sou, il s'est mis au service de son « voleur de fiancée » en lui offrant l'un des titres qui participera à sa gloire : *Pour moi la vie va commencer.*

Quelle ne sera pas la stupéfaction de Sylvie d'apprendre bien plus tard de la bouche même de l'intéressé, sur un trottoir de New York, à la faveur d'une rencontre fortuite avec le réalisateur, que Jacques Demy l'avait demandée pour *Les Parapluies de Cherbourg...* « J'ai failli m'évanouir ! Mon imprésario (Johnny Stark), ne m'en avait jamais parlé. J'avais vu le film à Strasbourg avec Johnny pendant une de ses permissions et je pleurais tellement fort en voyant la scène de la gare que les gens se retournaient. Déjà que moi, dans la vie je pleure pour un rien. Alors là... [117] »

Bis repetita avec Jean-Paul Rappeneau pour *La Vie de château* et avec Jean-Luc Godard pour *Pierrot le fou.* On ne laisse pas s'enfuir une poulette aux œufs d'or ! Dans son domaine, la chanson, en dépit des sifflets persistants, Sylvie était devenue une valeur montante qu'il ne fallait surtout pas risquer de perdre en mélangeant les genres. Rares sont ceux qui en France ont pu se débarrasser de leur étiquette et cumuler ces deux disciplines voisines que sont la chanson et le cinéma. Naîtra alors chez Vartan un sentiment proche de la frustration qui ne cessera de s'amplifier et la mènera sur le tard à vouloir rattraper les occasions manquées.

Le séjour en Camargue semble apporter à la jeune vedette toutes les sensations qu'une adolescente amoureuse se croit en droit d'attendre de la vie : « J'étais là-bas plutôt en vacances. Je passais mes journées à faire du cheval dans les marais ou à me dorer sur la plage. J'étais tellement bronzée qu'avec le technicolor je semblais sortie tout droit d'un film de Peaux-Rouges [118] ! » Assise sur la barrière en bois d'une clôture, un foulard dans les cheveux, face aux journalistes qui la harcèlent de questions indiscrètes, Sylvie s'exerce en s'amusant aux vertus du pieux mensonge professionnel : « Johnny ? Un copain, c'est tout [119] ! »

Ce que la Blonde ne sait pas, c'est que le jour de son arrivée en terre camarguaise, une certaine « Lady Lucille » se trouvait là. In extremis, Johnny Stark sauva la situation. Des années durant, Vartan aura à endurer les intrusions intempestives de la fameuse « Lady Lucille » dans son couple. À suivre...

Pour l'heure, sa villégiature camargaise lui offre encore le loisir de passer son permis de conduire et de tourner le scopitone de *Twiste et chante* sur la plage des Saintes-Maries-de-la-Mer. C'est tout dire de l'importance de sa participation dans le film de son héros de « copain ! » Il lui fallait bien ce séjour et ces souvenirs pour se préparer à en oublier d'autres, moins grisants...

*

« Ce soir, 22 juin, 21 heures, rendez-vous tous à la Nation ! »

Pour célébrer le premier anniversaire de son magazine *Salut les copains,* « oncle Dan » n'a pas voulu faire dans le conformisme. Son objectif : rassembler autant de copains que possible pour un concert géant au cours duquel se produiront tous les héros du moment. L'appel, lancé comme un pari à la radio, trouve un formidable écho, et bientôt des quatre coins de la capitale et de sa banlieue, à pied, en bus, en métro ou en cyclo pétaradant, la jeunesse afflue, bruyante et euphorique. Parmi eux, venue en voisine sous la surveillance de son grand frère avec la permission pour elle de rester jusqu'à la tombée de la nuit : Liliane Boyer. Lorsque Sylvie et Johnny arrivèrent, elle était déjà rentrée chez elle, rue des Maraîchers, mais de sa fenêtre ouverte, elle put bénéficier du son. Les images, c'est son frère retourné à la Nation après l'avoir raccompagnée qui les lui décrira dès le lendemain.

Or donc, des dizaines et des dizaines de milliers de jeunes sont réunis. Des loulous aussi, dissimulés parmi les autres, l'esprit pavé de mauvaises intentions. Dès 17 heures, campés dans les arbres, agglutinés en grappes sur les balcons, assis ou debout sur tout ce qui pourra offrir le meilleur panorama sur le podium électronique géant dressé avenue du Trône, tous attendent avec la même ferveur l'instant magique où apparaîtront pour s'articuler devant eux leurs dieux de microsillon et de papier glacé. La chaleur accablante de ce début d'été n'apaise en rien les esprits de plus en plus exaltés à mesure que l'on annonce, en la reportant de quart d'heure en quart d'heure, l'arrivée des idoles.

Soudain, une vaste rumeur qui gronde et s'amplifie laisse la place à un mouvement de foule : un « panier à salade », dans lequel ont pris place les protagonistes de la soirée, s'avance en fendant la marée humaine. Voici les Gam's, Richard Anthony, Danyel Gérard, Les Chats sauvages, Mike Shannon et surtout Johnny et Sylvie, fraîchement débarqués de Camargue, avec sur la peau le généreux témoignage de son soleil légendaire. Toujours pas d'annonce de fiançailles officielles en vue, mais désormais chacun se doute de ce dont il retourne. Polichinelle n'a pas su se tenir... « Je me trouvais moi aussi dans ce fameux car de flics, témoigne l'omniprésent Carlos, et j'étais mort de trouille. Ça bougeait de tous les côtés. Quelques instants auparavant, deux véhicules avaient été renversés. Je me souviens d'ailleurs que, dans l'urgence, nous avions tous dû nous changer dans le commissariat de Daumesnil [120]. »

Les uns après les autres, les artistes se jettent dans l'arène devant un public furieux d'avoir dû attendre si longtemps et qui manifeste son mécontentement en sifflant copieusement chaque artiste. Sylvie n'en mène pas large, mais le « pire » est réservé à Johnny qui voit ses fans « femelles » forcer les barrières de sécurité et envahir la scène. « L'Idole des jeunes » est plutôt coutumier de ce genre de démonstration, mais Sylvie, qui ne guérira jamais tout à fait de sa phobie de la foule, goûte passablement l'expérience. La suite est connue : une soirée qui tourne à l'émeute et à la casse par la faute d'un groupe de trublions, le déchaînement quasi unanime de la presse le lendemain, et la sanction de De Gaulle : « Si ces jeunes ont de l'énergie, qu'on leur fasse construire des routes ! »

À bon entendeur, salut... les copains !

*

Inquiets de cette démonstration de force et lorgnant en même temps sur ce futur électorat imprévisible qui décidera un jour de leur sort, et sur lequel ils n'ont aucun ascendant, les politiques sont sortis de leurs gonds rouillés. L'événement fut considérable, mais peut-on parler de message ? Richard Anthony entretient sa vision de ce que l'on a souvent assimilé à une répétition générale de Mai 68 : « Une poignée de sociologues en mal de symboles ont fait de la nuit de la Nation l'aube de l'ère yé-yé, en fait ce fut le début de la mainmise du business sur notre musique[121]. » Et d'ajouter à l'adresse des « pistonnés de la Nation » : « Dans la presse réservée à la jeunesse, j'ai découvert une réalité transformée, défigurée en faveur d'intérêts particuliers. Il s'agissait d'asseoir la gloire encore vacillante de certaines vedettes... Sylvie, par exemple, charmante et maladroite, ne tenait pas la scène, elle a été huée... et encensée dans les journaux spécialisés[122] ». Comprenons le saint des saints : *Salut les copains...* Merci, Richard ! Si ça, c'est pas un copain...

Parmi les déclarations intempestives qui censurèrent cette nuit explosive de juin 1963, retenons celle, demeurée fameuse, de Philippe Bouvard, et qualifiée de « débile » par Hallyday, dans *Destroy* : « Quelle différence entre le twist et les discours d'Hitler au Reichstag ? »

Certes, on a pu relever la présence de nombreux éléments perturbateurs à la Nation, les bandes de Charonne, de Belleville et encore du Pré-Saint-Gervais, mais également celle de beaucoup de mères de famille et de pères, venus en voisins, avec ou sans leurs enfants, assister à un spectacle que la gratuité rendait accessible à tous. D'autres se félicitent que les dégâts se soient limités à quelques bris de vitres de voitures et de vitrines de magasins et d'un viol non reconnu par les médecins...

À l'évidence, les forces de l'ordre furent débordées par le nombre, mais le véritable débat, c'est Jean Maquet qui le pose dès la semaine suivante dans *Paris-Match* : « D'où vient-il pourtant qu'une indéniable inquiétude, justifiée ou non, persiste dans le public ? C'est que ce samedi-là, à tort ou non, la France – la France des plus de vingt ans – a eu peur de ne pas reconnaître sa jeunesse. Il n'y a pas seulement le problème de la jeunesse, il y a celui du désarroi des adultes. » Mai 68, déjà... et la configuration d'un pays qui, très lentement entre dans l'ère de la peur en se coupant de plus en plus de sa jeunesse, une jeunesse dangereusement inculte, rompue à l'oisiveté, et de moins en moins encline à se soumettre à une autorité parentale en perte de vitesse. Et celui qui n'est encore que le père Lustiger, soucieux de l'évolution des problèmes de société, de conclure en déclarant à Jean Maquet : « La seule chose que j'appréhende, c'est que les parents, aujourd'hui déjà hésitants, renoncent un jour tout à fait à donner au bon moment la gifle qui peut décider d'un avenir. »

*

À leur insu, Johnny Hallyday et Sylvie Vartan sont devenus les porte-drapeaux de leur génération. Un fardeau ? C'est à peine si du haut de leur jeunesse, entraînés dans le tourbillon, ils ont conscience de tout ce qui se produit alentour. Hallyday reste le meilleur supporter de sa « boudeuse ». Il l'encourage et lui prodigue moult conseils, lui, l'enfant de la balle qui s'est fait dans la rue, à la force de ses poings. Pendant des années il a écumé les routes en se forgeant un style dans à peu près tout ce que l'époque pouvait fournir de cabarets minables et de music-halls de deuxième zone. Challenge gagnant. On ne devient pas Johnny Hallyday par hasard, mais le plus difficile reste à faire : durer. « C'est le chef-d'œuvre de l'homme », s'il faut s'en référer à Goethe. Se battre, contre soi-même, contre les autres, ceux qui insultent Sylvie devant lui, dans la rue, à la première occasion et sur lesquels il cogne avec rage.

Il y a bien aussi quelques fabricants de mauvaises légendes à base de citrons et de trognons de pommes, dont il aimerait s'occuper tout particulièrement. On les appelle des « journalistes. » Il faudrait alors à « L'Idole des jeunes » s'équiper d'un exceptionnel don d'ubiquité tant l'entreprise paraît vaste ! « On est allé jusqu'à inventer des trucs odieux, se plaint Vartan à Claude Kroes : des amis de Carlos, mon secrétaire, lui ont demandé si c'était vrai ce qu'on disait, que Sylvie "tient" Johnny parce qu'elle possède des lettres compromettantes pour lui. C'est répugnant ! »

Chance, chantent alors les amoureux, comme une réplique à leurs détracteurs ; un titre créé par le groupe noir de vocal féminin, les Cookies, et que Vartan et Hallyday enregistrent chacun de leur côté. Ils ne sont pas les seuls à succomber à ce refrain puisque les Beatles l'inscrivent également à leur catalogue. « Depuis, la guerre fait rage pour savoir qui, de Sylvie, Johnny ou des Beatles, a enregistré le thème en premier [123] », lâche Daniel Lesueur, bio-discographe de Johnny.

*

Le lendemain de la folle équipée de la Nation, à peine remise de ses émotions, Sylvie apparaît en vedette à la télévision dans « Télé-Dimanche ». Pour la première fois, elle crée en anglais un titre de Paul Anka écrit spécialement pour elle, *I'm watching.* Sans oublier bien sûr de réserver la part belle à ses succès français du moment avec lesquels elle repart peu après en tournée, avec son frère Eddie dans l'orchestre.

Autre participant à cette « tournée des Idoles » : Claude François. Attachant ô combien, mais autoritaire, tyrannique, amoureux de la perfection jusqu'à l'extrême, Cloclo avec sa soif de réussite immodérée insupporte son entourage. Lui aussi traîne ses blessures : jamais il n'oubliera les conditions dans lesquelles sa famille et lui furent expulsés d'Égypte, sa terre natale, en 1956, pas plus qu'il ne s'est remis de la défection de son père à son égard lorsque celui-ci apprit que son fils allait devenir un raté de saltimbanque. Un père décédé peu après, sans être sorti de son silence. Ajouter à cela la séparation d'avec son épouse suivie d'un divorce traumatisant pour le jeune homme, la dot pèse son poids. Avec une « Sylvie va-t'en ! » au caractère entier, qui n'apprécie que médiocrement d'être contrariée, si le diablotin se révèle tel que sa réputation le définit, cela promet de beaux jours...

Tout commence le 13 juillet, dans le cadre de la foire commerciale de Tulle. Et tout commence mal... Premier soir, premier bide ! « Un bide terrible [124]. » De vagues histoires de sono déficiente suivie d'une pluie de tomates... « Ils ne sont pas fiers, les dieux ! se gausse un journaliste envoyé au rapport. Les copains de Tulle ont vu un Claude et une Sylvie livides se prendre les pieds dans des micros muets [125]. »

Étape suivante : le casino de Saint-Céré. Entre-temps, la pauvre Sylvie passe une nuit blanche par la faute d'un accordéoniste qui va jouer jusqu'à l'aube devant son hôtel...

Dans la petite cité du Lot, on a appris ce qui s'est passé la veille, mais tandis que les « vieux » pinaillent – « Ces gamins-là, ils savent rien foutre, nous on les aurait virés » –, les jeunes sont fébriles et ne vivent plus que pour le « concert » du soir, prévu à 22 heures 30. En attendant, arrivée épuisée après cinquante kilomètres d'une route tortueuse, Sylvie doit se soumettre aux questions de la presse :

« — Quand le public ne vous entend pas comme hier soir, vous croyez que c'est très grave ?

— Oh ! non... il vient plutôt pour me voir... Mais hier, j'avais trois chansons nouvelles... c'est bête...

— Ça vous amuse, de chanter ?

— Moi ? Ah non. J'ai horreur de ça !... Ce qui m'amuse, c'est d'écouter les autres...

— Avant d'être une vedette, vous écoutiez le twist, *Locomotion*, tout ça ?

— Moi ? Jamais ! J'avais horreur de ça !

— C'était bien, le film avec Hallyday, en Camargue ?

— Y avait plein de moustiques... [126] »

Inutile d'insister, la petite Vartan n'est pas d'humeur. D'autant plus qu'avec Cloclo, très vite ses appréhensions commencent à se confirmer. Vedette : Sylvie Vartan ; vedette américaine : Claude François... Cette logique, Cloclo, qui est le plus âgé, mais ne compte guère plus d'un seul gros succès à son actif, *Belles, Belles, Belles,* ne l'approuve guère. Il sait ce qu'il vaut, il connaît surtout les carences de Sylvie, à propos de laquelle il rapportera à Paulette Coquatrix, qu'elle « comptait ses pas lorsqu'elle dansait sur scène [127]. »

L'orchestrateur, Jean-Claude Petit, qui débuta sa carrière en qualité de musicien de Claude François, se souvient qu'en dépit de « l'ambiance absolument extraordinaire » régnant entre les deux équipes qui voyageaient ensemble, bien que « subalterne » par contrat, Cloclo adoptait le comportement d'un premier de cordée en voulant tout régir, jusqu'à la conduite, aux horaires et aux haltes du car. « Ce qui n'allait pas sans quelques petits problèmes avec Sylvie, affirme Petit. Ils ne se tiraient pas dessus, mais le climat était quand même un peu orageux, d'autant que Sylvie ne digérait pas très bien les tomates... En plus à l'époque, Sylvie commençait à voir Johnny et Claude ne supportait pas qu'une femme ne soit pas amoureuse de lui [128]. »

Franck Lecœuvre raconte même que Sylvie Vartan lui expliqua un jour que Cloclo faisait recouvrir ses affiches durant la tournée par les siennes afin de se mettre en valeur. De Vartan et de François, le deuxième est incontestablement le plus doué, aussi impose-t-il sa loi et bientôt... sa sono. Pourquoi en installer deux différentes tous les soirs alors que la sienne peut tout aussi bien faire l'affaire ? Eddie Vartan donne son accord. Un peu trop vite. Il va s'en mordre les doigts...

*

En représentation de son côté, quelque part dans l'ouest de la France, l'Idole qui, sur scène récolte lui aussi quelques légumes au passage, s'inquiète. Il faut faire quelque chose pour sortir Sylvie de ce mauvais pas. Le 14 août, la « tournée des idoles » passe par Colmar, avant le concert prévu le lendemain à Annecy. Il a une idée...

15 août 1944-15 août 1963 : Sylvie a dix-neuf ans. Pour préparer l'événement, le rocker fait contacter Maguy Chauvin, un célèbre imprésario suisse qui le fit travailler à ses tout débuts, à l'époque où il prenait des leçons de guitare au conservatoire de Genève. Maguy met à sa disposition l'une de ses propriétés, un ancien relais de poste du XVIIIe siècle en bordure de la frontière suisse. Dans cette bâtisse naîtra quelques années plus tard la Fondation Joséphine Baker, dont Maguy fut le manager et surtout l'amie. « Séduite par le charme étrange et anachronique de ce qu'elle appelait *son* "château de la Belle au bois dormant", raconte Mme Chauvin, Joséphine me répétait souvent qu'après sa mort son âme reviendrait hanter ces lieux [129]. »

Maguy aime beaucoup Johnny : « C'était un petit être attachant, avec beaucoup de présence et de charisme, en dépit de son inculture. Mon mari et moi l'aurions volontiers gardé, mais Stark nous l'a piqué. Sylvie, que j'ai découverte ce jour-là, paraissait beaucoup plus effacée, sans carapace, un peu gourdasse, n'ayons pas peur des mots. Et surtout extrêmement timide. Nous n'avons pas échangé deux mots [130]. »

En guise de cadeau d'anniversaire, Sylvie reçoit sa toute première automobile, une Austin amenée de Paris par Jean-Pierre Pierre Bloch, secrétaire d'Hallyday. Peu avant les festivités, à l'hôtel Président de Genève, Johnny avait fait part à son ami Carlos, à qui il avait demandé d'écourter ses vacances en Corse, de ses préoccupations du moment : « J'ai besoin de toi. Sylvie est avec Claude François en tournée et c'est le bordel. J'aimerais que tu l'accompagnes à partir de maintenant et jusqu'à la fin, (le 8 septembre, à Armentières.) Tu connais le métier, j'ai confiance en toi. Fais-moi plaisir [131]. »

L'amitié, c'est sacré pour Carlos qui n'a qu'une parole. Johnny peut repartir tranquille. Bien sûr qu'il ira ! Très vite, les choses rentrent dans l'ordre. Sylvie, Carlos et Eddie, heureux de ce trio parfait, vivent pleinement leur slavitude. Tout aurait pu ainsi plaider en faveur d'une fin de tournée placée sous les meilleurs augures. Pourtant, un soir, sous un beau ciel de Provence...

*

Le Cannet, 20 août 1963. Il est tard, Cloclo, très applaudi, vient de terminer sa prestation ; Sylvie sait que ça va être son tour de se présenter aux 2000 spectateurs parmi lesquels, la Bégum Aga Khan et son père, ainsi que M. Ducros, le maire de la ville. Or, avant même que la chanteuse n'apparaisse, des éclats de voix parvenant des coulisses attirent l'attention des premiers rangs. L'intensité et la virulence de la discussion dont il ne capte que quelques bribes laissent penser à Gaston Ducros que quelque chose de grave est en train de se passer de l'autre côté de la rampe. On reconnaît la voix de Johnny Stark aux prises avec les représentants du comité des fêtes du Cannet. Puis, plus rien. Le rideau s'ouvre, Sylvie s'avance, radieuse, suscitant le déchaînement de ses fans. Son micro à la main, elle se lance et tente d'écouler un premier refrain :

Demain ne viendra pas, non,
Il ne comptera pas,
Si tu n'es pas avec moi [132]...

Catastrophe ! Au-delà du troisième rang on ne perçoit absolument rien d'autre qu'une horrible bouillie de sons et de mots. Que se passe-t-il ? Des protestations commencent à s'élever dans l'assistance, tandis que du côté des coulisses, le tapage reprend de plus belle, va en s'amplifiant. Des problèmes de sonorisation semblent être au cœur du débat. Pendant que Sylvie rame sur scène en espérant un miracle, perdant patience, Johnny Stark et ses hommes décident d'investir la cabine de mixage, prétextant régler eux-mêmes la sono. Or, les techniciens en place refusent net de les laisser toucher à leurs appareils, ce qui déclenche une vive altercation. Des coups partent. Aussitôt, Stark ordonne à sa vedette de quitter le plateau. Ce à quoi Sylvie s'emploie, au milieu de sa deuxième chanson, après une courte annonce : « Il se passe en coulisse des incidents que je ne puis admettre. Il m'est par conséquent impossible de poursuivre [133]. »

S'éteignent alors les projecteurs, laissant les 2 000 personnes clouées de surprise.

La réaction ne se fait pas attendre. Sifflets, huées, insultes ; la foule se lève comme un seul homme et c'est le début d'un monstrueux pugilat au clair de lune. Gravier, branches d'arbres, chaises, barrières de sécurité : autant d'objets hétéroclites que l'on transforme en volatile, dans une chaude ambiance de saloon. Ça n'est que le début... Dans la foulée, d'aucuns s'enhardissent à monter sur la scène pour saccager les instruments qui n'ont pas eu le temps d'être sauvés. Des musiciens sont molestés, dont Eddie Vartan. Ailleurs, on termine d'arracher la sonorisation et l'installation électrique. Le piano est renversé, des voitures stationnant aux alentours du théâtre sont gravement endommagées. Des bouteilles vides ont également été lancées sur les vitres de l'école maternelle des Orangers, où sont installés les vestiaires des artistes.

En un quart d'heure, le théâtre de verdure du Cannet a pris l'aspect d'un champ de bataille. On dénombre six blessés, dont deux sont transportés à l'hôpital, dans un état inquiétant. Quant à la Bégum, elle n'a dû son salut qu'à sa fuite couverte, au début de l'échauffourée.

Si le pire a été évité, à savoir la mort d'homme, on ne le doit qu'à la police et aux sapeurs-pompiers de Cannes appelés à la rescousse du service d'ordre du Comité des fêtes très vite débordé. Les charges à la grenade lacrymogène s'étant révélées payantes pour disperser la foule déchaînée, ne reste plus qu'à faire l'inventaire des dégâts. Ils sont considérables, bien sûr. Quant au maire, il est outré. Pour l'heure, tard dans la nuit, on apprend que le préfet des Alpes-Maritimes vient de signifier à Sylvie Vartan l'interdiction de chanter à Valbonne et à Nice. M. Ducros approuve et demande encore plus de sévérité en réclamant l'annulation pure et simple de toutes les futures représentations de Vartan sur le territoire des Alpes-Maritimes, et si possible dans les départements limitrophes. « Il est évident que Melle Sylvie Vartan avait décidé, pour des raisons publicitaires déplorables, de faire scandale et de s'en aller, car sa voiture était prête pour cela, déclare-t-il. On ne saurait l'excuser en quoi que ce soit. Elle a provoqué un public qui la paye et qui la fait vivre. En conséquence de quoi, en tant que maire de la cité, je porte plainte contre Melle Sylvie Vartan pour provocation et rupture de contrat et contre X pour déprédations. Il est indéniable, en effet, qu'une bande de voyous de son entourage était décidée à tout [134]. »

Dès le lendemain, l'enquête dirigée par le commissaire Heglen ayant conclu à une faiblesse de la sonorisation et du mixage, Vartan et son imprésario font savoir qu'ils exigent le paiement intégral et confortable de leur cachet. S'ensuit un véritable chapelet de plaintes, toutes les parties impliquées réclamant leur dû et se tirant dessus à barillets pleins. Deuxième plainte du maire contre Roland Hubert cette fois, l'organisateur de la tournée. Celle de ce dernier contre Vartan et Stark pour non-respect du contrat. Celle encore de Stark contre la mauvaise qualité de la sonorisation et la brutalité du service d'ordre, doublée d'une plainte contre X pour coups et blessures. L'ingénieur du son et son assistant rentrent dans la ronde et c'est « Règlements de comptes à OK Cannet ! » Sylvie n'étant pas majeure, son père prend sa place pour relever le gant et charger maître Gilles Dreyfus de poursuivre ceux qui ont molesté son fils Eddie.

Dans la presse, à la radio, l'événement a pris une telle ampleur que Sylvie, accusée d'être la cause d'un million et demi d'ancien francs de dégâts – en définitive le comité des fêtes du Cannet sera couvert par son assurance contractée pour « tous sinistres » – se voit contrainte de venir en débattre à la télévision, avec le maire, M. Ducros. Celui-ci pense renvoyer en deux coups de cuillère à pot la gamine à ses poupées, mais c'est une Sylvie toute en désinvolture qui lui lance au visage : « Je vous donne rendez-vous dans dix ans, monsieur [135] ! » L'éclat de rire de l'élu en dit long sur l'image que reflète Sylvie Vartan à cette époque, et sur sa hargne à vouloir définitivement renverser la vapeur.

Certains périodiques prennent le parti des autorités et soutiennent la décision du préfet des Alpes-Maritimes : « On ne saurait que l'approuver. Ces idoles des jeunes se conduisent en effet comme ne l'ont jamais fait des vedettes consacrées. Elles se plaignent régulièrement de la sonorisation. Mais ce n'est pas le tact qui leur manque : c'est la voix ! Aucun de celles et ceux qui ont marqué l'histoire de la chanson n'ont eu besoin d'un micro pour se faire entendre et apprécier. De toute façon, un artiste digne de ce nom respecte d'abord son public [136]. »

Le fin mot de cette histoire, c'est Carlos, témoin privilégié, qui nous le livre en révélant que le seul responsable de ce sabotage organisé ne fut autre que... Claude François ! Sans en aviser qui que ce soit, bien avant le début du spectacle le chanteur avait déjà prévu de remballer *sa* sono, laissant sa camarade à son triste sort, pour aller honorer en douce un contrat nocturne au Vieux-Colombier de Juan-Les-Pins. Dans l'urgence, Stark décida de faire avec les moyens du bord et d'utiliser les deux enceintes du stade. Folie pure ! Courageusement, Sylvie entra dans l'arène et l'on connaît la suite.

« Les organisateurs nous barrent la route, refusant de nous laisser partir, écrit Carlos dans ses mémoires. Nous fonçons, démolissons la porte d'entrée du stade, brisons le barrage et direction l'hôtel [137]. » Le chanteur omet de préciser qu'en démarrant en trombe dans la nuit, la voiture pilotée par Eddie manqua renverser deux personnes...

Pour la Blonde, la réconciliation avec Claude François prendra les yeux de Molière, un petit cocker offert par le redoutable Cloclo en gage de dédouanement. Enterrée la hache de guerre, mais ce fut leur dernière tournée commune.

Peu après l'incident, Sylvie partit rejoindre Johnny à Arcachon. Johnny qui de son côté avait eu à affronter la colère des Anciens Combattants d'Annecy qui l'avaient interdit d'accès au casino...

Quelques jours plus tard, le 26 août, à Pâmiers, poursuivie par sa réputation de chanteuse en carton et de nouveau âprement chahutée, la Blonde dut repartir sous la protection de douze CRS. Ce soir-là, Cloclo, lui, fit un triomphe...

Pendant plusieurs semaines Sylvie va faire le même cauchemar : « Je suis au Cannet, seule sur une estrade, au milieu de deux mille personnes. Les haut-parleurs ne marchent pas. Je chante une chanson. J'arrête parce qu'on n'entend rien. Je veux parler, leur expliquer, leur demander d'attendre cinq minutes, qu'on arrange la sono. Et pan, je reçois une tomate dans les jambes. Et pan, une autre sur ma robe. Et pan. Et pan... [138] »

*

Avant qu'elle ne consente, le recul aidant, à en tirer parti, reléguant l'affaire du Cannet au rayon des bons vieux souvenirs, Vartan se trouvera longtemps avec une épine dans le pied. S'estimant plus victime que coupable, juridiquement elle ne lâchera pas le morceau et la drôle d'histoire ne trouvera son épilogue que deux années plus tard, le 7 mai 1965, devant la 3e chambre civile de la Seine. Auparavant, la chambre des référés du tribunal de Grasse avait décidé de consigner le montant de la recette (soit 19 847 F) entre les mains d'un séquestre.

En mai 1965, maître Dreyfus réclamera, outre le versement effectif du cachet de sa plaignante (865 F augmenté de 10 % sur les bénéfices nets) :

1/ le remboursement du matériel cassé, dont un piano électrique et un orgue, à hauteur de 15 000 F,

2/ 5 000 F de dommages-intérêts pour les galas annulés de Nice et de Valbonne,

3/ 10 000 F pour le préjudice moral [139].

Cités comme témoins à la barre par Sylvie : les Gam's, Richard Anthony, qui était passé dans le même théâtre quelques mois plus tôt et... Claude François ! Si Carlos dit vrai lorsque dans ses mémoires il dénonce l'attitude d'un Cloclo qui abandonna sa camarade à son triste sort en remballant sa sono, (« laisser ainsi quelqu'un sans sono, c'est l'envoyer au casse-pipe »), comment admettre que Vartan ait demandé ensuite au même Cloclo de charger la municipalité du Cannet ? ! La farce est d'un goût des plus douteux...

*

Novembre 1963. Piaf, Kennedy, Cocteau disparaissent... L'époque « twiste et chante ». Saigne et pleure aussi. Pour Sylvie, scéniquement parlant, en dépit des efforts désespérés de Johnny Stark, le moins que l'on puisse dire est que l'année qui vient de s'écouler n'aura pas été faste. La pire sans doute de toute sa carrière. L'heure est au premier bilan. Jamais aucun artiste débutant n'aura été autant sifflé qu'elle. Depuis le début de la décennie, la malheureuse focalise sur sa frêle personne une haine et une hostilité propres à décourager un bataillon en déroute. Mais à l'inverse de ses consœurs, Françoise Hardy, Sheila, à qui elle a ouvert la voie dans ce métier machiste et dont les carrières scéniques furent des plus brèves, Sylvie ne se retranche pas dans la sécurité d'un studio d'enregistrement. Sa conception du métier passe avant tout par la scène, comme support du disque. C'est sur les planches qu'elle veut apprendre à grandir. Plus que vedette, elle veut un soir s'y réveiller artiste, un titre que l'on n'arrache qu'à soi-même. La moralité de l'histoire du Cannet est que la Blonde, comme tant d'autres de sa génération, n'a pas la capacité vocale requise pour chanter sans micro en cas d'incident, non dans un stade mais dans une salle où l'acoustique le permettrait, comme l'Olympia. « Le 15 septembre 63, Paul Anka y a été victime d'une panne de micro et a continué à chanter un peu plus fort et personne n'a sifflé [140] », se fait fort de rapporter Stéphane Saps, en référence aux récents triomphes scéniques de Bécaud, le même été, à ceux de Tino Rossi à l'ABC et de Chevalier au théâtre des Champs-Élysées. De l'analyse de Bruno Coquatrix interrogé par Saps pour son papier, il ressort que les yé-yé sont plus précisément victimes du décalage existant entre les conditions d'enregistrement d'un disque en studio, où un « limiteur » élimine certaines insuffisances et où les chambres d'écho donnent aux voix une résonance artificielle, et les conditions du direct sur une scène où le public, abusé par les techniques modernes, attend de l'artiste le même résultat que ce qu'il a entendu sur microsillon. « Même quand ils entrent dans une pièce de quatre mètres carrés, explique Coquatrix, les chanteurs nouvelle vague réclament des micros et des haut-parleurs pour susurrer une mélodie. » « Les idoles ont de l'argent dans la poche, et quelques disques dans le commerce, mais pas beaucoup de plomb dans la tête », conclut Stéphane Saps.

Doit-on encore considérer que Sylvie donne dans la provoc lorsque sous la plume de Pierre Julien de *Paris-Presse-L'Intransigeant,* elle met au défi Maria Callas et Régine Crespin de chanter sans micro ni amplificateur sur une place de province ou même à l'Olympia ? « On verra alors que c'est impossible et que j'ai autant de voix qu'elles [141] », aurait soutenu haut et fort la Vartan, selon Pierre Julien. Quelques semaines plus tard, elle s'insurgera contre celui-ci, arguant qu'elle n'a jamais prononcé cette phrase stupide qu'on lui a attribuée à tort. « Je sais très bien que Callas et Crespin peuvent chanter sans micro ! Je n'aime pas les gens malhonnêtes et hypocrites et j'ai horreur de l'injustice [142] », se défendra-t-elle avec Claude Kroes qui lui en offrit ultérieurement l'opportunité.

Juliette Gréco s'en mêle et entre dans la ronde : selon Jujube, Melle Vartan et elle n'exerceraient pas « le même métier [143] ! » La formule avait déjà été usitée par Pierre Fresnay aux fins de discréditer Sophia Loren [144]. Pour Melle Gréco, c'est peu de dire que depuis qu'elle a un jour bénéficié du titre fragile et provisoire de « muse de Saint-Germain », elle ne se sent plus l'âme terrienne. À preuve cette stupéfiante déclaration sur une autre de ses consœurs et non la moindre : « Le principal élément du succès d'une chanson, c'est l'interprète. Voyez Édith Piaf : elle a tant de génie qu'elle arrive à faire passer les pires idioties [145] ! »

Ce qui mènera plus tard Paul Meurisse à prendre le contre-pied en se faisant l'avocat de Sylvie : « Il y a plus de volonté dans un seul "doigt de pied" de cette jeune femme que de talent dans toute la "personne" de chanteuses qui "font dans l'intelligence". »

*

Acapulco et sa baie enchanteresse : il fallait au moins cela à Sylvie pour recharger ses batteries et renforcer son indestructible optimisme. Johnny lui a offert ce voyage de rêve dont ils reviennent beaux comme des dieux de l'Olympe, prêts à sacrifier sur l'autel médiatique le « secret » de leur relation. L'annonce des fiançailles a lieu en direct, le 15 octobre, sur Europe 1, au journal de 13 heures. De « Copains du twist » Sylvie et Johnny accèdent ainsi, grâce à la presse, au statut de « fiancés du twist ». Il fallait y penser !

Un os, cependant : de retour à Paris, Sylvie apprend que, pendant qu'elle barbotait dans les eaux sud-américaines, des étudiants angevins ont déposé une plainte contre elle au motif d'une défection de trop de sa part. N'étant pas venue chanter à la Nuit du bac à Angers, en juillet dernier, elle avait promis de se produire dans cette même ville en octobre. Or, à cette date, elle était au Mexique... [146]

Un os doublé d'un pieux mensonge, puisque Sylvie déclare sans rougir à la presse que Johnny est son premier amour : « Je n'ai jamais flirté avant lui. Je ne sortais presque jamais. Il me fallait supplier mon frère pour qu'il consente à m'emmener avec lui [147]. » Rappelons tout de même que Sylvie s'était rebellée en 1962, en démentant catégoriquement être étroitement surveillée par son frère... [148]

*

« Au tout début de ma relation avec Sylvie, c'est moi qui ai eu l'idée de demander à Charles Aznavour et à son beau-frère Georges Garvarentz de lui écrire une chanson sur mesure, racontera Johnny. Quelque chose de phénoménal qui puisse l'imposer ; la chanson-phare d'un début de carrière [149]. »

Cette chanson conçue en une nuit par les deux compères, Sylvie en emporte la musique et les paroles avec elle sur ses partitions lorsque pour la première fois elle se rend aux États-Unis, en novembre, avec son fiancé. C'est là-bas, à Nashville, capitale du rock, que *Si je chante* et surtout *La plus belle pour aller danser,* une bombe à retardement qui éclatera au début de 1964, sont mises sur bande, avec les Jordanaires (les chœurs d'Elvis) et pour le plus grand bonheur de toutes celles et ceux qui se découvriront amoureux de leur partenaire en dansant sur cet air devenu mythique. « T'es un salaud ! », aurait lancé à Garvarentz un Hallyday jaloux, à l'écoute de la chanson. « Je ne te vois pas chanter : "Ce soir je serai la plus belle pour aller danser", se serait-il vu répondre. —"Non, j'aurais chanté : 'Ce soir, tu seras la plus belle pour aller danser avec moi [150].'" »

« Dans la famille Aznavour-Garvarentz, Sylvie n'était pas en odeur de sainteté, nous révèle un témoin qui fera un temps partie du clan familial du chanteur. Aznavour et les autres ne supportaient pas la façon dont Sylvie passait sous silence ses origines arméniennes. Qui plus est, les rivalités professionnelles entre elle et Johnny, l'un voulant toujours rafler à l'autre les meilleures chansons, exaspéraient tant l'auteur et le compositeur que leur entourage. Sylvie, de nature plutôt franche, avait peut-être moins l'art et la manière de procéder... [151] »

Quel Arménien de France ignore encore aujourd'hui l'ascendance de la Blonde, confirmée publiquement dans un journal bulgare par Sonia Kevorkian, une amie très proche des Vartan, que nous avons déjà rencontrée ? Celle-ci nous explique qu'à l'origine du nom Vartan était celui de Vartanian... « Comme ils sont devenus bulgares et catholiques, le nom a changé [152]. »

« Vartan est un prénom et un nom exclusivement arménien et très répandu chez nous, renchérit Paul Papazian. Le plus célèbre d'entre eux est le héros Vartan Mamigonian, un général arménien du ve siècle qui, par sa victoire à la bataille d'Avaraïr, permit de préserver le christianisme en Europe. Cette guerre sainte fut menée contre le roi des Perses désireux de soumettre l'Arménie à ses croyances païennes [153]. »

Le Cheval Vartan : en intitulant ainsi son roman paru chez Plon en 1997, le réalisateur arménien Henri Verneuil lui non plus ne laisse la place à aucune équivoque. Si l'origine de Vartan est inconnue, Varte signifie « Rose » en arménien.

En 1971, dans l'un de ses « Radioscopie », Jacques Chancel avait déjà tenté de tirer les vers du nez de la Blonde :

« — Sylvie, j'ai lu quelque part ce portrait de vous : “Elle a le front bombé des madones du XIIIe siècle et la mâchoire têtue des Bulgares ambitieux. En fait, elle est arménienne, ce qui est une façon des plus sûres, (demandez à Aznavour) d'avoir envie de conquérir Paris [154].” Vous acceptez ce portrait ?

— Je ne sais pas... Je ne sais pas si je suis bulgare, ou hongroise, ou française... Je suis têtue, oui, ambitieuse hélas, obstinée, orgueilleuse mais pas vaniteuse. »

Sur l'ascendance arménienne : silence radio ! M. Samuelian, directeur, avec sa sœur Alice Aslanian, de la librairie arménienne de Paris, nous apprend du reste que Sylvie Vartan n'est pas la seule à avoir la mémoire qui flanche : « Je m'explique cette sorte de “reniement” par le fait que nous avons un passé très lourd à porter. Trop lourd pour certains qui préfèrent oublier en traçant un trait définitif [155]. »

*

Par l'ambassade de la diaspora bulgare, à Paris, les Vartan parviennent à obtenir quelques menus renseignements sur la situation politique dans leur pays. Qui n'est guère plus brillante que lorsqu'ils prirent la décision de la fuir. En 1962, l'opinion internationale s'est-elle émue des révélations sur les atrocités commises dans le camp de Lovetch ? En deux ans, sur les 1 235 personnes internées, 147 ont été éliminées... Le bain de sang continue. Dieu a abandonné la Bulgarie.

La notoriété de la Blonde a-t-elle franchi les Balkans ? « En 1963, mon mari fut amené à se rendre en mission en Algérie, se souvient Maria Alexieva, l'amie de Lakatnik. Il nous rapporta entre autres magazines, un hebdomadaire sur la couverture duquel on voyait une jeune fille très blonde et choucroutée avec de grands yeux sombres. Le titre disait : "Sylvie Vartan, idole de la jeunesse française." Je n'ai pas fait tout de suite la relation. C'est seulement après avoir feuilleté l'intérieur où Sylvie racontait son histoire avec des photos d'elle enfant, que je me suis écriée : "Mais c'est *notre* Sylvie !" Nous n'en revenions pas. Quelque temps plus tard, sa chanson *La plus belle pour aller danser* était reprise par Bogdana Karadotcheva, une chanteuse de notre cru. Immense succès ! Les disques étaient rares, mais il y avait la radio [156]. »

*

Sa couronne est encore solidement accrochée, mais depuis que, sortis du ventre de Liverpool, quatre curieux garçons dans le vent secouent la vieille Angleterre, Elvis a du souci à se faire. L'ère Beatles amorcée, il va falloir au King se pousser un tantinet pour partager avec eux son propre trône, car les jeunes Anglais aux dents longues ont cet avantage sur les rockers traditionnels d'être acceptés par les adultes et de drainer un public de plus en plus large, dans les rangs duquel *Queen Mum*, diadème en poupe, et sa *royal family*, ne sont pas les derniers à frétiller. Dans leur for intérieur, *of course !*

Maurice Chevalier s'alarme : « Pour survivre à une telle frénésie il leur faudra plus que du talent, du génie ! Montesquieu, je crois, a dit que tout ce qui était exagéré ne pouvait durer. Il me semble que les Beatles sont un signe des temps et qu'une pareille fièvre ne peut s'éterniser [157]. »

Or, en janvier 1964, voici les diables de Manchester à l'affiche de l'Olympia. L'événement, pourtant, n'en est pas un, car si la beatlemania désormais est sortie de son état de quarantaine de l'autre côté de la Manche, elle n'a pas pris en France son essor infernal. Sylvie se montre tout à la fois excitée et inquiète ; pas facile d'être de nouveau la seule fille au milieu de tant de garçons. L'autre vedette du spectacle est en effet Trini Lopez, qui martèle les esprits avec son *If I had a hammer,* futur « marteau » de Cloclo. Pour autant, Vartan prend le mors aux dents et lance des avertissements : « Quand on se tape un bide, ça stimule. Alors on travaille. Je passe huit mois et demi en tournée, et tous les jours, je fais des vocalises. Comme à l'Opéra ! J'ai trois semaines pour me laver de toutes les fausses accusations et, croyez-moi, je vais m'y employer [158] ! »

Le contrat des Beatles avec Coquatrix ayant été signé avant l'explosion du groupe, leur cachet par soir est de... 1 000 F ! Moins que Sylvie ; celle que beaucoup attendent, ses nombreux fans surtout, c'est elle. Avec *La plus belle pour aller danser* (1 500 000 exemplaires vendus), Aznavour a frappé fort et les échos de cette chanson qui colle à la peau de son interprète nouvellement fiancée au roi Johnny lui confère une note de romantisme que le couturier Réal a parfaitement saisie en confectionnant pour Sylvie l'une de ses plus célèbres tenues de scène. Pour les besoins de son film, *Cherchez l'idole,* Michel Boisrond venu filmer l'idole à l'Olympia l'immortalise dans cette petite robe bleue en mousseline, étrennée l'été précédent, et qui tournoie avec elle sur la scène où deux ans plus tôt, elle montait pour la première fois. Insolite, Paulette Coquatrix révèle aujourd'hui que pour attirer les photographes tous affairés en coulisses autour de Sylvie, l'attaché de presse des Beatles déclencha une fausse bagarre dans la loge de ses poulains.

Liliane Boyer assista le 31 janvier à ce spectacle légendaire et ses souvenirs de spectatrice sont très différents : « À l'entrée déjà, il y avait une foule de garçons hystériques qui ne venaient que pour les Beatles. Raconter qu'en 1964, ils étaient encore inconnus en France, est pure fadaise. Aussi, la pauvre Sylvie fut huée comme ce n'est pas permis, mais au fil de sa prestation, l'intensité des sifflets dans la salle alla en diminuant. Elle avait tout de même réussi à leur en imposer, à tous ces petits gars venus semer la zizanie [159]. »

Doudou Morizot, alors régisseur à l'Olympia, se souvient même qu'un soir, alors qu'un spectateur insultait Sylvie depuis le balcon, Hallyday se fâcha sérieusement : « À cette époque-là, il ne fallait pas en promettre à Johnny ; ni une, ni deux, il a sauté sur le gars, puis, avec sa bande de costauds, ils l'ont emmené en coulisses pour lui foutre une trempe mémorable. Manque de bol, le type était le fils d'un très grand chirurgien et l'affaire fit grand bruit [160]. »

Devant les attaques qui redoublent contre elle et Johnny, Sylvie prend la défense de son « promis ». « Il y a sans doute des milliers de jeunes qui auraient réagi violemment si l'on avait insulté leur fiancée, explique-t-elle à Claude Kroes. Quand Johnny était plus jeune, qu'on l'avait battu, il n'allait jamais pleurer dans les jupes de sa mère. D'ailleurs, il n'en avait pas, ça simplifiait le problème. Il regardait les choses en face. Un jour, mon père prenait un taxi, le chauffeur repliait son journal en s'exclamant :

— Ah ! encore ce voyou d'Hallyday...

Mon père qui est assez susceptible, lui a demandé de quel droit il se permettait de juger des gens qu'il ne connaissait absolument pas, des gens qui ont des difficultés que l'on s'empresse d'exploiter.

— Ils font leur métier comme vous faites le vôtre !

L'autre n'a rien répondu [161]. »

« C'est vrai que ce fut vraiment très chaud à l'Olympia, confirme Carlos. C'était moi le chef des gorilles et les consignes de sécurité étaient très strictes. J'ai d'ailleurs recruté plusieurs personnes, dont les frères Nebout, qui ont par la suite travaillé avec Johnny et Sylvie à la technique (son, lumière, sono, balance, etc.) [162] »

Au 28 boulevard des Capucines, Jean-Michel Boris, neveu des Coquatrix, occupait déjà et depuis de nombreuses années la fonction d'administrateur. Selon lui, dès le début, Sylvie fut dans le cocon de Bruno Coquatrix, seigneur des lieux. « Mon oncle l'aimait à la manière d'un père. C'était vrai aussi pour Johnny. Leurs rapports ont toujours été absolument délicieux. Elle avait l'impression d'être en famille chez nous. Il y a eu des passages durant lesquels la pauvre n'a pas été épargnée. Notamment ce fameux spectacle avec les Beatles. Mais Sylvie est une fille qui a des couilles ! Quoi qu'il arrive, ça ne l'a jamais découragée. Elle prenait des coups intérieurement, mais jamais elle ne l'a montré. J'en ai vu des artistes s'effondrer, elle pas du tout. Elle est forte. C'est une battante, une professionnelle de première goutte ! Rien ne lui a été facile. Quand elle a débuté elle avait une toute petite voix. Mais elle avait la grâce et elle s'est accrochée, elle a travaillé, travaillé, les cours de danse, les cours de chant, tout y est passé. Franchement, au début, en 1961, je n'y croyais pas. Je voyais une fille charmante, mignonnette, mais allez dire en la voyant qu'elle allait être une vedette, qu'elle ferait la carrière qu'elle a faite, non ! En toute honnêteté. Ce n'est pas que du talent, Sylvie, c'est du travail, une volonté farouche et un cœur comme ça ! Ça c'est une évidence [163]. »

Un semblant de polémique subsiste cependant quant à savoir qui de Sylvie, de Lopez ou des Beatles fut la tête d'affiche de cet Olympia 64 et leur ordre de passage. Selon Johnny, à l'origine la vedette aurait été Sylvie, Trini Lopez n'étant que la vedette anglaise, et les Beatles venant enfin en vedette américaine. « Au bout de deux jours, Sylvie a déclaré qu'elle ne pouvait pas passer après les Beatles, déclare Hallyday. Alors on a collé Trini Lopez en tête d'affiche.

Même problème : au bout de deux jours, il a déclaré qu'il ne pouvait pas passer après les Beatles. Et ceux-ci se sont retrouvés en vedette[164]. »

Gardons-nous maintenant de sombrer dans le registre du fait divers, mais le monumental revers subi par McCartney qui, pendant plusieurs jours, fit une cour désespérée à notre Blonde pour l'heure encore nationale, participe à l'histoire très officielle des coulisses de l'Olympia...

*

Que de chemin accompli depuis 1961 pour la petite « collégienne du twist » ! Combien de routes encore à suivre... « Avec elle, on aurait pu tourner à nouveau le film *Elle n'a chanté qu'un seul été*[165] », confie une chanteuse concurrente à un journaliste qui a préféré taire son nom. « Eh bien, il faut croire que non, enchaîne ledit journaliste. Été 1963 désastreux ! C'est vrai. Même la belle enfant ne songe pas à le nier. Voire même si elle ne finit pas par l'utiliser à des fins de propagande. Mais depuis, il y a eu des passages parisiens. L'Olympia où le pape charnu du music-hall qui fut le yé-yé des années 1930, alors qu'il découvrait la sensuelle Léo Marjane, l'a couverte de fleurs ; de celles cueillies aux parterres de la botanique, mais celles aussi qui fleurissent dans les prairies de la rhétorique. Vous rencontrez dans la rue un yé-yé et vous l'interrogez sur Sylvie, que vous répond-il ? Neuf fois sur dix, il vous dira qu'il ne peut pas la souffrir, que cette "opération" Olympia, c'était du bluff à la mode Coquatrix, qu'en réalité, elle n'a pas amené un chat dans le fameux music-hall cher à Édith Piaf et à Gilbert Bécaud[166]. »

Quelques phrases plus loin, la grande lessive continue : « Il y a trois ans, ce fut la tendre idylle et les gens bien informés assurent que, malgré l'allure et le "génie" de Johnny Hallyday, la célèbre Sylvie n'est pas prête d'oublier la démarche nonchalante, le réflexe paresseux, mais terriblement efficace, le mode de pensée et la stratégie de réussite de celui qui fut son initiateur aux victoires de ce bas monde, le dynamique, loué et détesté Daniel Filipacchi. Car, en effet, chez la petite émigrante, ce qui domine en numéro un, ce sont les problèmes de sécurité : cette quête constante pour mieux asseoir ce standing, sa respectabilité, son aisance. Pourquoi ne pas le dire ? Sa fortune. Cependant, elle se prétend "tête en l'air", assure qu'elle oublie facilement, sauf avec les journalistes ou les gens qui lui apportent quelque chose dans le métier[167]. »

À la même époque, la célèbre voyante Françoise Robin se penche à son tour sur la personnalité de la Blonde : « Ce que l'on sent tout d'abord chez cette jeune personne, c'est une très grande ambition.

Un besoin vital d'arriver coûte que coûte, et cela très rapidement. Cette exigence pourrait s'assimiler à une sorte de vengeance sur la vie. Je pense que Sylvie Vartan a dû connaître une période très difficile. Peut-être au cours de son enfance. Elle en est restée traumatisée, au point d'en vouloir à l'humanité tout entière. Elle n'a rien oublié. Rien pardonné (...) Son désir violent de briller, de régner sur les foules est servi par un jugement sain, une sagesse bien au-dessus de son âge, et un sens aigu de la discipline. Sylvie Vartan a beaucoup d'audace, de réflexion, d'autorité : le type même de la personne dont on dit "qu'elle ne se laisse pas marcher sur les pieds" (...) Je vois beaucoup de rentrées d'argent dont elle fera des placements sûrs. Très astucieuse pour placer ses fonds, elle ne manquera jamais de capitaux [168]. »

Va-t-elle se laisser ainsi publiquement arracher jusqu'à ses dessous ? Non pas ! La demoiselle a de l'argument et le prouve : « Je suis très lucide. C'est pourquoi beaucoup de gens ne m'aiment pas. Les gens lucides sont toujours gênants. On les accuse d'être froids, calculateurs, alors que simplement, ils refusent de se laisser "mener en bateau". De prendre des chimères pour des réalités. Moi je m'efforce d'avoir les pieds sur terre. Rien de plus dangereux que de se laisser bercer par des illusions. Je ne vis pas dans un rêve. Je me bats et je rends coup pour coup [169]. »

Des coups, la pauvre Sylvie continue d'en accuser ! En sus des noms d'oiseaux qu'elle reçoit lorsqu'elle est sur scène, dans les couloirs du métro et partout ailleurs, là où les gens qui aiment écrire leurs éditoriaux sur les tôles des pissotières livrent leur message à la société, on recouvre ses affiches de graffitis. « Il y a ceux qui n'aiment pas Sylvie Vartan, tout simplement, écrit Claude Kroes, qui avoue n'être pas lui-même un admirateur de la Blonde. Ceux-là n'éprouvent pas chaque fois le besoin d'en faire un éditorial. Puis, il y a les autres, dont les yeux s'injectent de sang dès qu'ils entendent son nom, à qui l'insulte aussitôt vient à la bouche, qui attribuent gratuitement à Sylvie un rôle peu honorable auprès de Johnny. C'est de la haine, une haine suggérée par les journalistes d'une certaine presse. Insulter une artiste qui fait son travail, c'est odieux. S'il le fait mal, il finira par disparaître, mais tant qu'il existe une demande sur son nom, il est normal qu'il se maintienne. Vartan fait son métier avec courage, parce qu'il en faut pour affronter l'hostilité anonyme qu'elle rencontre [170]. »

*

Lorsqu'ils lui dédient une rose buisson à fleurs groupées de couleur rose cyclamen, les horticulteurs du Val-de-Loire montrent, eux, à Miss Vartan, qu'ils ont compris que pour gagner définitivement le cœur d'une femme, rien ne vaut le langage des fleurs ! Reste que, prisonnière du rythme trépidant de sa nouvelle vie, parfois l'angoisse étreint la jeune fille, une étrange sensation d'être appelée par le vide. À mesure que pointe sa reconnaissance au-dessus des nuages, angoissée et hypocondriaque, Sylvie déclare avoir peur, peur de tout, de la maladie, de l'avion, des accidents de voiture surtout... oui, des accidents de voiture : « Je m'imagine mal vieillir, j'ai le sentiment que je mourrai avant, vers trente ans... [171] »

Étrange discours émanant d'une femme-enfant à peine sortie de l'adolescence...

CHAPITRE 11

Don't cry misses Smet !

« L'homme, c'est la tête ! La femme, c'est le cou qui fait tourner la tête[172]. *»*
Sylvie Vartan

Partout en France, sur les boulevards parisiens, véritables baromètres de popularité, elles sont maintenant des milliers de Sylvie, bien vivantes, à déambuler sur les trottoirs de leur quartier, sous les sifflets admiratifs des copains épatés. Le style Vartan fait école. On copie ses tenues d'adolescente bon chic, on se coiffe à sa mode bon genre. Depuis qu'Elrhodes, son coiffeur attitré, a révélé la quintessence de son secret, toutes les filles se font permanenter à la base, puis shampouiner au pollen de fleurs, après quoi elles s'en remettent au savoir-faire de leur figaro habituel pour une coupe mi-dégradée, mi-au carré. Puis c'est le marquage sur leur crâne encore mouillé d'une raie à gauche et la pose des rouleaux : le premier sur la frange, trois autres sur le côté gauche, cinq du côté droit, cinq en arrière au milieu de la tête et les quatre derniers entre les deux rangées déjà posées. Une fois sec, le cheveu décoloré est alors brossé à partir de la nuque en remontant vers le crâne, puis rebrossé légèrement dans le bon sens afin de lui donner un gonflage naturel qui évite le crépage. Ouf ! Le calvaire terminé, chacune peut se prétendre *La plus belle pour aller danser.* Et ça fonctionne ! Les garçons font mine de tomber dans le panneau pour prendre, le temps d'un flirt, la place tant convoitée de ce sacré veinard de Johnny.

Au printemps 1964, Simone Signoret, par amitié pour la productrice Éliane Victor, accepte de se prêter à une expérience télévisuelle pour un peu innovante. L'action se déroule au Printemps, boulevard Haussmann, à Paris. Censée évoluer parmi les clientes de tous âges, de tous milieux sociaux, l'actrice recueille ici et là, sous forme de conversations à bâtons rompus, les confidences de ces dames, leurs projets d'avenir. Lorsque vient le tour d'une jeune fille et de sa maman, attablées à la cafétéria du magasin et visiblement dérangées par un incessant ballet de quêteurs d'autographes. Est-ce réellement Sylvie Vartan et sa mère ? Pour les admirateurs qui repartent enchantés de la dédicace, il n'y a pas l'ombre d'un doute.

— Cela ne vous embête pas, tous ces gens qui viennent vous demander une signature ? s'enquiert Signoret.

— Un peu, oui... mais pas terrible.

Époustouflant ! Plus qu'un sosie, la demoiselle est un clone de la chanteuse. Mêmes yeux bridés à la slave au-dessus d'un nez planté à l'identique, et de lèvres dessinées de façon semblable, avec pour couronnement du tout, la sacro-sainte choucroute de même blondeur, ajoutés à un mimétisme dans le timbre et dans le phrasé, propres à convertir le dernier des sceptiques ! Les yeux écarquillés de « Simone » trahissent sa pensée : « Heureux encore que le ridicule ne tue pas... »

*

Depuis qu'il se sait en devoir de donner dix-huit mois de sa vie à la Patrie, la perspective n'enchante guère Johnny. Tout ce temps loin de son public, avec la concurrence qui guette l'instant propice pour lui ravir sa place. Et puis, Sylvie... Lorsqu'en mai arrive le grand moment de la séparation, quelques amis, dont Carlos, sont venus soutenir le couple dans l'appartement qu'ils occupent, place Winston Churchill à Neuilly-sur-Seine. La veille, Sylvie et Johnny se sont violemment querellés au sujet d'un contrat de film signé par Sylvie, mais l'heure n'est plus aux griefs. Il a la gorge serrée et ce n'est pas sans larmoyer qu'elle le regarde s'éloigner. L'un et l'autre se sont fait le serment de se revoir le plus souvent possible et de s'appartenir à jamais, envers et contre tout. Puis Johnny prend la route d'Offenbourg, une charmante bourgade allemande où campe le 43e régiment blindé d'infanterie de marine. Première longue séparation.

Seule à Paris, Sylvie poursuit sa ronde. Depuis le temps qu'elle disait rêver de cinéma, voilà qu'enfin le cinéma s'intéresse à elle. Pour de vrai, cette fois ! *Patate* : titre prédestiné pour navet annoncé. Les primeurs semblent poursuivre celle que ses fans commencent à appeler « la Blonde », comme sa réputation de chanteuse à trois sous. « Elle ne possède pas l'ombre d'une voix, peut-on lire dans *Bonjour Bonheur,* et nous paraît aussi peu musicienne que notre pantoufle (laquelle ne saurait émettre qu'un grincement quand elle était neuve, mais qui a pris la sage résolution de se taire) [173] »...

Sur le plateau du tournage du nouveau film de Robert Thomas, la chaleur de l'accueil enseigne au moins à Sylvie qu'il peut exister des paradis sans serpents. Sans calculs ni faux effets, elle gagne une sympathie de surface de la part de tous ses partenaires. Sous la griffe de Thomas qui porte pour la première fois cette pièce de Marcel Achard à l'écran, *Patate* met en scène les amours marivaudesques d'un quadragénaire follement épris d'une adolescente qui n'est autre que la fille de son meilleur ami. Jean Marais, Danielle Darrieux, Pierre Dux, Anne Vernon... La brochette est reluisante. Sylvie-tête de bois n'aura qu'à bien se tenir. Pourtant, dès le début, elle fait comprendre au réalisateur qu'il n'obtiendra d'elle que ce qu'elle aura bien voulu lui donner. Pas question de dévoiler le moindre carré de chair intime ! Témoin de l'une de ces scènes où Robert Thomas dut plier devant le mur Vartan, Thérèse Hamel en fera un rapport nourri et très anecdotique : « Une scène du film la montre en gros plan dans sa chambre, assise près de son bureau, lisant à mi-voix une lettre de son amant. "J'ai hâte de te retrouver ce soir et j'embrasse ton petit corps que j'adore", dit la lettre.

— J'ai hâte de te retrouver ce soir et... je t'embrasse très fort, lit Sylvie d'une petite voix tremblante.

— Mais Sylvie, ce n'est pas le texte ! Qu'est-ce qui se passe ? s'étonne Robert Thomas.

— Je ne veux pas dire ça, ce n'est pas bien...

— Mais enfin, Sylvie, c'est ton rôle ! Ce n'est pas Sylvie Vartan que tu joues, c'est Alexa, une petite qui n'a pas froid aux yeux... C'est du cinéma, voyons, c'est le premier caprice que tu fais...

Sylvie baisse le nez de plus en plus, et dans l'œil de la caméra braquée sur son visage en gros plan l'opérateur, avec stupéfaction, voit d'énormes larmes d'enfant couler sur ses joues.

— Je veux, dit-elle, que mon film puisse être vu par tous les enfants... [174] »

Naturelle, sincère, touchante, Sylvie amuse et inquiète Danielle Darrieux : « Je me souviens que, hantée par la peur de grossir, elle se nourrissait uniquement de carottes râpées et de yaourts. Terrifiée, je m'efforçais de lui faire avaler des aliments plus substantiels [175]. »

Pour le metteur en scène, c'est un vrai coup de foudre : « Sylvie n'est pas une sale gosse de riche, elle a le vrai sens de la vie, argumente-t-il. Elle n'a pas encore vingt ans, mais derrière elle, il y a des années qui comptent beaucoup dans une vie et des souvenirs qui pèsent lourd. Quatre metteurs en scène m'avaient déjà téléphoné avant la fin de la deuxième semaine de tournage. Quant à moi, elle m'a stupéfié ! Quand je l'ai choisie pour ce rôle après avoir reçu deux cent cinquante filles, je savais qu'elle était physiquement le personnage, mais je n'en attendais pas le quart : c'est un rôle très difficile, très varié psychologiquement. Elle joue avec une vérité extraordinaire, avec un goût de l'authenticité que j'ai rarement rencontré. Elle sent tout, c'est un "radar" ! Pour moi, c'est une nouvelle Marylin, elle en a la naïveté, la candeur, l'éclair de malice dans l'œil... Et puis elle est si adorable quand on sait la prendre [176]. »

Cette assimilation à Marylin depuis peu disparue, Robert Thomas n'est pas le seul à y faire référence. Régulièrement elle revient sous la plume de journalistes bienveillants. On compare encore Sylvie à Bardot, à laquelle des sirènes prédisent déjà la fin d'un règne dont beaucoup commencent à se lasser. « Que la jeune fille 1964 se reconnaisse plus volontiers en la sage fiancée du militaire que l'on sait qu'en l'héroïne de *La Femme et le Pantin,* n'est pas pour déplaire à qui que ce soit, estime Jacques Lombart dans un article partisan intitulé « Les loups hurlent, mais Sylvie passe ! » Depuis l'accession de l'incomparable Bardot au rang de mythe, voici déjà une petite dizaine d'années de cela, on n'avait plus vu de jeune vedette enfourcher avec autant d'assurance le pur-sang de la réussite et de la gloire. Et ceci dans le double domaine du music-hall et du cinéma [177]. »

C'est peu de dire que la gentille diablesse laisse de moins en moins de monde indifférent. 64 est une année Vartan, un bon millésime. Reste à ne pas décevoir en gardant ce cap qui lui a permis de pousser peu à peu ses objectifs vers l'horizon souhaité. Pour autant, elle ne vit pas encore en harmonie avec ses primes ambitions, mais une voie s'annonce ; certains la prédisent royale. Aussi Sylvie se montre-t-elle d'une crânerie souveraine : « À force de dire du mal de moi, je crois que les gens ont fini par me prendre en pitié. Ou tout simplement qu'ils ont trouvé autre chose à dévorer : les Chinois, les Turcs, l'hôtellerie française, ou une nouvelle chanteuse, d'ailleurs. On n'a pas besoin d'être aimé pour faire une belle carrière. Regardez Bardot. Toutes les femmes la détestent. Non, on n'a pas besoin d'être aimé pour gagner de l'argent. Seulement pour être heureux. Oui, ça arrive encore qu'on crie, qu'on siffle, qu'on chahute quand je commence à chanter. Mais alors, je chante encore plus fort. Ça m'excite. J'ai envie de les dresser. De leur apprendre à vivre. Et finalement, je les force toujours à m'écouter jusqu'au bout [178]. »

*

Bidasse sans histoires, Johnny s'est vu octroyer la permission de louer un pied-à-terre dans la périphérie d'Offenbourg, au cœur de la Forêt-Noire. Il pourra y recevoir les copains, les amis, la famille et Sylvie surtout qui, dès qu'elle le peut, fait le voyage. Lorsqu'elle est à Paris, elle se partage entre l'appartement de Neuilly et la maison de Johnny à Grosrouvre, près de celle de l'ami Aznavour. L'avenue

Michel Bizot, c'est déjà du passé. Sylvie vient d'acheter une immense bâtisse découverte par son père du côté de Gisors. Des travaux s'imposent ; réfection de la façade, aménagements intérieurs, le système électrique à revoir entièrement, mais le cadre est magnifique et l'avenir dans ce manoir cerné par un parc de bonne superficie ressemble fort aux anciennes promesses faites un soir par une petite fille à sa mère. Le château de Gagny ou la revanche du clan Vartan !

Planté avec majesté sur les hauteurs de Loconville, ce que les gens du pays appellent « le château » avait connu une foule de propriétaires successifs tout au long du siècle. Notamment M. Joliclair qui y subit l'occupation allemande, sa demeure ayant été « annexée » pour servir de logement à des officiers de la Wermacht. « Toutes les femmes du coin furent réquisitionnées pour aller faire le ménage là-haut, se souvient Germaine Parrain. Nous étions tenues d'astiquer le parquet pour ces messieurs. Mais nous ne nous y rendions jamais que par paire ! Un jour, j'y suis arrivée seule et la concierge m'a renvoyée chez moi : "Prenez la porte, allez-vous-en, mais ne restez pas ici avec tous ces gars !" On ne peut pas dire qu'ils nous aient manqué de respect, mais ils auraient pu nous chercher... [179] »

Après M. Joliclair le château fut la propriété d'un avocat, M. Sauvage, puis celle d'un conseiller juridique, M. Jouffroy, enfin celle du maire de la commune, Dominique Coisne, avant de devenir le fief des Vartan, avec son boulevard Johnny Hallyday et son avenue Sylvie Vartan. Avant aussi que Sylvie y fasse poser des tôles ondulées contre les grilles d'origine pour s'extraire de la curiosité ambiante, et qu'elle y fasse construire une piscine qui verra défiler nombre de copains et d'amis, célèbres et anonymes, jusqu'à sa suppression au milieu des années 80, pour des raisons de coût d'entretien, après que Sylvie eut émigré aux États-Unis.

*

En octobre 1964, saison automnale collée à l'un des étés les plus frileux du siècle (14° à Paris au mois d'août), la critique accueille *Patate* sans chaleur. Robert Thomas, défini par Jean Tulard comme « un bon technicien au service d'un cinéma d'une affligeante vulgarité [180] », ne se remettra jamais de ce retentissant fiasco d'où seuls réchappent ses acteurs, exception faite de Mike Marshall, fils de Michèle Morgan. Quant à Sylvie, préservée par l'indulgence accordée à une débutante face à un premier grand rôle, elle bénéficie de quelques jugements complaisants. Henri Chapier, pour *Combat,* lui trouve « le plus joli visage du monde », un argument développé par

Louis Chauvet dans *Le Figaro* : « Une jolie frimousse à la mode. Peut-être suffirait-il qu'elle soit un peu dirigée. »

À la même période, Sylvie assure une tournée d'automne avec Hugues Aufray. De lui elle gardera un piètre souvenir. À telle enseigne que, lorsque bien des années plus tard, Yves Mourousi demandera à la Blonde de citer trois personnes qu'elle n'aimerait pas avoir à sa table, Aufray sortira major de promo [181] ! « C'est vrai qu'il avait balancé des trucs pas très sympas à son égard, rien de bien méchant », nous éclaire l'un de ses proches.

*

Noël a ressorti ses couleurs vives ; sonne l'heure des retrouvailles pour les « copains du twist ». Johnny peut être fier de sa fiancée : le mois précédent, en novembre, Stark l'a envoyée aux USA avec un staff de huit personnes – le « clan Sylvie » : Eddie Vartan ; Francis Dreyfus, éditeur ; Carlos, secrétaire particulier ; Georges Aber, parolier ; Mickey Jones et Tommy Brown, musiciens ; Philippe d'Argençay, photographe ; Gil Paquet, attaché de presse –, pour la réalisation d'un album de douze titres en anglais, uniquement destiné aux marchés américain, argentin, japonais et allemand. À New York, elle s'est retrempée dans le mode de travail à l'américaine déjà expérimenté l'année précédente, qui consiste à chanter directement avec l'orchestre, ce qui donne plus de chaleur et de rythme, contrairement à la pratique européenne où les enregistrements restent séparés. Sylvie retournera en Amérique dès le mois de février 1965 pour assurer la promotion de *A Gift wrapped from Paris,* mais elle apprend à Johnny qu'elle a déjà eu l'insigne honneur et le cran d'affronter le public new-yorkais en chantant au Palladium de Broadway, lors d'une soirée organisée par le magazine *Life,* qui lui a consacré trois pages. Hallyday est bluffé. Cette fille-là, mon vieux, wouaouh, de plus en plus terrible !

La préoccupation immédiate pour le jeune couple est de festoyer aussi bruyamment que possible, sous l'œil des caméras, afin de célébrer comme il se doit la nuit de la Nativité. C'est Sylvie qui, quelques mois plus tôt, lors d'un gala où elle fut présentée au ministre des Armées, Pierre Messmer, obtint la promesse solennelle que Johnny serait libre de passer Noël auprès d'elle, en Allemagne [182]. Il en résulte un show inoubliable enregistré à la caserne du 43e R.B.I.M. qui nous montre une Sylvie et un Johnny en uniforme, tous deux ivres de bonheur, chantant et dansant au milieu d'une joyeuse troupe :

One more time, encore une fois
Chérie viens dans mes bras,

One more time, encore une fois
Chérie embrasse-moi[183]...

Le champagne écoulé, chacun de retourner à ses vicissitudes. Cruels lendemains de fêtes. Le jour de la Saint-Valentin, Sylvie apparaît à « Télé-Dimanche » pour interpréter dans un costume-pantalon blanc piqué d'un œillet rouge à la boutonnière, *Je voudrais être un garçon.* Scandale et cuisse de grenouille de bénitier ! Dommage qu'aucun de ceux qui se sont trop attardés sur sa tenue n'ait eu le temps de remarquer derrière la chanteuse la présence de Micky Jones à la guitare et de Tommy Brown à la batterie. Repérés et engagés par Sylvie, ils seront rapidement subtilisés par Hallyday. « Ils avaient un son anglais que j'aimais beaucoup, dira Vartan. Micky était très jeune, il habitait à la maison, c'était comme un petit frère, on a passé beaucoup d'années ensemble, il a fait partie de notre famille pendant très très longtemps. Et par la suite, évidemment, il est devenu le leader des Foreigners[184]. »

*

Back to USA. À la télévision américaine, dans son désormais inséparable costume blanc, Sylvie est reçue par Ed Sullivan. « Ed Sullivan show », une émission de variétés regardée par toute l'Amérique, du Dakota du Nord au Mississippi, du Connecticut à la Californie. Line Renaud – à qui Johnny Stark ouvrit les portes de l'Amérique comme il tentera de les ouvrir bientôt à Mireille Mathieu – eut avant Sylvie l'heur d'y être l'une des invitées vedettes. Son diagnostic : « Sullivan est au spectacle ce que le Tout-Puissant est à nos destinées, passer dans son show équivaut à une Légion d'honneur[185]. »

Suivent d'autres émissions populaires d'importance pour Vartan, parmi lesquelles, « Hulla Baloo » avec Paul Anka et Jack Jones, le chanteur guimauve le plus célèbre du pays, qui fredonne avec elle l'un des succès français de Vartan : *Ne t'en va pas* et enfin, « Hollywood Palace Show », « Tonight Show » et « Shinding », enregistré sur la côte Ouest avec *Mister* Chuck Berry... La jeune fille aurait dû être terrorisée ; il faut croire qu'elle n'avait peur de rien !

Même décontraction devant la horde de journalistes venus assister à la conférence de presse de la petite Frenchie. Trois heures au cours desquelles on exige de son cerveau tout neuf une opinion sur Brigitte Bardot, la Bulgarie, le général de Gaulle, les Beatles... Désireraient-ils encore savoir la couleur de la potiche de *baba* Slavka ? Potiche ? ! What is potiche ? !

Fort de tout ce tapage médiatique savamment orchestré par l'entourage professionnel de la « collégienne du twist », certains journaux français s'avancent à placer une Vartan et une Deneuve dans le même starting-block pour une réussite cinématographique possible à Hollywood où Sylvie est déjà sous contrat avec la Fox et Darryl Zanuck. Elle doit y tourner trois films, avec un droit de préemption sur le scénario. À sa grande déconvenue, au fil des tractations, le rêve américain s'évapore. « Rien de ce que l'on me propose ne m'a encore intéressée. Il s'agissait de sujets soit érotiques, soit "mélos". Je ne tiens ni aux uns, ni aux autres [186] », s'ouvre-t-elle à Georges Rieben.

Sylvie reste avant tout et malgré elle une terrienne. Elle ne renie pas son potentiel, mais elle sait surtout ce qu'elle ne vaut pas, ou pas encore : « J'avoue que j'aimerais réussir, parce que le cinéma me fascine, mais je ne sais pas si on peut déjà parler de moi comme d'une actrice d'avenir. Je suis au fond une ingénue et une timide, et je ne pourrais jamais jouer les rôles que l'on donne par exemple à une BB ou à une Jeanne Moreau [187]. »

En guise d'Oscar, de son périple américain Vartan ramènera le souvenir rendu cocasse par le temps de ses démêlées avec les douaniers new-yorkais lors de son arrivée dans la grande métropole. Zèle ou incompétence, la fouille effectuée des bagages de la Française, les gabelous made in N.Y. prirent la décision d'alerter la brigade anti-stupéfiants de la ville. But de la manœuvre : saisir des herbes mystérieuses dissimulées par la voyageuse dans l'une de ses valises... « En fait, il s'agissait de banales infusions et tisanes des familles [188] ! », nous rassure Julien Moret.

*

Bye-Bye USA ! Bonjour Paris où Sylvie retrouve la solitude du spacieux appartement neuillyen de Johnny, en attendant le retour du guerrier. Dans un décor très *home* anglais, où tout rappelle l'absent, quand elle ne prend pas de cours de chant chez Tosca Marmor ou qu'elle ne répète pas de nouvelles chansons en studio, elle s'oblige à y recevoir des journalistes et des reporters toujours plus nombreux, à l'affût de la moindre information quant à la date d'un éventuel mariage. Ce qui frappe le visiteur lorsqu'il arrive au quatrième étage de l'immeuble, ce sont les deux gigantesques marguerites en carton presque aussi hautes que la porte elle-même, un *ex-libris* que Sylvie s'est plu à coller également sur la porte de service, « de sorte que même les domestiques de Melle Vartan participent à la passion de leur maîtresse pour ces fleurs », observe Sandro Ciotti venu l'interviewer. Serait-ce pour ne pas être en reste avec les innombrables cendriers et coussins à l'effigie d'Hallyday qui envahissent le salon au même titre que les photos du même Jojo dans toutes les poses ?

« Cette passion pour les marguerites est née sans raisons précises, se dédouane Sylvie, ou peut-être que la raison en est très banale : j'en dessine continuellement parce que c'est facile à dessiner, parce qu'elles sont symétriques, parce que ce ne sont pas des fleurs prétentieuses. Je dois avouer qu'à l'école, mes cahiers étaient couverts de petits bonshommes ou de fleurettes à l'endroit où aurait dû se trouver la solution d'un problème de robinets. Aussi loin que je me souvienne, j'ai toujours ajouté à ma signature une petite marguerite. Ça m'amuse. Et je sais que ça plaît aussi à mes amis, qui seraient très étonnés et même inquiets si je n'ajoutais pas ma petite fleur au bas de mes lettres [189]. »

Au risque de faire la pige à Cadet Rousselle avec ses trois maisons, il y a également Grosrouvre, mais c'est à Loconville, dans le confort du château familial, que Sylvie redevient la petite fille de son papa. Bien que confiante et peu encline à vouloir contrarier le destin de son phénomène blond, Ilona se montre toujours aussi réservée quant à la consistance de son métier. *« Pourvu que ça dourre... »* Ne manque que Johnny pour ajouter au bonheur ; lui aussi maintenant fait (presque) partie de la famille. Sylvie se languit. Vivement la quille !

*

Longtemps les fiançailles des idoles furent sources de paris. Avec la question du mariage, qui revient squatter leurs esprits, les pronostiqueurs de tous poils retrouvent enfin une saine occupation. L'épousera-t-il réellement ? Dans combien de temps ? Aux journalistes, les intéressés ne font cadeau d'aucun indice. Aussi, les rédacteurs en chef de périodiques redoublent-ils d'ardeur pour motiver leurs troupes. Il y a bien un proche quelque part qui finira par lâcher le morceau. Mais personne ne sait rien. « Il faut être réaliste, se risque toutefois le chanteur Thierry Vincent, ami intime du couple, ils sont tous deux à l'aube d'une grande carrière internationale, au music-hall et au cinéma. Qui peut raisonnablement, au centre d'un tel tourbillon, être sûr de ce qui se fera dans un mois ou dans un an [190] ? »

Au plus fort de cette incertitude ambiante et stérile, réapparaît notre pythie de service, l'inévitable Françoise Robin, qui déclare péremptoire : « Sylvie n'épousera pas Johnny ! Le fait de se rendre compte de ses possibilités exactes empêche Sylvie Vartan de commettre de graves erreurs. Je sens en elle de grandes possibilités au point de vue carrière. C'est sur le plan affectif que sa vie sera la plus compliquée. En tous cas, elle sera plus aimée qu'elle n'aimera, car je crains qu'en amour elle ne soit trop tyrannique. Son caractère provoquera des dissentiments graves, des blessures d'amour-propre profondes. Je vois dans sa vie deux mariages, mais aucun avec Johnny Hallyday [191] »...

Ces messieurs de la presse ne désarment pas pour autant. Pour artistique qu'il soit, le flou n'en devient pas moins stimulant. Ce mariage ne serait-il pas le couronnement de toute une époque glorieuse en passe d'être révolue ? À aucun prix, il ne s'agirait de rater une telle affaire. Pourvu que les bougres ne décident pas de convoler dans l'intimité, sans prévenir les copains...

*

On a beaucoup parlé d'un mariage voulu effectivement intime et prétendument gâché par le cafardage d'un curé de campagne, l'abbé Sironval, en dépit de la dispense de bans accordée par l'évêque de Beauvais. Sous une autre impulsion probable, celle de Johnny Stark, leur manager commun à l'époque, les deux tourtereaux vont se retrouver au centre d'une expédition maritale où la prudence et la discrétion d'usage en de telles circonstances auront été passées à la trappe...

Tout commence lorsqu'au début du mois d'avril 1965, Sylvie, sur le point de terminer sa tournée américaine de promotion, reçoit un télégramme d'Offenbourg. Il faut qu'elle rentre dans les meilleurs délais : une « permission exceptionnelle » vient d'être accordée à son fiancé. Sylvie sait ce que cela signifie. Avec Johnny, elle en avait longuement discuté auparavant et tout était prêt pour que dès l'obtention de ce congé, ils puissent se marier dans les meilleurs délais. Premier faux pas ; l'arrivée de Sylvie à l'aéroport d'Orly, le 6 avril au petit matin, avec pour comité d'accueil : Johnny et... plusieurs équipes de photographes et de journalistes. Qui a bien pu balancer le tuyau, sinon un membre du staff des vedettes ? Dès le lendemain, *France-Soir* fait son miel de ces retrouvailles. Jusque-là, rien encore de très compromettant.

Or, quatre jours plus tard, boum-boum dans les chaumières. Pour donner une suite au feuilleton, *France-Soir* toujours, en exclusivité, annonce la nouvelle de l'année en légendant ainsi une photo des idoles enlacées : « Regardez-les bien : c'est leur dernier baiser de fiancés. Johnny Hallyday et Sylvie Vartan ont gagné leur pari. Ce mariage impossible, auquel eux seuls, au fond de leur cœur, croyaient vraiment, sera célébré lundi dans un petit village de l'Oise. »

Tout y est : l'annonce, la date, l'indication du lieu. Même si le départ de l'avenue Michel Bizot est récent, quel paparazzo ignore encore que les Vartan ont acquis une propriété à Loconville ?

Manque la confirmation et l'heure de la cérémonie. Un jeu de piste pour élève de troisième année de maternelle...

*

Lundi 12 avril 1965 au matin, les futurs époux, chacun de leur côté, sont sur le pied de guerre. Ils ne sont pas les seuls... À Loconville, qui vérifie une dernière fois son matériel, qui règle son objectif ; dans une ambiance électrique, photographes et journalistes tentent de combler les derniers quarts d'heure qui les séparent du grand moment. La veille, Johnny a enterré sa vie de garçon avec Carlos, Long Chris et Hubert Wayaffe, ses inséparables « Castors ». Ce matin, il est au rendez-vous, fidèle à sa promesse. C'est qu'avec l'animal, il faut s'attendre à tout ! Étriqué dans son costume « très IIIe République », il quitte Neuilly au volant de sa voiture en compagnie d'Hubert et de son secrétaire Jean-Pierre Bloch. Direction : Loconville, lieu du « sacrifice », où derrière les murs du château familial, Sylvie se soumet aux derniers conseils de sa mère. La veille, pour avoir effectué la première le trajet Neuilly-Loconville, la Blonde a mis à profit cette petite villégiature à travers la campagne française pour effectuer une ultime mise au point avec Long Chris, vieux compagnon de beuverie de son futur époux, qu'elle a pris à bord de son Alfa Roméo de couleur rouge... « Elle me fait une sorte de sermon dont les grandes lignes sont très significatives, relate Long Chris, dans ses souvenirs. Il aurait d'ailleurs fallu avoir un cerveau en béton pour ne pas comprendre. La promise m'engage vivement à ne plus revoir son copain Johnny qui, bientôt marié, va devenir un homme plein de responsabilités, qu'il ne faut ni influencer ni entraîner dans les boîtes de nuit et autres galères. Bref, la vie de patachon doit s'arrêter là ! Pour Sylvie, le temps des copains est révolu [192]. »

Chris, qui ne s'estime en rien responsable des « diableries hallydéennes » de son ami d'enfance, avale difficilement la pilule. « Il est vrai que ceux qui aimaient Johnny en général détestaient Sylvie, commente Josette Sureau, ex-secrétaire du fan-club d'Halliday et amie intime de l'Idole. Parce qu'ils le voulaient tout à eux, Sylvie était à leurs yeux un obstacle [193]. »

Mais voilà la voiture du marié ! Au détour d'un virage, une grappe de badauds lancent les premiers vivats, suivis d'autres un peu plus loin, chaque fois plus nombreux, jusqu'à l'arrivée aux abords de la place du village où une mer déchaînée et hurlante prend le véhicule d'assaut, rendant toute visibilité impossible. Aux 150 habitants de la commune se sont joints 3 000 fans, maintenus à grand-peine par 50 gendarmes rapatriés de Beauvais et de Chaumont-en-Vexin. Ce public est le même que celui qui casse tout et fait entendre sa voix lors des sauteries rock'n roll de l'Olympia ou du Palais des Sports. Attention danger ! Quant aux chasseurs d'images et aux cameramen, tous des copains qui ont fait le déplacement, ils nagent dans l'extase professionnelle. Très vite, les mariés qui maintenant se sont rejoints, réalisent que leur mariage ne sera pas celui auquel ils avaient aspiré. Sous le bouffant de son capuchon qui peine à émerger de la mouvance, le visage de Sylvie passe par toutes les émotions : « Sur le moment, j'ai été un peu agacée. Et puis je me suis dit que tous ces gens venaient en amis, par amitié pour moi. Et lorsque j'ai traversé la foule et que j'ai vu tous ces visages souriants et gentils, cela m'a fait chaud au cœur[194]. »

Dans la salle des mariages de la petite mairie où viennent d'arriver les témoins – Luce Dijoux, la camarade d'Hélène Boucher devenue mannequin et le photographe Jean-Marie Périer pour Sylvie ; Carlos et Johnny Stark pour Johnny –, chacun tente de détailler la robe de la promise, un modèle « Restauration » en organdi bordé de 400 mètres de valenciennes signé Réal. Dans la cacophonie et le mouvement de houle qui gagnent l'intérieur de la pièce aux dimensions très modestes, bien malin qui parviendra à apercevoir ne serait-ce que le chef doré du futur marié ! Ému et fier comme un coq au milieu d'une basse-cour piaillante et indisciplinée, le maire Dominique Coisne – ayant conservé quelques terres à proximité du château, la propriété des Coisne jouxte celle des Vartan – vient de faire signe à l'assistance : le discours va commencer... Dans la solennité d'un instant qui ne réclame rien d'autre que le recueillement, il est obligé de hurler pour se faire entendre. Le rire général fuse même carrément au moment où le premier citoyen de Loconville félicite les deux vedettes d'être venues chercher le calme et la tranquillité dans ce petit village du Vexin... Avant la rédaction définitive du contrat officiel sur le registre des mariages de l'année 65 qui dort encore dans les placards de la petite mairie.

Coup de théâtre ; au moment de sortir, on se rend compte qu'il sera impossible de le faire par la porte ! On n'a alors d'autre choix que de hisser Sylvie par la fenêtre. Sa robe se déchire...

Changement de décor ; direction l'église, de l'autre côté de la place, qui tourne le dos à l'hôtel de ville en briques rouges. Peu sensibles au *Veni Creator* entamé par le chœur des jeunes paroissiens, tandis que les mariés tentent désespérément de fendre la foule pour aller vaille que vaille consacrer leur union devant Dieu, les fans n'obéissant plus qu'à leur instinct pour dépouiller Sylvie d'un bout de tissu immaculé, précieuse prise qui aura valeur de relique, paraissent être devenus comme fous. De leur côté, afin de ne pas perdre une miette de ce pugilat organisé, piétinant au besoin les tombes qui cernent l'église, les photographes jouent du coude et du bazooka sur tout ce qui dépasse à hauteur de tête. Les plus hardis ont demandé l'autorisation à Mme Levasseur, dont la maison est placée à un endroit stratégique, de démonter une partie des tuiles de son toit pour s'installer à leur aise dans le grenier.

À l'intérieur de l'église, les places sont chères et il n'y en aura pas pour tout le monde... « Lorsqu'il me vit sur le seuil de ma maison située en face de l'église, pendant que ça s'agitait du côté de la mairie, M. Wallet, cressonnier à Loconville et membre du conseil municipal, m'attrapa par le bras pour m'emmener en courant dans la demeure du Christ, avant que la mariée n'arrive », raconte Germaine Parrain. « "Viens, Mémène, donne-moi la main, comme ça tu seras tranquille !" qu'il m'a dit. Lorsque la mariée est entrée, j'étais déjà bien installée sur un banc. J'ai eu ainsi la chance de pouvoir assister à tout. Comme Sylvie pleurait, je lui ai dit qu'il ne le fallait pas, que c'était le plus beau jour de sa vie. Elle ne répondit rien. En même temps, je la comprenais, ça devait être très éprouvant pour elle, tout ce monde. C'était de la folie ! Il y avait surtout beaucoup, beaucoup de jeunes. J'avais alors cinquante-six ans et c'était la première fois que je voyais une telle cohue dans mon village natal, qui plus est devant la petite maison où ma mère m'avait mise au monde au début du siècle ! Pendant la messe, j'ai regretté d'être entrée ; de temps à autre la porte de l'église qu'on avait été obligés de fermer, se mettait à bouger sérieusement et j'avais très peur. Si jamais ça cassait, qu'allait-on devenir ?... Finalement, même si on entendit quelques cris venant de l'extérieur, ils ont laissé la cérémonie se dérouler dans une relative tranquillité [195]. »

*

« Le jour de son mariage, s'il est vrai qu'il faut être deux, on se sent terriblement seul quand une voix vous dit : "...pour le meilleur et pour le pire... [196]" » La voix dont parle Sylvie est celle du père Zupan qui la baptisa en Bulgarie, vingt ans auparavant. À la demande des Vartan, il a fait le déplacement pour assister l'abbé Paul Sironval, prêtre à Fays-les-Étangs et depuis 1989 en repos dans le petit cimetière qui borde l'église de Loconville.

« Dans l'église, précisément, tous les photographes tentaient de prendre le meilleur plan possible, surenchérit Carlos. Je crois que celui qui fit le plus fort fut un copain de *Paris-Match ;* il avait carrément installé son appareil derrière l'autel décoré de marguerites, au-dessus d'une statue, derrière le curé. L'appareil se déclenchant tout seul, face aux jeunes mariés, la vue était imprenable. Je ne sais pas comment il s'était débrouillé pour mettre tout ça en place, mais il devait sûrement être de mèche avec quelqu'un de la commune, peut-être même avec le prêtre [197]. »

La sortie de la messe réserve le même traitement aux protagonistes de cette journée épique. Pendant que son mari tout neuf menace les perturbateurs de son poing fort entraîné, Sylvie convoque de nouveau ses larmes ; émotion, tension nerveuse, elle n'en peut plus. Autour d'elle, ses demoiselles d'honneur, Vincence, la fille de Johnny Stark, et celle de Collet, l'adjudant-chef d'Hallyday, s'affolent. Il est grand temps pour les copains d'improviser un semblant de service d'ordre, vite débordé lui aussi. Carlos en perd sa chaussure, « Papa Georges » manque de disparaître dans la multitude. La grand-mère, *baba* Slavka, venue elle aussi de Bulgarie et qui, la veille, n'a cessé de cuisiner des plats bulgares, dont les fameux bélecs, prend d'une façon quelque peu soudaine et précipitée le pouls de la popularité de sa petite Djidjika. Tous, maintenant n'ont qu'une hâte : partir se réfugier au château de Gagny.

Ça y est, ils y sont ! Clic-clac ! Sitôt bouclée la séance des photos de famille sur le perron de la blanche bâtisse, après le repas de noces – fruits en gelée, jambon de Bayonne et d'York, caviar, filet de bœuf en brioche, fonds d'artichauts, ananas à la crème –, changement de costumes pour tout le monde. Dans « la bande à Jojo », les vieux jeans délavés reprennent leurs droits. Seule précaution prise par le rocker : les boutons de manchette lui ont été prêtés par le maire du village, ainsi qu'une partie des chaises, le château de Gagny étant encore en travaux...

Les mariés ont maintenant envoyé voler leurs chaussures et entre petits fours et « jeux de société plus mortels les uns que les autres [198] » (Long Chris *dixit*, qui s'attendait sans doute à l'organisation de quelque roulette russe interfamiliale arrosée de vodka), se consument en baisers. Le soir tombé, épuisée, Sylvie monte se coucher, laissant Johnny et les Castors à leurs parties de billards. « Notre devise de Castors était la suivante, précise Carlos : "Les castors chahutent. Ils construisent leur hutte *with their tails* [199]" » (avec leur queue)...

Redevenu plus raisonnable, presque poétique, Long Chris nous conduit maintenant à la petite mort de cette journée du 12 avril 1965 : « Dehors, sous la lune, quelques fans persistent et, le front appuyé contre les barreaux de la grille du manoir, attendent... jusqu'à ce que la fatigue les fasse partir les uns après les autres, comme des ombres déçues. »

Quant aux invités, dès le lendemain, c'est un magnum de champagne sous le bras (une cuvée spéciale Mumm-Cordon rouge, cadeau d'un marchand de Reims), qu'ils reprendront chacun le chemin de

Paris. Sur la bouteille porte-bonheur offerte aux mariés, cette mention romantico-publicitaire : « Reims-Loconville 12. 4. 65 [200] »...

*

Les épousailles de Sylvie et Johnny – dont *L'Express*, fait rarissime, a fait sa une –, ponctuées par une semaine de bains de soleil et de pluie aux Canaries, figurent au palmarès des événements marquants de l'année 1965. Mais, d'emblée les deux vedettes ont laissé, ou plus exactement « on » a laissé trop de tiers envahir l'intimité de leur couple, des éléments perturbateurs qui les mèneront sur le sentier d'une rivalité professionnelle qui jamais ne dira réellement son nom. À quoi se résume un artiste sans le public ? Le premier se doit à l'autre comme un amant à une maîtresse capricieuse. La politique du mystère jadis entretenu par les stars et leurs agents de presse ne vaut plus à l'heure actuelle. Les idoles sont descendues de leur piédestal, la volonté des « fans » de pouvoir s'identifier à leurs vedettes a été la plus forte. En cela aussi l'époque a basculé. Même à Las Palmas, où ils occupent l'appartement 108 de l'hôtel Santa Catalina, Hallyday et Vartan doivent se prêter à d'interminables séances de photos exclusives pour *Salut les copains.* Le public veut tout voir, tout savoir : les amoureux assis à la terrasse d'un café, les amoureux batifolant dans les vagues, les amoureux dans leur chambre, un jeu de cartes à la main, les amoureux... Pour un peu, on se croirait revenu aux aventures de *Martine !*

La légende qui censure ce reportage vaut son pesant : « Enfin seuls ! »

Stark est un magnat du vedettariat, un fabricant, un magicien hors pair qui n'a pas encore tiré tous les lièvres de son chapeau. Bientôt délaissé par Johnny, il se consolera en se rabattant sur Mireille Mathieu. En attendant, les jeunes mariés se montrent dociles ; mieux vaut marcher dans le sillon tracé par le grand manitou.

Le sacre sentimental de Vartan et d'Hallyday signe l'apogée de l'ère yé-yé. Et le début de son déclin. Irrévocablement. L'année suivante, avec sa résolution de mettre Johnny en cage à Médrano, le chanteur Antoine va porter un coup de grâce à cet univers déjà languissant. Pour l'heure, aimons à contempler la jeune fille de la chambre 14 qui part à la conquête du monde, pour la suite de sa première grande tournée intercontinentale. Valises, départs, taxis, avions, hôtels, décalages horaires, retours, départs à nouveau ; le ballet commence, qui ne s'arrêtera plus avant longtemps. Pendant ce temps, Françoise Hardy et Sheila, concurrentes les plus sérieuses pour Sylvie, continuent de ronronner bien au chaud dans des studios d'enregistrement. La première par pure aversion pour la scène, bien qu'elle accepte encore quelques galas, la seconde pieds et poings liés par son producteur. Il y a bien encore la fille de Robert Gall, la petite France, dont le père a écrit pour Aznavour la sublimissime *Mamma* ; la petite blonde monte, monte... mais très vite tombera ! De toutes ces prétendantes au titre, (quel titre ?), la presse à tout prix désireuse de créer des conflits et des rivalités ne retient que le nom de Françoise Hardy. Seule Françoise, pensent-ils, a l'étoffe nécessaire pour être véritablement comparée à Sylvie. Une interview superposée des deux vedettes, une sorte de match arbitré en novembre 1965 par le magazine *Capri,* met en exergue leurs conceptions radicalement différentes de la vie et du métier, qui n'exclut ni l'esprit de camaraderie affichée, ni un profond respect mutuel, voire une admiration réciproque. Complémentaires en somme. Bêtes à concours, pour tout obstiné chronique...

CHAPITRE 12

Un enfant pour un divorce

« L'enfance, ça doit être tranquille. Un enfant, c'est quelque chose de pur. Il faut lui donner le temps, la tranquillité et la paix dans une maison[201]. »
Sylvie Vartan

Avant de réendosser son uniforme, le caporal Smet a remis entre les mains de son beau-frère Eddie et du précieux Carlos la destinée immédiate de sa frêle épouse. Désormais, mademoiselle chantant ses rêves et ses amours, les méchantes oies sans cervelle ni avenir qui pensaient Sylvie des leurs devront changer leur fusil d'épaule.

Arigatô ! Après un concert à Munich, le Japon est la deuxième étape d'une longue tournée internationale. En 1965, quatre ans après ses débuts, existe-t-il encore un seul « Jap » pour méconnaître l'existence de la très honorable Sylvie Vartan ? La scène d'arrivée à l'aéroport de Tokyo démontre à la poupée *made in France* qu'au pays du Soleil levant, impossible n'est jamais nippon. Disciplinés dans leur ferveur, mais bien présents, des milliers de fans aux banderoles multicolores sont venus l'accueillir. Stupéfaction de la Blondissime ! *La plus belle pour aller danser* connaît ici une carrière formidable et il devenait urgent que sa créatrice daigne braver les cirrus pour montrer le bout de sa frange. En quelques galas dans la capitale, programmés entre le 8 et le 20 mai, Vartan accède au statut de déesse vivante. On en profite pour lui faire tourner une publicité télévisée au bénéfice d'une grande marque. Voici la femme préférée de Johnny, vantant avec une conviction désespérée, et dans un japonais à débrider le plus typé des Asiatiques, les plaisirs cotonneux des chaussettes *Renown.* Too much ? pas tant que cela ; en peu de temps, Renown booste ses ventes de 100 % ! En 1965, Sylvie au Japon, c'est pire que les Beatles ou les Stones ! C'est le début d'une histoire d'amour qui commence tout à la fois bien et mal. En 1971, lassée de ses perpétuelles pérégrinations loin de son fils, Vartan déclarera de manière lasse : « Le Japon n'est qu'une grande ville sans arbres[202] ! »

Suivent les escales polynésiennes, sud-américaines. Sylvie chante à Santiago du Chili, à Buenos Aires, en Uruguay ; un parfait entraînement pour se présenter à nouveau devant le public français à qui elle offre une nouvelle tournée d'été. L'étranger derechef avec le Maroc et la Tunisie où elle bat le record d'affluence de Charles Aznavour. Mais jusqu'où roulera-t-elle ? Jusqu'aux pieds de la reine d'Angleterre ! Le 8 novembre, flanquée de son rocker de mari enfin dégagé de ses obligations militaires, elle participe au gala annuel de la *Royal Performance,* au Palladium Theater de Londres. Elle y interprète *Another heart* et *Je préfère ses bras,* mais en sortant de scène elle craque et pendant une demi-heure ce ne sont que larmes et tremblements : « C'est toujours comme ça et parfois je me dis que je suis folle de me détraquer ainsi la santé, je voudrais tout abandonner et puis ça passe et je recommence[203] », déclarera-t-elle trois ans plus tard en relatant les faits dans *Paris-Jour.* À l'issue du gala, c'est une Vartan au visage crispé qui est présentée, dans une robe bleu empire, gantée jusqu'au menton, à Sa Très Gracieuse Majesté. Honneur et privilège. Quelles paroles la descendante de la grande Victoria et celle du petit Hagop de Plovdiv, ont-elles bien pu échanger en si peu de temps ? À l'issue de la cérémonie, les journalistes se ruent sur la Blonde pour l'entendre leur déclarer : « Elle nous a dit "Bonjour", nous a parlé en français, sans accent pratiquement. Et puis, elle m'a demandé ce que je faisais à Paris. Je lui ai répondu que je préparais une tournée pour le Japon[204]. »

Au lendemain du grand jour, M. et Mme Smet se laissent photographier, visiblement épanouis, au milieu d'un peuple de volatiles, maîtres de la cité. « Johnny et Sylvie sont restés trois jours à Londres, rapporte le correspondant de *Paris-Match* chargé de suivre le couple. Accaparés par les journalistes et la télévision, ils n'ont eu qu'une journée à eux. Sylvie voulait visiter la National Gallery. Ils y sont allés en bus, sur l'impériale. Devant le musée, une vieille dame vendait, pour 6 pence, des cornets de graines. Ils en ont acheté. Et les pigeons sont venus. Comme les oiseaux du film d'Hitchcock. À peine moins dangereux : ils ont tout sali le manteau de Sylvie... » *Damned !*

Quand tu es là est alors le grand succès de Vartan. Dès son retour à Paris, à la demande de Jean-Christophe Averty, séduit par la perspective de mettre le couple en scène dans un premier show télévisé commun, elle reprend non seulement ce titre, mais encore s'affichet-elle comme jamais auparavant, dans des numéros rétros ou d'avant-garde surprenants, « music-hallement » servie par le diable d'homme. L'heure n'est pas encore aux sondages et aux affligeantes guerres d'audimat. En ce 29 décembre 1965, les millions de téléspectateurs français de la chaîne unique en profitent : bonheur de tourner la page avec les amoureux de Peynet, qui leur proposent *Un cocktail pour deux*, une reprise d'un vieux tube bien connu des tombeurs et des midinettes d'avant-guerre.

Magie de la télévision, engouement hebdomadaire pour la presse du cœur ; Sylvie pénètre en force dans les foyers. « On ne voit que vous, vous êtes partout ; à la TV, dans les journaux, vous êtes le miel des journalistes », lui lance Denise Glaser à l'antenne.

En 1965, le feuilleton *Les Raisons du cœur,* dont la Blonde fut la vedette pour *Nous deux,* a tenu les lectrices en haleine pendant une vingtaine de semaines. Brigitte est la fille de M. Mallet, le propriétaire d'une importante filature de tissus. Le directeur Didier Raveaux aime Brigitte, mais elle lui préfère Sylvain Pasquier, un jeune dessinateur. M. Mallet donne son consentement au mariage de Brigitte et de Sylvain. Aussitôt, la jeune fille court annoncer la bonne nouvelle à celui qu'elle aime...

Cette affaire !

Les jeunes filles et les ménagères ne s'en laissent pas moins emporter par ce traîneau meringué, hors des sentiers battus et des difficultés du quotidien. En ce sens, Sylvie devient la sœur et la copine, la fille et la confidente, pas même une ambition, juste un modèle, inaccessible et rassurant. Pour cette raison et pour bien d'autres, elle renouvellera l'expérience du roman-photo, en 1972, pour *Télé-Poche,* avec cette fois un rôle de cover-girl et un titre qui laisse songeur : *Sylvie blonde et Magie noire...*

Avant cela, la chanteuse se sera vue régulièrement croquée par Gourdon, l'un de ses grands admirateurs, pour le compte des Éditions Fleuve Noir et de leurs « Spécial police. » Aujourd'hui encore, avec un peu de chance, on peut trouver ces étonnants collectors aux Puces parisiennes ou chez les bouquinistes des bords de Seine.

*

Johnny, qui n'ignore plus la condition de sa femme, lui a demandé de lever le pied et de ne plus penser qu'à elle et à l'enfant à naître... C'est pour la mi-août ! Sagement, Mme Smet se range à cette décision. En attendant, elle veillera de loin au bon fonctionnement de leur fan-club commun créé au mois de mai, comme elle sera attentive à l'évolution de sa première collection de prêt-à-porter lancée l'année précédente au Bilboquet, à Paris, en présence de l'un de ses inconditionnels : François Truffaut. Là encore, la rumeur fait des heures sup...

Au cours de l'hiver, tandis qu'ils goûtent tous deux à Méribel aux joies de la neige, dont Sylvie ne raffole pas encore mais deviendra une adepte, Brigitte Bardot, soucieuse sans doute d'examiner enfin au plus près sa « remplaçante supposée », invite les Hallyday dans son chalet bondé de courtisans. BB est encore plus qu'une star internationale, un mythe vivant, un phénomène social qui dépasse l'analyse des plus éminents sociologues, moralistes et autres voyeurs impuissants de la secte psychanalytique. En Bardot, Vartan découvre une femme directe, spontanée, vive et gaie, aux antipodes des symboles hollywoodiens. « Quand je pense à Brigitte, dira-t-elle plus tard, le mot star m'amuse beaucoup. L'auréole qui entoure son personnage depuis de longues années n'a jamais altéré sa gentillesse. C'est peut-être bien sa simplicité qui m'a tout de suite frappée chez elle, et m'a conquise. Peut-être aussi l'imaginais-je vouée à un univers fait de mirages dorés et de superbes artifices[205] ! » Les deux femmes se revoient à plusieurs reprises au cours de ce séjour, à la faveur de longues parties de poker particulièrement animées. C'est Bob Zagury, le compagnon de BB, qui a initié Johnny et Sylvie. Le Brésilien ne plaisante pas : il faut jouer de l'argent. Alors Hallyday fait la gueule parce que Sylvie gagne à tous les coups. « Le poker, c'est un jeu de garçons[206] ! », la houspille-t-il.

Un soir, Valéry Giscard d'Estaing, qui n'est pas encore le présidentiable que l'on sait, est du nombre des invités, avec Jean-Jacques Debout et Chantal Goya, sa fiancée, une magnifique brunette. Debout *in fine* a trouvé *sa* Sylvie. Tous ayant décidé de jouer au jeu des Ambassadeurs, c'est maintenant au tour de Giscard de mimer le titre d'un film. Devant une assistance hilare, voici le futur chef de l'État sortant de la cuisine, une serpillière sur la tête, un balai entre les jambes et poussant des « ouh ! ouh ! » à n'en plus finir.

— *Les Sorcières de Salem !,* s'écrie Sylvie.

Bingo ! Huit ans plus tard, en 1974, c'est lui qui gagnera, publiquement soutenu dans sa campagne électorale pour la présidentielle par Vartan elle-même et Hallyday, entre autres supporters.

*

Si c'est un garçon, ils l'appelleront David, si c'est une fille, Sandra. En attendant les retours épisodiques de son héros de gala, Pénélope au chômage technique tricote à Loconville, Molière (le cocker-dédommagement de Cloclo), entre les jambes : « Quand la femme se tait, déclare-t-elle à ceux qui sont venus l'interviewer, l'homme chante à pleine gorge ; un bon ménage, ça fonctionne comme ça non[207] ? » D'ordinaire pingre en confidences, lorsqu'il s'agit d'évoquer son mari et leur futur enfant, cette fois-ci elle ne tarit pas d'anecdotes et de certitudes. Elle sait qu'elle a épousé un queutard, mais elle aime Johnny avec ses défauts et ses qualités, mieux, elle l'aime pour eux et pour elles ! Bec et ongles, elle le défend contre ceux qui crient à la fin de son règne. Une manière pour elle de se protéger aussi. Face à l'arrivée d'un nouveau son, la pop music, et au changement des mentalités des jeunes (ils sont 17 millions de moins de vingt ans, en France, cette année, soit plus du tiers de la population) qui s'intellectualisent en optant pour les textes pacifistes d'un Bob Dylan ou d'une Joan Baez, Hallyday semble rencontrer quelques difficultés. Lee, son oncle, les attribue à Eddie Vartan. « Johnny ne voulait pas s'en séparer à cause de Sylvie, confiera-t-il à Fantoni et à Brierre, mais Eddie Vartan ne comprenait ni le répertoire de Johnny, ni sa sensibilité, ni la musique qui lui correspondait[208]. » De manière générale, Lee Hallyday déteste généreusement la tribu des Vartan, Jean Tosan le confiera aux mêmes Fantoni et Brierre. Johnny lui-même, bien qu'adorant ses beaux-parents, a du mal à adhérer à ce solide esprit de clan, qui n'est pas le sien. Le jeune chanteur a soif de superficiel et d'horizons à parcourir la nuit, sans bride autour du cou qui puisse le ramener au jour. Sylvie, toujours égale à elle-même, sauve les apparences et tente d'apaiser les conflits : « Dans ce métier, on passe son temps à se tuer les uns les autres. L'avènement d'Adamo devait entraîner la chute imminente de Johnny en particulier et du rock en général. Adamo a atteint le haut de l'échelle, le rock se porte de mieux en mieux, et Hallyday n'a pas touché le fond de l'abîme pour autant. La concurrence fait partie du jeu. Johnny se bat depuis sa plus tendre enfance. Il se battra longtemps encore[209]. »

Lorsque d'Antoine et de ses fameuses *Élucubrations* il s'agit – Antoine qui considère que Johnny ne tient que par le nombre de personnes autour de lui –, Mme Smet hausse le ton : « La grâce du succès aidant, on se croit tout permis. Et puis, c'est amusant d'envoyer des fléchettes dans le dos des petits camarades. Johnny n'a pas le fleuret chatouilleux. Il respire à une autre hauteur. Mais quand il prend feu, il réplique par des bombardes aux galets que vous envoyez dans son lac[210]. » Quant à savoir si le « bombardier » sera un papa idéal, là encore, pour lui, Sylvie déroule le tapis rouge : « Il est fou de joie. Je crois qu'il aura, devant la paternité, un comportement semblable à celui d'Alain Delon, par exemple. Les garçons qui, comme Johnny ont souffert de la désunion de leurs parents désirent, pour leurs propres enfants, toutes les sécurités de la terre[211]. »

Campée sur ses illusions et ses curieuses références, la Blonde rêve en couleur. Ivre de cette sensation étrange et du bonheur qu'il y a de porter la vie en soi, d'avoir pendant un temps deux cœurs au lieu d'un, elle réalise soudain que l'essentiel dans l'existence d'une femme passe nécessairement par l'enfantement : « C'est la seule chose magique, tout le reste est en dessous[212]. » Et puis, son rock'n roll man ne lui rapporte-t-il pas de chacun de ses déplacements à travers le monde des patelots, des brassières, des chaussons en laine angora ? « Sur la scène, on commence à lui jeter des nounours et des girafes en peluche...[213] »

C'est peu ou prou à cette époque que la Blonde reçoit une carte postée à Prague, mais écrite par une Bulgare qui n'est autre que son amie d'enfance, Lily Kostadinova, la petite fille du 102 boulevard Evlogui Gueorguieff, à Sofia... « Je m'étais procuré son adresse française par des amis, raconte celle-ci, et lors d'un voyage en Tchécoslovaquie, j'en ai profité pour lui envoyer un mot afin de me rappeler à son souvenir. Elle me répondit avec beaucoup de gentillesse en m'envoyant une photo d'elle, dédicacée[214]. »

*

« Viva David ! Viva Sylvie ! Viva Johnny ! » Signé : « Brigitte et Gunther et Les Pieds Nickelés ! » Bardot qui, entre-temps, sur un coup de tête s'est laissée épouser à Las Vegas par un play-boy milliardaire, est la première à féliciter les nouveaux parents. David Michaël Benjamin Smet a poussé son premier cri un 14 août, vers 22 heures 45 et dans la presse l'événement ne passe pas inaperçu. « Déjà célèbre, il n'a pourtant que trois jours », peut-on lire sur la couverture de *Paris-Match* qui consacre à la une l'arrivée de l'enfant-roi[215]. 3,050 kilogrammes, c'est le poids de ce petit bout d'homme ardemment désiré par l'un comme par l'autre de ses parents. Le soir de la naissance, Johnny absent, c'est Carlos qui a accompagné Sylvie à la clinique du Belvédère, à Boulogne, et pris toutes les dispositions avec le gynécologue Jean Cohen, faisant office pour ainsi dire de sage-femme. « Ma femme Mimi et moi couchions chez Sylvie, raconte Jean-Chrysostome Dolto. À partir du moment où les premières douleurs sont apparues, tout s'est déroulé très vite. C'est à peine si on a eu le temps de prévenir Ilona, la maman de Sylvie. Sylvie qui s'était fait une sorte de pari avec elle-même de mettre son fils au monde le même jour qu'elle. À moins de deux heures près, elle faillit réussir...[216] »

Johnny, lui, se produit à Milan. Il fait une annonce sur scène et dans l'avion qui le ramène le lendemain à Paris, offre le champagne à l'équipage et aux passagers. « La naissance de son fils a été le prétexte à une fête de plus, relate l'imprésario Jean Pons dans *Johnny*

Hallyday, Histoire d'une vie. Il a fêté ça toute la nuit. L'hôtel a été saccagé. Il a pris l'avion le lendemain matin et il est arrivé à la clinique encore éméché. »

Courte escale car il doit repartir chanter le soir même à Venise. À peine a-t-il le temps d'aller embrasser sa femme à la clinique du Belvédère et d'éprouver, angoissé, son avenir noueux gesticuler entre ses mains. « Il était fier et content, poursuit Jean Pons, mais il n'était pas mûr pour être père. C'était un grand enfant complètement inconscient. »

L'inverse de Sylvie. D'emblée, la jeune mère formule un premier vœu : « David fera tout ce qu'il voudra. Ce que je lui souhaite, c'est de ne jamais devenir une idole [217] »...

*

Dès avant la naissance de leur fils encore si vulnérable entre les quatre murs de sa chambre tapissée de poussins jaunes et bleus, le couple Smet naviguait déjà par gros grain. « Depuis la fin du service militaire, j'avais entamé, inconsciemment, une lente mais irréversible autodestruction, confessera Johnny. Je me dégoûtais, mais il fallait que j'aille au bout de mon sale trip. Toucher le fond. Vertiges de la descente ! (...) Pendant les derniers mois de la grossesse de Sylvie, les tournées ont continué à un rythme infernal. Pour garder la forme, je carburais aux amphétamines. Au bout de la route, des nuits et de la fatigue, afin que je puisse chanter avec une pêche de champion, mon toubib me faisait parfois des piqûres de maxiton en intraveineuse. De quoi réveiller un mort. Pour planer, pour m'évader, j'avais aussi souvent recours à un mélange miracle : Mandrax-whisky. Le cocktail magique des oiseaux de nuit. Le moral et les nerfs en prenaient un coup... [218] »

Plus grave, au début du mois de septembre 1966, Johnny, à Londres pour l'enregistrement d'un nouvel album *Génération perdue,* se laisse tenter par le LSD. Déroutée par l'immaturité de son mari, Sylvie refuse désormais de lui parler au téléphone et cesse tout dialogue avec lui. Lorsque l'on sait les préjugés qu'elle nourrit envers ceux qui se réfugient dans la boisson, la décision paraît on ne peut plus limpide : « Je ne peux supporter les ivrognes, ces malheureux pour qui tout est bon, outre ce qui est permis et décent. Non pas par moralisme, mais par une sorte de répulsion, même physique, qui m'empêche de supporter le triste spectacle offert par leur hébétude. Ce sont des êtres abjects absolument privés de dignité et aussi de pudeur. Que l'on ne vienne pas me dire que l'on boit pour oublier... pour s'étourdir... pour noyer un chagrin... etc. Quand on a recours à certains moyens, on ferait bien de se noyer pour de bon... [219] »

« Sylvie souffre, analyse Long Chris. Comme une femme qui voit se dégrader son ménage. L'amour est une chose, mais quand on lui ajoute l'adjectif "propre", c'est encore autre chose. Sylvie "encaisse" moins bien. Alors, les premières disputes éclatent. Au cours de l'une d'entre elles plus violente que les autres, elle lâche le mot fatidique "divorce". Ce mot, tant redouté de Johnny, lui rend l'effet d'une douche glacée. Il aime Sylvie, c'est vrai, mais à sa manière à lui, un amour que Sylvie ne comprendra jamais. Quand il est avec elle, il pense aux copains. Entouré de sa bande, c'est à Sylvie qu'il pense. Johnny est coincé [220]. »

La coupe est pleine pour Mme Smet, qui prend la ferme résolution de divorcer et en informe son avoué maître Giry et son avocate maître Jacqueline Metzer. Après deux mois de mariage ! *« Noir c'est noir. »* Johnny pleure... De retour à Paris, il trouve son appartement désert. Sylvie a quitté les lieux avec son enfant.

En outre, le fisc réclame au rocker un arriéré de quatre millions de francs. Total effondrement. Résolue à aller jusqu'au bout de sa démarche, Vartan se rend, comme prévu par la loi, à la tentative de réconciliation en compagnie de son avoué et de son avocate. Celle-ci a lieu vers la fin du mois d'octobre au cabinet du vice-président du tribunal de la Seine, M. Rouanet de Vigne-Lavit, en présence d'un Johnny assisté de maîtres Jean Guilbert et Gilles Dreyfus. Dix minutes pour un échec ! Sylvie a obtenu la garde de son fils, Johnny celui d'un droit de visite illimité, à charge pour lui de verser une pension mensuelle de 5 000 F pour l'entretien du petit David [221]. À moins d'un miracle de dernière heure, les dés sont joués...

L'heure est grave. Suffisamment pour que Ménie Grégoire, stéthoscope de service quand les cœurs restent sourds, décide de s'en mêler dans un article de *Marie-Claire*. Au début du mois d'octobre, un entretien-analyse a lieu chez Sylvic, en présence de l'avocate de celle-ci.

« — Ménie Grégoire : Vous voulez que je vous dise ce que je pense ? Je trouve en vous un être fort, équilibré. Et je ne le savais pas. J'ai l'impression que Johnny Hallyday lui, n'est pas un être fort.

— Sylvie : Non. J'ai toujours cru qu'il s'en sortirait, et puis, petit à petit... (...) Oui, c'est un échec pour moi. Pour la grande majorité des gens, nous représentions le couple idéal. On avait le même métier, on était jeunes, on allait avoir un enfant. C'était parfait. Les filles, elles m'écrivent comme à l'image que la presse a faite de moi. Elles m'écrivent, par exemple : "Tu exagères de laisser le pauvre Johnny, puisqu'il a voulu se tuer pour toi."

— L'avocate : Son suicide ? Il faut encore y croire. Dans de telles circonstances... Imaginez dix personnes dans cet appartement et son meilleur ami téléphonant à 10 mètres de lui. Si vous croyez aux portes fermées...

— Ménie Grégoire : Non, pas beaucoup pour un suicide... En somme, Sylvie, vous êtes assez mûre pour ne pas céder à un chantage ?

— Sylvie : Comme je vous l'ai dit, je n'aime pas les compromis, les simagrées. On peut être faible, chacun est fait comme il est fait. Il a été influencé par son éducation : ce sont des choses pardonnables.

— L'avocate : Vous savez, Sylvie n'est pas un malabar...

— Ménie Grégoire : D'accord, mais les hommes, eux, ont envie qu'on les prenne pour des malabars !

— Sylvie : Justement, j'avais besoin qu'il le soit. Il le savait très bien.

— Ménie Grégoire : Non, Sylvie, vous n'êtes pas un malabar. Mais je me demande si vous n'êtes pas maintenant une femme tout simplement. »

Rendue à la synthèse de son analyse, la sociologue la plus populaire de France s'attache ensuite à établir avec art mais sans indulgence le nouveau rapport de force dans le couple moderne : « Mais une femme, qu'est-ce que c'est ? Ou plutôt qu'est-ce que ça va être ? Qu'est-ce qu'il y a de changé entre nous et ces petits bouts de filles coiffées en chien, les cuisses au vent ? Quelque chose de très subtil. Un durcissement qui nous met un peu mal à l'aise, alors que nous l'avons voulu et préparé, puisque nous les avons ainsi faites : libérées, armées, lancées sans entraves à l'assaut du monde, elles raisonnent avec leur tête et plus, comme nous, avec leur cœur. Tant pis pour les hommes, les faibles et les canards boiteux ! Leur cœur leur sert à autre chose, à ces petites, qu'à raisonner, décider et pleurer : elles n'ont plus le cœur sur la main, elles ont le cœur au ventre. D'un seul coup, parce qu'en elles un enfant a commencé à bouger, la petite fille qu'elles étaient, et qu'elles croyaient éternelle, s'envole et meurt. Les garçons, en temps de paix, ne sont pas contraints à rencontrer leur destin d'homme. Il en restera beaucoup, attardés dans les chemins de l'enfance. Et ces hommes-là ne suffiront pas à ces femmes-là[222]. »

Parce que leur métier les condamne à une sur-exposition permanente, la rupture des Smet envahit les tabloïds. Si l'époque n'est plus aux stars symboles de félicité, et parce que le mythe du bonheur est devenu le problème du bonheur, on n'en continue pas moins à se nourrir de leurs vies, de leurs drames à leur misère, par l'ambassade de tous ces périodiques qui entretiennent et leur vouent un culte sadico-larmoyant. Ainsi, lorsque Johnny remonte sur scène, très peu de temps après son acte manqué, la presse ne se prive pas de diffuser les photos de Sylvie qui, au même moment, s'étourdit dans un cabaret parisien en compagnie de Robert Hossein. Des échotiers belges, plus libres de parole qu'en France, et tout aussi imaginatifs, voient plus qu'une simple relation d'amitié entre les deux Slaves. Puis Vartan disparaît des écrans de contrôle ; partie en tournée du côté de la Turquie... sans Hossein qui, à la même époque, lui proposera de tourner dans son *J'ai tué Raspoutine.* Le rôle prévu pour Vartan sera finalement dévolu à Géraldine Chaplin.

*

Tournent les vents...

« Johnny et moi, nous nous aimons toujours autant. Mais peut-être plus de la même manière. Notre amour a évolué. Nos sentiments ne sont plus les mêmes qu'au premier jour, mais ils sont toujours aussi forts. Nous sommes complices en tout. Et puis, il y a David... [223] »

Sylvie a pardonné cette fois encore mais, selon Long Chris qui semble le déplorer : « Cette affaire malheureuse lui donne une position de force, elle a plus de mordant et d'emprise sur Johnny et pose ses conditions. » Sur l'affiche de leur spectacle de réconciliation à l'Olympia, Johnny a beau avoir le rôle du cow-boy – il est photographié debout, dans la position du mâle dominant, avec sa femme assise par-terre, à ses pieds, qui s'agrippe à sa jambe – c'est *elle* qui, à présent, maîtrise le « jeu de l'amour et du hasard [224]. »

Accueilli par Coquatrix dès le 15 mars 1967, le couple Hallyday-Vartan va s'installer quatre semaines durant dans le temple de leurs débuts respectifs. « Pour les affairistes de la presse du cœur, c'est un événement plus important que la guerre du Viêtnam, le chômage et les atteintes à la Sécurité sociale », juge un éditorialiste sans doute plus « honorable » que les autres...

« Le mur de leur vie privée, ils sont assis dessus, écrit quant à elle Juliette Boisriveaud. Aucun côté n'en est à l'ombre. C'est le "plein feu" sur les deux versants. Alors, que Johnny et Sylvie s'aiment, se quittent, se retrouvent, fassent un fils ou l'amour en public, de refrain à refrain, et puis enlacés dans le désordre d'une même chanson à l'Olympia, il n'y a rien là que de très moral. La façon la plus saine de décourager les voyeurs, c'est d'agrandir le trou de serrure aux dimensions d'un rideau de scène. C'est ce que font donc Johnny et Sylvie avec insolence, avec provocation, avec une exaspérante rouerie publicitaire, mais de tout leur métier, de toutes leurs forces. C'est impudique, c'est crispant. Mais c'est un spectacle [225]. »

Sylvie s'est présentée sur la scène de l'Olympia tout auréolée du triomphe d'un 33 tours de ses succès enregistrés en espagnol, qui lui valent d'être classée chanteuse numéro 1 en terre franquiste ainsi qu'au Portugal. Au rebut les robes d'adolescente et les choucroutes yé-yé ! Une autre ère s'amorce, celle du jerk, qui pour elle passe par une musique versée de plus en plus dans la « pop », *Garde-moi dans ta poche,* et des chansons aux textes plus aboutis. Le superbe *Par amour ou par pitié, Il y a deux filles en moi,* ou encore le non moins solennel *Deux Mains,* sont issus de cette période de mutation. Quant à son nouveau look, on remarque des cheveux plus longs rendus à leur raideur naturelle. Seule une frange sur le front rappelle leur aspect précédent.

S'il y a de bonnes critiques, rien de tout cela ne parvient à rallier les plus réticents à sa cause. Son manque de décontraction en scène n'échappe à personne. Les moins indulgents s'insurgent en se demandant ce que M. Smet fait d'autre que de suivre, en bonne épouse, son mari. D'autres, ceux qui ne figurent pas au nombre de ses nombreux inconditionnels, telle l'impartiale Juliette Boisriveaud, rendent hommage à son « courage » et à sa volonté, comme on lancerait une bouée de sauvetage à un homme à la mer, tout en spécifiant que selon elle, « c'est joli à voir, mais musicalement ce n'est pas une référence[226]. » Ceci pour mieux amener son commentaire sur Johnny, qui lui, « ne se discute même pas », tant ce « monstre sacré de génération spontanée a dû naître sur un coin de scène, pousser à la chaleur des rampes, moucher ses colères de gosse dans des rideaux rouges et apprendre l'alphabet sur des affiches. C'est sur la scène qu'il existe, qu'il est vrai, qu'il est heureux ou non. Hors des projecteurs, il entre en léthargie. La représentation est son véritable univers. C'est un inadapté de la vie privée. C'est à l'instant de son duo final avec Sylvie Vartan (*Je crois qu'il me rend fou,* une adaptation d'Ike et Tina Turner), que cela devient perceptible. Ils sont là tous les deux face au public ou face à face, main dans la main, et il y a pourtant un fossé entre eux. Un fossé professionnel qu'il tente de toutes ses forces de lui faire sauter. Elle fait de son mieux. Elle joue le jeu. Et il lui offre un instant qui vaut le plus beau cadeau du monde : tout une salle déchaînée, un triomphe inaccessible aux simples mortels du spectacle. Mais après cet instant, c'est elle qui a tout à lui apprendre. Hors de scène, hors du spectacle, le rapport de force est inverse. Il a l'air vulnérable, vaguement ennuyé, désarmé, convalescent. Elle a un regard brun, opaque et obstiné, un corps ondoyant et une mâchoire méprisante. Sur le canapé de leur salon, elle se coule contre lui, mais elle garde les épaules bien droites et c'est lui qui s'appuie. »

Le temps d'un reportage et d'une analyse succincte, la journaliste a su déceler ce qui à la fois divise et rassemble Vartan et Hallyday et qui finira un jour par séparer les Smet. En cela, Sylvie l'a aidée : « Johnny avait pris l'habitude d'accueillir tous ceux qui s'intéressaient à lui, s'ouvre la "petite Bulgare" à la reporter de *Candide*. Il avait des coups de cœur, d'amitié. Et comme il est toujours sincère, il se laisse avoir par qui le veut. On peut tout lui prendre sans qu'il s'en rende compte. J'ai appris à reconnaître les gens, à les trier. Johnny, lui, ne sait pas. »

Et Boisriveaud, perspicace et visionnaire à bien des égards, de libérer sa conclusion : « C'est sans doute là l'équilibre de ce couple public. Ils montrent à tour de rôle confiance et méfiance pour deux. Il est la face de lumière et elle la face d'ombre. Malgré son admiration éperdue pour le monstre Hallyday, on sent qu'elle ne peut s'empêcher d'être bourgeoisement écorchée par les exhibitions trop personnelles de Johnny. Mais là encore, la petite bonne femme se tait. Sa force à elle, c'est le silence : un silence patient et tenace. »

CHAPITRE 13

L'affaire Markovic
et
la mort de Mercédès

« Sylvie Vartan est un des plus « purs » produits sortis de l'usine des fabricants de loisirs conditionnés[227]. *»*
Henri Poisot

Sylvie aspire dorénavant à un vrai show bien à elle où, pour la première fois, elle pourrait donner une vie et un mouvement à son imagination. Est-elle à la hauteur de ses ambitions ? Travailler. Travailler dur et sans relâche.

Grâce à cet Olympia 67, la carrière des idoles, un instant menacée par l'emprise des Anglais et des Américains, est repartie de plus belle. Celle de Vartan, surtout. La même année, elle enregistre dans le rire, avec Carlos, *2'35 de bonheur,* titre-phare d'un excellent album, et *Comme un garçon,* un énorme succès né de la plume de Roger Dumas, sur une musique de Jean-Jacques Debout. Ces deux titres accèdent à la première place dans les charts japonais. Tout comme *Irrésistiblement* (400 000 exemplaires vendus) de Jean Renard et Georges Aber, l'année suivante, et pour une durée de six semaines consécutives.

Pour l'acteur Roger Dumas, devenu auteur par un heureux hasard, l'accouchement de *Comme un garçon* est resté un souvenir heureux. « À cette époque, j'habitais avec Jean-Jacques Debout et Chantal Goya, en banlieue parisienne, dit-il. C'est lui qui m'avait présenté à ma future femme, Marie-Josée Nat. J'avais déjà collaboré avec Jean-Jacques pour *Il y a deux filles en moi*, *Baby Capone*, *etc.* dont j'avais écrit les textes et lui la musique. J'aimais travailler pour Sylvie, elle m'inspirait. Sylvie, c'est une lumière, elle a en elle la flamme que seuls les grands possèdent. C'est quelque chose qui ne s'invente pas, on l'a ou on ne l'a pas. On pourra travailler des années entières, jamais on n'acquiert ce petit truc si on ne le porte pas en soi. C'est pour cela que je ris sous cape lorsque j'entends que le talent de Sylvie est dû à son travail. Certes, c'est une bosseuse, elle sait ce que c'est que de suer sang et eau, mais connaissez-vous une seule vedette de cette trempe dont la carrière s'étale sur quarante années, qui y soit arrivé les doigts dans le nez et les pieds en éventail ? Moi pas ! Elle a beaucoup de courage, mais un courage souriant, jamais aux pires moments je ne l'ai entendue se plaindre. Quand vous êtes entouré de gens qui ne passent pas leur temps à vous assommer avec leurs petits drames, c'est un vrai bonheur ! Jean-Jacques a raison quand il dit que nous étions tous un peu amoureux d'elle, comme à l'école on en pince tous pour la même fille, celle que tout le monde aimerait avoir. Était-ce vraiment de l'amour ? C'était en tous les cas beaucoup plus que de la simple amitié. On ne pouvait pas ne pas succomber à son charme. Elle était ensorcelante, Sylvie. J'aimais lui mettre des mots dans la bouche, lui inventer des situations, des décors ; je la voyais évoluer dans mes mots comme un couturier voit son modèle tournoyer dans ses robes. Elle fait partie des bons moments de ma vie.

« Pour en revenir à *Comme un garçon,* ce jour-là, je rentre à la maison vers 17 heures, lorsque Jean-Jacques me fait rebrousser chemin : “Il faut qu'on aille aux studios, me dit-il ; Sylvie boucle demain l'enregistrement de son dernier album et il lui manque une chanson.” Quelle chanson ? Comme d'habitude, nous n'avions rien de prêt. “On verra en cours de route”, me répondit Debout, habitué à travailler dans l'urgence. En chemin, dans la voiture, il commença à égrener quelques notes d'une musique qu'il avait entendue aux États-Unis... la la la la... La mode était alors aux cheveux longs pour les garçons ; ça m'a donné une première idée... *Comme un garçon, j'ai les cheveux longs/Comme un garçon, je porte un blouson...*

Une fois aux studios, Jean-Jacques au piano lança à Sylvie : “Ce sera pour toi le tube des tubes !” Néanmoins nous n'avions que le squelette du refrain, tout restait à écrire et à écrire rapidement. Dernier délai : le lendemain matin, 9 heures. À 6 heures 30, je me suis pointé seul aux abords des studios Régence, me suis assis dans un café, avec mon petit noir et mon croissant, et me suis mis à l'ouvrage. Commencé à 7 heures, le texte était terminé à 7 heures 05. Ainsi naissent les chansons, dans des contextes toujours étranges et différents. Je pense encore à *Je chante pour Swanee,* qui a poussé son premier cri dans le wagon-restaurant du train qui nous ramenait Jean-Jacques et moi de l'île de Ré.

« Autre exemple : un soir, Sylvie, Johnny et moi dînions en ville lorsque Sylvie raconta comment, à la suite d'une dispute conjugale, elle était partie de chez elle pendant trois jours pour revenir ensuite, pleine de remords. "Ballade pour une fugue, en somme !", lui lançai-je au débotté. "Qu'est-ce que tu viens de dire ?" Et moi de me répéter. "Formidable ! Ce sera le titre de ma prochaine chanson. [228]" »

Moi j'en ai ma claque, et j'ai pris
Mes cliques et mes claques, cette nuit,
Si tu te retrouves seul enfin
Si tu en éprouves du chagrin,
Toi qui es musicien
Fais-en donc un refrain
Une ballade pour une fugue...

Après trois décennies, ce titre fera encore les beaux jours des compilations japonaises de Vartan.

C'est alors qu'un vieux monsieur, conquis par la fraîcheur et le naturel de la petite Bulgare dans sa prestation au « Palmarès » de Régine le 30 mars 1967 où elle a chanté *Gosse de Paris,* une chanson créée par Mistinguett, lui fait une étrange proposition. Cet homme n'est autre qu'Henri Varna, directeur du Casino de Paris depuis plus de trente ans, qui participa à l'éveil du Paris glorieux des années 20 et 30, une période qui fait rêver Sylvie et qu'elle prendra souvent pour thème dans ses shows télévisés. Pourquoi ne mènerait-elle pas la revue rue de Clichy, chez lui, dans son merveilleux écrin à souvenirs ? Sylvie s'interroge : est-elle vraiment faite pour ce genre de discipline ? Monter tous les soirs sur la même scène, pendant des mois, voire des années, pour animer le même spectacle de trois heures et motiver toute une troupe de danseurs dont la prestation dépend de votre forme ou de votre humeur... la question mérite d'être travaillée. Varna mourut deux ans plus tard, en 1969, et à ce jour, Sylvie qui fut un temps pressentie par les Folies-Bergères, n'a jamais foulé de son talon d'ex-twisteuse l'escalier d'un de ces derniers hauts lieux du spectacle français de tradition.

Line Renaud, qui défend à juste titre sa couronne d'héritière du music-hall, déclara un jour à la télévision : « Être meneuse n'est pas donné à n'importe qui ; il ne s'agit pas de chanter trois soirs devant le Tout-Paris pour y montrer ses nouvelles toilettes ! » L'allusion est claire.

« Je vois mal Sylvie dans ce registre, nous confiera Jean-Michel Boris en 2002. Sylvie a une certaine distance. Que ce soit Line ou Joséphine, elles étaient prêtes à beaucoup de choses. Je ne vois pas

Sylvie en train d'avoir cette attitude. C'est tout à son avantage. Parce que ce music-hall-là, c'est vraiment de la basse démagogie. Joséphine et Line faisaient le travail que l'on faisait dans les grands cabarets du monde entier, chantant au milieu du public, s'asseyant sur les genoux des chauves et caressant les barbus. Ça ne correspond pas à Sylvie. En outre, Sylvie a un problème, ce sont ses yeux. Elle n'a pas le regard. Ç'a toujours été son problème. Avec les yeux, il y a des artistes qui vous dominent une salle. Sylvie n'a pas l'œil et c'est sa principale carence. Elle a un regard parfois un peu mort[229]. »

Quant à Régine, elle prétend carrément être à l'origine du déshabillage de Vartan à la scène. Monstres à plumes qui ne reculent devant rien lorsqu'il s'agit s'attribuer ce qui revient peut-être au seul César ! « C'est dans ma cuisine, au-dessus du New Jimmy's, qui servait de refuge à Dutronc, Johnny, Louis Malle et tant d'autres, que j'ai déshabillé Sylvie Vartan et que je l'ai mise jambes nues[230] », conte l'une des reines des nuits friquées de la planète, dans une autobiographie où elle s'octroie le droit de ternir la mémoire de Maurice Chevalier, en rapportant sur son compte de graves propos.

En 1967, Henri Varna n'est pas le seul à lorgner les cannes de la petite Vartan. Alain Bernardin, patron du Crazy Horse, ne cache pas son émoustillement à l'idée de la compter dans son écurie : « Actuellement, la vamp est démodée. On ne peut l'utiliser qu'en parodie. Par contre, l'avenir est à la midinette. Ah ! si Sylvie Vartan voulait faire du strip-tease, je lui ferais un pont d'or ! À mon avis, elle représente exactement le type féminin 1967. C'est la seule à pouvoir prendre la succession de Bardot, qui commence à faire un peu démodé. N'oubliez pas : je cherche une Sylvie Vartan...[231] »

Ainsi naquit Lova Moor !

*

Sylvie nourrit des fantasmes plus terriens : si elle n'avait pas réussi dans la chanson, peut-être aujourd'hui serait-elle modéliste ! De fait, la marque de prêt-à-porter « Sylvie-Vartan », présente depuis deux ans dans de nombreux points de distribution tant en France qu'à l'étranger, a pignon sur rue à Paris depuis l'ouverture d'une boutique au 115 avenue Victor Hugo, une adresse huppée. La première collection ayant obtenu un succès fou, nous en sommes à la quatrième. Chantal de Crisenoye, vingt-quatre ans, dessine, mais c'est Sylvie qui dirige avec son amie Mercédès Calmel, du même âge qu'elle, et qu'elle a désignée comme « fondée de pouvoir. » Mimi, l'épouse de Carlos, travaillera un temps dans cette boutique. Ainsi que Luce Dijoux. L'inséparable Luce... « Quand j'étais gamine, dira Sylvie, mon sport favori c'était le lèche-vitrines. C'est toujours pareil d'ailleurs, avec la même partenaire, mon amie Luce. Seulement à cette époque, je marchais, je comparais, je choisissais et le bilan était toujours le même : ce que j'aimais était trop cher, ce que je pouvais était trop moche. Alors, avec Luce, on finissait par une tournée au Marché Saint-Pierre, on ramenait deux coupons et on se taillait chacune une robe qu'on s'essayait mutuellement. Le résultat était des plus hasardeux. C'est pour les filles qui sont comme j'étais que j'ai eu envie de faire cette collection. Pour qu'elles puissent s'habiller gai et pas cher, qu'elles puissent changer souvent et qu'elles puissent avoir les mêmes robes, les mêmes manteaux, les mêmes pantalons que moi puisque ça les amuse[232]. »

Aux fins de présenter comme il se doit ses modèles destinés à toutes les « sylviephiles », en règle générale la chanteuse fait appel à quatre mannequins dont Luce, et choisit toujours un endroit qui sorte de l'ordinaire. Plus on avance dans le temps, plus les modèles raccourcissent... Aux robes du début sont venus s'ajouter, selon les saisons, des ensembles de plage en tissu éponge, des maillots de bains deux pièces avec jupe et chemisier assortis, des jupes-culottes, des manteaux, dans une fourchette de prix comprise entre 80 et 150 F pour les robes, 60 et 100 F pour les pantalons et 200 à 250 F pour les manteaux. Les chemisiers sont à 30 F[233]. Plus abordable, on trouve également des sacs griffés Sylvie Vartan, ou encore des lunettes en forme de... marguerites. Des tissus qui sont vendus au mètre avec la signature de la belle dans la lisière. Des chaussures que Sylvie laisse à Myris le soin de réaliser. Vartan a des idées très arrêtées sur la mode et les expose dans *Elle*, qui, avec *Bonne Soirée*, se fait le relais de ce fructueux commerce : « Les jupes, les bermudas ? Il faut les porter crânement, un peu déhanchés, comme les cow-boys, comme Johnny. Pour adoucir le côté petit garçon, des tee-shirts moulants, des chemisiers près du corps, des carrés de coton aux couleurs qui font grincer les yeux[234]. »

En novembre 1968, en investigation au quartier général de la rue Pierre Charron (« une ruche où vingt-cinq personnes travaillent pour que le chiffre d'affaires frôle cette année le milliard d'AF[235] »), un journaliste parlera des « créations de Sylvie » comme des produits vendus dans tous les pays du monde à l'exception de l'URSS et des pays arabes : « Des boutiques Vartan, on en compte six en France, une à Bruxelles, une à Casablanca, une à Rio et, l'année prochaine, celle qui va s'ouvrir à Téhéran sera gérée par le neveu du shah, Patrick Pahlavi[236] »...

Bientôt, Kelton fabriquera des montres signées Vartan. La jeune maman n'en a pas fini avec la pub : la voici qui vante encore les mérites du Martini à la radio ! N'est-il pas temps de revenir à plus de sobriété ? La firme Lux l'y incite... « Mon teint ? J'y pense très peu. On n'a pas de problème quand on purifie sa peau matin et soir avec la mousse douce et parfumée du savon de beauté Lux. Moi, c'est ce que je fais : tout le monde peut en faire autant. » Pourquoi dans ce contexte ne pas se laisser laquer par Miss Helen, « des laques pour toute la journée », commercialisées dans les Monoprix ? Va pour les laques Miss Helen ! Il y a encore Velcorex, le salon de coiffure Garland, et puis Trévira, Phildar, le parfum *La Maritza,* d'autres pubs encore, qui se déclinent à l'infini.

Le business Vartan ? Une affaire qui roule ! Elle a beau déclarer, toujours dans *Elle,* n'être pas une « career-woman » (« pour la collection, toutes les conférences au sommet se sont déroulées dans ma chambre au milieu des disques et des ours en peluche[237] »), la Blonde a compris que l'argent ne devient intéressant que dans la mesure où l'on en a beaucoup. Kutchuk Hagop Vartan, habile négociant en blé de Plovdiv, n'aurait pas renié son arrière-petite-fille ! Les Vartan qui se sont donné une sublime occasion de se rassembler une nouvelle fois à Loconville, avec le baptême du petit David, le 11 avril 1967. Devant l'abbé Sironval, Mercédès Calmel y est devenue la marraine de l'enfant et Jean-Pierre Pierre Bloch son parrain.

*

Aucune scène n'étant prévue pour la Blonde avant février 1968, elle s'accorde quelques semaines de répit estival à Saint-Tropez, dans une maison qu'elle partage avec Nathalie Delon. Les deux femmes sont amies. Des liens qui donnent rapidement matière à moult commérages. Au vrai, l'épouse du Guépard, qui n'entretient pas une réputation d'ascète, devient souvent une cible facile. Pure incarnation de la libération sexuelle avant l'heure, Nathalie vit selon son cœur mais obéit aussi à son corps. On l'a décrite comme une femme d'une force morale extraordinaire, d'une franchise totale. Aussi, au moment où le couple Delon, au parfum de soufre, bat de l'aile, où celui des Smet, de nouveau vacillant, n'est pas en meilleure posture, les deux femmes se rapprochent. L'amour immodéré pour leurs fils respectifs termine de les réunir. Dans une moindre mesure, à sa manière, avec ses semblants d'allures de fille libérée, ses cheveux décolorés, Vartan a pu incarner aux yeux d'une certaine clientèle la fille mauvais genre, à ne pas fréquenter. « Ma mère m'interdisait d'aller voir ses spectacles[238] », se souvient Patrice Lefèbvre, membre de la vieille troupe des admirateurs de la chanteuse.

Sur la place des Lices de Saint-Tropez, en apparaissant au volant de la Lamborghini rose de Johnny, Vartan fait sensation et provoque des attroupements. Le même bolide à bord duquel les Smet s'étaient rendus au début de la saison à la Fête de l'Été, organisée à Paris sur les Champs-Élysées. Un certain nombre de photos de l'époque nous montrent Sylvie et Nathalie à St-Trop. On les y voit notamment jouer à la pétanque. Un journaliste du soir rapporte le fait suivant : « Sylvie Vartan et Nathalie Delon – inséparables en l'absence de leurs maris respectifs – ont, pour un soir, délaissé Saint-Tropez pour les flonflons du petit bal public de la fête patronale de Saint-Paul-de-Vence. Dès leur arrivée à la Colombe d'or, le flot des touristes se précipita et il fallut fermer les portes. Les deux jeunes femmes ont longuement bavardé sur la terrasse, avec Raymond Pellegrin, puis Catherine Allégret (fille de Simone Signoret), leur proposa de faire un petit tour dans le village, mais Sylvie fit la moue : "Je préfère aller dans ma chambre écouter du Wagner." O yeah[239] ! »

Sur l'un des clichés parus à la même époque, Sylvie et Nathalie Delon sont hissées sur une charrette dirigée par un homme à la mine patibulaire, dont le nom allait bientôt défrayer la chronique judiciaire : Stefan Markovic... Depuis son entrée dans le saint du saint du petit monde entourant Alain Delon en qualité de *factotum*, le jeune Yougoslave a franchi bien des étapes. Et son nom apparaît vite sur le devant de la scène judiciaire lorsque son corps est retrouvé dans des circonstances étranges. Sur cette affaire où la rumeur parle de chantage, de menaces, de partouzes, de photos compromettantes, sans que rien n'ait jamais été prouvé, beaucoup a été dit ou écrit. Affabulations et contre-vérités ne manquent pas. Que vient faire Vartan au milieu de tout ceci ? Après qu'en octobre 1968, le cadavre de Markovic aura été retrouvé dans un bois, au même titre que Nicoletta, Marie Laforêt et Mireille Darc, entre autres, la Blonde sera entendue par les inspecteurs de la police judiciaire, soucieux de savoir si la victime avait été éliminée, comme d'aucuns l'avancent alors, « en raison d'un stock de photos dont certaines auraient été compromettantes pour des personnalités[240]. » À l'instar de ses consœurs, Vartan niera évidemment avoir subi des pressions de la part de ce Yougoslave à propos de ces prétendus clichés dont, en fait, on ne retrouva jamais trace. On imagine d'ailleurs mal une Sylvie Vartan pudique jusqu'à l'extrême s'offrant à l'objectif d'un inconnu, *a fortiori* dans des positions scabreuses, entourée de dames et de messieurs très comme il faut...

Rumeur et élucubrations s'enchaînant, nées sans doute du fait que le 25 septembre de cette année 1967 – quatre jours après la première de James Brown, à l'Olympia, où Sylvie et Johnny étaient apparus en pleine forme – Vartan est admise d'urgence à la clinique des Orchidées de Montmorency, à la suite de deux syncopes. Officiellement, aux dires des journaux, il s'agit d'une « dépression nerveuse[241] ». Johnny qui, entre-temps était parti à Londres, rentre précipitemment et sans défaire ses valises se rend au chevet de son épouse déjà veillée par trois médecins.

Peu de temps après, un journaliste met l'effondrement passager de la Blonde à profit pour dresser un « inventaire » public du couple Smet, une manière d'« état des lieux » édifiant : « Cette année encore, son nom et celui de Johnny ont toujours droit à la première page. Mais leur roman a cessé d'être rose. Ils sont devenus vedettes d'une série noire. Aujourd'hui, ils ont l'air d'un couple de noyés qui, tant bien que mal, essaie de remonter le courant. Il leur a fallu deux ans en tout pour vivre toutes les histoires du couple. Et maintenant, que vont-ils faire de tout ce temps que dure la vie[242] ? »

*

Leur passion et leurs paradoxes sans cesse en ballottage, en février 1968 Vartan et Hallyday s'exportent en Amérique du Sud où, dans la fureur et la folie collective, sous la protection de grillages et de chiens policiers, ils se produisent dans des stades de 50 000 aficionados, tous archicombles. « C'était monstrueux, se souvient Carlos. L'organisation de ces spectacles se faisait en accord avec les clubs de football, ce qui drainait des populations folles. Là-bas, en Amérique du Sud, on surnommait Sylvie : *La Mecha de Paris*[243] *!* »

Un soir, « la Mèche de Paris » manque s'étrangler en avalant un moustique. Affolement. Est-ce grave ? Immédiatement aphone, la chanteuse doit être évacuée. Qui a dit que l'on mourait à Rosario ? « La même mésaventure m'arriva, plus tard, au Grau-du-Roi », plaisantera Sylvie. Le moustique français sembla mieux passer !

*

« Je m'imagine mal vieillir, j'ai le sentiment que je mourrai avant, vers trente ans... » Ces étranges et vieilles déclarations de Vartan reviennent en force dans ses interviews. Déjà, en 1965, pour diaboliser les concessionnaires automobiles qui poussaient à la consommation en conseillant « Mettez un tigre dans votre moteur », l'Américain Ralph Nader s'était fait l'avocat du nombre croissant des victimes de la route, dans un livre qui fit sensation : *Les Voitures qui tuent.*

11 avril 1968. Sur la RD 134, une trois-voies de l'ouest parisien réputée très dangereuse, Sylvie au volant de sa puissante Ford Osi jaune, modèle italien d'avant-garde aux formes aérodynamiques, roule à une vitesse de 80-90 km/heure en direction de Saint-Cyr-l'École et de l'autoroute de Paris. Nous sommes à hauteur de Bois-d'Arcy. Aux côtés de la conductrice, Mercédès Calmel, vingt-deux

ans. Mercédès, témoin de la chanteuse à son mariage et marraine de David, sa collaboratrice à la boutique Sylvie Vartan, celle qui lui consacra, souvenons-nous, son premier grand papier dans *Music-Hall,* au début de 1962, quand Sylvie n'était encore que la « collégienne du twist ». Mercédès, sa meilleure amie, avec Luce Dijoux.

Vartan a rendez-vous à Paris avec les responsables d'une firme de films. Chantal Goya, alors enceinte de sa fille Camille, aurait dû alors les accompagner mais préféra rester à Grosrouvre, où étaient arrivées deux jours auparavant, Sylvie, Mercédès et elle, après avoir déjeuné chez Lipp, à Saint-Germain.

La circulation est fluide ce jour-là sur la départementale 134. Vartan roule toujours aussi prudemment, gardant bien sa droite. Soudain, au moment où elle va croiser un camion, une 404 commerciale déboîte avec pour objectif de le doubler. Mais la 404 va trop vite (120 km/heure) et à la vue de l'Osi arrivant en sens inverse, son conducteur se ravise, freine, dérape, perd le contrôle de son véhicule qui, dépassant la voie centrale, se déporte carrément sur la gauche pour terminer en travers de la chaussée. Saisie, prise de cours, Sylvie ne peut rien faire pour l'éviter. Inouïe est la violence du choc, assourdissant le fracas ; elle perd connaissance.

À ce moment-là, elle faisait écouter le dernier titre de Johnny à Mercédès, *À tout casser*. Celle-ci était penchée en avant pour introduire le vinyle dans le mange-disque, dont c'était les tout débuts à l'époque, lorsque Sylvie pila. Le choc lui fut fatal.

Dans la voiture qui n'est plus qu'un amas de tôle froissée, Mercédès ne bouge plus. Vartan, qui en est quitte pour un traumatisme crânien, une fracture du coude gauche et une plaie profonde sous le menton, est évacuée vers l'hôpital civil de Versailles, ainsi que le conducteur de la 404, Jean-Baptiste Sentis, un étudiant de vingt ans, dont la poitrine est enfoncée et le bassin fracturé. Aggravé d'un profond coma, son état est considéré comme désespéré. Quant à Mercédès, elle suit le même chemin, mais décède quelques heures après son admission...

Aussitôt la nouvelle de l'accident connue, les journaux à sensation en font leurs choux gras. La réaction de l'intéressée ne se fait pas attendre : par le biais de maître Jean-Denis Bredin, elle demande la saisie de *France-Dimanche*[244]. Si elle n'obtient pas gain de cause, le président du tribunal de Paris ayant jugé que dans ledit journal, la présentation de l'article s'accompagnait de sous-titres et d'un texte indiquant clairement que la chanteuse n'était pas coupable, elle parvient néanmoins à faire saisir la publication des affichettes publicitaires à caractère diffamatoire par lesquelles l'article était annoncé[245].

Lorsqu'elle apprend que Mercédès n'a pas survécu, Sylvie, à peine remise de sa fatigue nerveuse de septembre 1967, défaille à nouveau. « Affectivement, je suis quelqu'un de très vulnérable, s'expliquera-t-elle, plus tard. De très émotif. Je ne peux pas accepter la destruction, ça me tue. Le néant m'anéantit aussi. C'est un sentiment terrible qui me rend muette[246]. »

À l'hôpital de Versailles, les premières fleurs que reçoit Vartan sont celles de Mireille Mathieu, des roses et du mimosa de Nice. Mireille qui, sur la Côte d'Azur, se remet de son propre accident et qui a appris celui de Sylvie par la radio, bien avant Hallyday en tournée en Allemagne.

Vartan jure de ne plus toucher le volant d'une automobile, mais les ennuis ne s'arrêtent pas en si mauvais chemin pour autant. En novembre 1970, Sylvie devra comparaître devant le tribunal correctionnel de Versailles, face à Jean-Baptiste Sentis, inculpé de blessures et homicide par imprudence, au même titre que son père, accessoirement chargé de mission au ministère des Finances mais surtout propriétaire de la 404, mal entretenue et aux freins défectueux.

Préalablement constituée partie civile avec l'assistance de maîtres Badinter et Jouanneau, Mme Smet qui sera indemnisée par la compagnie d'assurance se désistera et c'est en qualité de simple témoin qu'elle se présentera (en retard) à Versailles, « long manteau de cuir noir, longs cheveux blonds, longues mains chargées de bagues et de bracelets, lunettes noires[247]. » Maître Biaggi, célèbre et brillant avocat de l'OAS, plaidant au nom de la mère de Mercédès qui perdit en même temps qu'une fille sa précieuse collaboratrice, réclamera aux Sentis la somme de 60 000 F de dommages et intérêts. Autant dire que la tâche du défenseur de la famille Sentis ne fut pas aisée en dépit des exhortations de maître Courrégé pour que l'on juge ses clients en oubliant la célébrité des victimes, « comme s'il s'agissait de monsieur Dupont et de Melle Durand et non pas de Sylvie Vartan et de la fille du général Calmel[248] »...

Quant au substitut du procureur de la République, il demandera une peine de prison avec sursis pour les Sentis père et fils, assortie d'un retrait de permis de longue durée pour le « chauffard ».

Au cours de l'audience, Marie-France Lepoutre releva la nervosité de Vartan au moment où il fallut entrer dans le vif du sujet. Le président David rappela alors à la chanteuse qu'au moment où la 404 venait en sens inverse, elle avait légèrement braqué à gauche. « C'est ainsi que votre passagère a été tuée », insista-t-il. « Sylvie a réprimé un sursaut, mais s'est reprise pour simplement dire : “Ah oui !” », rapporte Marie-France Lepoutre qui termine ainsi son article : « Arrivée à 16 heures 20 au tribunal correctionnel, Sylvie en repartit dix minutes plus tard, elle est allée se calmer dans un café où elle a bu une menthe à l'eau[249]. »

*

Passent les semaines à travers le sourire de David, la présence d'Ilona. Chaque jour, un plâtre autour de son bras rappelle à Sylvie les circonstances de son douloureux accident. Certains galas ont été annulés, d'autres pas et c'est ainsi parée qu'elle devra provisoirement se présenter pour chanter et danser devant le public, drapée le plus souvent dans une cape destinée à camoufler son état. Or, la fracture tarde à se ressouder, laissant le provisoire s'installer et prendre ses aises. Le bras de Sylvie anormalement amaigri, son chirurgien décide de la réopérer. Ce n'est que le 10 août qu'on la délivrera de son instrument de torture et qu'*in fine* sa rééducation pourra commencer.

Le métier ne connaît qu'une seule formule : *The show must go on !* Sylvie-chanteuse n'avait d'autre choix que de reprendre le chemin des vivants. Pour l'y aider, 1968 allait déposer dans ses souliers de battante ses premiers grands vrais bonheurs professionnels. Sur scène, d'abord, avec une tournée internationale qui la mènera en Italie, en France, en Espagne, au Brésil, pour finir par la Grèce, la Belgique – « Le chemin parcouru est d'autant plus étonnant que l'on n'était pas loin de considérer le cas comme désespéré », note Henry Lemaire[250] – et surtout Paris et l'Olympia où le succès de son « Musicorama » du 8 avril a incité Coquatrix à la faire revenir pour une semaine, au mois de décembre. À la télévision française ensuite, après un passage italien remarqué chez Milva et Walter Chiari dans leur émission « Canzonissima ».

Début d'une fructueuse collaboration avec les parents de la variété moderne, « Jolie Poupée » fut le premier d'une longue série de super shows produits par Maritie et Gilbert (pour les intimes). Ah, les Carpentier... Que de nostalgie contenue dans ce patronyme cher à nos cœurs ! Richesse et couleur dans les costumes, décors toujours adaptés, mises en scène sans prétention mais soignées : juste plaire, sublimer les choses de la vie au profit du rêve et de l'illusion, l'espace d'une soirée féerique qui ne dure pas même ce que durent les roses. « C'était encore une époque où l'on se donnait les moyens de réaliser de telles entreprises et du temps pour les répéter, pour apprendre à connaître et à partager le meilleur avec les gens avec lesquels on travaillait, se souvient le cameraman René Haze, aujourd'hui disparu. L'esprit chaleureux et bon enfant des Buttes simplifiait les rapports entre vedettes et techniciens. Nous autres, cameramen, appelions le chanteur par son prénom, le tutoiement était de rigueur. Dans le plus grand respect, on se tapait sur l'épaule ; rires et confidences allaient ainsi de pair et bon train[251]. »

Un monde et une mentalité à jamais ensevelis sous les pelleteuses et les bulldozers. Incapable de préserver un tel haut lieu du patrimoine artistique, dans les années 90, en dépit des promesses, l'État français abandonnera les Buttes-Chaumont au paganisme de la promotion immobilière, pour exiler la Société française de production au fin fond d'une banlieue parisienne.

*

Pour l'Olympia 68, Sylvie a fait appel au Hollandais Arthur Plasschaert, un chorégraphe aux allures de jeune premier avec qui elle répète inlassablement un spectacle très Broadway, avec des danseurs à canne et chapeau claque, une tenue dans laquelle elle-même évoluera entre deux pas de tap-dance. « Souvent, c'est Johnny qui la déposait aux studios dans une vieille voiture pourrie pour passer incognito, se rappelle Plasschaert. Elle arrivait presque toujours avec les yeux humides : "Johnny m'a dit que je ferais mieux d'arrêter, que j'étais nulle et que je ne ferais jamais rien", me confiait-elle, en reniflant. C'est peut-être le meilleur service qu'Hallyday ait pu lui rendre ; comme dopant dans la tête d'une fille aussi opiniâtre, il n'y avait pas mieux. Elle a prouvé à son mari qu'elle pouvait avoir au moins autant de succès que lui. Fou ce que cette fille a pu être idolâtrée et déclencher les hystéries ! Je me souviens notamment d'une tournée dans le sud de la France où, après un spectacle, il fallut la sortir cachée sur une civière avant de l'évacuer par la mer ! Une autre fois, aux environs de Paris, je l'ai accompagnée à une séance de dédicaces et j'ai bien cru que nous n'en reviendrions jamais. Arrivés à destination, notre voiture, conduite par Carlos, fut aussitôt assaillie par la foule, une marée humaine qui avait tout recouvert, on ne voyait plus rien à l'extérieur, pas même un rayon de lumière alors que nous étions en plein jour. Le noir total ! Et ils commencèrent à nous secouer lentement, puis de plus en plus fort. Sylvie était muette. Je lui ai pris la main en lui demandant si elle n'avait pas peur. "Non...", me répondit-elle de sa voix rauque. En fait elle crânait, car ses doigts étaient aussi froids que des glaçons...[252] »

Cette fois, Vartan s'est publiquement engagée à ne plus présenter d'adaptations : rien que du neuf, de l'original exclusivement. Une promesse qui ne passera pas l'hiver... Une cinquantaine : c'est la quantité approximative des standards repris par la chanteuse dans l'ensemble de sa carrière. « Pourquoi autant d'adaptations ? », se verra-t-elle souvent reprocher. Parce que se considérant de la famille du rock'n roll, elle a toujours estimé que le rock'n roll n'était intéressant qu'en anglais. Les aspirations de Vartan à interpréter des chansons rapides en français ont toujours été contrariées par le fait qu'elle n'a jamais trouvé chaussure à son pied dans ce domaine. Ce qui explique son refuge dans les adaptations. En revanche, liée autrefois à son frère par une sorte de pacte, Sylvie choisissant la chanson principale et Eddie s'assurant du « remplissage », à mesure de son implication dans son métier, la sister sut mettre intelligemment un terme à cet accord tacite : toutes les chansons doivent plaire à l'interprète ! L'acceptation par le public passe au moins par cette condition. Encore faut-il faire preuve d'instinct dans le choix d'un texte et d'une mélodie. À l'inverse de Françoise Hardy qui a excellé dans la composition de ses premiers textes, comme tout interprète Sylvie n'a d'autre recours que de s'en remettre à ceux qui, pour traduire ses envies, ses pensées, doivent tirer le bon mot du bon chapeau.

Parfois, lorsque les dieux de la chance sont favorables, le miracle survient. *La Maritza,* écrite par Pierre Delanoë sur des notes de Jean Renard, l'un des compositeurs favoris de Sylvie, en est l'une des plus belles illustrations. Cette chanson très bien reçue à sa sortie, colle aujourd'hui à la peau de son interprète comme un hymne national à un peuple. Pourtant ce succès faillit bien être étouffé dans l'œuf par la faute d'un comique nommé... Francis Blanche !

L'étincelle partit d'une remarque du grand fantaisiste au micro d'Europe 1. Quotidiennement, dans son émission, Blanche qui se faisait un jeu de repérer les différentes ressemblances musicales, en arriva à la conclusion légère que la musique du refrain de *La Maritza* (Éditions Suzelle), était une variante de celle des *Feuilles mortes* (Éditions Enoch). Un argument immédiatement exploité par Joseph Kosma, le compositeur des *Feuilles mortes* (paroles de Jacques Prévert), qui résolut de porter le litige devant la SACEM afin de faire bloquer les droits de *La Maritza.* Ce à quoi la Société des auteurs et compositeurs de musique s'employa pour une durée provisoire de six mois, la durée de rigueur en cas de contestation sérieuse. Or, plaidant non-coupable et s'estimant diffamées, les éditions Suzelle contre-attaquèrent en réclamant 50 000 F de dommages et intérêts aux Éditions Enoch devant le tribunal de commerce de Paris, en arguant que la carrière internationale de *La Maritza* était compromise, les éditeurs étrangers hésitant toujours à s'engager dans une affaire contestée : « Les propositions que l'on nous avait faites de Belgique, d'Italie, d'Espagne et d'Amérique ont été abandonnées à cause de vous[253]. »

L'éditeur refusant de transiger, le procès fut perdu et les droits de Jean Renard et de Delanoë confisqués. Tous deux furent en outre condamnés à verser des intérêts en sus d'un dédommagement. Le cocasse de l'histoire, selon Delanoë, est que à l'origine la musique des *Feuilles mortes* était inspirée directement d'une chanson populaire roumaine !

« Pourtant *La Maritza* reste pour moi un bon souvenir, avoue sans rancœur le parolier providence de Sardou, parce qu'elle m'a permis de connaître Sylvie, d'apprécier sa conscience, son sérieux et aussi son talent, qui n'était pas évident à l'origine. Elle a donné dans l'interprétation tout ce qu'elle avait de sensibilité, et son père qui était concerné dans le texte l'apprécia, paraît-il, beaucoup [254]. »

*

L'Olympia 68 aurait pu trouver son verdict dans cette phrase extraite de la critique suivante : « Il s'est passé quelque chose ce soir-là. Sylvie, qui communiquait mal avec les spectateurs, a tout d'un coup passé la rampe, sa voix a trouvé une âme, touché les cœurs [255]. »

« Quelque chose s'est effectivement produit, atteste Catherine Ergis, témoin de la première heure. Son plus grand talent jusque-là avait été sa beauté. Lors de ce spectacle, même si Vartan avait encore du mal à se projeter, pour la première fois on ne l'a pas seulement vue, on l'a regardée et on l'a écoutée [256]. »

Spectaculum : qui attire l'attention... Serait-ce à dire que les mauvais jours sont loin derrière ?

CHAPITRE 14

70, année satanique

« Un père qui meurt, c'est une bibliothèque qui brûle. »

1968 fut l'année de toutes les contestations ; 69 sera érotique ou ne sera pas, affirme-t-on çà et là. D'aucuns le chantent. On veut vivre nu, au soleil de préférence, fuir la société de consommation, voter pour le mélange des corps, lever la patte sur les interdits, remplacer le bruit des bombes par des hymnes à la gloire d'Éros, échanger la poudre des canons contre celle des songes éveillés. *Peace and love ; Make love, not war ; keep cool ;* autant de beaux slogans écrits à l'encre rose, que l'on accroche en bout de fusil. Et lors de grands rassemblements « baba » de Woodstock et d'ailleurs, où, entre deux volutes d'étranges cigarettes, chacun devient le frangin du copain, fausses guenilles et seins à l'air, on devise sur la nécessité d'une société nouvelle. Pendant ce temps, en Dordogne, aux Milandes, *Village du Monde*, on laisse s'effondrer le beau rêve de Fraternité universelle de Joséphine Baker, « vestige du passé et gaulliste notoire » (*Libération dixit*). Expulsée *manu militari* de son domaine avec ses douze orphelins de toutes origines, au plus fort de cette révolution utopique et plus ou moins sincère, que toute sa vie elle porta. Pis, à l'Olympia où elle se produit pendant les événements de Mai, les musiciens refusent de l'accompagner si la vraie et grande résistante qu'elle fut s'obstine à chanter *Fleur de Paris,* un refrain partisan, celui de la victoire de 1944. Nous vivons une époque merveilleuse !

*

Pourrait-on croire Sylvie prompte à se laisser couler dans un monde psychédélique où les coquelicots seraient des lois, un monde où il n'y aurait qu'un « temps », celui des « cerises ? L'émigrée de l'Est qui a plus d'une raison officielle de frissonner au vu de l'anarchie menaçante n'est pas sans ignorer que le mouvement étudiant de 1968, ainsi que l'exprime Stéphane Courtois dans son brûlot *Le Livre noir du communisme,* a permis aux représentants de ce dernier de tirer les bénéfices d'une réactivation forte de la passion révolutionnaire, anticapitaliste, anti-impérialiste et antifasciste.

Dans les interviews de la Vartan de l'époque, il ne faut donc pas s'attendre à rencontrer une Rosa Luxemburg en minijupe, cette propagande flottant à contresens des valeurs qui l'ont nourrie. Or, sans ruer en vache dans les conventions, même si toujours rattrapée par la force d'un équilibre qui la sauve d'elle-même et l'exclut du monde des paumés, la jeune femme beaucoup moins rigide que décrite, surprend et étonne. En avril 1969, pour les besoins du magazine de romans-photos et de variétés *OK/Les Aventures de Steve Carson*, Sylvie accepte de répondre à quelques questions très éclectiques adressées par les lecteurs. Ainsi, à Colette D. d'Avignon qui lui demande si elle éprouve le sentiment de jalousie amoureuse, elle déclare sans tricherie :

« — Oui, je le suis, mais pas dans le sens traditionnel que l'on donne à ce mot. Je suis jalouse plus ou moins sans raison. Ainsi par exemple, un regard que Johnny lance à la dérobée à une fille qui passe me mettra hors de moi, et je reste par contre indifférente dans des circonstances où d'autres femmes joueraient du revolver. Mais je n'hésite pas à définir ma jalousie de “courtoise” : pas de perquisitions dans les poches, ou dans les valises quand Johnny revient de voyage, ni de recherches de rouge à lèvres compromettant, ou de cheveux “suspects” sur son veston. Ce sont là des façons humiliantes pour celle qui les fait et pour celui qui les subit. Et puis, que diable, nous serons bientôt sur la Lune, et au seuil de l'an 2000, l'idée de “trahison” doit être révisée. »

« — Mille excuses pour la brutalité de cette question, se risque à son tour Aline S. de Rennes : Te vendrais-tu pour de l'argent ? pour un million de francs, mettons. De plus, comment juges-tu la femme qui se vend pour de l'argent ? »

Cinglante est la réponse de Sylvie :

« — Effectivement, il me semble que ta curiosité dépasse les bornes de la bienséance, et peut-être aussi celles du bon goût ! De toute façon, je suis disposée à te donner satisfaction : je ne me vendrais pas pour tout l'or du monde. Ce n'est pas une question de “principes sacrés”, mais seulement parce qu'il s'agirait d'un acte au-dessus de mes forces. Deuxièmement, les femmes qui se donnent pour de l'argent sont souvent plus honnêtes que celles qui se vendent pour d'autres motifs apparemment plus nobles. »

On ne peut que se réjouir de cette dernière prise de position qui fout la bienséance en l'air et révèle l'intelligence d'âme d'une femme jeune, mais lucide, mature et non dépourvue d'égards et de générosité vis-à-vis de son prochain.

Le dernier thème soulevé par une autre lectrice porte sur un sujet d'actualité qui danse sur les braises encore chaudes de Mai 68 : les jeunes, face au dénigrement des adultes et de l'école, sont-ils suffisamment préparés pour affronter l'avenir ?

Vartan : « — En ce qui concerne l'école, c'est vite dit ; je ne dévoilerai rien de neuf en disant qu'elle me fait pitié. Quant aux parents, il me semble que leur mission de guide spirituel est compromise par leur incapacité congénitale d'appeler un chat un chat. Étant nés dans l'atmosphère hypocrite et conventionnelle d'une époque révolue, papa et maman fuient instinctivement la vérité comme la peste. Et pour celui qui n'a pas l'habitude de parler franchement, le dernier des métiers à choisir est vraiment celui d'éducateur. »

Quant à la libération sexuelle, Sylvie trouve le principe « très triste » : « Je suis contre toute démystification. Si tout est expliqué, il n'y a plus d'attrait à rien. Je me refuse à détruire, en l'expliquant, le mystère de l'amour[257]. »

*

Plutôt bien enlevées, ces déclarations gentiment audacieuses pour l'époque, doublement favorisées par le milieu professionnel très libre dans lequel évolue Sylvie, restent cependant accessoires dans la carrière de la vedette. La Dame pense, donc elle est, mais *Le Grand Chambardement* de Mai 68 n'a pas eu sur cette émigrée de l'Est à qui la France a tout offert, et qui connaît au carat près le poids du mot « liberté », le même impact que chez certains de ses confrères, plus engagés. Pour l'ex-collégienne du twist, l'heure est maintenant à la concurrence tous azimuts. Les jeunes loups issus de la mouvance hippie, tous plus chevronnés les uns que les autres, ont montré patte d'or et le public ouvre grand ses oreilles et ses yeux : Polnareff, entre autres, et surtout Julien Clerc, grand triomphateur de *Hair*. Joe Dassin est déjà en place, Fugain pense Big Bazar et la pop française va s'enrichir de Michel Delpech. Dans le sillage des Beatles en fin de carrière et des Stones, dans le monde la folie des groupes reprend ses droits. En France, elle est notamment incarnée par les Martin Circus. Ailleurs, les Bee Gees se sont reformés. L'an passé, les événements de mai ont révélé les Aphrodite's Child et leur leader, Demis Roussos, avec une complainte de circonstance, *Rain and Tears*. Jésus-Christ même, dans l'une de ces comédies musicales qui font fureur, se voit superstarisé. Dans une autre cour, Barbara, dont Sylvie deviendra l'une des rares intimes, va s'envoler dans la légende avec son *Aigle noir.* Aux sommets également Mireille Mathieu, qui s'exporte déjà très bien. Itou le phénoménal Claude François surpailleté au milieu de son bataillon de Claudettes aux strings subversifs, machine à gagner impeccablement remontée et toujours en avance d'un mécanisme. Sans oublier Sheila, éminemment populaire, dont une rumeur qui ne tient que par ceux qui l'entretiennent, fait de Sylvie sa meilleure ennemie. La vague *Flower-Power* a quelque peu stabilisé la vente de ses disques, mais *Les Rois mages* vont tout bientôt rasseoir la *Petite Fille de Français moyens* aux grands yeux de chouette en état d'éblouissement permanent, sur sa branche tranquille de reine du vinyle. Parce qu'elle a commis quelques faux premiers pas, son producteur en a profité pour séquestrer sa vedette entre ses quatre volontés. Va pas voir sur scène si j'y suis ! Il faudra attendre 1984, date épique de sa rébellion contre Claude Carrère, pour que Sheila ait enfin *son* Show chez Maritie et Gilbert Carpentier. Chaque année, pendant quinze ans, Carrère repoussa les propositions des Carpentier, au préjudice de sa vedette qui ne fut jamais consultée. Richard Anthony confirme : « Sheila semblait entièrement dirigée par Claude Carrère qui lui défendait même de parler sans son autorisation et sans ses avis éclairés. Avant les émissions de télévision, je le voyais dans les coulisses lui mimer les gestes et lui faire répéter les répliques qu'elle devait dire ensuite devant les caméras. Et puis, après son tour de piste, elle repartait aussitôt, sans voir personne. Pourtant Sheila avait des idées et du talent...[258] »

Pourquoi ne pas avoir eu l'audace de se rebeller ? Avec Stark, Vartan n'a souffert un tel joug que le temps de s'émanciper. On peut rappeler que c'est elle qui contribua à arracher Hallyday des griffes du Pygmalion de Mireille Mathieu. Pour toute explication, elle renvoya les journalistes à ce vieux proverbe africain : « Un lion mal dressé doit changer de dompteur. Ça vaut mieux pour le fauve, pour le maître et pour le cirque[259] ! »

*

Pour faire rêver les foules à l'aube des années 70, d'autres « farfelus » arrivent derrière Frédéric François, Gérard Lenorman, Christian Delagrange, une nouvelle vague de chanteurs de charme pour l'heure en sommeil sur un banc de lycée. Daniel Lesueur s'épouvantera *a posteriori :* « Peut-être, par réaction envers Mai 68 qui devait – révolution culturelle oblige – balayer les yé-yé considérés comme ringards, les tubes "post soixante-huitards" sont pis encore ! C'est une véritable lame de fond beauf' qui submerge le hit-parade. On avait ricané de Luis Mariano et de Dario Moreno. Or voici ce qu'écoute le Français moyen : en Mai 68, *Jacques a dit* par Claude François... Juillet 68 : *Petite Fille de Français moyens* par Sheila... 1969 : *Le Sirop-typhon* par Richard Anthony...

Nous laissons un lourd héritage à nos enfants. Les parents aujourd'hui n'ont pas le droit de donner leur avis sur le rap, la techno ou les boys bands[260]. »

Est-il bien séant de stopper une « révolution culturelle » en marche ? Et là-bas, dans l'ancienne Perse, encore en rodage sur la scène d'un cabaret, le roi, le chef de file des nouveaux ténors des *seventies*...

Du 16 au 26 avril, Sylvie Vartan se produit avec Carlos à Téhéran, au Bakara, « une sorte de Lido local » où un chanteur d'orchestre de vingt-deux ans fait chaque soir des prodiges. « Il chantait du Tom Jones, avec aussi une imitation impayable de Jerry Lewis, se souvient Carlos. Autant Sylvie que moi le trouvions formidable ! Je suis allé le voir pour lui proposer de venir tenter sa chance en France. Il ne parlait pas mieux l'anglais que le français, mais il ne voulait pas, préférant passer directement par Londres. Puis il débarqua un beau jour à Paris, la suite tout le monde la connaît... [261] » Mike Brandt ou « Le beau début, la drôle de fin... », comme dans une chanson de Vartan.

*

Les tribulations de Carlos et de Sylvie autour du monde mériteraient à eux seuls quelques volumes de savoureuses anecdotes, tant ces compagnons de joies et de galères parcoururent les continents et les reparcoururent des années durant, sans prendre la mesure du temps.

Secrétaire, nounou, habilleuse et gorille à l'occasion, Carlos est le factotum indispensable, l'homme de confiance de Sylvie, placé auprès d'elle par un époux soucieux et « jaloux comme un tigre ». Quand il ne reçoit pas ses amis dans son restaurant parisien, Le Bistingo, on sait toujours fort bien où retrouver Carlos : dans une valise, (une malle ?...) de Mme Smet, quelque part entre Rio de Janeiro, Milan et Tokyo. Au mois de mai, les hasards de l'interminable tournée de 1969 conduisent précisément les deux inséparables en Afrique noire. L'Afrique, c'est une première pour Sylvie et lui. Brazzaville, Kinshasa, Abidjan, Dakar... Sylvie assouvit sa passion pour les voyages, consciente de réserver, dans son *timing*, la part belle à son métier : « Quand je feuillette mon album et que je m'y retrouve en pagne, décorée de fleurs et de corail, ou déguisée en geisha, j'ai l'impression de revenir de vacances. Et j'oublie que je donnais des centaines de galas, et que je travaillais 10 heures par jour[262]. »

Pendant ce temps, de son côté, Carlos n'est pas en reste pour emmagasiner ici et là quelques souvenirs... À l'hôtel Ivoire d'Abidjan, il reste enfermé par inadvertance pendant plus d'une heure, au soleil, à une température de 60°, dans le plus simple appareil sur la terrasse de sa chambre, entre le douzième et le treizième étage. *« Tout nu et tout bronzé... »* Quand elle l'apprend, Sylvie ne s'étonne pas, avec Carlos elle s'attend désormais à tout.

« J'en ai eu des fous rires avec elle, confirme le créateur de *Rosalie.* Nous riions à pierre fendre, à rester pliés en deux pendant des heures entières sur nos lits de chambres d'hôtel ! Il n'y a pas un pays où je n'aie un souvenir avec ma Sylvie. En Calabre, par exemple, j'ai failli me faire descendre parce que l'organisateur du gala, une sorte de mafioso, ne voulait pas banquer et que j'ai insisté pour que nous soyons payés. Au Japon, par contre, ça n'était jamais triste. Je me souviens plus particulièrement de l'une de nos tournées là-bas, au cours de laquelle nous étions allés voir un entraînement de sumo, une chose qui était tout à fait interdite à une femme. Pour Sylvie, ils avaient fait exception. Un soir, nous avons même assisté à un combat en présence de l'empereur Hiro-Hito. L'arrivée de l'empereur au Japon, ça n'est pas comme pour Chirac ; toute l'assistance se prosterna, nous avec, devant ce demi-dieu. Le soir de notre atterrissage à Tokyo, d'emblée nous avions été conviés à un repas dans la grande tradition japonaise. Avant de nous asseoir autour d'une immense table basse, il nous avait fallu nous déchausser, et je vous prie de croire qu'après 20 heures de vol, ça ne sentait pas la rose autour de nous ! Il y avait beaucoup d'Anglais et les Anglais, c'est connu, ça pue des pointes ! Tout cela tranchait évidemment avec le raffinement de l'endroit et la solennité de la réception. Nos hôtes, eux, demeuraient imperturbables. Premier fou rire avec Sylvie. Soudain, une geisha apparut, qui se dirigea vers le plus moche du groupe, un type avec des cheveux hirsutes, à qui il manquait des dents, bref, ce n'était pas le Roméo de service. Et voilà que notre geisha se mit à tirer d'un instrument bizarre un son de ressort grinçant qui nous fit redoubler de rire, des rires plus ou moins contenus, par égard pour nos hôtes. J'ai vraiment cru que nous allions exploser, ce soir-là. Je me souviens encore d'un type qui nous suivait partout dans Tokyo ; de club en club, de réception en réception. Il parlait très bien le français et s'entretenait avec moi sans que je sache vraiment qui il était. Renseignements pris, il ne s'agissait ni plus moins que du plus grand acteur japonais de l'époque, Masumi Okada, qui, adorant Sylvie, avait trouvé cette manière originale de l'approcher alors qu'il lui aurait suffit de décliner sa véritable identité pour que les choses se fassent sans plus de mystères. Que de bons souvenirs aussi, à Rome cette fois, Rome où nous avions accepté l'hospitalité de Brigitte Bardot dans une villa qu'elle occupait avec Gunther Sachs, via Antica. Chaque jour, nous dînions avec eux, Liz Taylor et Richard Burton, Jane Fonda et Roger Vadim. Un soir, nous attendions tous Brigitte qui tardait à apparaître. Partant à sa recherche, je l'ai retrouvée cul nu sur la pelouse de son jardin, qui pleurait toutes les larmes de son corps parce que Sachs, "ce con d'Allemand" lui avait dit qu'il n'aimait pas sa robe. Je l'ai carrément engueulée : comment elle, la plus belle fille du monde qui avait tous les mecs à ses pieds, qui venait encore de faire la une de *Stern, Paris-Match* et j'en passe, pouvait se mettre dans des états pareils parce qu'un "con d'Allemand" lui avait dit qu'il n'aimait pas sa robe ? "Enfile un jean et viens vite nous rejoindre !" Ça aussi, ç'a été entre Sylvie et moi une sacrée source de rigolades. On ne vit tout de même pas ça tous les jours, non[263] ? »

Le rire de Sylvie... Un jour, à la radio, José Arthur tentera de s'en faire le décodeur : « Vous avez un rire amusant. Un joli rire qui annonce plein de choses et qui s'arrête net, comme la vie. Vous êtes très curieuse. Vous êtes le genre cascade indomptable qui brusquement a mis un frein liquide. Crac ! Ça s'arrête net. Ça va partir et boum ! J'espère que ce n'est pas dans toutes les occasions la même chose...[264] »

*

Belgique, Suisse, Allemagne, Grèce : les boutiques de mode Sylvie Vartan fleurissent au rythme de ses pérégrinations internationales. En 1969, entre le 1er février à Condé et le 25 novembre à Cassis, elle ne donne pas moins de 115 galas tant en France, pour les habituelles tournées saisonnières, qu'à l'étranger, à Casablanca et Rabat par exemple, qui terminent son « tour » africain. On note encore l'enregistrement d'un duo avec Hallyday, *Les Hommes qui n'ont plus rien à perdre,* qui ne laissera pas grand souvenir.

Sur le plan audiovisuel, la cuvée 69 est des plus pétillantes ; plumes, paillettes, duos, Sylvie trouve le temps de concevoir, de préparer et de tourner plusieurs shows dont le célèbre « Sacha Sylvie Show », avec Sacha Distel, dans lequel l'ombre de Mistinguett, dont elle s'inspire résolument, revient lui dicter ses pas et lui souffler sa gouaille. Les années folles font un retour en force, Sylvie en profite pour les rendre aux nostalgiques nantis de l'entre-deux-guerres pour lesquels on s'amusait alors si bien, de Paris à Monte-Carlo...

Après « Jolie Poupée », le « Sacha Sylvie Show » confirme certaines prédispositions de Vartan pour un genre auquel elle rêve de s'essayer sur scène : la comédie musicale. Patiemment, elle attend son heure. Elle se sent séduite et attirée par cet art complet qui regroupe le chant, la danse et la comédie. « On dit que les Français n'aiment pas cela, je ne crois pas que ce soit vrai, affirme-t-elle, en 1971. Ils n'en ont jamais vu, c'est tout. Tout ce qui a été montré en France a été mal monté et avec peu de moyens... *Hair,* c'est un cas à part. Cela n'a pas été lancé comme une comédie musicale, et en plus, toutes les chansons sont bonnes. C'est capital pour réussir. Il faut des thèmes forts. Il faut aussi que ce soit immense. Cinquante personnes sur scène, et puis des décors somptueux. Pour tout arranger, on monte généralement les spectacles avec des acteurs qui ne savent ni chanter, ni danser. D'entendre tout le monde dire que ça se casse la gueule, c'est excitant. Je suis sûre que cela pourrait marcher. Mon dernier passage à l'Olympia a été un test. J'ai vu que je pouvais faire un spectacle avec des chansons peu connues. C'est le principe de base d'une comédie musicale[265]. »

En avril 1969 déjà, il fut question pour Vartan d'une comédie musicale américaine importée en France après une étape en Angleterre. *Sweet Charity*, produit par Arthur Lesser, ou l'histoire d'une jeune fille très pure, très fleur bleue, qui travaille comme taxi-girl dans un dancing à New York, et à qui il arrive toutes sortes de mésaventures, mais qui se retrouve seule à la fin. Gags, situations comiques et « ballets formidables » garantis... Jacques Plante et Albert Husson auraient été chargés de l'adaptation française. On parla d'une troupe de trente-cinq personnes pour entourer Sylvie. *Sweet Charity* au cinéma, ce ne fut rien moins que Shirley MacLaine ! Après seulement sept à huit ans de métier, la Française visait haut. Trop, sans doute. Eu égard à la difficulté de monter de telles entreprises, le projet ne vit jamais le jour. Tout comme celui d'*Alice au pays des merveilles,* beaucoup plus sérieux et réaliste, dont le lieu, le théâtre du Châtelet, et la date (septembre 1972) avaient été officiellement annoncés.

L'histoire, adaptée directement du conte de Lewis Caroll, avec une possibilité d'être traitée sur deux niveaux correspondant au monde adulte et à celui de l'enfance, la prédisposait à se prendre de passion pour cette aventure dont elle pensait confier la chorégraphie à l'Américain Michael Kidd. À l'époque, et bien qu'*Alice* fût un texte à double message, Chantal Goya n'ayant pas encore pointé le bout de son bâton guignolesque au Palais des Congrès, le créneau du spectacle pour juniors était libre et vacant. Tout avait été prévu pour que les choses commencent bien ; l'écriture des textes par Gilles Thibault à qui Vartan devait déjà *Deux Mains* et *Par amour ou par pitié ;* la musique commandée à Pierre Groscolas ; le choix de Carlos et de Jean-Jacques Debout comme partenaires. Tout, sauf l'intervention de Johnny qui, sans le vouloir, donna un grand coup de pied dans les rêves de sa femme. Lorsqu'il prit connaissance du projet et des textes, Hallyday eut le coup de foudre et demanda à Thibault et à Groscolas de lui écrire le fameux album, *Hamlet,* un rêve qu'il traînait depuis 1969. Prévoyant de transposer le disque sur une scène, Jojo avait imaginé une musique des Beatles et une mise en scène fellinienne confiée à Robert Hossein. *Hamlet* fut l'échec que l'on sait et compromit définitivement la création d'une comédie musicale du même nom. Daniel Lesueur : « Suite au bouillon de l'entreprise, tout le monde se fâcha et Groscolas, mettant Johnny et Sylvie dans le même sac, s'opposa au projet de la chanteuse[266]. »

« Ne pas avoir mené au bout ce projet est mon seul regret professionnel, déplore Vartan. Gilles Thibault, (aujourd'hui décédé) était un grand et inoubliable auteur[267]. » Dommage que, dans sa fâcherie, Groscolas n'ait pas su songer à « faire le tri. »

La version de Thibault qui se livra avant sa disparition à Fantoni et Brierre diffère quelque peu. « Elle m'a dit : "Moi, je ne suis pas comme Johnny. Si je te le demande, tu peux être sûr que je le chanterai." Dans le travail, ça ne rigolait pas entre eux. C'était chacun pour soi... J'ai donc fait *Alice* pour Sylvie. Je l'ai toujours dans mes tiroirs. Elle ne m'a jamais donné d'explications. Ils ne sont pas marrants parce que ça représente quand même du boulot. Il y a vingt-quatre titres. J'y ai passé des années. Eux, ils oublient[268]. »

À la vérité, quelque peu frileux, les financiers tentèrent âprement de décourager chacune des parties, en arguant à tort ou à raison qu'il ne faudrait pas moins de quatre années consécutives de représentations pour rentabiliser une telle affaire...

*

C'est la télévision italienne qui, en définitive, offre à Sylvie en 1969 sa plus belle opportunité : une série de plusieurs shows, dans le cadre de l'émission « Doppia Coppia », tous différents et programmés pendant sept semaines consécutives. Les fameux « Doppia Coppia » sont des merveilles de raffinement où plumes et violons font ménage heureux avec des chorégraphies de pointe. En être la vedette n'est pas sans signification. La raison du pont d'or offert à Sylvie réside tout entier dans le fait qu'au pays d'Arlequin, qu'elle apprécie tant « parce que les pâtes y sont si bonnes et les garçons si beaux[269] », elle fait un malheur avec des chansons telles que *Zum-zum-zum*, reprise en France par Dalida, *Come un ragazzo,* version italienne de *Comme un garçon* et *Irresistibilemente.* Peu de gens en

France connaissent aujourd'hui l'existence de ces spectacles très gais et pétris d'humour dont parlent encore les Italiens avec délectation, lorsqu'ils y évoquent *« La Vartan(e). »*

Dans des décors qui ressemblent à l'époque, sobres, dépouillés, avant les orgies de paillettes des années 70, chaque chanson de Sylvie est savamment mise en scène dans des ballets de classe internationale où l'à-peu-près n'a pas sa place. Ses costumes, courts et peu clinquants, tranchent avec les tenues pré-dragqueenesques des danseuses, et illustrent de la même façon la décennie finissante. D'époque également la vedette, autour de laquelle tout s'articule. Sur les films d'archives, en regardant Sylvie évoluer à mi-chemin entre Gavroche et Jean Harlow, attifée d'une horrible coupe de cheveux avec postiche qui la fait tenir de Pollux et d'une femelle cocker, on a hâte de lui voir sauter allègrement les années. Mais le succès colossal de ces shows entraîne en Italie une vente de disques conséquente et la légende de la *« Bionda »* s'installe de l'autre côté des Alpes.

Quand donc ce petit bout de femme prend-elle le temps de vivre et d'aimer, comme dans la vraie vie ? Est-elle seulement au courant que le 21 juillet, les Américains ont décroché la Lune ? Son mari, elle le croise entre deux portes, entre deux avions. Sitôt rentre-t-elle d'une tournée qu'il part « en mission » pour la sienne. Au milieu de tout cela, les fans, toujours omniprésents, envahissants parfois, qui ne se fixent aucune limite et pour lesquels la fatigue de l'artiste n'est pas chose admise. Nuit et jour, jour et nuit, pour un sourire volé, une poignée de main inespérée, quelques-uns d'entre eux veillent au grain devant le domicile des idoles. En attendant, on se gargarise de « il paraît » et de « on dit », en imaginant le décor de la salle de bains, la couleur de *leurs* draps...

David, lui, qui a eu trois ans au mois d'août, est loin de mener une vie d'orphelin, mais celle qui veille sur son sommeil est sa grand-mère, Ilona, « Néné » pour les intimes. Sans elle à ses côtés, jamais Sylvie n'aurait consenti à abandonner son enfant, « la seule chose au monde qui soit vraiment à moi. Il représente le petit coin dans lequel je viens me réfugier, loin du bruit, de la foule et même de mes amis. Il est beau. Je l'aime. C'est mon fils. Laissez-le moi[270]. »

Aussi, à chacune de ses escales artistiques, une fois isolée dans sa chambre d'hôtel, avant de décrocher le téléphone et d'en abuser amoureusement pour appeler où qu'ils soient les êtres essentiels à son existence, entendre leurs voix et leur donner la sienne en échange, Sylvie déploie-t-elle, fût-ce pour quelques heures, l'éventail de photographies qui l'accompagne où qu'elle aille. Au fil du temps, des clichés disparaissent, d'autres les remplacent, témoins des métamorphoses du « roi David ». « Il a l'air aussi aimable que moi, sur les photos[271] ! », confessera-t-elle un jour, en mère plutôt flattée de la chose, à Jacqueline Cartier. « Quand j'étais petite, je ne voulais jamais dire bonjour. Je réservais le rire aux intimes[272]. »

En juillet 1969, Sylvie a-t-elle relaté à ses proches au téléphone « l'incident » qui l'a opposée à Ajaccio à la rédaction d'un journal local ? « J'avais sollicité et obtenu un rendez-vous pour l'aller interviewer, explique aujourd'hui un journaliste corse. Ce dans le cadre d'une représentation qu'elle devait donner au théâtre de l'Empire. Le jour J et à l'heure dite, en fin de matinée, je me suis donc présenté avec le photographe du journal à l'hôtel du Cap de Porticcio. Là, on m'a fait savoir que Melle Vartan s'était absentée : "Partie à la plage depuis un bon quart d'heure"... J'ai alors demandé du papier, un crayon et je me suis mis en peine de rédiger une lettre à l'attention de ma "poseuse" de lapin dans laquelle je lui disais en substance que seuls les grands pouvaient éventuellement se permettre ce genre de choses et que l'on peut néanmoins être une vedette et avoir un minimum d'éducation. Avant de me laisser repartir, le réceptionniste de l'hôtel me confia que j'avais une chance d'apercevoir Sylvie si je me rendais le soir même à Ajaccio, dans l'un des restaurants du port... Ce n'est pas tombé dans l'oreille d'un sourd. "Tu t'y rendras, ai-je aussitôt signifié à mon collaborateur et tu la photographieras en train de manger sa langouste. Si elle te demande : 'C'est pour quel journal ?', tu lui donneras bien sûr un nom bidon." Nous lui réservions une surprise car nous avions appris qu'elle avait été furieuse à la lecture de ma lettre... Le stratagème a fonctionné et Sylvie, tout sourire, s'est prêtée de bonne grâce au jeu de la jeune vedette bronzée, brillamment entourée de sa petite cour, en escale quelque part, dans un petit coin béni du sud de la France. Quelle dut être sa surprise lorsque le lendemain la photo parut en première page, mais certainement pas avec la légende qu'elle aurait souhaitée. Notre commentaire, dans lequel il était question des caprices de vedettes, expliquait sur le mode humoristique ce qui s'était déroulé la veille. J'ose espérer que cela lui aura servi de leçon pour l'avenir...[273] »

*

Au mois de novembre 1969, c'est un Hallyday en favoris et chemise de soie rouge qui a embrasé le Palais des Sports. Il était on ne peut plus logique et naturel que l'incendie se répandît en province. En attendant, en décembre il tourne avec Sylvie dans *Les Poneyttes,* un long métrage sans substance de Joël Lemoigne. Elle n'y fait qu'une apparition, le temps d'y interpréter *Deux Mains.* Huit semaines plus tard, dans le cadre de la tournée tant attendue de

Johnny, le 21 février 1970, M. et Mme Smet partent ensemble à Besançon où Johnny va chanter seul leur duo, *Les Hommes qui n'ont plus rien à perdre*. Si le disque fait un malheur au Japon (300 000 exemplaires vendus), en France sa carrière fait grise mine...

À bord de la DS 21 immatriculée 3003 VS 75, outre Hallyday et sa femme, trois autres personnes ont pris place, trois hommes au service du patron : Micky Jones, Sacha Ruhl, le secrétaire, et Jean Pons, l'imprésario. Le roi Johnny est au volant. Il fait un temps de chien, les routes sont couvertes de grêlons. Le véhicule s'apprête à traverser une énième agglomération, la petite commune de Roppe. L'entrée du village est dangereuse, plus d'un automobiliste pourrait en témoigner. Il est 20 heures 30. Nos protagonistes ne sont pas en avance. Les grêlons continuent de tomber. Johnny, comme il le stipulera plus tard, fit-il preuve de toute la prudence requise dans ce genre de situation ? Avec ses accidents qui se comptent par dizaines, l'Idole est connue pour n'être pas un as de la conduite sage. Soudain, dans le premier virage de Roppe, la DS dérape et s'en va une première fois dans le fossé. Avec beaucoup d'adresse, Johnny parvient à redresser pour remettre le véhicule sur la voie. Nouveau dérapage, le moteur s'emballe et une nouvelle fois, c'est le fossé. Pour un temps encore maître du jeu, Smet réussit l'impossible et remonte. Le troisième séjour dans le fossé est fatal : la voiture a violemment percuté une desserte d'eau – appelée « l'aqueduc » par les gens du pays – et le choc, très violent, stabilise définitivement la DS.

Juste avant le point d'impact, Johnny a eu le réflexe de protéger de son bras droit la jolie tête blonde de Sylvie. En vain : elle est allée s'encadrer dans le pare-brise triplex, y laissant une empreinte caractéristique.

« C'est mon voisin qui le premier a entendu le bruit, raconte Jean-Pierre Broggi, à l'époque âgé de vingt-quatre ans. Il est venu frapper chez ma mère en nous avertissant qu'un nouvel accident s'était produit dans "le virage maudit". Nous nous sommes précipités. Sur le coup, nous n'avons pas reconnu Johnny, quant à Sylvie, comment aurions-nous pu, son visage n'était qu'une plaie. Mon voisin n'ayant pas le téléphone, tout le monde a déferlé chez nous. Pendant que Johnny donnait des coups de fil tous azimuts, Sylvie criait : "Je vais être défigurée, je vais être défigurée !" Elle ne cessait d'aller et de venir dans tout le rez-de-chaussée en s'épongeant le visage à l'aide de serviettes que ma mère lui donnait au fur et à mesure. Il y avait du sang partout. Bientôt, la nouvelle fit boule de neige, la radio s'empara de l'affaire et les fans affluèrent pour arracher à la DS qui un essuie-glace, qui un rétroviseur, et l'emporter en guise de souvenir. Johnny bouscula le flic venu lui demander d'établir un constat :

“Je n’ai rien à signer, je me suis planté, c’est tout !” Il fallut sortir pour faire la circulation jusqu’à son départ vers l’hôpital de Belfort. Micky Jones resta un temps avec moi. J’ai ensuite ramassé tout ce que j’ai pu trouver dans la voiture, disques, papiers, une montre de Sylvie en diamants etc. J’ai remis le tout à Jones. Le cirque dura jusqu’à deux heures du matin, heure à laquelle, après avoir épongé le sang de Sylvie, ma mère et moi sommes allés nous coucher. À peine m’étais-je endormi qu’une sonnerie nous réveilla : un type en cravate qui, à ma porte, me traitait de... voleur ! Il m’accusait d’avoir dérobé 7 000 F dans la voiture de Johnny. Eux qui étaient partis en nous laissant une note de téléphone de 640 F ! Astronomique pour l’époque. J’aimais beaucoup Hallyday, depuis ce jour, j’en suis revenu. Dans le genre abject, j’aurais pu vendre les serviettes maculées du sang de sa femme, en guise de relique et à l’heure qu’il est je ne roulerais peut-être plus toute la journée dans un camion ! De l’hôpital de Belfort nous parvint l’écho d’un autre numéro de Johnny qui avait calmé sa mauvaise humeur sur un journaliste. Mais pour qui se prenait-il pour mépriser à ce point les pauvres types à qui il doit de ne pas être rien[274] ? »

Un proche racontera que Sylvie en voulut beaucoup à Johnny au moment de l’accident de Roppe.

*

Hôpital de Belfort. Au micro d’un autre journaliste, Henri Schmidt, aussitôt dépêché sur les lieux, nerveux et visiblement agacé, le chanteur dont le nez est fracturé, tente de minimiser :

« — Oui, oh, ben c’est pas grave, c’est pas grave de toute façon.

— Et Sylvie, qu’est-ce qu’elle a exactement ?

— Pas grand-chose non plus... presque rien, deux ou trois égratignures, c’est tout. »

En fait d’égratignures, comme elle le craignait, Vartan est bel et bien défigurée. Leurs jours à tous deux ne sont pas en danger, mais pour elle, un long, très long travail de « réparation » s’impose. Le visage béant comme un livre ouvert, seule une chirurgie plastique de pointe pourra rendre ses expressions à Sylvie. Autour d’elle, c’est la consternation. Tout ceci suppose un arrêt immédiat de ses activités artistiques. La disqualification ? Qui peut lui garantir que son visage retrouvera forme avenante ? En 1970, où les hôtesses de l’air ne sont pas encore des petits boudins, l’aspect physique pour une chanteuse est sans doute un passeport, son meilleur ambassadeur assurément dans le cas de Vartan.

De Belfort, le visage et la tête recouverts de bandelettes, Sylvie est rapatriée à Paris par le train de 0 heures 45. Réceptionnée à la gare par son frère Eddie et Jean-Jacques Debout, on la conduit ensuite à la clinique du Belvédère de Boulogne, où elle donna le jour à David. « On ne voyait qu'un bout d'œil qui apparaissait vaguement, c'était très impressionnant[275] », raconte l'un des témoins.

Au Belvédère, Sylvie subit une première opération esthétique de cinq heures. Puis l'épais bandage est retiré... Pour la Blonde qui n'a pas le droit de parler afin de ne pas rouvrir la plaie de sa lèvre recousue, c'est un choc : « Chaque matin, en me voyant dans la glace, je croyais sortir de la cage aux lions. C'était pourtant moi[276]. »

Il va sans dire que tous les projets de gala ont été annulés. Sylvie devait entre autres chanter en Espagne avant de se produire le 26 février à Rabat devant le roi Hassan II pour une représentation privée. *Exit* également l'émission « Dim Dam Dom » avec Jean-Christophe Averty, les shows prévus pour les télévisions américaine et italienne, le projet de western avec Sergio Corbucci à la réalisation et Johnny comme partenaire...

L'urgence est ailleurs, à New York ; au Mont Sinaï Hospital, Bernard Simon, l'un des chirurgiens plastique les plus compétents au monde – il a rajeuni les traits de Cary Grant – y attend sa célèbre future patiente. Peu avant son départ au tout début du mois de mars, Sylvie reçoit à domicile la journaliste Monique Fleury.

« Les blessures de son visage sont recouvertes de minuscules bandelettes transparentes, ce qui la fait ressembler un peu à la "femme invisible", mais ce qui ne l'empêche absolument pas de plaisanter même si elle a beaucoup de mal à parler à cause des fils sur sa lèvre inférieure qui n'ont toujours pas été enlevés[277] », écrit la journaliste, rapportant par pans les confessions d'une Vartan revenue d'outre-tombe :

« — Si j'avais été infirme, eh bien, il aurait fallu que Johnny me supporte... On va être chouettes, tous les deux, en Amérique. Lui avec son nez plâtré et moi avec ma figure... Les éclopés ! Son nez, à Johnny, j'ai hâte de le voir, il voulait profiter de sa fracture pour enlever la bosse qu'il a dessus. Je n'étais pourtant pas en forme l'autre jour, mais je lui ai dit qu'il était complètement fou. Moi, je le trouve bien son nez ! Quand je pense qu'avant de partir le retrouver à Strasbourg, la semaine dernière, j'avais dit : il fait trop mauvais, je prends le train. À cette époque, il ne faut pas rouler en voiture. C'est réussi...

— Vous boitez de la jambe gauche, une très légère fracture du péroné, m'avez-vous dit, et j'aperçois de grands bleus sur votre bras gauche : c'est l'accident ?

— Oh non, c'est mon cheval... juste avant l'accident[278]. »

*

Aussitôt à New York, Sylvie est opérée par le docteur Simon pendant plusieurs heures. D'autres interventions suivront. Le jeu devrait en valoir la chandelle puisque à la faveur d'une technique que l'on dit révolutionnaire, les médecins ont promis de gommer toutes les cicatrices. La miraculée peut se laisser chloroformer tranquille, bientôt il n'y devrait plus paraître...

CHAPITRE 15

La revanche d'une blonde

« Je suis ambitieuse. C'est le trait dominant de mon caractère[279]*. »*
« Ce que je veux, j'arrive à l'avoir ; j'y mets le temps nécessaire...[280] *»*
Sylvie Vartan

L'arrivée de Sylvie à New York a coïncidé avec celle du Président Pompidou, copieusement hué. Vartan, citoyenne française, désapprouve « de tels excès, souvent le fait d'une minorité[281]. » Son séjour new-yorkais, la miraculée de Roppe n'entend pas le gaspiller en restant figée sur un lit blanc. Les soins qu'elle reçoit au Mont Sinaï Hospital n'exigeant pas son omniprésence dans l'établissement, elle prend une chambre d'hôtel en ville et en profite pour s'inscrire à des cours de danse. Elle y fait la connaissance d'un merveilleux professeur, Jojo Smith, avec lequel le courant passe aussitôt. En réalité, Vartan a été recommandée à Smith, ex-membre de la compagnie Harry Belafonte et dont la propre mère, danseuse elle aussi, fit partie des ballets de Katerine Dunham. De ce jour, la petite Française ne concevra plus de spectacle sans danse.

Smith est une sacrée pointure, un drôle de petit bonhomme de couleur terriblement doué, à l'autorité indiscutée. Avec lui, Sylvie accomplit des progrès fulgurants. Premier enseignement : elle apprend à repousser les limites du corps qui fonctionne toujours en dessous de ses possibilités. Le maître lui montre comment en retirer les satisfactions inhérentes. « Réussir un enchaînement qui vous semblait, un mois avant, totalement hors de portée, s'apercevoir, jour après jour, qu'une articulation s'assouplit et se déverrouille bien au-delà de ce que l'on pensait possible, pouvoir exprimer avec son corps ce que l'on a dans la tête sans blocage mécanique, c'est ça la danse, confiera-t-elle plus tard. Cela demande de la discipline, de la régularité, la volonté de ne jamais céder à la facilité, de toujours chercher à mieux faire. C'est vrai pour tout le monde, du débutant au danseur étoile. En plus, c'est un extraordinaire traitement mental : danser, avec tout le respect et l'exigence vis-à-vis de son corps que cela implique, permet de mieux fonctionner face aux autres. C'est peut-être le principe que j'essaye d'expliquer à mon fils : le respect des autres commence par le respect de soi[282]. »

*

Les semaines ont passé depuis le début du séjour de Vartan aux USA. Le docteur Simon n'ayant pas été entièrement satisfait du résultat de sa prime intervention et de celles qui ont suivi prend la décision de mener son travail à son terme en opérant à nouveau. Il semble que ce soit l'œil droit qui ait entraîné des complications chirurgicales, complications d'ordre esthétique.

De France, les nouvelles parviennent à Vartan par l'ambassade des montagnes de lettres de son fan-club et de *Salut les copains*. Par le numéro de juin 1970, elle apprend le voyage de Julien Clerc en Bulgarie, commenté par le chanteur, lui-même. « En arrivant à Sofia, j'ai pensé à Sylvie, déclare "Juju", d'abord parce qu'elle est née près d'ici, ensuite parce que l'une de ses plus jolies chansons porte le nom d'une jolie rivière bulgare, la Maritza[283]. » Et Clerc de décrire l'affabilité de ces pauvres gens toujours soumis à la dictature rouge, qui font fête de toute circonstance et portent en eux, en même temps que l'espoir, la notion essentielle des rapports humains conjugués au présent.

Nostalgie, nostalgie... Sylvie se languit de tout, de Paris surtout. Dans l'enfer de la vie new-yorkaise, son rythme infernal, sa violence, elle éprouve une sensation d'étouffement et si parfois elle s'en plaint, elle se résout malgré tout à n'engranger que le meilleur. Le professionnalisme dont les Américains font preuve dans le show-biz, par exemple, une méthode de travail impropre aux Latins, la subjugue. Ne tarissant pas d'éloges sur les nombreuses écoles spécialisées dans les métiers du spectacle, elle déplore que la France ne soit pas dotée de pareils complexes. Une idée germe dans son esprit...

Parce que l'époque est encore aux premières parties qui donnent leur chance à des talents potentiels, à New York lorsqu'elle ne danse pas avec Smith, déjà vouée à son spectacle de rentrée en septembre à l'Olympia, Vartan s'informe et prospecte pour dénicher quelque talent à l'état brut. Le hasard, sa curiosité et son flair la mènent un jour à pousser la porte d'un vieil entrepôt de Harlem, à l'angle de Madison Avenue et de la 116e Rue, lieu de répétition habituel d'un groupe de vingt-huit chanteurs âgés de douze à dix-huit ans, « The Voices of East Harlem ». Formés par Barnice Cole, une ancienne chanteuse de gospel, à la demande des services sociaux de New York, ces jeunes Noirs issus de la zone veulent incarner le *Black is beautiful,* exprimer par leurs chants et leurs danses libres de toute chorégraphie les revendications de leur peuple. Le poing levé, ils montent sur scène en chantant *Right to be free,* (*Le Droit d'être libre*), et encore *Gotta be a change* (*Ça va changer*)... Aussitôt, Sylvie téléphone en France à son imprésario Jean Pons qui fait le voyage depuis Paris pour faire signer au groupe de jeunes prodiges le contrat de l'Olympia. « Bruno Coquatrix ferait bien de faire assurer ses fauteuils », prédit Jean Fernandez qui, avec Adamo, a conseillé à Vartan d'aller auditionner les Voices of East Harlem, après que lui-même les eut découverts un soir à l'Electric Circus de New York.

Révélés dans *Pop Music,* les goûts musicaux de Sylvie, à l'aube de la décennie qui arrive, sont autant de révélateurs du virage professionnel qu'elle souhaite amorcer : « Joe Cocker, fabuleux ! Leon Russell, fabuleux. Crosby, Stills, Nash and Young, les plus grands, merveilleux... Sur scène ils sont extraordinaires, mais les meilleurs peut-être ce sont Sam and Dave... Ce que je préfère ce sont les chansons "medium" qui balancent. Ce sont les plus difficiles à trouver. Pas trop rapides comme *Tutti Frutti,* mais plutôt "moyens" comme *Le Loup,* ou la chanson de Dusty Springfield : *Son of a Preacher Man.* Je voulais faire *Teach Your Children* de CSN & Y. C'est curieux que ce groupe ne marche pas mieux en France[284]. »

*

Pour célébrer la résurrection – au total, quarante-deux heures sur le billard ! – de celle qui a assuré la pérennité de sa dynastie, Hallyday lui offre de rentrer définitivement au pays à bord du *France*, en compagnie de David avec qui il a fait le voyage aller en avion. Fini les engueulades – quand Johnny se met en colère contre elle, il traite sa femme de « Vartan ! », comme s'il s'agissait de la pire insulte – et les cris d'orfraie ; amoureux et solidaires, ils ont décidé de faire peau neuve. Survient la terrible nouvelle qui fauche Sylvie en pleine répétition de l'Olympia : son père vient de mourir ! Ce père dont elle porte le nom et plus encore puisque son deuxième prénom est George. Sans « s », comme pour George Sand. Sur ses cicatrices encore fraîches, les larmes de la Blonde coulent sans retenue. Dans le caveau familial de Loconville, avec le cercueil de l'être cher, c'est tout un pan de sa propre vie qui glisse et s'en va : Lakatnik, Sofia, la gare d'Austerlitz, un matin d'hiver 1952, la chambre 14 à l'hôtel d'Angleterre, les odeurs nauséabondes de la triperie en gros des Halles, la cité de la Pelouse à Clichy-sous-Bois, la résidence Michel Bizot, le lycée Hélène Boucher, Loconville... Loconville, épilogue heureux d'une famille indivisible ; Loconville, aire de quiétude retrouvée où dans l'attente de son heure, un père malade et condamné mais fier et ému, aimait à contempler de loin les triomphes têtus de son enfant de l'été.

« Nous le voyions passer au volant de sa petite voiture, se souviennent Mme Germaine Parrain et sa fille Mme Audiguier. Tous les matins, il se rendait à Chaumont-en-Vexin, à deux kilomètres de là, faire ses courses. Comme à la fin, il avait du mal à marcher, les commerçants lui portaient à la voiture tout ce dont il avait besoin. Quant à David, par mesure de protection, il n'allait pas à l'école de Loconville, mais à Gisors, je crois. Lorsqu'il y avait la fête au village, chaque mois d'octobre, on le voyait descendre au manège, toujours accompagné par sa grand-mère, la maman de Sylvie[285]. »

*

Baba Slavka décédée cette même année 1970 et enterrée elle aussi à Loconville auprès de son fils Georges, Sylvie demande à sa mère de venir vivre avec elle et Johnny à Paris dans leur nouvel appartement du XVIe arrondissement. Ilona pourra continuer à s'occuper de David qui va entrer à la « grande école » dès la mi-septembre.

Situé entre la place d'Iéna et le musée d'Art moderne, avec la tour Eiffel pour voisine, en comparaison avec Neuilly, le 360 m^2 du 16 avenue du Président Wilson est un paquebot ! Eddie également y aura sa chambre. « Voilà autre chose, s'inquiète Long Chris : pour un jeune couple, vivre avec toute la famille sous le même toit n'est pas très souhaitable si l'on veut préserver un brin d'intimité conjugale[286]. »

Nous devons à Michel Mallory la description très précise de ce haut lieu très privé du très mythique tandem Hallyday/Vartan, déjà repéré et pris d'assaut par les fans dirigés pour Sylvie par Jean-Luc Azoulay (futur PDG d'AB Productions) et pour Johnny par Josette Sureau. Dès l'entrée, « un grand salon rond, avec un immense canapé vert clair comme la moquette qui en fait le tour ; au milieu, sur une sorte de scène ronde, elle aussi moquettée de vert, se trouve un piano à queue comme seuls « Steinway and sons » savent les faire. Partout des plantes vertes[287]. » À gauche, au bout du couloir, la cuisine à l'ancienne, très claire et rutilante, est équipée de deux frigidaires, « un pour les bières à JoJo, l'autre pour la bouffe[288] ! » Gageons que l'âme de l'endroit loge ailleurs et reprenons le couloir en sens inverse : « Un interminable couloir », puis soudain, « une salle à manger sublime, couleur pêche, avec une immense table en verre, encore des plantes partout et une cheminée superbe en marbre gris, puis un petit salon qui ressemble vaguement à un boudoir anglais[289]. » Un autre petit couloir aboutit sur un nouveau salon peuplé de toiles de maîtres. Et enfin, la salle de musique, pleine de boutons, de cassettes, de tonnes de disques. « Cela me fascinait, confiera David Hallyday. Il y avait aussi toutes les guitares de papa. Je n'avais pas le droit d'y toucher. Alors, quand il ne me voyait pas, je me faufilais dans la pièce et je commençais à jouer. Parfois, je cassais une corde. Alors là, je ne vous dis pas le drame[290] ! »

*

Aux dires de Long Chris, « Sylvie est une femme cultivée qui s'intéresse à l'antiquité et aux livres anciens[291] ». Sa maison lui ressemble, c'est elle, plus que Johnny, qui y a mis sa touche personnelle et lui a donné son cachet. Sans doute l'a-t-elle fait en conjuguant leurs goûts communs, en pensant à lui, à leur fils, dans un souci de parfaite harmonie. Parce qu'en amour, plus que prêteuse, la dame est prodigue. Elle sait donner, mais en retour elle attend de ne pas être trahie. Et en cela elle sait être redoutable, la Sylvie ! D'un regard noir, glacé, d'un mot lancé au débotté sous le coup de la colère, elle peut ruiner une âme sensible. La Blonde qui avoue avoir mauvais caractère, ne le dément pas : « Quand je me dispute, même avec des personnes que j'aime, je ne parviens pas à réfléchir, à être diplomate et à peser mes mots : je démarre en quatrième et emploie des termes qui laissent le destinataire plutôt mortifié. Même si ensuite je dois en supporter les conséquences et être contrariée pour avoir dépassé les bornes contre quelqu'un qui, peut-être, parvient à ne jamais les dépasser. »

« Un jour, vers le milieu des années 60, se souvient Cathy Scapula, futur cadre chez Elf, je me trouvais dans les commodités du Pré-aux-Clercs, un café parisien de Saint-Germain devenu depuis un restaurant, lorsque je perçus les échos d'une voix féminine qui hurlait dans le combiné du poste téléphonique des toilettes. Je n'aurais pas aimé être à la place de son interlocuteur ! Pendant plusieurs minutes ce ne furent que vertes engueulades. La "voix" avait apparemment des problèmes avec la personne à qui elle avait confié son chien. Quelle ne fut pas ma surprise de découvrir en sortant que cette voix appartenait à la belle Sylvie Vartan. Je ne me représentais pas ainsi cette petite Blonde presque inexistante, aux allures timorées. Quelle boule d'autorité et d'énergie ! Ça m'en avait bouché un coin...[292] »

Si elle avoue pleurer pour un rien, la fille sait donc se montrer dure, un petit soldat qui n'est pas parvenu à ses objectifs par hasard. Hallyday riposte en lui lançant qu'elle n'est pas une vraie chanteuse, atteignant Vartan dans sa chair. Nombre de complexes que Sylvie

Vartan traîne encore aujourd'hui, outre ses cicatrices au visage, viendront de là. Mais de l'amour au diapason avec un Johnny, lui aussi né sans cynisme ni méchanceté, mais psychiquement fragile et vulnérable, souvent en proie à ses vieux démons d'homme-enfant ? Chez les Smet, on s'aime d'abord, on réfléchit ensuite !

*

À l'Olympia, les répétitions s'enchaînent et Smith se montre plus que satisfait de sa vedette : « Je l'admire. Elle a du courage, de l'estomac, de la volonté, de l'endurance. C'est une bosseuse. Toutes les idées de son show actuel à l'Olympia ne sont pas de moi, mais d'elle. Moi, je l'ai simplement guidée. Et des idées, elle en a ! Jusqu'aux vêtements de scène. Elle est une véritable artiste, parce qu'elle est une vraie professionnelle[293]. »

« C'est Jojo Smith qui a enseigné la danse à Barbra Streisand. Je ne pense pas être une élève moins douée qu'elle. De toute manière, je dois réussir mon coup. Il faut que ce soit un triomphe, il y va de mon bonheur[294]. » Depuis toujours en osmose avec son étoile, on a eu tort de s'être inquiété pour Sylvie ; devant la proche échéance de sa première à l'Olympia, elle est redevenue elle-même : « Quand je vois les choses d'une certaine façon, même si j'ai manifestement tort, on ne m'en fera pas démordre[295] ! » On l'aurait compris à moins...

« Et l'Olympia fut un triomphe[296] ! » témoigne Lydie Callier, l'une des danseuses du show. Trois semaines à guichets fermés, suivies d'une tournée en périphérie parisienne. Même Barbara a suivi le mouvement en montant sur scène pour chanter *Let the Sunshine* avec la Blonde. Quant à Brigitte Bardot, présente à la générale, le commentaire ne pouvait être qu'animalier : « Tu as été extra, mon minou[297] ! »

« Gentillesse maladroite », « prudence craintive », « conformisme affligeant », « manque de spontanéité », « danse bien mais sans efforts et sans flamme », « après dix chansons, elle est épuisée et au bord de l'effondrement », « malgré tout le mal qu'elle se donne, Sylvie Vartan ne sera jamais une chanteuse de scène » ; les qualifiants employés par la critique paraissent tout aussi imagés que celui de BB, mais certainement moins délicats. Des progrès ont été constatés, soit, chacun a pu prendre la mesure du travail accompli et du nombre de flaques de sueur laissées sur les parquets des studios de danse, tous ont noté l'éclosion d'un corps de femme en pleine métamorphose, mais manifestement on attendait autre chose que ce qu'a montré Sylvie et qui a paru trop rock. Ici et là, on lui reproche également, de manière très directe, le choix des Voices of East Harlem. « Eux ont de la voix mais ne savent pas s'en servir, accuse le journaliste Norbert Lemaire. Sous prétexte de chanter fort, ils hurlent. Mauvais à entendre, ils deviennent franchement ridicules à voir. Parce qu'ils sont Noirs, ils pensent nous faire tout accepter. Aux États-Unis peut-être, en France, non ! Nous n'avons rien à nous reprocher vis-à-vis d'eux et le poing qu'ils lèvent en l'air, l'emblème du "pouvoir noir" est parfaitement déplacé et provoquant. Comme le monde du sport, celui de la chanson ne connaît pas de race, et les Voices devraient au même titre que les coureurs noirs américains, qui montèrent sur le podium des derniers Jeux olympiques avec la main droite gantée de noir, être considérés comme indignes de représenter les Etats-Unis[298]. »

Moins virulent mais tout aussi choqué par l'activisme chantant d'un « Black Power » dont même la militante « antiraciste » Joséphine Baker dénonce haut et fort l'agressivité tant en France qu'aux USA, Michel Perez opine dans le même sens que son confrère Lemaire, avec en prime la pose d'un débat pertinent sur le rôle de l'Olympia et ses fonctions à venir : « Les révolutionnaires noirs d'Amérique au secours du music-hall français chancelant, voilà qui risque de provoquer quelque surprise, d'autant plus qu'il est clair que les Voices of East Harlem sont loin de représenter le fin du fin de la production musicale de l'Amérique noire. Quel que soit le succès de snobisme qu'ils peuvent remporter auprès d'un public parisien en mal de sensations sentimentales, leur place n'est pas à l'Olympia. Ou alors, c'est l'Olympia qui doit exploser, en finir une fois pour toutes avec ses routines, ses "grands orchestres", ses ballets et ses prêtresses de l'industrie du disque. Mais ceci est une autre histoire[299]. »

*

D'autres ont su le comprendre, là se situe le véritable virage dans la carrière de Sylvie. Au fil de toutes ces soirées, on a beaucoup remarqué sa frange ramenée sur le côté droit, destinée à dissimuler au mieux la partie abîmée du visage. L'accident est récent et ceux qui, à l'instar de Catherine Ergis, une fan, ont accès à la loge de la chanteuse, ne peuvent que le constater. Mais ce qui surtout s'est dégagé de ce rendez-vous long de trois semaines entre Vartan et son public, c'est la capacité qu'a désormais acquise Mme Smet de générer plus qu'une attention, une certaine fièvre blonde dans le rang de ses admirateurs. Elle chante pour tous et pas encore pour chacun, mais ce trait de magie ou ce coup de bluff réclame beaucoup plus que du travail et de la simple volonté. C'est le fantasme inavoué de tout artiste, qu'il soit rock ou classique.

Un ciel ouvert sur de nouveaux horizons, donc. Soufflé par ce qu'il a vu, Jacques Tournier parle de « phénomène ». Déjà, en janvier 1969, le journaliste se pâmait sur les jambes de Sylvie, la manière qu'elle avait de s'en servir, notait la naissance d'un tempérament de music-hall et prédisait à la jeune femme (« enfin une jeune ! »), un brillant avenir dans cette discipline où selon lui elle ne comptait aucune concurrente.

L'Olympia de septembre 1970 apporte à Tournier, fin connaisseur, plus qu'une satisfaction de joyeux prophète, le bonheur étonné de constater la rapidité avec laquelle ses prévisions ont pris corps : « Deux ans à peine. J'ai du mal à le croire. Deux ans et les promesses sont plus que tenues : dépassées. Largement. Je ne croyais pas cela possible. Une telle assurance. Une telle évidence. Un spectacle à l'exacte mesure de ses intentions et de ses moyens, sans rien jamais de forcé ou de facile, sans un temps mort. Une respiration parfaite, sans une trace d'essoufflement... C'est tellement rare, dans le domaine du music-hall français. (...) J'ai toujours admiré les professionnels. Les vrais. Ceux qui savent que le music-hall est un métier et ont la volonté, la patience et l'humilité d'apprendre ce métier jusqu'au bout. Qui savent qu'on n'a pas le droit de monter sur une scène et d'y faire n'importe quoi en espérant que les gens qui paient leur place auront assez d'amitié pour fermer les yeux. C'est fait. Sylvie Vartan est une professionnelle. Une vraie. Le travail qu'elle s'est imposé est remarquable. (...) Ce n'est pas un simple épanouissement. C'est quelque chose de plus grave et de plus profond. Quelque chose qui est en elle. Une volonté de transformation. Un besoin d'être quelqu'un d'autre. Tout est nouveau chez elle. Jusqu'à son corps. Jusqu'à son visage. Belle. Mince. Blonde. Le sourire secret. La voix pleine. Et les jambes... (...) Étant donné son âge et le goût qu'elle a pour le travail, on peut se demander jusqu'où elle ira. De toute évidence, très loin.[300] »

*

« Ça me choque de voir des gens chanter avec leur montre. Je le remarque immédiatement. Je me dis : « Pourquoi avoir une montre quand on chante ? » Il est neuf heures moins vingt... il est temps de chanter cette chanson... Ça me fait toujours un peu cet effet-là. J'ai beaucoup de respect pour la scène. Je ne pense pas qu'on puisse s'y présenter comme quand on va au bureau ou ailleurs[301]. » Ainsi s'exprime Vartan la professionnelle. Hostile à « monter un spectacle s'il s'agit de rester plantée devant un micro avec des vêtements crasseux et une coiffure minable[302] », pour ses costumes, elle a visé juste en faisant appel à Yves Saint Laurent avec qui elle avait déjà collaboré pour l'Olympia 68. Au départ, le jeune couturier, créateur de sa propre maison après la reprise de la succession de Dior, avait fait la sourde oreille. Puis, par amitié pour Debout, il se laissa fléchir[303].

Parce qu'en les regardant de loin il les voit mieux, à sa façon, Saint Laurent aime les femmes. Pour celle de Johnny, il dessina une robe-tunique très courte à manches bouffantes, taillée dans de la panne de velours noir sur laquelle on cousut des étoiles pailletées. Le thème du show étant l'amour, on y ajouta un cœur symbolique, avant d'enfermer la taille de Sylvie dans une large ceinture rouge, brodée elle aussi de paillettes multicolores minutieusement ordonnées. Affirmation, sous la griffe de Saint Laurent, toujours, du goût de Vartan pour l'une de ses tenues de prédilection, au début des *seventies* : la combinaison à « pattes d'éph' ». Celle-ci, créée pour l'Olympia 70, fut en daim rouge piquée de clous et de strass. Il y en avait déjà une en 68, il y en aurait d'autres pour l'Olympia suivant, celui de 1972. Notamment un modèle en lamé or très décolleté, le plus célèbre. Un autre encore, noir à paillettes avec jabot de dentelles, porté sur des boots assortis.

Entre ces deux spectacles, Sylvie sera allée chercher d'autres lauriers en Extrême-Orient. Les Japonais n'ont pas oublié *La plus belle pour aller danser*. Ils en profitent pour lui remettre officiellement ses trois premiers disques d'or (*La plus belle, Irrésistiblement, les Hommes qui n'ont plus rien à perdre*). Le grand retour de la Blonde dans leur pays, après six ans d'absence, provoque rien moins qu'un séisme, d'une autre teneur que ceux auxquels les malheureux sont habitués. Entre mai 1971 et mai 1972, entre deux séjours avec Hallyday à Los Angeles, Sylvie donne 46 galas répartis sur deux tournées d'un mois chacune. Tokyo bien sûr, dont on tirera le premier *live* japonais de Vartan (*Live à Tokyo*), mais aussi Osaka, Fujisawa, Kyoto, Yamagata, Hiroshima, Nagoya et encore Kobe, Kanazawa, Sendai, Kitakyushu, Wakayama. Et enfin, Niigata... pour ne pas faire de déçus ! À noter la présence d'Herbert Léonard dans les cœurs de l'orchestre. *Koibito Jidaï* : c'est le titre de l'album de Sylvie paru cette année-là dans l'empire du Soleil levant, avec trois titres inédits en langue locale qui déroutent sa clientèle nippone. Ils la préfèrent lorsqu'elle chante... en italien. Même au pays où la réussite sociale est un principe, on ne gagne pas à tous les coups ; échec à *Koibito Jidaï* !

Pendant ces deux années, les créations (*Parle-moi de ta vie, Abracadabra, L'Heure la plus douce de ma vie, Loup, Dilindam, Mon père, Annabel, Mon singe et moi,* avec Carlos), seront venues se mêler aux anciens succès et aux reprises, *Let the Sunshine in* notamment.

Émouvante et singulière à la fois, l'histoire de *Mon père* mérite que l'on s'y arrête, le temps d'écouter Marc Benois nous raconter comment une vieille partition oubliée devint un hymne à la mémoire de l'homme que Sylvie révérait comme un dieu : son père, Georges Vartan. « À la maison, commence le compositeur, nous avions tous l'habitude de fourguer toutes sortes de choses dans un vieux pot de fleurs fêlé ; bonbons, vieux bouts de papiers, clefs de voiture... C'est là que j'avais négligemment abandonné une partition dont je ne savais que faire. Un jour, je suis retombé dessus et j'en ai parlé à Michel Mallory qui aussitôt après l'avoir jouée, m'a dit qu'il avait sa petite idée. Il n'y avait pas très longtemps que le père de Sylvie s'était éteint, il décida d'œuvrer sur ce thème. Cette chanson que Sylvie chante encore aujourd'hui fait ma fierté par la qualité de son interprétation, à la hauteur de ce que j'attendais. Ce sont toutes ces circonstances non préméditées et ces hasards de fortune qui font le bonheur de notre métier où tout part toujours de trois fois rien pour naître un jour à la lumière. Quand au pot de fleurs, flegmatique et inconscient de tout, il se trouve à présent chez ma fille qui en fait le même usage qu'autrefois ; bonbons, vieux bouts de papiers, clefs de voiture... Un jour, qui sait quelle bonne surprise il lui réservera à elle aussi[304] ?... »

Plus d'un auditeur s'identifierait à cette chanson sombrement évocatrice des absences définitives, Sylvie en était consciente. « La scène se passe à Bourg-en-Bresse vers la fin des années 70, relate Jean-François Weber, inconditionnel invétéré de la Blonde ; une femme grenobloise de mes connaissances venue applaudir Sylvie se rendit dans sa loge à l'issue du spectacle en lui expliquant que depuis la disparition de son propre papa, la chanson *Mon père* la touchait au plus haut degré : "Quel dommage que vous ne l'ayez pas chantée, ce soir", ajouta-t-elle, déçue... "dans deux jours je sais que vous passez à Grenoble, je serai là..." Moi aussi, j'y étais, vous pensez ! À Grenoble donc, au beau milieu de la représentation, sur la scène Sylvie annonça soudain qu'elle avait rencontré une jeune fille deux jours auparavant à Bourg-en-Bresse et que ce qu'elle lui avait dit l'avait beaucoup touchée : "Je sais qu'elle est dans la salle ce soir, et c'est pour elle que je vais maintenant interpréter *Mon père.* " Nous apprîmes par la suite que les musiciens, qui n'avaient pas la partition puisque la chanson n'était pas inscrite au programme de la tournée, avaient fait dans l'urgence en achetant un 33 tours/compilation de Sylvie sur lequel figurait le titre, répétant deux jours durant ! Inutile de vous dire l'émotion qui parcourut mon amie, ce soir-là... »

*

Premiers témoins de la déferlante Vartan à qui les Carpentier ont consacré un premier « Top à... », en mai 1972, suivi d'un second en décembre de la même année, en raison du record d'audience de celui de mai, les critiques ont pris note de l'heureuse métamorphose. Séduite par le personnage mais redoutant son côté faussement mal élevé et imprévisible, Sylvie a finalement invité Gainsbourg-la-provoc dans son « Top à... » du mois de mai. Le beau Serge a composé *Les Filles n'ont aucun dégoût,* qu'il a interprété en trio avec elle et Birkin. Gainsbarre se déclare fan : « Sylvie est un bijou ! C'est une grande. Elle excelle dans la chanson, la danse et même la comédie, ce dont fort peu d'artistes en France sont capables[305]. » Paul Meurisse, avec qui elle a frayé en décembre, le temps d'un sketch extrait de *Pygmalion,* de Bernard Shaw, paraît éprouver le même enthousiasme à son égard. Dans le domaine de la séduction, la Blonde ratisse large et tous azimuts...

Reste que dans les médias, naît et reviendra comme un leitmotiv : « Melle Vartan a fait des progrès. » Une phrase qui a le don d'horripiler Sylvie et qu'elle réentendra tout au long de sa carrière. Comme l'exaspèrent les sempiternels adjectifs qu'on lui colle sur le front : « courageuse », « travailleuse », « méritante »... « Ce n'est pas courageux de faire ce que je fais puisque c'est ce qui m'amuse. Le courage, ça consiste à aller à l'usine, à ne pas aimer cela, et à continuer à le faire[306] ! »

Les malveillants écartés, peut-elle en vouloir à ceux qui emploient tous ces qualificatifs à bon escient ? Complexée jusqu'à la meurtrissure par tout ce que la presse a pu déverser sur son compte depuis ses « tendres années », Sylvie souffre dans son orgueil d'artiste. Elle a voulu mériter ce titre, mais il n'a échappé à personne qu'entre 1961 et 1970, elle n'a dû son évolution qu'à un labeur acharné, aux limites de la rage, celle de vaincre et de convaincre. Elle-même, au départ, convenait de cette obstination et assumait le fait de travailler « comme une folle. » Plus tard, au motif qu'en France, pays du fromage et des grèves, trop de gens associent « travail » à « manque de talent », elle reviendra sur cette opiniâtreté.

En toute objectivité, il faut des atouts de base pour grandir dans l'art que l'on s'est choisi ou que l'on a rencontré par hasard et qui s'est révélé à vous comme vous vous êtes révélé à lui. La suite appartient à chance égale à celui qui possède le plus de facilité, comme à celui qui doit ramer pour accéder au stade de l'aisance pour ensuite projeter cette impression sur le public. Si Johnny appartient à la première catégorie d'artistes, lui qui n'a besoin que de paraître pour éblouir, Sylvie est l'exemple type de la seconde. Mais dans tous les cas de figure, la passion seule ne peut suffire. Baker, qui avait fait ses classes à Broadway, l'affirmait : « Pour faire honneur au public, il faut travailler et travailler dur, afin de rendre les choses parfaites[307]. »

En 1981, au plus fort de la gloire de Vartan, avec une cruauté toute féminine, Anne Gaillard croira appuyer sur une blessure, mais elle trouva en face d'elle une professionnelle aguerrie et non dénuée de répartie :

« — On a l'impression que vous êtes obligée de beaucoup travailler, et qu'il y a plus de facilité chez Johnny.

— Eh bien, moi je trouve qu'il devrait travailler plus ! Plus on a de talent, et plus on doit travailler. On n'est jamais sur une ligne horizontale[308]. »

En définitive, au départ son union avec Hallyday joua à Sylvie bien plus de tours qu'il ne la servit réellement dans son métier. En 1971, dans son « Radioscopie », elle déclara à Jacques Chancel : « J'étais alors beaucoup moins installée que lui. Mon ascension n'a pas été foudroyante. J'ai commencé par faire des disques qui n'ont pas marché et puis d'autres qui ont mieux marché et ça s'est fait petit à petit. Alors que Johnny était déjà vedette consacrée. Ce qui fait que j'ai eu du mal les premières années. C'est comme les enfants d'artistes qui ont beaucoup plus de difficultés que d'autres à se faire un nom et à s'imposer. »

*

1972. En dépit de la réussite du film-documentaire de François Reichenbach, *Mon amie Sylvie,* nonobstant le « Triomphe des variétés 1970 », un prix équivalent aux futures « Victoires de la Musique » dont Sylvie se voit honorée, malgré le succès d'une autre émission marquante de télévision, « Sylvissima » – pour laquelle on lui a reproché de ne pas savoir sourire, ni sur scène, ni en coulisses –, en dépit du télégramme de BB, le soir de la première du dernier Olympia (« Petite sœur, je t'aime, je pense à toi »), la chanteuse est loin de faire l'unanimité. Toujours elle traîne derrière elle le boulet de ces critiques qui ne voient en elle qu'une fille qui tend sans cesse à se renouveler mais qui, dépassée par son ambition et trop souvent écrasée par les moyens mêmes qu'elle a voulu mettre à son service, demeure le point faible de son propre spectacle. Quant à ses musiciens, on les juge excellents même si l'on pense qu'ils seraient mieux utilisés ailleurs. Ainsi, Raymond Lavigne, à propos de l'Olympia en cours de Vartan, beaucoup plus « music-hall » que le précédent, pour lequel elle a pris huit heures de cours de danse quotidiens pendant trois mois à Los Angeles, où David a été scolarisé : « Elle n'émeut jamais malgré ses efforts et reste toujours sur le seuil de ce qu'elle voudrait exprimer. Elle ne peut pas le franchir. Il lui manque ce punch, cette folie, cette démesure même qui font les très grands artistes de music-hall[309]. »

En dépit du succès de la tournée qui « carbure » franchement, les Belges font la fine bouche et se montrent plus sévères encore. Au lendemain du passage (novembre 1972) de Sylvie dans un Forest-National de Bruxelles à demi rempli, tandis qu'un journaliste intitule son article : « Une perruche dans la fosse aux lions » et parle de « farce » et de « panier percé[310] », un certain J.-P. – l'auteur se planque derrière deux initiales – signe un arrêt de mort comi-tragique dans un autre fameux éditorial : « Sylvie Vartan c'est le néant qui brame... On dirait un petit yaourt bulgare ranci qui n'est même plus porté par les basses eaux de la “chanson française” et qui est incapable de soutenir le mythe dégoulinant de sentimentalité fabriqué pour elle... La pauvrette appellerait seulement de la commisération si, croyant encore et contre tout à son étoile en strass d'ex-idole des jeunes, elle n'ajoutait la prétention à l'incompétence. Sylvie Vartan est allée en stage aux States pour se “perfectionner”. En quoi, bon sang ? Elle doit avoir frappé, une fois encore, à la mauvaise porte. En plus de six mois, cette irrécupérable dernière de classe n'a rien appris, rien retenu, sinon le comique involontaire de gestes laborieusement inculqués au sein d'une escouade de boys qui confondent show et gymnastique infantile. À quoi servent-ils ces gestes, ces trémoussements de hanches mécaniques, ces parades sur pattes de héron, si c'est seulement pour animer la décalcomanie abâtardie d'une épouvantable caricature de Marlène ou de Marylin ? Avec une voix qui ressemble de plus en plus à celle des marchandes de harengs – nous en demandons pardon pour elle aux membres de cette honorable corporation – Sylvie Vartan continue non seulement à massacrer l'ABC de la diction (elle hurle bien fort : amitché, pitché, au secoure, le cœur loure, mon amoure etc.), non seulement à faire un sort à chaque vers de caramel pour nursery, mais encore à ne rien comprendre aux fadaises qu'elle débite en français ou en anglais. Le comble du ridicule, du sacrilège ou de la catastrophe, diront certains, est bien sûr atteint quand elle annexe sans vergogne le *Ne me quitte pas* de Jacques Brel[311]. »

*

Sylvie a reçu le message : « Doit mieux faire. » En est-elle capable ? Devient-on bête de scène, ou naît-on pourvu de cette dot ? Si, comme l'a exprimé Lavigne, le potentiel de Vartan est encore en elle à l'état de sommeil, reste le plus difficile : parvenir à extirper ses tripes de son ventre pour les jeter sur la scène puis, la victoire assurée, baiser à l'envi avec ce public qui joue parfois aux citadelles imprenables.

Lorsque le critique de *L'Huma* évoque les « très grands du music-hall », Garland, Baker, Dietrich, mieux vaudrait ne pas le suivre et se risquer à une comparaison qui serait fatale à Sylvie. Non pas que le talent ne soit pas au rendez-vous – qu'est-ce que le talent sans le travail ? De l'avis de Sartre, « c'est la facilité donc le talent tourné contre lui-même » – mais ces êtres surnaturels vivent avec des monstres en eux, une puissance de feu que peu d'hommes et de femmes reçoivent à la naissance. Ils n'ont qu'une seule maison, une seule loi : la gloire, bâtie sur un amour immodéré d'abord pour leur propre personne, ensuite pour le public, preuve d'un besoin viscéral de chaleur humaine. Ils y sacrifient et leur propre bonheur, parce que leur bonheur est ici, et celui de leur entourage. Jean-François Stévenin dit d'Hallyday : « Il a une horloge interne qui n'est pas celle des autres. Il demande un verre d'eau et le mec en face tombe dans les pommes. Il impressionne malgré lui. » Sur une scène, de tels personnages prennent toute leur dimension. Mais à l'analyse, combien d'entre les susnommés réussirent-ils leur vie privée ? Aucun ! Pis, égocentriques exacerbés, ils bousillèrent tout, autour d'eux.

Un passage de l'interview de Sylvie, accordée sur France Inter à Jacques Chancel pour son « Radioscopie » en septembre 1971, est très révélateur de ce qui la distancie professionnellement de son mari :

« — Vous avez besoin de la gloire ? lui demande Chancel.

— Non, de réussir quelque chose.

— De le réussir publiquement ?

— Non, pas publiquement, pour moi avant tout ! »

Comment un artiste véritable peut-il avoir envie de monter sur une scène et de faire son numéro pour lui-même ? Il y a là une incohérence et, semble-t-il, une absence de générosité totale qui incitent un Chancel, perplexe, à poursuivre :

« — Mais vous avez besoin d'être reconnue ?

— Non, pas du tout !

— Appréciée ?

— Oui, mais par les gens que j'aime, surtout. Pas tellement par une masse. Ce qui m'intéresse, c'est d'être appréciée par mes amis, par les gens auxquels je tiens. Pour être à l'aise. Et pour être à l'aise, il faut que je réussisse les choses que j'ai envie de réussir. »

Que de froideur ! Ou bien Sylvie donne dans la démagogie et dans ce cas, si son seul but était à l'origine de satisfaire un carré d'amis, on saisit mal qu'elle ne se soit pas contentée de pousser la chansonnette le dimanche dans le salon de famille après le thé, ou bien elle est sincère et on comprend pourquoi elle n'a jamais atteint l'envergure de son mari. Bien des années plus tard, fort heureusement elle se ressaisira en déclarant au même micro de France Inter : « La scène, c'est une drogue, c'est physique et émotionnel en même temps. On est comme drogué par ça, on est enivré par le bruit, par le rythme, par la musique, par les gens, par ce contact. Faut-il encore être sensible à ça ! Moi je le suis... Beaucoup ! C'est pour cette raison qu'on met du temps après à redescendre. Il faut se calmer, quoi [312] ! »

*

Tout ceci n'empêche pas notre étonnante petite Blonde d'aller applaudir Elvis à Las Vegas, l'été 1972, entre deux répétitions californiennes. Et de se payer le luxe d'une déception. Qu'il n'ait pas chanté ses grands succès, ce pour quoi elle était venue l'entendre, passe encore, mais elle s'insurge également contre la déconcertante facilité du rocker : « Il suffit que le King lève un doigt au ciel ou fasse un clin d'œil à l'assistance pour que tout le monde s'esclaffe [313] », confiera-t-elle à son retour en France. Sylvie qui n'aime pas les effets obtenus sans trop d'efforts est restée sur sa faim. Ne plaide-t-elle pas ici pour sa propre chapelle ? Les clins d'œil ravageurs du King ne lui rappellent-ils pas ceux d'un Johnny, capable d'embraser une salle d'un seul regard sans avoir à passer des heures et des heures à répéter devant la glace d'un studio de danse ? Il est des injustices difficiles à digérer. Dans le même temps, elle annonce en avant-première un projet de spectacle à l'International Hotel de Vegas pour l'été 1973. « Avec modestie et détachement [314] », précise le reporter. Aux dires de Vartan, la signature du contrat serait presque dans la poche. Reste que, de son propre aveu, ses illusions sont bien rangées. Gagner en Amérique signifierait une quasi-omniprésence chez l'oncle Sam et elle ne tient pas à s'éloigner de tout ce que fut sa vie jusqu'ici. L'Amérique, Sylvie l'aime comme une référence, parce que tout y bouge en permanence, que tout y est en perpétuelle évolution. « En France, dit-elle, on est tous un peu victimes de la routine. On a même tendance à s'encroûter. On sait qu'on a une télé tous les samedis ou tous les dimanches. À la longue, on s'endort. Si tu veux un coup de fouet, tu vas à L.A. [315] ! » Un plaidoyer dont elle ne s'encombre pas lorsqu'il s'agit de déplorer la platitude d'âme d'un pays en mal d'histoire et de racines : « C'est un pays trop jeune, et qui fait de sa jeunesse un complexe [316]. »

Lucide, Vartan se sait en outre exclue de la caste des monstres sacrés. Aussi entend-elle n'en assumer que mieux sa vie de femme, d'épouse et de mère. Pour autant, la notion de « priorité » la dérange : « Quand j'entends des filles qui disent qu'elles sacrifieraient leur métier à leur vie privée ou l'inverse, ça me fait sourire. Il y a sûrement là quelque chose qui cloche, ou bien elles n'aiment pas assez leur travail, ou bien elles ressentent un vide dans leur vie privée. Il faut que les deux se complètent, forment un tout. En 1972, une fille n'a plus le choix, elle doit sortir de chez elle, délaisser les pots de confiture ou la tapisserie et trouver une activité qui lui convient. Sans pour cela négliger sa vie privée évidemment... c'est là qu'est le bonheur[317]. »

Et surtout, dans une France post-soixante-huitarde qui se fait gloire de faire pipi à côté des cuvettes et légitimise déjà le fait de fourguer ses vieux à l'asile, que l'on ne vienne pas taxer Mme Smet de grande « bourge », sous peine de voir les poils de son vison se hérisser : « On m'a souvent accusée d'être trop bourgeoise et d'empêcher Johnny de vivre sa vie. Alors là, je vous le demande, qu'est-ce qu'on appelle être bourgeois ? Si c'est aimer sa famille (ce que l'on a été jusqu'à me reprocher), c'est monstrueux. Alors là, oui je suis une bourgeoise. J'adore ma famille, mais si être bourgeoise c'est mener une vie bien réglée et rangée, alors cette fois-ci, je peux affirmer que je ne suis pas une bourgeoise. Avec le métier que je fais, comment peut-on parler de vie bourgeoise ? D'ailleurs, je n'aimerais pas du tout une existence réglée comme du papier à musique[318]. »

Elle n'a pas toujours dit ça, la Sylvie... Écoutons ce qu'elle déclarait deux ans auparavant, en d'autres circonstances : « Ceux qui ne me connaissent pas ont tendance à m'imaginer comme une fille très “Salut les copains”, alors qu'en fait je suis plutôt bourgeoise et casanière[319]. »

Mieux, en 1971, elle ira jusqu'à confier : « Dans le fond, je ne suis qu'une petite bourgeoise que la célébrité irrite, que les mondanités affolent. Donnez-moi une maison, un feu de cheminée, un jardin, des enfants, et vous verrez que je suis une femme comme toutes les autres[320]. »

*

Mariée à un phénomène du genre, Sylvie est à même de comprendre sans le vouloir subir le fonctionnement pervers des monstres sacrés. Un malaise qui mine son couple et le renforce tout à la fois. Rien de moins évident que d'envisager sa vie, son avenir, sur un paradoxe en mouvement. Entre le venin des critiques partiaux et l'amour porteur de son public, elle a d'ores et déjà choisi la ligne de conduite à tenir. Toute sa vie, forte d'elle-même, elle n'y dérogera pas. Lucide, refusant de faire le jeu des béni-oui-oui du Tout-Paris qui lui jurent qu'elle est « merveilleuse » quand, en petit comité, ils la réduisent en cendres, elle ne prend aucune monnaie de cour pour argent comptant. Tout juste y puise-t-elle un encouragement ou quelque réconfort. Elle en aura bien besoin ; après avoir manqué la défigurer à vie, l'oiseau aux faux airs de chien battu a encore fait des siennes...

CHAPITRE 16

Nanette Workman : le cauchemar de Sylvie !

« C'est David qui nous tient, comme deux chiens, par la même laisse[321]. »
Sylvie Vartan

Depuis l'accident de Roppe, les Smet étaient repartis pour un nouveau roman ; ils semblaient enfin avoir pris l'entière mesure de la chance et des risques qu'il y a de dépendre d'un amour turbulent mais profond. Sollicitée en 1971 par Harry Kümel, un spécialiste du Fantastique, Sylvie avait répondu présent à l'appel du cinéaste et Johnny l'avait suivie en Belgique sur les lieux du tournage de *Malpertuis*, acceptant de ne figurer que cinq secondes au début du film. Le sujet : les dieux de la mythologie grecque ont été recueillis dans une étrange demeure où ils ne gardent un souffle de vie que grâce à la foi que quelques hommes gardent en eux. Réduite elle aussi, la participation de Sylvie-Bets, chanteuse mauvais genre au Vénus Bar, un bouge à matelots, ne lui donna que la possibilité d'exhiber ses gambilles gainées de résille, en promenant sa voix rauque de table en table, de client en client, pour les beaux yeux de Mathieu Carrière.

Lui il peut, quand il a le cœur sourd
M'offrir des injures et des coups,
Briser mes rêves et voler mes sous,
Je suis prête à tout accepter de lui...

Lui : paroles de Gilles Thibaut sur une musique d'Eddie Vartan. La chanson fut également enregistrée en anglais, *I was made for him* et intégrée à la version anglaise du film, celle qui fut présentée à Cannes au printemps de 1972 (sélection officielle pour la Belgique). Hors le fait que nombre de gens influents dans la profession eurent l'occasion de se rincer l'œil en regardant évoluer sur grand écran une Blonde langoureuse, lascive et serpentine, on est en droit de se demander ce que Sylvie alla faire dans cette galère. La présence d'Orson Welles, celle de Michel Bouquet et la participation de Jean-Pierre Cassel ne surent assurer au film de Kümel un ersatz de succès commercial. « Injustement, note Jean Tulard. Kümel, aidé de Jean Ferry, sut retrouver l'atmosphère et l'originalité du roman de Jean Ray[322]. »

Malpertuis : une, dernière ! Autre déception, la même année : la non-sortie d'un film tourné sous la direction de Guy Gilles, dans lequel, là encore, Sylvie se contentait d'une apparition : *Absences répétées*.

Vingt-deux années s'écouleront avant que la Vartan ne retrouve le chemin des studios...

*

Après ce tournage, doucement, sans s'en apercevoir, les Smet se laissèrent glisser sur la pente des réalités. Trop dissemblables, séparés par des convictions radicalement opposées, mais toujours amoureux et encore capables de communiquer en cas de crise, ils tinrent le cap. Pour David aussi, et pour toutes ces raisons dont la raison se fout. Le 23 septembre 1971, Sylvie déclarait à Jacques Chancel, dans le « Radioscopie » lui étant consacré : « On ne peut pas enchaîner quelqu'un. Quelqu'un ne peut être heureux que s'il est libre. Je n'ai jamais considéré Johnny comme ma propriété. C'est peut-être pour ça qu'on est ensemble.

— Quelles sont les qualités de Johnny ? poursuivit Chancel.

— D'abord, c'est quelqu'un de rare. Il y a peu de gens rares. Peu de gens le connaissent au fond, car il y a deux personnages en lui : il y a la façade qui est sympathique et assez sociable avec tout le monde en général, qui n'est pas quelqu'un de froid et puis il y a l'autre personne, qui est quelqu'un de sensible, de pudique, de généreux... d'angoissé.

— Parlons franchement, poussa Chancel, s'il n'y avait pas eu David, est-ce que vous seriez encore Mme Hallyday ?

— Euh... peut-être pas... »

Puis un jour d'une chaleur d'enfer, tels des petits hommes de Folon, les diables noirs de Johnny revinrent le chercher pour l'emmener danser sur de mauvais pavés. Les bonnes résolutions ne sont-elles pas faites pour être oubliées ? Bottée de cuir et sanglée dans son jean l'attendait Lucifer, alias Nanette Workman...

*

Nanette, c'est d'abord une voix de petite fille prise dès l'âge de quatre ans par un diable de plutôt bonne composition, celui-là : le jazz, là-bas, dans le Mississippi de son enfance. Elle aurait pu naître avec une peau sombre, mais rayon musique elle est une Blanche qui vaut des tas de Noires ! Un phénomène appelé à exploser un jour à l'âge où les rêves s'émancipent. Broadway et ses comédies musicales : c'était couru d'avance. Plus tard, *Et maintenant,* de Gilbert Bécaud, enregistré au Canada et revisité à la sauce rock : déjà plus intrigant. Jusqu'à l'arrivée à Londres, en 1969, où la choriste la plus douée de sa génération mit à genoux les Joe Cocker, McCartney et autre Mick Jagger. Comment Hallyday, lorsqu'il découvrit cette doublure de lui-même, cet autre enfant de la balle, née sur les routes, au son d'instruments de musique dont elle possédait parfaitement la maîtrise, comment Johnny aurait-il pu ne pas craquer, au point d'oublier femme et enfant, parce que la passion ne s'encombre jamais de bagages ? « Professionnellement, les artistes que j'aime se comptent sur les doigts des deux mains, écrit Hallyday dans *Destroy*. Pour que j'admire quelqu'un, il faut vraiment m'en mettre plein la gueule. Nanette, je l'admirais : un génie musical à l'état brut, un mélange de Piaf et de Tina Turner. Elle menait une vie aussi folle que la mienne, ne vivait que pour la musique, brûlait son existence. Elle m'attirait... Follement ! »

« J'eus l'occasion de faire les chœurs de Hallyday aux côtés de Nanette, se souvient Lydie Callier. Quand Johnny parle d'elle en disant que cette fille brûlait sa vie, c'est encore peu que de dire cela ! Jamais je n'ai rencontré un être aussi fragile en apparence, quelqu'un à qui l'on aurait donné le bon Dieu sans confession et qui, en vérité, abritait un véritable volcan. Elle était bien pire que Hallyday dans la mesure où dans ses excès, elle le dépassait de mille têtes. Phénoménale, la puissance vocale de cette femme ! Lorsque nous chantions côte à côte, elle me faisait littéralement trembler. Nanette : un torrent, un incendie, une torche enflammée, un phénomène comme on en rencontre très peu dans sa vie [323]. »

Recrutement sans conditions, donc, du « génie musical » pour assurer la première partie du « Johnny Circus », l'aventure la plus fantasque et chaotique de la longue carrière du rocker français : de juin à septembre 1972, trois mois d'une tournée sous un chapiteau loué à Bouglione, avec un hallucinant bataillon de cracheurs de feu, de funambules, de dresseurs d'ours... Pour donner chaque jour une réalité à ce delirium : 114 personnes, dont 90 techniciens. Parmi eux ; Doudou Morizot, débauché de son Olympia, par Jean Pons et Jean-Jacques Vital, deux des organisateurs. « Mon salaire avait été fixé à 10 000 F par mois, qui me furent préalablement versés par chèques, se remémore le régisseur de Coquatrix. Très vite, en sus des divers problèmes que nous avons rencontrés, les annulations se sont succédé, une fois parce que Johnny ne voulait pas rater un match de boxe, une autre fois parce qu'arrivés dans je ne sais plus trop quel département, nous apprîmes qu'une catastrophe avait eu lieu et que le département était en deuil, sans compter que pratiquement tous les soirs le spectacle commençait en retard, à cause des extravagances de Johnny et de Nanette. Quand j'ai vu que c'était la pagaille, que Johnny faisait le con, je me suis dit que je n'allais pas poursuivre dans ces conditions. On en était réduit à faire du racolage pour remplir ne serait-ce que la moitié du chapiteau, avec des places bradées. La goutte d'eau qui fit déborder le vase, ce fut à Nice, lorsque je surpris l'équipe en train de se foutre de la gueule de la pauvre Sylvie qui, de son côté, eu égard à l'ampleur qu'avait prise l'idylle Hallyday/Workman dans la presse, devait vivre le cauchemar. Je leur ai dit que c'était une bande de cons et je me suis tiré pour rejoindre ma femme en vacances aux Sables-d'Olonne. Johnny a envoyé ses gars à moto pour tenter de me repêcher. Je n'ai pas cédé. Il y a des choses que je n'admettais pas. Même si Sylvie avait bien changé depuis ses débuts à l'Olympia et qu'elle jouait un peu à mon sens les grandes dames distantes, j'avais et j'ai toujours beaucoup de tendresse pour elle. Elle se prosternait devant Johnny. Il était son idole absolue. Alors que lui lui faisait nettement sentir qu'ils ne jouaient pas dans la même cour. Mais ce qu'il y avait de plus fort que tout, c'était l'amour qu'ils se vouaient l'un l'autre. Un amour dont ils étaient tous les deux prisonniers. Je ne connais pas beaucoup de passions comme celle-là. Elle a voulu Johnny, elle l'a eu, mais pour le garder, ç'a été l'enfer. Et pour elle... et pour lui [324] ! »

Pour autant, Johnny ne renonce ni à son pari fou, ni à Nanette Workman ; comme il ira au bout de la tournée, il consume sa relation au vu et au su de tous, comme on se lance du haut d'une tour, les yeux fermés. « Nous étions comme envoûtés, écrit-il : amants et rivaux. Des rivaux impitoyables : à qui irait le plus loin. Dans la musique, dans la boisson, la drogue, les déchirures... Il fallait un vainqueur. » Un soir, on surprend le couple infernal jouant à la roulette russe, « avec une vraie balle dans le barillet... [325] »

Quand il n'y a plus rien à griller, les incendies finissent toujours par s'éteindre d'eux-mêmes. En septembre, après avoir vécu ce qu'elle avait à vivre, Workman s'en retourne chez elle au Canada, Hallyday chez lui. Sylvie doit sûrement l'y attendre... Erreur de planification ! Sylvie, qui est à Londres, a fait de son époux une *persona non grata.* Comme en 1966, impossible pour lui d'entrer en contact avec Mme Smet. Le fil est cassé, la Blonde ne répond plus. Solidement entourée par sa famille et portée par le succès de son Olympia en novembre et décembre, elle part sur les routes promener son spectacle pour terminer l'année au casino d'Enghien, le 31 décembre.

Lorsque à la fin des années 90, François Jouffa et Jacques Barsamian interrogèrent Nanette Workman, celle-ci leur révéla qu'entre elle et Hallyday, la romance s'était étalée sur près de trois années : « On s'est revus au Québec, en France aussi [326]. » Une relation en dents de scie vouée dès le départ à la démolition.

*

Ce n'est pas tant la liaison d'Hallyday avec Workman qui a blessé Vartan, mais la publicité que les deux amants ont laissé s'installer autour de leurs frasques. Les propos de Sylvie tenus à Jean-Jacques Delacroix sont sans équivoque : « Je suis prête à tout encaisser tant qu'un certain respect demeure »... « J'accepte si ce n'est pas étalé en public »... « Pourquoi est-ce difficile ? Cela ne se passe pas en public ces choses-là [327]. »

Raquel Welch, Nathalie Wood, parmi les plus célèbres officiellement recensées... Va pour les cornes, mais à l'abri de la foule ! Ce qui, fatalement, pousse le journaliste de *Elle* à demander à Vartan si elle revendique pour elle-même une liberté identique :

« — Moi, je n'aime pas tellement être libre. Je n'aime pas vivre pour moi-même. J'aime bien partager les choses avec quelqu'un (...) Mais je ne vois pas Johnny. C'est ça le problème. Il vit à part, moi je vis à part (...) En fait, je vis une vie d'homme, parce que je vis pratiquement tout le temps toute seule. »(...) « Johnny, faudrait être sa maîtresse, pas sa femme [328] ! »

Et Sylvie de l'admettre : « De toute façon, j'ai choisi cette vie-là [329]. »

Cependant, elle prend cette fois le parti de ne pas rompre le contrat en retirant « l'anneau d'or » de son doigt. « Le divorce, c'est aussi inutile que le mariage [330] ». À son dernier Olympia, le soir de la générale, lunettes noires et gueule des mauvais jours, Johnny fit une apparition discrète à l'insu de sa femme. Placé de lui-même en retrait, du côté de la régie, il assista à tout sans applaudir, puis s'éclipsa au moment où Sylvie commença à chanter *Ne me quitte pas*.

*

Janvier 1973 ; coucou les revoilou ! Main dans la main, les pieds bronzés plantés dans le sable de Copacabana, « Paul et Virginie » offrent aux photographes internationaux le spectacle d'un mariage recollé par la Caïpirinha brésilienne, un cocktail à base de katcha et de citron vert. Leur série de galas dans toutes les grandes villes du

Brésil a été différée au dernier moment et reportée à l'année suivante, mais, au prétexte d'aller enregistrer une nouvelle formule de « Non-Stop », avec RTL à Rio, ils ont tout de même entrepris le voyage. Au cours de l'émission, ils interprètent chacun cinq chansons, dont une en brésilien avec Gilberto Gil – futur ministre de la Culture du pays – fraîchement débarqué de Londres où il vient de purger un exil politique de trois années.

Tijuce, Barra, l'île de Paquetta : les sites les plus enchanteurs ne le sont jamais assez pour célébrer l'amour roi. Et recueillir les éclats de voix qui souvent le ternissent... « On a eu une petite dispute à propos d'un chopper extra que j'ai vu, confie Hallyday. Je voulais l'acheter, mais Sylvie m'a fait la gueule : elle préfère qu'on achète un "canapé". Comme si je pouvais faire du 180 à l'heure sur un canapé ! »

Réponse de Vartan : « Tu n'as qu'à monter une troisième roue sur ton chopper à Paris, ça fera le même effet[331]. »

Samba et tequila ; ambiance garantie !

Quelque temps plus tard, en février, un imprésario grec fait savoir qu'il poursuit Vartan en justice pour rupture de contrat. Sylvie qui devait paraître dans un show à Salonique a en effet déclaré forfait, invoquant des raisons de santé. 500 000 drachmes : c'est le montant du dédommagement réclamé par le Grec[332].

Miss Vartan s'en balance, Vénus est de nouveau dans son ciel...

*

Tandis que les libraires parisiens tentent d'aguicher la jeunesse en présentant dans leurs vitrines une photo de Sylvie Vartan feuilletant *À la recherche du temps perdu* à une terrasse de café de Sunset Boulevard, de joyeux concert, les Smet décident de remonter une nouvelle fois sur le même manège et de continuer à le faire tourner en feignant de ne pas entendre les grincements qui de toutes parts menacent la machinerie. Sylvie a de nouveau posé ses conditions, Johnny a fait des promesses. Elle a gagné en ramenant son homme au foyer, mais on ne se gausse pas de ce genre de victoire. Même si elle avoue : « Johnny est beaucoup plus sensible, plus influençable, certainement beaucoup plus sentimental que moi, mais dans mon petit univers, j'ai besoin d'un type comme lui[333] », quelque chose a changé. Les illusions de naguère ne sont plus que fantômes révolus. *Pour lui je reviens,* chante Sylvie. Mais aussi et surtout *Non, je ne suis plus la même*, *La Vie c'est du cinéma,* et *Va si tu l'aimes...* Reste que le titre de la réconciliation ne pouvait se sceller que par un duo. La mode est dans l'air. En 1973, Stone et Charden, pionnier du genre, ont ouvert le bal annuel. En mars, Sheila et Ringo, « just married », les ont détrônés en portant *Les Gondoles à Venise* au sommet du hit-parade.

Chanter avec Johnny ? Ce ne sera pas la première fois et Sylvie n'y est pas défavorable, loin de là ! Elle l'a confié à Félix Marouani, chef de la fameuse tribu d'imprésarii, qui le rapporte dans une interview accordée à *France-Soir* : « À propos de Sylvie, elle a annoncé qu'elle ne travaillerait que lorsque Johnny pourrait être avec elle et réciproquement. Depuis leur réconciliation, ils ont en effet décidé de ne plus se quitter[334]. »

Va pour un duo, pour peu que le texte et la musique soient en accord avec l'état d'esprit du moment. Instinctive, Vartan accroche à la première écoute d'un morceau ou se braque définitivement. Ainsi, lorsque Robert Hossein, à la fin des années 60, lui présenta pour elle et Johnny un projet de transposition scénique de *Bonnie and Clyde* flaira-t-elle le bon coup. Longtemps après cet énième avortement, Hossein relancera Sylvie avec d'autres propositions dans ses poches... certainement trouées.

D'emblée, la Blonde se montre réfractaire à interpréter *J'ai un problème.* La direction artistique de RCA est d'avis contraire, ce sera ce titre-là et pas un autre. Sylvie s'entête. Destination London-City pour une séance d'enregistrement épique. On verra bien...

Le premier incident survient au moment de savoir qui chantera le premier. Toujours la rivalité entre des époux qui s'aiment mais qui sur le plan professionnel ne se passent rien. « C'est très important dans un duo, car celui qui chante en second doit calquer son phrasé sur celui qui commence[335] » : ainsi Michel Mallory légitime-t-il la guerre artistico-conjugale qui fit rage jusqu'à ce que Johnny cède.

Entre crise de nerfs et fou rire, à l'issue d'une nuit de labeur, deux titres sont finalement gravés sur bande. À *J'ai un problème* Sylvie préfère nettement *Te tuer d'amour,* la chanson de la face B, qui colle davantage à leur histoire, comme la sueur à des draps trop chahutés.

Le 15 juin 1973, pour fêter les trente ans de l'Idole, Guy Lux offre à Johnny un spécial « Cadet Rousselle ». Tous les copains sont là : Michel Mallory, Carlos, Michel Sardou, Jean-Jacques Debout, Pierre Billon, C. Jérome, Dick Rivers, Henri Pescarolo, ami de Johnny et récent vainqueur aux 24 heures du Mans.

Lorsque paraissent les idoles réconciliées, c'est du délire dans le public. Bronzés, la chevelure plus décolorée que jamais, pour la première fois ils entament l'hymne qui scellera leur histoire à la postérité. Sylvie s'est fait tatouer un cœur rouge sur son épaule nue. *Te tuer d'amour,* sur lequel elle a tant misé, est chanté une deuxième fois en fin d'émission. Mais le public français qui a d'ores et déjà fait son choix, conduit la carrière de *J'ai un problème,* édité sous le label Philips, la maison à laquelle appartient Johnny, jusqu'au disque d'or. Un succès d'été en concurrence direct avec un autre duo, *Paroles, Paroles,* enregistré par Alain Delon et Dalida, et qui s'envole par-delà les frontières. Aujourd'hui, les enregistrements italiens et allemands de *J'ai un problème* ont valeur de collector et les « grands bêtiseurs » ne se lasseraient pas de réentendre Hallyday déclarer solennellement à Vartan, « Vielleicht bist du für mich noch nicht die grossen liebe ! » « Quand une fille vous possède », qu'importe la langue, n'est-ce pas, Jojo ?

Autre enregistrement singulier qui paraît dans les bacs cet été-là, un 45 tours : *Bye-Bye Baby.* Après l'écoulement d'un simulacre de chanson, Johnny et Sylvie évoquent leur passion, lui pour la moto, elle pour la mode. Ce vinyle est gracieusement offert par *Mademoiselle,* supplétif des magazines pour midinettes qui fleurissent dans les kiosques, bien souvent sous la férule du gargantuesque Filipacchi.

À cet étonnant palmarès discographique de la Blonde, il fallait accrocher la chanson d'un générique de feuilleton télévisé. En 1973 toujours, voilà qui est fait ! Pour *Graine d'ortie,* tiré du roman de Paul Wagner, Sylvie chante *L'Homme que tu seras* et *Ne m'attends pas.*

*

En France, du seul point de vue de la vente de disques, 1970, 1971 et 1972 furent pour Vartan des années médiocres. En dépit de ses succès scéniques, il y avait beau temps qu'elle avait déserté la tête des hits-parade. Elle la retrouve grâce à ce fameux *Problème* entre elle et Hallyday (700 000 exemplaires vendus), qui devient celui de plusieurs générations d'hexagonaux. Ceux du début et les autres, qui les découvrent. Sur les ondes, à la télévision, dans les lieux publics, partout on marche sur Hallyday et Vartan. Quand la presse dite « sérieuse » ou celle à sensation ne se fait pas l'ambassadrice de leurs extases et de leurs malaises, tout peut-être déchiffré dans leurs refrains respectifs. Pour partager l'intimité des idolcs, les paroliers Michel Mallory, Gilles Thibault, Jean Renard, Jacques Revaux, Roger Dumas ont appris à travailler leurs textes au plus près de la réalité, souvent d'ailleurs à la demande expresse de leurs commanditaires. Ainsi, quand l'Ange blond renoue avec ses démons, qu'il perd pied et se noie, il appelle au-secours et c'est Elle qui répond et exige : *Fais la moitié du chemin !* Puis, comptabilisant chaque goutte de sueur qui perle de lui lorsqu'il hurle *Que je t'aime,* elle n'y tient plus et fait avec *Pour lui je reviens* un énième pied de nez à Cupidon. Leurs *chiami-rispondi* pourraient aisément remplir cent livrets de comédies musicales, tant ces deux-là ont la rage amoureuse chevillée au corps. Plus que des amants, des complices infernaux, des potes à la Bonnie and Clyde, avec sur scène une rivalité de garçons. Sylvie : « C'est un métier qui demande aux femmes des qualités d'homme, et qui donne aux hommes des défauts de femme[336]. » Rarement, cependant, l'un déteint sur l'autre. L'orgueil, madame ! Une passion élastique les unit, au centre de laquelle elle a placé son essentiel, sa valeur sûre : David. Du pire au meilleur, tout la ramène à lui. Pour être sa force et son salut, David et sa mère passent en priorité dans son cœur et dans sa vie. Dans ce petit garçon qui a volé les yeux de son père, la Blonde reconnaît son double : « On a les mêmes passions, on se sent du bout des lèvres, du bout des yeux, on aime les mêmes choses, on n'a pas besoin de se parler. C'est magique, rien ne peut remplacer ça[337]. »

Un film-documentaire sur Johnny, tourné en 1971 par François Reichenbach et très recherché aujourd'hui par les collectionneurs, surprend Sylvie en pleine conversation téléphonique, dans la maison qu'elle loue avec Hallyday à Los Angeles. À l'autre bout du fil : David, resté à Paris avec sa grand-mère. Échange amoureux entre une maman reine trop souvent absente et un petit prince qui sait que jamais elle ne l'abandonnera.

« — Sylvie : Bonjour mon amour ! Comment tu vas ? J'ai envie de te voir... Qu'est-ce que tu fais ? Tu es gentil à l'école ?... Oh !... Tu es mignon. Est-ce que Carlos t'a donné les cadeaux ? Ils te plaisent ? Tu le fais marcher dans ton bain, le dinosaure ?... Je te passe papa...

— Johnny : Salut fiston[338] ! »

Si l'on n'entend pas les réponses de David, on les devine. Moments privilégiés car Sylvie a interdit que l'on parle du « fiston » dans la presse. Interdiction aussi de le photographier. Vartan peut alors se révéler une âme de procédurière. Elle attaque, mais bien souvent ne gagne qu'un franc symbolique pour dommages et intérêts. Fort peu dissuasif... Pendant ce temps, le roi David, dont les performances scolaires, selon l'intéressé, désespèrent ses professeurs – « A toutes les qualités pour être un bon élève mais n'y arrive pas[339] » – tape sur les casseroles de la cuisine comme un forcené avec des cuillères. « Avec mes cousins, on faisait des spectacles à la maison. On mettait des chaises. On invitait toute la famille au grand complet. Moi je jouais comme un fou de la batterie. Je voyais mes parents assis au premier rang qui bâillaient. Moi, rien n'aurait pu m'arrêter[340]. »

François Bellair, fils de la chanteuse Marie Dubas, nous révèle une anecdote touchante et révélatrice de la conjoncture familiale dans laquelle évoluait alors le petit David : « L'un des pianistes de ma mère avait pour nom Marcel Genton, un Suisse qui vécut toute sa vie en France et qui l'accompagna de 1945, à l'ABC, jusqu'à sa dernière représentation, explique Bellair. Ce virtuose classique ayant également travaillé avec Rina Ketty et Fréhel, possédait de sérieuses références et Sylvie Vartan le choisit comme professeur de piano pour son fils. Je tiens de Marcel que David, très doué au demeurant, avait toutes les peines du monde à se conformer aux directives de son mentor. Par exemple, lorsqu'il s'agissait de jouer du Chopin, systématiquement le petit voulait faire "jazzer" ou " rock'n roller " la partition, "pour faire comme papa[341]" »...

C'est de l'enseignement de sa mère, plutôt du genre sévère, dont est imprégné l'enfant, et par-delà, de celui, traditionnel et solide, du clan bulgare. Sylvie l'ouvre très tôt aux réalités de la vie en installant une communication avec lui. « Il y a toute une panoplie de fléaux tels que la drogue, l'alcool, l'homosexualité dont il ne faut pas faire des sujets tabous[342] », s'ouvre-t-elle un jour. L'homosexualité, un fléau... Dans la bouche de la Blonde, ces propos décalés qui ne peuvent être que le fruit d'une maladresse. Si, si...

« Mon fils, je l'ai aimé à partir du moment où j'ai eu envie de l'avoir », déclare-t-elle par ailleurs à François Reichenbach. L'image est belle, révélatrice du personnage sans failles apparentes de Vartan. Un bloc d'instinct, d'obstination, de rigidité, de générosité aussi, d'amitié pure et d'amour-toujours, parce que lorsque l'on a aimé, profondément aimé, on ne peut pas désaimer, c'est impossible. Une puissance de sentiments inquiétante à bien des égards pour un garçon comme Hallyday, que la seule idée du bonheur effraie.

*

En juin 1973, à la télévision toujours, avant de les laisser repartir pour leur grande tournée d'été, les Carpentier mettent en scène le couple-accordéon avec un « Top à Sylvie et Johnny », alléchant dès la première image. En dépit de duos folklo-romantiques avec Carlos et Jean-Jacques Debout, Sylvie s'y montre la femme d'un seul homme, et la dernière danse, *Fièvre,* une adaptation demeurée inédite du fameux *Fever,* est pour lui. Et là le spectacle vaut le coup d'œil. Tant pour la prestation impeccable de madame, lascive et sensuelle dans sa combinaison noire aux griffures étudiées, que pour le comique de Monsieur, tombé comme une boule de flipper dans un tableau de danse chorégraphiée. Pour la petite histoire, il existe un autre inédit du couple, qui dort sans doute dans les cartons de RCA ou de Philips : *Soupçons,* encore une adaptation, *Suspicious Mind,* popularisé par Elvis en Amérique à la même époque.

Chez les Carpentier toujours, pour la dernière fois de l'année, assise à son bureau, une règle à la main, Sylvie institutrice fait la classe à ses élèves. Un groupe d'enfants rassemblés autour d'elle chantent *Au revoir mademoiselle* et lui offrent des fleurs. La mélodie, tendre, un rien nostalgique, ressemble à Jean-Jacques Debout, son compositeur qui, deux ans plus tard, la transformera avec Roger Dumas en *Au revoir mais pas adieu* pour l'offrir à Joséphine Baker à l'occasion de son dernier spectacle à Bobino. La passion de Sylvie pour les « petites personnes » trouve dans cette mise en scène matière à épanouissement. Elle irradie, elle qui répète à l'envi qu'elle voudrait tant être mère à nouveau.

Qu'est-ce qui pourrait bien l'en empêcher à présent ? Loin le temps où, peu après son accident à Bois-d'Arcy, elle déclarait : « Je ne veux pas avoir un deuxième enfant. Je n'aime pas rester chez moi. J'aime mon métier maintenant et je le veux bien faire [343]. »

CHAPITRE 17

Aux marches du palais

« Pour les gens du métier, "Si t'es belle, t'es conne !", comme disait Françoise Dorin. Et par extension, si un spectacle est riche, c'est pour pallier l'absence de talent de l'artiste. C'est démoralisant[344] *! »*

Sylvie Vartan

Quand un Japonais vous a déifié, peu de chances d'être rétrogradé au rang de simple mortel, mais le visa à vie ne vaut pas pour tout le monde. Sylvie pourtant, tout comme Adamo, Delon et plus tard Sophie Marceau, semble bénéficier de la grâce du divin Bouddha.

Après l'assourdissante clameur des 250 000 estivants venus célébrer le couple Hallyday/Vartan dans les stades et arènes français, grecs, italiens et espagnols, à l'automne la Blonde met seule le cap sur Tokyo où l'année précédente sa chanson *Caro Mozart*, une adaptation de la 40e symphonie de Mozart enregistrée en italien, avait fait les beaux jours des charts locaux : 400 000 disques vendus. Succès oblige, la demande allant croissant, pour la première fois Vartan est amenée à se produire dans ce que l'on appelle des Kosinenken. Pas une seule localité japonaise moyenne qui ne possède ce complexe de 4 000 à 10 000 places. Trente galas vartanesques du 1er au 15 octobre (à raison de deux par jour) ; trente kosinenken bondés ! Une poupée à son effigie est même fabriquée en nombre impressionnant et un deuxième live, *Sylvie Vartan live in Japan,* voit le jour. Ce disque, dans lequel elle reprend *Me and Bobby McGee,* de Janis Joplin, une chanson culte de l'ère psychédélique anglo-saxonne, sera réédité plusieurs fois dans les années à venir.

Vartan tient en haute estime l'art de vivre japonais ; chacun de ses séjours là-bas est pour elle source d'enseignement : « C'est une civilisation à l'opposé de la nôtre. Il y a beaucoup de jeunes, ils sont en avance sur bien des choses par rapport à nous, pas seulement sur le plan purement technique mais dans la mode, dans la conception des tissus, ils ont une imagination fabuleuse. Et cependant, les traditions sont encore très respectées, toujours cette importance des racines ancestrales. Un des derniers peuples civilisés de notre planète, et on a pas mal de choses à apprendre d'eux[345]. »

Quinze jours nippons et puis s'en va ! Elle reviendra, promis, et pour bien plus longtemps. D'autres projets l'accaparent...

*

« Ce sera une fille, Victoria » : parole de futur papa ! Au début de 1974, prenant le parti d'annoncer la naissance de leur deuxième enfant prévue pour le mois d'août, Sylvie et Johnny reçoivent chez eux les reporters de *Paris-Match*. Les photos couleurs sont belles et parlantes, Sylvie, comme de coutume se prête au jeu de l'interview en vedette professionnelle et responsable. Hallyday, au contraire, offre l'image du sale gosse qu'il sera toujours. En instance de départ pour Londres, il vient de se réveiller et à peine prête-t-il attention au journaliste Alain Pelgrand...

« — Quel est l'enfant de salaud qui a préparé mes bagages », s'emporte l'Idole, sans faire cas de son entourage.

Sylvie rassure le journaliste : « Ce n'est pas grave, c'est l'angoisse du départ. Quand c'est grave avec Johnny, on ne se parle pas, on s'écrit. Il nous arrive de passer trois semaines sans nous adresser la parole. Dans ces cas-là, Johnny me laisse un mot le matin. Six à huit lignes, une page maximum. Moi, je lui écris des romans. Des lettres de six à sept pages. Mon record : vingt-sept feuillets le jour où je l'ai quitté pour partir en Amérique ! C'est la salle de bains qui nous sert de boîte à lettres. On se laisse des enveloppes devant la glace, jusqu'au jour où il y en a un qui en a marre. Johnny généralement. Il est moins rancunier que moi.

(...) Il y a deux ans, avec Johnny, c'était vraiment fini. Vraiment. Et puis aujourd'hui, je pense que je ne peux plus aimer que les gens que j'aime déjà. Donc j'aime Johnny. Il ne parle pas le matin ? Il fait la gueule. Bon. Mais le soir ? Vous en connaissez beaucoup des couples capables de se faire des fêtes en tête à tête ? Avec Johnny, on passe des soirées entières à rigoler, à parler, tous les deux, seuls. On a deux ou trois adresses de bistrots qu'on aime bien. Johnny m'emmène manger du caviar, boire du champagne. » Le rocker veut aussi lui faire un second enfant, à sa manière, la méthode Hallyday... « Tous ces trucs, les fusils, les "juke-box", dit Sylvie, c'est Johnny et ses grandes passions. D'un seul coup, ça le prend, il lui faut ça et ça. Et puis quand ça marche, ça ne l'intéresse plus. Il a eu ça avec les voitures. Il a ça aussi un peu avec moi, avec les enfants. Il voulait un fils, je lui ai fait un fils. Après il a voulu une fille, je lui ai dit : “Je vais essayer.” Mais je savais que c’était une idée comme ça. Un engouement. Inexplicable... [346] »

*

Lorsqu’en janvier elle tourne aux Buttes-Chaumont pour les Carpentier le show *Je chante pour Swanee,* le ventre de Sylvie a déjà pris l’esquisse d’une forme, sa poitrine gagné en insolence. Ce nouveau spectacle télévisé se veut beaucoup plus ambitieux que les précédents. À en faire « exploser l’enveloppe » de Maritie et Gilbert, selon l’expression propre aux fameux producteurs. Moins décousu, ce ne sera pas une succession de tableaux sans aucun rapport entre eux, mais une véritable ébauche de comédie musicale écrite par Roger Dumas et Jean-Jacques Debout, avec les invités habituels, Carlos, Chantal Goya, ainsi que deux « petits nouveaux », Daniel Gélin et Jean-Claude Brialy. Quand il apprend que sa femme va chanter nue dans un bain de mousse avec le roi des petits fours parisiens dans son dos pour lui frotter les reins, jaloux, Johnny frôle l’apoplexie. Dangereux, Brialy ? Allons donc ! Il est déjà de quasi-notoriété que celui que l’incorrigible Joséphine Baker qualifiait secrètement de « mouche du coche », n’oserait jamais s’attaquer à la femme d’un copain !

Autre figure truculente de ces morceaux d’anthologie des samedis soir d’antan, qui hantent nos souvenirs heureux : Micha Bayard. Qui a pu oublier la sinistre Mme Fichini des *Petites Filles modèles,* l’un des nombreux rôles tenus par Micha, un tableau dans lequel Sylvie et Chantal Goya, selon ses doctes instructions, faisaient leur devoir en tuant quelques hirondelles, « passez au hachoir ces innocentes petites bêtes, c’est presque aussi bon qu’arracher les ailes des papillons... »

« Un jour, l’une de mes amies me téléphone pour me dire qu’elle m’a entendue chanter à la radio avec Sylvie Vartan et Chantal Goya, raconte Micha Bayard. J’étais sidérée. Avant de sortir le disque, on ne m’avait demandé qu’un accord de principe. Aussitôt, je téléphone à Sylvie pour lui demander conseil. “Attaque sans attendre la maison de disques”, me répondit-elle, en me recommandant son propre avocat. Grâce à elle, j’ai gagné mon procès [347]. »

À l’instar de ceux qui, pour l’avoir côtoyée au plus près, ont compris ce que la Blonde cachait sous sa carapace, Micha affirme sa tendresse pour le personnage : « Ce qui était formidable avec cette fille, belle, talentueuse, qui était alors au sommet de sa gloire, c’est qu’elle n’avait pas la grosse tête. Sans citer de noms, ce n’était pas le cas de tout le monde... Je la voyais et je la vois toujours comme une jeune femme très belle et perfectionniste dans son travail. Elle ne faisait pas de manières ; ce n'était pas la star exigeante, qui tempêtait pour un oui ou pour un non. Elle tutoyait facilement. Un vrai bijou ! J'adorais l'odeur de son parfum, *Jungle Gardenia*, qu'elle achetait à New York. Pour le coup, je l'ai adopté, m'en faisant rapporter régulièrement par des amis. Je ne vous apprendrai rien en vous disant que Maritie avait un faible pour Sylvie. Maritie, superstitieuse, qui, sur le plateau, arborait toujours sur le revers de sa veste tout une panoplie de gri-gri qui nous faisaient bien rire...[348] »

Le succès monstre de *Je chante pour Swanee* incite trente-trois télévisions étrangères à acheter le show. RCA de son côté en commercialise la bande musicale. Ça marche fort pour Vartan... et pour « l'enveloppe » des Carpentier.

« C'est mon dernier truc de l'année sur scène, déclare Sylvie. Maintenant je ne bouge plus. Je vais ménager le petit[349] ! »

*

Qu'est-ce qui a pu se passer ?
Elle n'en a jamais parlé...

Tristesse dans les regards et dans les cœurs ; Sylvie ne sera pas à nouveau maman... Les praticiens de la clinique de la région parisienne où elle a été admise en urgence le 18 mars n'ont pu éviter la fausse couche. À son chevet, Carlos bien sûr. Lui aussi est défait. « J'ai vu Sylvie hier soir, elle va aussi bien qu'il est possible, mais elle est très "choquée", car elle désirait beaucoup cet enfant[350] », confesse-t-il dans un grand journal du soir.

Les layettes rangées dans le placard, courageuse parce qu'on lui a appris à n'être que cela, le ventre plat à nouveau et vidé de ses espoirs, Sylvie redevient la Vartan et enregistre *Bye-bye Leroy Brown* ainsi que *Bien sûr*. Quelques télévisions, une date française en été, à Sète, et de nouveau le Japon, pour ne pas oublier que là-bas on se souvient. L'accueil y est plus délirant que jamais. Deux mois de tournées et un titre magnifique, *La Reine de Saba,* créé quelques années plus tôt par un chanteur français, un certain Laurent. Longtemps inédite en France, *La Reine de Saba* est l'une des chansons extraites d'un album de standards français et internationaux destinés au seul marché asiatique (*Qui saura, Les Moulins de mon cœur, Love is blue, The Music played, Bang-Bang* dans sa version originale créée par Cher, etc.)

Le 21 juin 1974, de retour à Paris, Vartan participe dans le cadre somptueux du Cirque d'Hiver au très officiel Gala de l'Union des artistes. Pour la 41e édition de cette cérémonie dont il est l'organisateur, comme à l'accoutumée Dominique Perrin a joué les magiciens en parvenant à réunir pour un soir les plus grands noms du spectacle français. Ainsi, présentés par Jean Richard en Monsieur Loyal et sous l'égide du président Jacques Tati et de ses assistants Catherine Deneuve, Rudolf Noureev et Jean Marais, on verra Joséphine Baker dresser crânement des poneys, Sylvia Monfort et Alexis Gruss exécuter un pas de deux, Jean-Claude Bouttier se frotter à des éléphants, Michel Serrault en véritable passionné de cirque se donner plus que jamais en spectacle, Isabelle Adjani et Louis Seigner offrir un sketch sur la Comédie-Française et... Sylvie Vartan et Michel Sardou, prêts à relever le défi de « la malle des Indes », un numéro de prestidigitation très applaudi.

Sortie de ces démonstrations futiles, Vartan, en fille lucide, s'interroge sur son avenir. Voilà près de deux ans qu'elle n'a pas remis les pieds sur une scène parisienne. Pour son prochain show, elle n'entend pas reprendre le chemin de l'Olympia. Cher à son cœur mais déjà dépassé, l'endroit est devenu bien trop restreint pour ses nouvelles ambitions. Elle a trente ans, il lui faut maintenant tenter le grand saut. Accomplir ce qu'aucune de ses contemporaines avant elle n'a osé. Entrer dans une autre dimension. Inscrire son nom plus haut encore sur le fronton des immortelles. Elle veut du neuf, du beau, du grand, de l'inédit : le Palais des Congrès ! Que de hauts cris autour d'elle : « Ma chérie, tu es folle, tu ne vas pas faire ça ! » Que oui, elle va le faire ! Comme son nom l'indique, le Palais de la porte Maillot ayant pour seule vocation la tenue de congrès, jamais spectacle de grand music-hall n'y a été présenté. Mais la passion et la volonté donnent des ailes, et les ailes toujours plus d'orgueil et d'ambition. Encore faut-il parvenir à aguicher un producteur aux reins plus que solides.

Un ange qui de loin veillait sur Sylvie, depuis l'époque où il hurlait son nom parmi les fans des premiers rangs de l'Olympia, avait déjà accompli sa trajectoire pour apparaître à la Blonde. D'Alain-Philippe Malagnac, dans son numéro du printemps 1976, le *Crapouillot* parle en ces termes : « Vingt-quatre ans. Fils "adoptif" de Roger Peyrefitte, qui lui a fait découvrir le Tout-Paris. Plaçant l'argent de "papa" dans des restaurants et des établissements de nuit à vocation masculine (Le Bronx, le Colony), il s'est révélé excellent homme d'affaires, a pris des parts dans des conserveries de crabe en Louisiane et s'est intéressé à la vente en gros des blue-jeans. Il débuta dans le show-business en produisant le disque d'un chanteur de ses amis, Guy Bonnardot (...) On le dit fasciné par la blonde Sylvie, la couvrant de fleurs et de cadeaux. Ce qui tendrait à prouver que si “la femme est l’avenir de l’homme”, elle est aussi occasion de présents pour le producteur. »

Vartan rêve de Malagnac comme Malagnac rêve de Vartan. « Je ne veux pas savoir d’où lui vient son argent, avoue-t-elle. Je trouve qu’à vingt ans, lui qui ignore tout du show-business a plus de courage que tous les producteurs réunis[351]. » En attendant, en mars 1975, elle retourne vers les Carpentier pour un nouveau show solide et construit, « Tout au fond des tiroirs ». Le nouveau scénario la met en scène dans le rôle de sa grand-mère, une ouvrière gentiment délurée du début du siècle, (*Toi mon aventure,* et *Lorsque l’on est ouvrière*, avec Roger Pierre, C. Jérome, Carlos et Micha Bayard) ; dans celui de sa mère, une sexy-vamp des Années folles (*Nous ne nous aimerons jamais,* duo très lascif avec Michel Sardou, qui se termine pour tous deux dans l’eau d’une fontaine) ; et dans celui de Vartan, prénom Sylvie, une meneuse de bande dans les *Fifties*, rivale de celle d’Hallyday, cela s’entend. L’occasion pour les Smet de créer un duo jean’s et rock : *Toi et moi.*

Un témoin présent sur le plateau d’enregistrement de « Tout au fond des tiroirs » affirme qu’en tenant Sylvie Vartan à moitié dénudée dans ses bras, Sardou eut toutes les peines du monde à cacher sa virilité apparente : « Il en pinçait pour elle, c’était plus que flagrant ! »

Nous l’avons vu, le fils de Jackie et de Fernand n’était pas le seul... Guy Lux même s’inscrivit sans vergogne sur le tableau des soupirants virtuels. Peut avant de s’éteindre, il le revendiqua pour nous : « Lorsque je faisais mes émissions (“Le Palmarès des chansons ”, “Cadet Rousselle ” et bien avant, d’autres encore), j’avais pour Sylvie un regard que seuls l’admiration, l’amitié et peut-être aussi le pouvoir d’une séduction peuvent susciter. Qui n’a pu résister aux charmes de Sylvie, au point qu’on aurait presque pu tomber jaloux de Johnny[352] ? »

Roger Pierre a gardé des souvenirs moins torrides mais tout aussi enchanteurs de ces « vacances professionnelles » sous la grande tente des Carpentier. « Tout se décidait toujours à leur domicile, au 34 de l’avenue Guynemer, près du jardin du Luxembourg, se souvient l’ex-acolyte de Jean-Marc Thibault. On se réunissait là, autour d’un goûter, dans une atmosphère familiale, avant les répétitions qui se tenaient rue Cognacq-Jay. Nous y disposions de trois studios, un pour les ballets, le second pour les musiciens, le troisième pour les numéros d’acrobatie et autres. Maritie et Gilbert adoraient Sylvie, elle-même partageait leur conception du grand spectacle. Aussi ne lésinaient-ils pas pour qu’elle se sente aux Buttes-Chaumont, lieu du tournage, comme chez elle. Ils la maternaient, la chouchoutaient, faisaient en sorte qu'elle bénéficie des meilleurs maquilleurs, d'une loge jolie et confortable où elle puisse se reposer. Sylvie était généreuse avec son équipe, elle nous conviait souvent à déjeuner dans les petits restaurants autour de la rue des Alouettes. C'était payé par la production, bien sûr, mais elle veillait personnellement à ce que tout se passe bien pour tout le monde. Une fille positive. J'entends dire souvent çà et là qu'aujourd'hui nous n'avons plus les moyens de faire de telles émissions. La réalité est qu'au lieu de mettre des moyens dans des décors, des costumes et de monter des choses fastueuses mais réalisables, on préfère donner à l'argent une autre utilisation ; payer des assistants et des assistants d'assistants, qui la plupart du temps n'ont aucune fonction concrète. C'est l'une des tristes causes de l'effondrement de ce voyage unique merveilleux et incomparable qu'était un show des Carpentier[353]. »

*

Avec sa voix rauque et éraillée qui s'endort sur les fins de syllabes, ses couacs charmants que l'on se plairait presque à légitimer, sa gestuelle si singulière composée de trois fois rien mais qui ne ressemble à aucune autre, Vartan est devenue consciente d'incarner son propre personnage. Un soir, dans sa loge, avant le début d'une représentation, elle interrompt brusquement sa conversation avec le secrétaire de son fan-club : « Allez, laisse-moi maintenant, je vais me déguiser en Sylvie Vartan ! » Dans les cabarets, les transformistes perruqués à la lionne se sont pris à la brocarder avec plus ou moins de bonheur. Outre sa dentition évolutive qui ne laissera bientôt plus aucun souvenir de ses incisives écartées, les « dents de la chance », le maquillage de la Blonde a subi des modifications notables au fil des années. En formant au pinceau une ombre appelée « banane », elle a creusé sa paupière pour faire de son œil un espace mort, affadi le tracé de ses sourcils pour le rendre quasi inexistant, accentué le contour de sa bouche en cœur, elle qui avouait jadis ne pas aimer le rouge à lèvres. La mère de Maritie Carpentier qui, chaque semaine, économise à sa fille les services d'un sondage Sofres, la trouve « exquise mais trop fardée[354] ». Autre critère de jugement, autre téléspectatrice au diagnostic sans appel : Marlène Dietrich :

« — Une chanteuse ça ? De l'air chaud mais aucune voix...[355] »

Le jugement de valeur de l'Ange bleu ne manque pas de prix, mais de mémoire de mélomane, a-t-on souvenir d'avoir jamais vu la voix de l'Allemande faire voler en éclats des cristaux de Bohême ?

Mais qu'importe : en 1975, Dietrich symbolise le passé, Vartan l'avenir. Mieux, le présent.

Lorsqu'il s'agit de rendre à Sylvie ce qui lui appartient, la Vartan sait se suffire à elle-même : « On a dit que je ne savais pas danser. Je n'ai jamais eu la prétention d'être la première danseuse de l'Opéra. Je ne le serai jamais. Je n'ai pas les moyens techniques d'être le Noureev féminin. Je connais mes limites, mes possibilités. Sur le plan vocal, c'est la même chose. Je n'ai jamais eu la prétention de me prendre pour Barbra Streisand ou Annie Cordy et encore moins pour Mireille Mathieu. Je suis MOI ! Un point c'est tout. J'ai appris mon métier sur le tas, c'est-à-dire sur scène. Oui, j'ai pris des bides. Oui, je me suis fait huer certains soirs. Mais chaque sifflement qui me transperçait m'apprenait en même temps quelque chose[356]. »

Forte des controverses qu'elle suscite, hypersophistiquée, à la fois sûre d'elle-même et pourtant plus timide que jamais, la Vartan 75 aux nouvelles allures de « travelo » – le charmant épithète est de Johnny – et aux play-back épouvantables est prête à être livrée de nouveau aux Italiens qui, depuis les « Doppia Coppia » de 1969, attendaient une suite logique. Après « Tout au fond des tiroirs », elle retourne donc à Rome pour enregistrer une série de huit « Punto e basta ». Le concept de ces émissions est sensiblement le même que celui de « Doppia », mais le standing est cette fois d'une autre facture. Dans le décor grandiose et rutilant semblable à celui d'un cabaret de classe internationale, le public en smoking est installé autour de tables nappées de blanc. Chaque début de spectacle voit l'apparition d'un corps de ballet dirigé par Tony Ventura au milieu duquel Sylvie évolue en chantant la chanson-phare de l'émission. Ce cérémonial accompli, les festivités commencent. Sylvie chante presque exclusivement en italien tous ses succès réenregistrés, ainsi que *Dadou-ron-ron,* qu'elle vient de piquer à son mari. Elle danse aussi et il faut voir comment ! De rock acrobatique en tap dance, elle s'éclate, *la Sylvia*, elle fait son numéro, mettant à profit les « Punto e basta » pour tester de nouvelles capacités, prend ses aises, s'emplume et se déplume à volonté, change de tenue entre chaque tableau. En une formule, elle engrange et se forge un style pour son prochain grand spectacle parisien.

*

Quand on s'appelle Sylvie Vartan et Johnny Hallyday, dix ans de mariage représentent une performance qui se laisse fêter. Aussi, M. Smet débarque-t-il « à l'improviste » au Hilton de la capitale italienne, où sa blonde épouse rentre chaque soir après sa journée de travail aux studios de la RAI. Weed-end à Rome pour amoureux solitaires ? C'est ce que jure le reporter de *Salut les copains,* chargé de les talonner dans leur escapade. Au vrai, Johnny est là pour enregistrer de son côté. À nouveau, en offrant leurs rares instants d'intimité au quidam, ils laissent le loup errer dans la bergerie. Est-il ensuite légitime de se plaindre ? Plus tard, Sylvie en conviendra : « J'étais un petit soldat du show-business[357]. »

Depuis l'époque où il tirait la sonnette d'alarme, Long Chris constate que la situation n'a fait qu'empirer : « Les repas de Johnny et Sylvie ressemblent de plus en plus à des déjeuners d'affaires. Ils ont rarement l'occasion de se trouver seuls. Une cour impressionnante gravite autour d'eux, qui interdit toute intimité. Il y a toujours une équipe Hallyday et une équipe Vartan qui jamais ne se souderont tout à fait, chacun gardant jalousement son autonomie et ses privilèges. Nous vivions dans un climat d'intrigues biscornues, dignes des princes de la Renaissance. Johnny a ses gens. Sylvie a les siens. Et chacun a des espions cachés derrière les rideaux. L'éloignement des êtres est en cause aussi. Johnny part quarante-cinq jours en tournée. Quand il rentre à la maison, c'est au tour de Sylvie de s'en aller pour cinq semaines. Ils se verront quand, les amoureux ? Il faut faire des galipettes de funambules pour extorquer quinze jours de vacances au planning et s'enfuir très vite sur une île au soleil avant que le téléphone n'annule ce court répit de son impitoyable sonnerie[358]. »

Lorsqu'un journaliste interroge Sylvie sur Hallyday, elle se montre intarissable, épiloguant sans fin sur ce qu'elle aime chez l'artiste, ce qui lui plaît moins. Plus singulière est l'attitude de Johnny, qui se cantonne à vanter les qualités de cuisinière de sa femme, « sa manière inégalable d'accommoder la moussaka bulgare, mélange de viande hachée, d'herbes et de pommes de terre, noyée de yaourt[359] »... Sur le reste, silence radio ! « Dans un couple, il faut être égaux, se défend-il. Sylvie est tout pour moi, je suis tout pour elle. David est tout pour nous. Mais faut pas mélanger les affaires[360]. »

Le gentleman du couple, le « mec bien », c'est elle ! En 1970, lorsqu'il apprit que son imprésario Jean Pons – l'un des rares supporters de Sylvie à l'époque – avait décidé de coproduire avec Coquatrix le show Vartan à l'Olympia, Jojo se rendit discrètement chez Johnny Stark pour lui demander de retravailler pour lui, préparant ainsi dans l'ombre le limogeage de Pons[361]. Le rocker s'était-il laissé influencer par les tabloïds italiens qui sous-entendaient que Pons et Vartan se voyaient beaucoup trop souvent, surtout lorsque le mari de madame était absent ? Manque de bol, Stark n'étant pas la marionnette espérée, il déclina l'offre. La jeune Mireille Mathieu avait encore bien trop besoin de ses services et dans le management, rien n'intéressait plus cet homme mystérieux que de propulser un anonyme dans la lumière, le reste n'étant qu'officine et petit fonctionnariat. Ou plus si affinités...

*

La recette pour décrocher un disque d'or, alors que Souchon se « bidonne », que Sanson pour la première fois est classée n° 1 dans un hit-parade, qu'arrivée d'Amérique, Jane Manson, une voix et un physique, dote la variété française d'un exotisme nouveau et qu'une certaine Karen Cheryl risque bien de faire prendre un sérieux coup de vieux aux « anciennes » ? C'est encore à Sylvie qu'il faut la demander ; elle vient d'en rafler deux, coup sur coup, le premier pour *La Drôle de fin,* l'autre pour *Danse-la, chante-la.* Des succès relayés à la télévision par les maîtres du moment, Michel Drucker, mais surtout Danielle Gilbert et Guy Lux, reine et roi du direct, avec, pour l'une « Midi Trente » et « Midi-Première », pour l'autre, « Ring Parade » et « Système 2 », qui portent Vartan en triomphe tout au long de sa tournée d'été avec Jean-Jacques Debout en première partie. Le 27 juillet, Johnny rejoint sa femme à Narbonne où 45 000 personnes les acclament. Un mois plus tard, c'est au tour de Québec et de Montréal de recevoir le couple. Là encore, malgré la grève des transports et une panne d'électricité survenues dans toute la province, les spectateurs se déplacent en nombre. La presse n'en parle pas encore, mais le torchon brûle à nouveau sérieusement dans le ménage Smet. Être « pro » ou ne pas être ; sur scène, quand ils se retrouvent en fin de spectacle après leur prestation respective, pour chanter *J'ai un problème,* ils donnent le change. La législation canadienne interdisant le play-back, l'intégralité du show a dû se dérouler en direct. Chanter en dansant n'a rien d'évident pour qui a l'habitude de bouger sur son propre play-back mais, les archives télévisées en font foi, Sylvie a passé l'épreuve sans trop de difficultés.

Que ne s'imposerait-elle pas l'exercice plus régulièrement ? Elle y gagnerait en crédibilité. Vartan a beau affirmer avec aplomb : « Je ne vois pas l'intérêt de se produire en scène si c'est pour faire semblant de chanter[362] », aucun averti n'ignore que tous ses passages dansés se déroulent sur du play-back. Pour ajouter à la mauvaise foi, une façon détournée de se faire pardonner, elle surenchérit : « Il y a beaucoup de gens qui le font, même aux États-Unis. Les Français se réveillent maintenant et n'ont sans doute jamais pensé qu'il arrivait à Shirley Mac Laine de chanter en play-back. Chacun fait ce qu'il veut[363]. »

*

Lors de cette vaste tournée avec toute sa troupe, Vartan a rodé *son* Palais des Congrès dont la première est prévue pour le 4 octobre, juste après le tour de chant de Serge Lama et avant celui de Léo Ferré. Un mois encore pour ciseler avec les danseurs, dans un studio des Buttes-Chaumont, les nombreux tableaux du show. Urgence, délai, affolement : « Pendant chaque préparation de spectacle, je me dis, “Sylvie, c’est la dernière fois que tu chantes, sinon tu meurs cardiaque à trente-cinq ans[364]. ” En période de répétition, nouée par le trac, Sylvie avoue être à cran et ne plus supporter son proche entourage. Une chance pour Johnny qui est parti se reposer en Suisse... « Il vaut mieux, on se taperait dessus, autrement[365] ! »

La première fois qu’elle entre dans la salle du Palais des Congrès, Vartan ressent un choc : « Mon Dieu qu’elle est grande ! mais Seigneur qu’elle est large ! On n’imagine pas ce que c’est. Tellement immense ! On en fait des kilomètres là-dessus[366]. » Mais de quoi parle-t-elle ? De la scène bien sûr... « J’aime mieux dire que pour arriver au milieu et saluer le public, il vaut mieux accélérer le pas[367] ! »

Vrai aussi que pour atteindre le 3 700e spectateur et le toucher, il est dans l’intérêt de l’artiste de se sentir sûr de lui et pour cela de donner beaucoup de volume au spectacle.

D’un point de vue strictement financier, Sylvie est condamnée à remplir soir après soir la salle jusqu’à la gorge, si elle veut que la bonbonnière devienne une tirelire et les bonbons des royalties.

*

Quinze mille affiches posées sur les murs de la capitale ont annoncé le Show Vartan. Deux heures et demie d’exhibition, seize danseurs, vingt-cinq musiciens, douze costumes pour la vedette, cent cinquante uniformes pour la troupe, une vraie Rolls sur scène ; Malagnac a investi la somme approximative de trois millions de francs lourds. La presse n’en finit plus de gloser alors sur l’étrange « trinité » formée par Vartan, Alain-Philippe Malagnac et l’écrivain Roger Peyrefitte. Pour celui qu’il qualifie de « fils adoptif » mais dont personne n’ignore qu’il est son grand amour, l’auteur des *Amitiés particulières* a vendu pour six millions de francs sa collection de monnaies grecques et romaines. Il fallait au moins cela à Malagnac, vivant séparé de son protecteur dans un hôtel particulier de Neuilly qu’il partage avec Guy Bonnardot, un chanteur à minettes, pour étancher sa soif d’investissements tous azimuts. Bon prince, Peyrefitte intervient même pour défendre son protégé de quarante ans son cadet. Le domicile de Malagnac et de Bonnardot, truffé de pièces d’antiquité aussi rares que celles qui peuplent celui de Peyrefitte, éblouit Sylvie, elle aussi versée dans l’art ancien mais de façon plus raisonnable et moins ostentatoire. Pour l’heure, professionnellement, par ce qu'elle suscite de commérages, cette association Vartan-Peyrefitte-Malagnac semble promise au plus bel avenir...

En s'installant à grand renfort de publicité pour quatre semaines au Palais des Congrès, la belle Sylvie n'est pas sans ignorer qu'elle joue très gros. Les « copains » sont nombreux à la guetter au virage...

« La location du Palais des Congrès revenant extrêmement cher, nous n'avons eu que trois jours pour répéter en costumes[368] », se souvient Michel Fresnay. Sur un coup de fil de Charley Marouani, le nouvel impresario de Sylvie qui, depuis Monaco, lui avait suggéré de créer les costumes du spectacle, Fresnay, dont le nom reste lié à toute la mythologie des Carpentier, appréciait Sylvie pour l'admirer et la côtoyer depuis de nombreuses années. Pour elle, il dessina une garde-robe à la hauteur de l'événement. Fresnay, l'un des costumiers parisiens parmi les plus doués, acquit son métier dans le giron de Michel Gyarmathy, le vieux directeur artistique et décorateur des Folies-Bergères. Fils spirituel de ce dernier, quand sonna l'heure de faire ses preuves, il sut déployer son propre talent. De Dalida à Mireille Mathieu, il les a toutes habillées ! « Indéniablement, Sylvie est celle qui m'a le plus intéressé, surtout en tant que personnage, dit-il. C'est quelqu'un d'aimable, de très gentil. Une femme comme l'on en rencontre rarement, surtout dans ce métier, très fidèle, fidèle en amitié, je pense notamment à sa relation avec les Carpentier et notamment avec Maritie qui la considérait un peu comme sa fille. J'ai eu la chance de travailler pour elle dans les émissions des Carpentier et c'est Jean-Claude Azoulay, son secrétaire d'alors, qui lui a suggéré de me prendre. Lorsque je la revois, c'est toujours un moment chaleureux. Elle a su garder les points de repère qu'elle a eus toute sa vie avec les gens qui ont été sincères avec elle, ce qui n'était pas le cas par exemple avec Dalida, complètement cernée par son staff que gendarmait son frère Orlando qui ne supportait pas qu'on l'approche sans son autorisation, faisant une sélection des journaux que l'on pouvait lui montrer... Impossible de parler directement avec sa sœur, même moi, son costumier ! Il écoutait tout ce qu'on disait et lui coupait facilement la parole pour répondre à sa place. Il n'y a pas une robe qu'Orlando n'ait choisie pour sa sœur. Simple, belle, intelligente, accessible et farouchement indépendante, Sylvie ne posait de barrières qu'autour de sa vie privée. Parfois, après les répétitions, elle nous demandait si nous étions libres pour aller dîner avec elle. Nous sentions qu'elle avait alors un peu de vague à l'âme, mais nous savions qu'il y avait un point à ne pas franchir dans nos rapports avec elle. La préservation de son intimité, c'est une règle d'or pour elle. Elle a horreur que l'on pénètre dans son jardin secret. Horreur[369] ! »

Vartan, une « gentille » doublée d'une instinctive, selon Michel Fresnay : « Ce qu'elle a fait au Palais des Congrès, personne ne l'avait jamais fait, avec en plus une présence sympathique, amusante, intelligente. Pour elle, c'était une forme de challenge d'arriver à s'extérioriser chaque soir devant près de 4 000 inconnus disséminés dans l'ombre. Je dis toujours que s'il y a une personne parmi toutes celles que j'ai habillées que je respecte, c'est elle. Parce qu'elle a la volonté de faire et de faire bien. Par rapport à Dalida qui se bougeait facilement, entourée de danseurs du chorégraphe de *Saturday Night Fever*, Lester Wilson, mais sans efforts, bien qu'elle portât très bien les toilettes avec une belle silhouette, Sylvie, ce n'était pas cela du tout. La première donnait l'illusion qu'elle dansait, la seconde dansait véritablement[370]. »

CHAPITRE 18

La disgrâce de Jean-Jacques Debout

« Si l'homme sage se tait, c'est pour réfléchir ; s'il parle, c'est pour dire des choses utiles ; s'il regarde, c'est pour observer. »
Pensée arabe

L'échéance approche... Sylvie ne vit plus mais elle crâne avec une insolence qui laisse pantois le journaliste de *L'Express* venu l'interviewée :

« — Même sans Malagnac, j'aurai fait le Palais des Congrès ! J'atteins toujours le but que je me suis fixé !

Mais qui dans ce cas aurait subventionné l'aventure ? Regard hautain et ennuyé de Vartan :

— Je ne me soucie pas de ces questions, d'autres le font à ma place ! »

*

« Mesdames, mesdemoiselles, messieurs... Sylvie Vartaaaaan ! ! ! »

Robe à bustier pailleté brodé à la main, cape blanche toute de mousseline rappelant une jupe aux multiples replis, au son des premiers applaudissements la susnommée sort de sa retraite pour s'avancer vers ses juges, égrène trois notes, puis la musique qui démarre en trombe projette tels des météores une première poignée de danseurs autour d'elle. Ça y est : le quitte ou double est lancé ! De l'autre côté de la rampe, le Tout-Paris, ceux qu'on appelle « les giscardiens du soir parce qu'ils regardent indifféremment n'importe quelle nouveauté, la bouche en cul de poule, le snobisme ramolli[371] », est là. Au premier rang duquel trois Altesses Sérénissimes en les personnes de Rainier III, de Grace et de Caroline de Monaco. « Sylvie a toujours eu d'extraordinaires parterres de première, souligne Patrice Lefèbvre.

Aux Catherine Deneuve et Fernand Raynaud, Nathalie Wood et Robert Wagner, Sammy Davis junior et Marlène Dietrich, Elsa Triolet et Aragon, Barbara, Nathalie et Alain Delon du temps de l'Olympia s'ajoutèrent ou se substituèrent Suzy Delair, Edgar Faure, Annie Girardot, Marie-José Nat et Michel Sardou, Robert Hossein et Candice Patou, Cornette de Saint-Cyr et Marie Laforêt et tant d'autres encore... Les attachés de presse abattaient un boulot formidable. L'époque n'avait pas encore subi les ravages du sida et, venus applaudir leur égérie, on trouvait des dizaines de travestis magnifiques, bien plus raffinés que tout ce qui nous sera donné de voir avec les drag-queens des années 90[372]. »

*

Présent également dans la salle Jean-Jacques Debout, qui, aux dires de Carlos, est un critique infaillible. Or ce qu'il vient de voir sur la scène le sidère. Il trouve les tenues atroces, la mise en scène déplorable et ne se prive pas de le dire. Selon certains témoins, avertie de ces reproches, dans sa loge, à l'entracte, Sylvie entre en état de révolution. Elle avait même pris un vase dans ses mains pour le lancer contre un miroir. « Sors-le ou je le tue », aurait-elle lancé à Johnny. Johnny qui rigolait sous cape : « Elle veut que je lui casse la gueule, je vais quand même pas cogner sur un ami... ouh là ! il y a de l'ambiance là-dedans, il vaut mieux pas rester... » Pendant cinq ans, Sylvie n'adressa plus la parole à Debout, lui qui avait composé la plupart de ses shows chez les Carpentier et quelques-uns de ses plus grands succès comme *Pour lui je reviens, On a toutes besoin d'un homme, Tous mes copains, Comme un garçon, Baby Capone, Je chante pour Swanee*. Il fallut attendre 1980 et le hasard pour que ces deux-là se retrouvent lors d'un spectacle de Chantal Goya au Palais des Congrès de Paris. Et ils tombèrent dans les bras l'un de l'autre.

Debout ne fut pas le seul ami à subir ainsi une longue période de purgatoire. La scène rapportée ci-après par Long Chris date de 1970 et se déroule dans le salon musical de l'appartement de l'avenue Wilson : « Nous échangeons ce jour-là des idées sur des chansons que Johnny veut enregistrer et dont je dois écrire les textes. Sylvie met son grain de sel et conseille à Johnny d'abandonner le rock pour s'initier au style "crooner" afin qu'il perde cette étiquette de rocker qui donne tellement mauvais genre. D'ailleurs le rock est démodé. Une dispute éclate entre Sylvie et moi. Johnny s'en mêle. Le cirque continue toute la journée. Sylvie saute sur l'occasion. Le soir, c'est l'ultimatum : elle exige de Johnny un choix : "C'est Long Chris ou moi[373] !" » Refusant de jouer les trouble-fête, la mort dans l'âme,

Long Chris prit de lui-même la décision de refermer la porte sur quinze ans d'amitié. La réconciliation provisoire survint trois ans plus tard, à la faveur d'une rencontre dans un embouteillage.

Pureté « dure » et « éternelle » dans l'amitié ; ainsi donc en va-t-il des exigences de Sylvie, toute trahison devenant impardonnable. Ceux qui, tel Guy Lux, se conformèrent à cette ligne directrice n'eurent jamais à le déplorer. « Nul n'ignore, qu'elle eut, comme beaucoup d'autres, un long passage à vide, expliqua le grand monsieur du petit écran. Je fus certainement de ceux qui ont essayé de combler ce vide en lui apportant la chaleur de mon amitié et, dès que je pouvais le faire, une place dans une de mes émissions. Elle ne m'a jamais déçu, car, même s'il fut un temps où les uns qui sont tous plus forts ou d'autres qui s'en trouvent encore, critiquent la voix de nos chanteuses, son charme, sa façon d'évoluer, de se glisser au milieu de ses danseurs et surtout lors d'un célèbre Olympia où elle aura pris la tête de toutes les chanteuses de l'époque, rien ne pouvait lui ravir les fans dont j'étais et dont je suis encore[374]. »

Le jugement de Vartan sur la gent féminine est sévère. Au fil de ses expériences, de « loyales et dépourvues de calculs » (« J'ai rencontré beaucoup plus de femmes exceptionnelles que d'hommes exceptionnels, et pourtant je ne suis pas une féministe énervée[375] »), elle les relègue à celui de traîtresses avérées : « Je suis comme Terminator, c'est-à-dire que quelqu'un entre dans une pièce, je le regarde, je sais qui c'est. Mais ça ne marche pas la première fois, et j'ai beaucoup souffert en amitié avec les filles que je ne sentais pas à première vue, et que je me suis mise à aimer. J'ai toujours été trahie dans ces cas-là. Mon premier instinct ne me trompait jamais. Souvent les femmes sont envieuses et jalouses. C'est horrible les trahisons en amitié, c'est pire que des trahisons d'amour[376]. »

Entre Sylvie et Mimi, l'épouse de Carlos, intime parmi les intimes, qui fut vendeuse dans l'une des boutiques de mode Sylvie Vartan, qui vécut souvent et longtemps avec la chanteuse aux États-Unis, qui fut de toutes les galères, présente également dans les moments plus heureux, la dispute fut elle aussi terrible ! Luce Dijoux, elle-même, l'amie de classe d'Hélène Boucher, qui fut choisie par Sylvie pour être son témoin de mariage en 1965, se vit disgracier à une certaine époque. Lorsqu'en 1991, croyant procurer une agréable surprise à la chanteuse, Jean-Pierre Foucault, ignorant certains antécédents entre les deux femmes, invitera Luce sur le plateau de son émission « Sacrée Soirée », les avertis purent remarquer la moue désapprobatrice de Sylvie. « C'est à peine si elle se montra aimable, note un observateur. Visiblement, elle n'avait pas apprécié. »

Quant aux hommes, la Blonde a cherché en eux la confiance, mais n'a souvent trouvé que « lâcheté, veulerie, ambition froide et manque de générosité[377]. »

Règlements de comptes avec des mots sans paillettes, mais jamais de noms ou de victimes désignées. C'est cela aussi l'éthique Vartan. Au rebut la mesquinerie, pas de place non plus pour la polémique, l'important est ailleurs ; dans la vie qui n'attend pas ; la sienne, celle de ceux qu'elle aime et auxquels elle s'avoue « rivée. »

*

Giscardien, en 1976, l'Hexagone souffre et s'émeut avec Françoise Claustre, enlevée par les rebelles Toubous dans le désert du Tchad. Suffoque sous l'effet de la canicule aoûtienne. S'effraie de l'arrivée des punks ou s'émerveille devant les exploits de Nadia Comaneci aux Jeux olympiques d'été. S'amuse et oublie avec Sylvie ! La Vartan qui, l'année suivante, sera choisie par *Paris-Match* pour symboliser une France bien dans ses baskets sacrifiant à la mode du jogging. Tandis que sa performance du Palais des Congrès, extraordinaire pour l'époque, la fait entrer dans le collectif des Français, passions et vieux débats se raniment : un artiste mérite-t-il tant d'honneurs, tant d'argent, quand savants et chercheurs tapis dans l'ombre peinent à mener à bien leurs travaux, faute de moyens ? Et ces Légions d'honneur distribuées comme des tracts de la CGT à la sortie d'une usine...

Lorsqu'un jour, à la même période, dans une école primaire, une institutrice qui consacre sa leçon de choses à l'alpinisme demande à ses élèves de lui citer des noms de héros et qu'elle s'entend répondre : « Sylvie Vartan », par l'un d'entre eux, elle explose : « Et Maurice Herzog, alors ! ? Ça, c'était un héros qui a apporté à l'humanité ! Mais que l'on ne vienne pas me parler de cette chanteuse qui s'enrichit par le seul fait de montrer ses jambes ! » « Elle a attiré 3 700 personnes chaque soir pendant des semaines, pour leur donner du rêve et de la lumière, » s'obstina le petit Pierre Spano, qui se vit privé de récréation...[378]

Franc succès donc, pour Sylvie. Comme l'aurait exprimé avec style un Gainsbourg plaidant pour sa sainte chapelle : « Les arts mineurs, encore une fois, ont enculé les arts majeurs » et « Nous avons un pouvoir grâce à la trilogie presse-radio-télé, c'est le don d'ubiquité. Pour voir un Velasquez ou un Francis Bacon, il faudrait des années avant de faire ces entrées[379]. »

La bataille remportée, Vartan ne se prive pas de dégainer encore une fois sans cible précise contre *« Les inconnus, les stars/ces gens un peu bizarres »*, tous adhérents d'un même foutu *«* bazar *»* nommé show-biz : « Le show-business n'avait qu'un désir : que je me casse la figure. Pourquoi ? Parce que c'est un monde cruel, hypocrite. Tout le monde s'appelle chéri, mais quand on peut faire une crasse à un autre, on n'hésite pas. Le showbusiness est composé de 5 % d'artistes et de 95 % d'artistes frustrés qui se sont réfugiés dans le management, l'édition, la production, etc. C'est dire toutes les rancœurs sourdes qui peuvent circuler. Et la jalousie[380]. »

Ce petit coup de gueule maison de l'ex-« Sylvie-va-t'en » vise également et en toute générosité tous ceux qui, dans le chœur des critiques, se sont obstinés, contre plébiscite populaire et succès sans précédent (111 787 spectateurs), à vouloir la sacrifier sur l'autel de la nullité et du bluff. Si en dehors des béni-oui-oui de la presse, Anne de Gasperi (*Le Quotidien de Paris),* est l'une des rares à applaudir au mérite de Vartan d'exister et « d'exister seule au milieu de chorégraphies et de tableaux qui laissent à désirer », dans *Le Monde* ou *L'Humanité* on se montre beaucoup plus mesuré, quand on ne déclare pas être carrément resté sur sa faim, à l'instar de *La Croix.* Ce pour en arriver au feu d'artifice de Jean-Louis Guitard, qui se défoule comme rarement : « Vartan n'a aucun des dons artistiques exigés par son métier. Elle ne chante pas, elle hurle. Elle joue la décontraction, mais ses gestes gardent continuellement une sorte de raideur. Et sa manière de danser tient à la fois de l'ordinateur et du pantin de bois articulé. Autant dire qu'artistiquement Sylvie Vartan est nulle. Son manque de talent naturel est là, pesant, malgré tous ses efforts, sa bonne volonté et son honnêteté. Et l'on s'assoupit[381]. »

Le recul aidant, on peut aujourd'hui considérer que dans ce magma de duretés verbales et de réactions plus légitimes, seul Norbert Lemaire délivra le commentaire le plus affiné, en même temps qu'il sut avoir le pronostic d'avenir gagnant : « Si elle n'est pas encore la star qu'elle rêve secrètement de devenir, Sylvie Vartan tient de mieux en mieux le rôle du personnage mythique qu'elle incarne. En souhaitant devenir star alors qu'elle est actuellement vedette, elle fait à mon sens un calcul judicieux. Car si une vedette est aimée pour ce qu'elle fait, une star est aimée pour ce qu'elle est. La route pour mener aux étoiles est longue, mais il est sûr que Sylvie Vartan a enfin trouvé le seul chemin qui y mène : le luxe visuel[382]. »

*

Les vartanophobes ne sont pas au bout de leurs éruptions cutanées : c'est officiel depuis peu : pour cause de triomphe, Vartan va revenir jouer les prolongations du 20 au 29 février 1976. Pour Sylvie, parce qu'elle abhorre le triomphalisme et l'exubérance, c'est la totale ivresse, une apothéose intérieure bien cachée ; on a vu des vrais géants, des costauds, dégringoler sans préavis de chute. Et puis, dans

Le bonheur, paraît-il, ça s'apprend.
Les Vartan le cultivaient. Comme ici, à Lakatnik,
un petit village de montagne, près d'Iskretz
où Ilona accoucha de sa fille, le 15 août 1944.
Dans la maison de vacances louée aux
Mladenov, loin de la pieuvre communiste
qui commençait à vampiriser le pays,
la famille Vartan, toutes générations confondues,
a passé des heures « bleues et jaunes »,
couleurs choisies par Sylvie pour définir
ses souvenirs d'enfance.

Les premières années parisiennes furent très difficiles pour les Vartan. Au fil du temps, Eddie, le grand frère terrible d'autrefois, qui flanquait des coups à sa « peste » de petite sœur, s'est converti en un chaperon bienveillant. Musicien et directeur artistique chez Decca-RCA, il fut à l'origine de la carrière de sa sœur. Son décès, en 2001, a laissé une Sylvie inconsolée.

Johnny et Sylvie… tout un roman.
De battements de cœur en crises de larmes,
de ruptures fracassantes en retrouvailles
savamment orchestrées et mises en scène
à la une des journaux, le problème
entre ces deux-là fut peut-être tout
simplement ce que l'on appelle l'amour…

Johnny et Sylvie,
dans les coulisses de l'Olympia,
venus applaudir Dalida, en 1964,
quelques mois avant leur mariage
à Loconville.

et puisque l'amour est un arbre qui
rfois donne de beaux fruits,
14 août 1966, David s'invite chez les
et non sans y avoir été invité.

Ce cliché exceptionnel pourrait à lui seul résumer l'étrange complicité entre Sylvie et ses fans japonais. Meilleure vendeuse de disques export en 2003, devant Céline Dion, Vartan remplit, depuis 1965, des salles immenses dans l'Empire du soleil levant. Adepte de l'art de vivre raffiné des Nippons, la chanteuse fait de fréquents séjours dans ce pays « porte-bonheur » où elle rencontra son sccond mari, Tony Scotti, en 1981.

Que d'heures passées dans les studios de danse français et américains à travailler, enchaînée à ce véritable instrument de torture qu'est la barre ! D'Arthur Plasschaert à Walter Painter, en passant par Jojo Smith et Claude Thomson, Sylvie aura travaillé avec les plus grands chorégraphes internationaux.

Grosse cylindrée, ensemble jean et bottes argent : un détonnant mélange rock et strass signé Yves Saint Laurent pour le costume. Une Sylvie « mauvais genre » que bien des mères de famille déconseillaient à leur tendre progéniture dans les années 60.

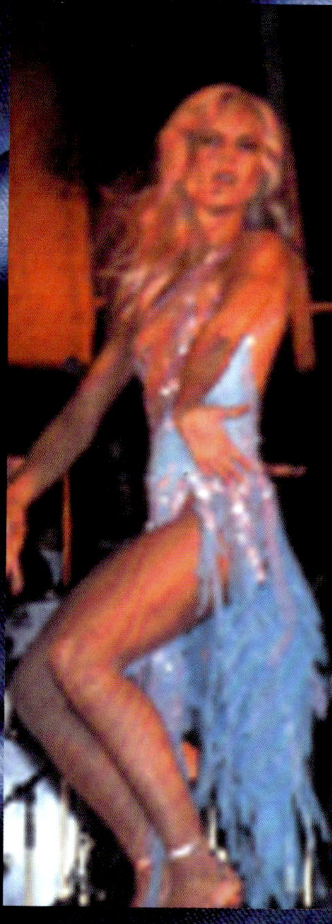

Et la chrysalide se transforme en papill
À partir de 1975, le temps des grands specta
aux Palais des congrès et au Palais des sports est ve
Consacrée championne du genre grâce à des triomp
successifs sur ces scènes immenses et prestigieu
Sylvie entre dans la légende des reines du music-
À la fois aérienne et féline, pudique et provoca
que ce soit dans les robes de Bob Mackie ou dans c
de Michel Fresnay dont on peut admirer ici une maque
Sylvie explose en toute majesté. (Ci-con

1993. Sylvie et Johnny se retrouvent au Parc des princes, devant cinquante mille personnes, pour les cinquante ans de l'idole des jeunes. Souvenirs, souvenirs de leurs tendres années.

Année après année, jeux d'ombres et de lumière
Chaque attitude traduit une émotio
Des émotions puisées dans une vie ric
et mouvementée, dominée par la dignité en tout
circonstances, une quête permaner
de l'amour, le respect des valeurs familia
et le goût du travail bien fa

son esprit, toujours présentes dansent ses incertitudes quant à ses facultés vocales tant de fois décriées depuis ses débuts. Les tomates ne sont pas toutes pommes d'amour...

Parce que l'humilité mérite couronne, le public fait un double pont de platine et d'or à *Qu'est-ce qui fait pleurer les blondes ?,* le 45 tours et l'album dont il est extrait. Ce refrain, créé en février 1976 sur la scène du « Palais », fait un tabac tel qu'à chacun de ses spectacles futurs Sylvie ne pourra plus ne pas le chanter, au même titre que des standards comme *La plus belle pour aller danser, Comme un garçon, Mon père,* ou encore *La Maritza.* À tout cela, 1976 ajoute dans la hotte de la chanteuse préférée des jeunes (sondage *L'Express),* un autre disque d'or pour l'album *Ta sorcière bien-aimée.* Que d'or ! Que d'or !

1976 reste avant tout une année scénique pour Vartan, nouvelle égérie après Romy Schneider de la marque d'adoucissant Woolite, pour laquelle elle a signé deux contrats de spots publicitaires, le premier diffusé en 1976 dans sa version longue. « Faites comme moi, utilisez Woolite... » On sait le cachet pour ce genre de publicité très élevé, mais jamais l'intéressée n'en dévoila le montant. Tournée d'hiver, tournée d'été, tournée d'automne, inlassablement, pendant près de dix mois, avec de nouveaux costumes créés cette fois encore par Michel Fresnay, elle promène son show parisien de ville en ville, aux six coins de l'Hexagone, pour le ramener une troisième fois à Paname, au Palais des Congrès, le temps de deux ultimes représentations exceptionnelles, en matinée et soirée du 12 décembre. À Paris on n'amasse pas fortune, même en remplissant la salle tous les soirs. On se montre. On se vend. On prouve qu'on est toujours là, la meilleure. L'argent vient plus tard, au cours des tournées. En province, la troupe de Sylvie est certes réduite, mais le nombre important de personnes à rétribuer chaque soir ne lui laisse « que » le dixième de son cachet de base. Elle s'en plaint : « Transpirer six heures par jour. Lever la jambe toujours plus haut. Perdre trois cents grammes chaque matin à danser. Recommencer. Toujours le même mouvement jusqu'à ce qu'il soit machinal. Chanter jusqu'à être enrouée. En même temps s'assurer que tout le monde est en place derrière soi, musiciens et danseurs. Tout cela pour ne pas gagner un sou. C'est le métier qui veut ça[383]. »

C'est ici que le bât blesse et que Vartan tend le bâton pour se faire battre. Comment ose-t-elle, elle la châtelaine de Gagny, la propriétaire du superbe hôtel particulier d'Auteuil, elle qui possède bijoux et fourrures, qui roule en Rolls pour se rendre aux défilés de haute couture et dans les plus grands restaurants ! Si le « fric » n'était pas le pompon dans ce métier, si les artistes de ce niveau percevaient le salaire d'une infirmière, y aurait-il autant de candidats et de luttes d'influence pour parvenir au sommet ? Lorsque l'on est devenu un privilégié, il est des réflexions qui se doivent de rester intérieures. Ce qui est valable pour Vartan l'est pour ses pairs, mais c'est elle encore qui, en dépit de ses beaux discours démagogiques chargés de lieux communs, fit un jour de 1963 la déclaration suivante teintée d'une arrogance voisine du mépris : « Les vieux-qui-ont-de-l'expérience me font bien rigoler. Ils s'indignent tous parce qu'une "gamine" de mon âge gagne autant d'argent. Le plus fort, c'est qu'ils viennent tous m'entendre et m'apporter eux-mêmes leur obole. Quant à mes collègues chanteurs, ceux qui se disent du métier et proclament qu'ils ont mis vingt ans pour "sortir", je leur dis la même chose : moi, dix-huit mois m'ont suffi pour devenir Sylvie Vartan. Pour la vente des disques, je ne crains personne. Eux, combien en vendent-ils en ce moment ? Dix-huit mois pour moi, vingt ans pour eux, concluez vous-même[384] ! »

Heureusement, la critique est là souvent pour ramener tout ce beau monde à terre. Parfois, elle dérape. À l'issue des deux passages de la Blonde au Forest National de Bruxelles en mars et octobre 1976, les journalistes de *La Libre Belgique* (de vieux copains aigrillards qui donnent l'impression d'avoir manqué quelques épisodes), mirent une application toute particulière à démolir l'édifice Vartan. Tout commence et tout finit comme dans une mauvaise histoire belge :

« À sa façon, Sylvie Vartan a mis en pratique le plan Barre », est-il écrit dans ledit journal : « 1°) taxe pour tous les citoyens, 2°) gel économique généralisé : pas de nouveautés, même mimiques acquises il y a quinze ans, 3°) diminution du taux d'augmentation du budget : épargne et coupes sombres dans tous les secteurs, 4°) prétention de trouver un remède miracle à un mal à nos yeux incurable. Fausse star et courageux danseurs. Aucune présence ni physique ni vocale. La décadence d'une grande figure du show-business fait peine à voir. On n'éprouve pas le moindre plaisir au (mauvais) spectacle d'un effondrement. Mais ici, il ne s'agit que de l'émiettement d'une fabrication. La cire commerciale a fondu trop vite au soleil des projecteurs. Rattrape-toi, Sylvie. Va, on ne te hait point[385]. »

*

Le dieu du théâtre leur aura pardonné ! Déjà, Vartan pense à son prochain défi parisien. En attendant, quand elle en a le temps, elle s'occupe d'installer sa nouvelle maison, Villa Montmorency, toujours dans le XVIe arrondissement de Paris. Auparavant, le bruit courut qu'elle avait acheté un hôtel particulier pour sa mère, près de la place Pigalle, rue Macé, pour le revendre aussitôt... Elle aurait appris qu'un meurtre avait été commis dans les murs qu'elle venait d'acquérir. D'aucuns crièrent à la fausse rumeur. Or, bien des années plus tard, à la faveur d'une rencontre fortuite avec les nouveaux propriétaires, un couple de garçons dont l'un fut un célèbre critique, un jeune vartanophile se vit confirmer l'anecdote. En 1975, effectuant des travaux de rénovation, « monsieur et monsieur » avaient découvert dans leur cave des plans d'architecture au nom de « Mme Vartan. » Au fait de la passion du jeune homme pour la chanteuse, ils les lui offrirent gracieusement. À son tour, le fan les remit à la disposition de Sylvie à la fin des années 90. Une fois de plus, née du petit monde des admirateurs, la rumeur avait fait acte de sceau légal. Avec ses « amis de l'ombre », Vartan n'était pas au bout de ses surprises et de ses bonheurs...

CHAPITRE 19

Fantômes d'amour

« Fumer, c'est l'horreur absolue. Quand je vois un cendrier rempli de cendres et de mégots, j'ai l'impression de voir un gros tas de mort[386]*. »*
Sylvie Vartan

« Une fois de plus, j'attends de mon métier qu'il m'apporte cette griserie qui fait oublier, pendant quelque temps, certaines déceptions de la vie... [387] » Désabusée, Sylvie ? Sans doute faut-il aller chercher du côté de chez Jean-Philippe Smet la source de cette déclaration. De nouvelles secousses enregistrées sur l'échelle des variations saisonnières du couple et c'est toute la France qui en ressent les vibrations. Choc des mots, poids des photos, au printemps 1976, *Paris-Match* ne laisse aucune place au scepticisme en publiant à la une le cliché de Sylvie, solitaire sur une plage de Californie, avec en médaillon, un Hallyday écrasé par cette légende sans appel : « Johnny et Sylvie, c'est fini ! » Dans les pages intérieures, les deux parties s'affrontent par interviews interposées. Des deux Smet, Johnny tient les propos les plus mordants. Il ne comprend pas ce qu'elle lui reproche : « J'étais souvent absent. Elle n'était pas plus souvent que moi à la maison. Je dois même dire, sans vouloir l'accabler, car aujourd'hui cela ne sert plus à rien, que si j'ai souvent renoncé à des galas ou à des télévisions pour passer des vacances avec elle et notre enfant, jamais elle n'a annulé un contrat pour rester près de moi. Je considère qu'il faut être deux à consentir à des sacrifices, que l'effort ne doit pas être unilatéral. »

C'est lui cette fois qui semble avoir voulu larguer les amarres une bonne fois pour toutes en brandissant le premier le spectre du divorce : « Elle m'a regardé avec ses yeux marron, qui savaient si bien, parfois, être tendres, et de sa voix unie elle m'a répondu : "Si tu veux. Ce n'est pas un problème." De toute façon, cette décision ne change rien à mon existence : depuis quatre ans Sylvie et moi nous ne vivions presque plus rien en commun. Nous étions devenus des étrangers l'un pour l'autre. Alors, avant de devenir des ennemis, en février dernier, nous avons traversé notre rue et sommes allés, ensemble, voir notre avocat. Son cabinet est presque en face de notre immeuble. D'un commun accord, nous lui avons demandé qu'il entame la procédure aux torts réciproques. »

Et quand l'Idole se prend à jurer qu'il va rentrer à nouveau dans son aube de premier communiant, ne lui manquerait plus qu'à jurer sur le crucifix, pour ajouter à sa volonté de convaincre : « Certains croient que je vais me lancer de nouveau dans une vie de patachon. Ils se trompent. Je vais avoir trente-trois ans. Les vagabondages nocturnes, l'alcool et les liaisons sentimentales éphémères ne m'intéressent plus. »

Bafouée, insultée jusque sous son ciel de lit, Vartan se voit encore rabaissée publiquement au rang de Cerbère face à un époux qui se coule dans la peau de l'éternel pauvre type, incompris et victime des autres et du « pas de chance ». Une fois de plus, elle démontre que dans un grand champ de boue, on peut rester propre et debout, les deux pieds bien ancrés dans la glaise : « Lorsqu'on a un mari beau et célèbre, exiger qu'il soit fidèle est une attitude de sotte. Avec le temps, j'ai appris à ne plus être jalouse. Je pense que ce qui nous a le plus éloignés, c'est de ne pas avoir vieilli de la même manière alors que moi à trente ans, j'ai toujours, et de plus en plus, besoin d'une présence et d'un homme à qui me confier, Johnny a de plus en plus de vie ailleurs[388]. »

À son rocker qui lui reproche encore d'avoir qualifié ses distractions de « débiles » (l'adjectif est de Sylvie), quand il partait s'étourdir sur sa moto, elle répond : « Tout ce qu'il entreprenait avait le charme que dégagent les aventuriers. Mais moi, c'était un mari dont j'avais besoin[389]. »

Déstabilisé par un début de vie chaotique et sans repères, de l'aveu de Vartan, Johnny-la-tendresse semble valoir mieux que ce qu'il montre : « On obtient tout de lui quand on lui parle le langage des sentiments[390]. » Souvent, à l'issue de bien des nuits blanches peuplées de visages bouffis par les larmes, où Sylvie tentait d'expliquer, de convaincre, il promettait pour son fils, pour elle, de rouler sur la même route qu'eux. Au petit matin, l'orage s'éloignait. Johnny avait enfin compris. Les petits matins ne durent que le temps d'une aurore, Sylvie n'en finirait jamais de l'apprendre. Renouer avec ses angoisses existentielles, une peur sans nom et sans reproches, qu'Hallyday chantera un jour, avant de déclarer : « Je ne suis jamais parvenu à me faire au bonheur. J'éprouve une incapacité fondamentale à être heureux. Quand je suis trop heureux, je panique. Ça s'appelle le mal de vivre. Mal à en crever, tout seul, tout là-haut. Un blues rongeur et incurable qui vient de l'enfance[391]. »

« Combien de fois, lors d'essayages chez elle, ai-je vu Sylvie au bord des larmes, relate Michel Fresnay. À mes interrogations elle répondait pudiquement : "Cela ne te regarde pas." Il y avait deux êtres qui comptaient par-dessus tout dans sa vie, sa maman et David qu'elle avait toujours su éloigner des photographes. Et Dieu sait si elle aimait aussi son mari ! Johnny, c'était son amour de jeunesse. Elle avait rêvé. Il était jeune, beau garçon. Mais finalement, toutes ces années furent pour elle difficiles à assumer, parce qu'elle vivait en fait le contraire de ce qu'elle était. À ce propos, voilà une anecdote significative, dont je me souviens, et qui m'a ouvert les yeux sur bien des choses. Un jour où Sylvie m'avait invité à déjeuner Villa Montmorency, elle me proposa de faire le tour du propriétaire. Sa maison était à son image et c'est là qu'on comprend qui elle est. Elle s'était fait une salle à manger comme on en faisait autrefois, avec des meubles anciens, un peu 1900. Le salon était proustien : des velours capitonnés, des pompons, un univers chaud et rassurant. Pendant ce temps, à la cuisine, la maman nous préparait des gâteaux. Au sous-sol, Sylvie avait fait aménager un espace pour Johnny, où se trouvait pêle-mêle un juke-box, une moto et plein d'accessoires de ce genre, qui n'avaient rien à voir avec le haut. Aussi, lorsqu'on voyait arriver Johnny en bottes et blouson de cuir dans l'univers proustien du salon, il y avait comme un décalage. Lui, le risque-tout, pouvant dormir n'importe où, elle, la petite émigrée qui avait un besoin constant de sécurité. "Je rêvais d'avoir ça", me disait-elle. Ce cocooning où l'on se sent bien, au chaud, où l'on sait que personne ne vous agressera, c'était pour elle une nécessité. Avec Johnny, c'était l'insécurité permanente et Sylvie ne supporte pas l'insécurité[392]. »

CHAPITRE 20

De l'énigme Malagnac au shah d'Iran

« Chacun aura remarqué que Sylvie Vartan danse fort bien et qu'elle chante fort mal[393]. »
Henry Poisot

En filigrane réapparaissent le nom et le visage d'Alain-Philippe Malagnac, le producteur prodigue et prolixe, dans la vie de Sylvie et dans la presse. Celle du cœur ne semble pas résignée à les lâcher d'une semelle. On relate leurs moindres faits et gestes en commun, leurs escapades privées qualifiées d'« amicales » par Peyrefitte. Vartan et son producteur se trouvent à New York en octobre 1976 lorsqu'ils prennent connaissance d'un article intitulé : « Malagnac risque de tomber de haut[394] », paru dans *Minute,* un journal dont Roger Peyrefitte, auteur des *Juifs,* se sent proche. Outre l'annonce, qualifiée de fantaisiste par Peyrefitte, qu'entre Sylvie et Malagnac « Tout est fini ! », y est annoncé la fin prochaine de l'empire Malagnac dont « les affaires sont moins brillantes que la carrosserie, toujours impeccablement astiquée, de sa Rolls. »

Agacé, cette fois, Malagnac adresse un télégramme cinglant à l'une des journalistes de *Minute*, Yvette Calmel-Rougerie, qui n'est autre que la maman de Mercédès, la meilleure amie de Sylvie, décédée à ses côtés dans l'accident de 1968. « Elle n'a pas de raison de porter Sylvie dans son cœur[395] », commentera Peyrefitte, victime silencieuse de toutes ces révélations.

Malagnac et Vartan étaient proches. Un ami des Smet affirme que Johnny, jaloux, voulait « lui casser la figure ». Reste qu'aujourd'hui, Amanda Lear, « veuve » de Malagnac, se permet de railler publiquement Vartan à la télévision et ailleurs, aussitôt que l'occasion s'en présente. « Ce sont des jalousies d'artiste, rectifie, si besoin était, un ami commun aux deux femmes. Aujourd'hui, la vérité est connue.

D'ailleurs Sylvie n'a cure des sarcasmes d'Amanda, elle a bien d'autres chats à fouetter ! Tout ceci n'est que temps perdu, elle préfère s'occuper de ceux qu'elle aime et plaint sincèrement les gens qui se lèvent le matin avec la haine au cœur. »

Bien inspiré celui qui fit inscrire l'épitaphe suivante sur la tombe d'Octave Mirbeau, au cimetière de Passy : « Ne hais personne, pas même le méchant. Plains-le, car il ne connaîtra jamais la seule jouissance qui console de vivre : faire le bien. »

*

À nouveau dans la tourmente, Sylvie a préféré éloigner un David en âge de lire et de comprendre les journaux en l'emmenant vivre avec sa mère aux États-Unis, dans une villa ayant appartenu à l'acteur Georges Hamilton.

« Au soleil de Californie, David s'épanouissait comme une fleur, se souviendra Hallyday, suivant les cours du lycée français de Los Angeles. Sylvie et moi venions le rejoindre entre deux tournées, deux galas, deux enregistrements [396]. »

Non, les enfants terribles du rock français ne divorceront pas. Pas encore. Pas cette fois-ci. Entre espoir et rancœur, la vie est toujours possible. Pour David, ils vont de nouveau faire semblant d'essayer. « S'ils ont si souvent reculé devant l'échéance fatale, c'est en grande partie à Ilona qu'ils le durent, analyse Lydie Callier. La maman de Sylvie, qui est sa conscience et son équilibre, était en même temps l'âme de la famille, c'est elle qui tenait son monde et veillait sur tout et sur tous [397]. »

Est-ce à dire que la Blonde, au cours de ces onze années de mariage, n'a péché par aucun des pores de sa peau ? Qu'elle n'a approché personne d'autre que Johnny ? Rarement en tout cas elle ne donna prise à quelque commérage de sous-magazine. En 1985, néanmoins, en posant la bonne question, Françoise Tournier sut obtenir la bonne réponse...

« — Si j'ai bien compté, vous n'avez pas eu beaucoup d'amants ?
— Oui, je n'en ai pas eu tellement. Quand vous aimez quelqu'un comme j'ai aimé Johnny... [398] »

En revanche, en février 1977, à Okinawa, au Japon, ceux qui furent présents dans les coulisses de son spectacle, tel le régisseur Hubert Leforestier, peuvent attester que la jeune femme presque sage donna d'elle l'image d'une joyeuse adepte de Bacchus, que n'eut pas désavouée Johnny. Par précaution et par peur de la défaillance, Vartan avoue ne jamais boire avant un spectacle. Ce jour-là, dans le DC 10 qui la transportait à Okinawa où elle devait donner une représentation à 18 heures, pour vaincre sa phobie de l'avion, elle se laissa tenter par un verre de saké. Puis par un deuxième... Au final, la carafe y passa. Au moment d'entrer en scène, Sylvie n'était rien moins que totalement ivre. « Je ne pouvais plus chanter tant je riais, se souviendra-t-elle. En coulisses, c'était la panique, Hubert Leforestier [le régisseur] gesticulait en criant des ordres divers, que j'écoutais dans un demi-brouillard, tout en continuant à rire de plus belle. Comment j'ai pu tenir jusqu'à la fin du tour de chant, comment j'ai pu danser ce fameux tango où mes danseurs m'envoyaient à deux mètres de haut et surtout comment ont-ils pu me récupérer ? Je ne le saurai jamais ! On a fait un triomphe. Mais je n'ai plus jamais recommencé... [399] »

*

Imperial Hotel, à Tokyo. Dans sa chambre, rongée par l'angoisse, une jeune femme suspendue à son téléphone tente désespérément de joindre la chambre n° X de l'hôpital Fernand-Widal, à Paris. Impossible ! Une consigne a été donnée et elle est stricte : « Interdiction de passer les appels de Melle Vartan à mon fils. » La Blonde n'est pas en odeur de sainteté dans le cœur de Mme Malagnac mère. La veille du départ de Sylvie au Japon, celui-ci a fait la mauvaise surprise à son entourage de tomber gravement malade. Une crise imputée à la situation devenue catastrophique des affaires du bellâtre. En découvrant tout ce que Malagnac lui avait caché, des dettes monstrueuses envers le fisc (8 millions de taxes non payées au moment du show Vartan), la SACEM, et contractées auprès des banques et de créanciers anonymes toujours plus nombreux, Peyrefitte eut ce mot : « Cette fois, je tombais de Charybde au fond de Scylla [400] ! » Aux fins de combler le déficit, en dernier recours, quelques jours avant le drame, l'écrivain s'était séparé de sa collection de livres précieux ; une vente effectuée à grand renfort publicitaire.

Dès l'annonce du « malaise » de Malagnac, Sylvie accourut à l'hôpital, mais y reçut un accueil plus que réservé de la part de la mère du rescapé. Mme Malagnac n'ignorait pas que le show Vartan avait englouti la fortune de son fils (par ricochet celle de Peyrefitte), et que si le triomphe avait été effectif pour la chanteuse, lui ne s'en était jamais remis. « Ces femmes-là sont des comédiennes [401] », opposa-t-elle à Peyrefitte lorsque l'illustre protecteur de son fils lui confia – c'est lui qui évoque cet épisode dans un livre – combien il avait été touché par l'épouse de Johnny lorsque au cours d'un dîner, celle-ci lui avait révélé ses peines de cœur.

« Je connais assez bien Sylvie, rectifia Peyrefitte. Elle n'est justement pas une vedette comme les autres, parce qu'elle est une femme comme les autres, c'est-à-dire capable de délicatesse et de sentiment.

Je crois savoir ce que Sylvie est pour lui et ce que lui est pour Sylvie. Ce sont deux camarades, qui se sont trouvés un lien imprévu : celui d'être des purs et des tendres dans un monde sans pureté et sans pitié. Je crains seulement qu'elle n'ait été, sans le vouloir, à l'origine de certaines difficultés qu'Astolphe – pseudonyme de Malagnac utilisé par Peyrefitte dans *L'Enfant de cœur* – éprouve en ce moment dans ses affaires[402]. »

À Tokyo, sans nouvelles directes de Malagnac, Sylvie se ronge les sangs. Aussi se résout-elle à joindre directement Peyrefitte à son domicile. Entre-temps, le secrétaire de l'écrivain a déversé sur le compte de la Blonde, qu'il déteste, un flot de ragots tous plus faux les uns que les autres. Peyrefitte se montre distant avec la chanteuse. « Elle rugit comme une tigresse, est-il écrit dans *L'Enfant de cœur* : “Mais Roger, pour qui me prends-tu ? Est-ce que tu doutes de moi parce que je suis partie ? C'est mon agent qui m'y a forcée. J'ai la tête en feu. J'ai envie de pleurer, non de chanter.” Je m'excusai comme je pus. J'ajoutai que, moi aussi, j'avais la tête en feu et que je ne savais plus ce que je disais. Nous nous embrassâmes à distance. La paix était faite. »

À la suite de cette scène de pathos câblée, le veto levé, Vartan put accéder à la chambre de Malagnac et il lui fut enfin permis d'échanger quelques mots avec celui qui, de l'avis du docteur Sarda, revenait de très loin. Par gratitude, Sylvie offrit au médecin un appareil photographique dernier modèle acheté au Japon. Dans sa lettre de remerciement, le docteur Sarda s'aventura à poser quelques questions à la chanteuse concernant Malagnac aux fins de mieux centrer sa cure de convalescence. Elle s'abstint de donner une suite. « Le terme “Votre Astolphe” l'ayant préalablement chatouillée, elle n'avait pas répondu, étant peu désireuse de parler d'Astolphe à des tiers, fût-ce à ce médecin providentiel », expliquera Peyrefitte.

*

C'est une Vartan à l'esprit quelque peu rasséréné qui rentre à Paris pour immédiatement repartir vers Téhéran, puis Damas.

Après avoir donné au shah d'Iran l'héritier qu'il attendait ardemment, le 12 mars 1963, l'impératrice Farah mettait au monde sa première fille, la princesse Farahnaz. Pour célébrer ses quatorze printemps, le roi et la reine lui ont réservé une surprise à la démesure de cet événement : Sylvie Vartan en chair et en os, rien que pour elle ! Le shah, la shabanou, un petit carré d'officiels, quelques amis des enfants royaux ; une vingtaine de personnes en tout se sont installées dans l'un des salons de l'ancien palais de Téhéran, pour écouter un ensemble de musiciens iraniens engagés pour la soirée.

Soudain, l'orchestre se retire, laissant la place à un autre. Alors la Blonde, somptueusement moulée dans une robe fourreau plus scintillante que les ors du palais (une audace qui en d'autres temps lui aurait valu l'incarcération à la prison d'Evin) fait son entrée. Farahnaz est éblouie. Quatorze chansons : une pour chaque année d'existence de la jeune princesse.

« À notre arrivée en début de soirée, se souvient Hubert Leforestier qui accompagnait sa patronne et amie, les portiques de sécurité se mirent à sonner furieusement, mettant tout le palais en ébullition. Les gardes croyaient qu'il y avait une bombe dans le sac de Sylvie. Après une fouille scrupuleuse, ils se rendirent compte que c'était son réveil de chez Cartier qui avait déclenché tout ce remue-ménage. Sur le moment nous eûmes très peur, aussi le shah, très courtois, s'empressa-t-il de nous présenter ses excuses. Nous étions partis avec un gros matériel de son et des danseurs pour faire un show normal, mais devant l'exiguïté de l'endroit, Sylvie qui devait se changer plusieurs fois, modifia la mise en scène[403]. »

Après le spectacle suit un repas au cours duquel l'apparition divine se retrouve à côtoyer majestés et altesses pour terminer dans les bras du sémillant prince héritier Reza, âgé de seize ans. « C'est un garçon charmant, dira la Vartan. Il possède tous mes disques, même ceux de mes débuts et connaît la plupart des paroles de mes chansons. Très courtois, ce prince devrait devenir un grand souverain. Il m'a également confié qu'il aimerait venir à Paris... mais sans gardes du corps[404]. »

On sait le triste sort que devait réserver l'avenir à cette famille qui avait œuvré pour libérer l'Iran de l'ingérence étrangère d'abord, de l'archaïsme le plus primaire et du fanatisme ensuite. Lorsqu'un an après le passage de Sylvie, le travail de sape de « l'alliance du rouge et du noir » (communistes et intégristes religieux) ayant fait son effet, la révolution balayera le régime en quelques mois pour laisser la place à une horde de fanatiques frappant au nom d'Allah, l'histoire ne donnera pas tort à Vartan d'avoir procuré, avec un cachet conséquent à la clef, certes, quelque bonheur à ces gens salement abandonnés par des gouvernants américains et occidentaux que les rapports alarmistes d'Amnesty International n'émouvaient pas plus que cela du temps de la splendeur et des sollicitudes impériales. Ami du président Sadate, entretenant d'excellentes relations avec ses voisins juifs et arabes, Mohamed Reza Pahlavi n'était-il pas rien moins que le garant d'une certaine stabilité dans le golfe Persique ?

Plus sympathique, ce clin d'œil du destin : quelques jours avant l'arrivée de Sylvie à Téhéran, la merveilleuse Farah venait de faire l'acquisition du plus précieux des ouvrages de la vente Peyrefitte :

un recueil de remarques obscènes de Sade sur des crayons originaux de son dessinateur Bornet. « Sade allait émoustiller les nuits du shah[405] », se consola l'écrivain, malheureux de voir ainsi sa collection dispersée... Farah qui, en 1967, lors d'un voyage des Smet au pays de Cyrus le Grand, avait offert de somptueux tapis persans aux deux jeunes Français.

« Sylvie me raconta qu'après la révolution et la mort du shah, elle avait revu la famille Palhavi aux Seychelles, me semble-t-il, lors d'une séance de photos pour *Jours de France,* précise Hubert Leforestier. Quant à nous, après le gala privé pour la princesse Farahnaz, nous avons visité Téhéran, guidés par Jacques Grange, le décorateur français de l'impératrice. Puis, après un départ mouvementé à cause de musiciens qui avaient oublié leurs passeports à l'hôtel, et parce que nous n'avions pu embarquer le matériel du son dans l'avion trop petit, nous nous sommes rendus à Damas. Sylvie y a donné un spectacle à l'hôtel Méridien. Là, encore de nouvelles péripéties nous attendaient. En effet, dans une caserne de la ville où le chef des armées syriennes l'avait conviée avec insistance à venir prendre un verre, Sylvie et moi nous sommes retrouvés parmi des centaines de militaires venus d'Égypte, du Maroc, d'Algérie... et tous beurrés ! En voyant cette belle blonde arriver, ils sont devenus complètement hystériques. Il y avait une danseuse du ventre qui s'exhibait devant eux, je m'en souviens. C'est à ce moment-là que le général syrien demanda à Sylvie d'improviser un spectacle sans orchestre. Elle refusa, bien sûr, mais il nous fut très difficile de leur faire comprendre l'incongruité de la chose. Quant au son, nous ne l'avons récupéré qu'au bout de six mois...[406] »

*

Puis, à nouveau les States. Parce que les USA font partie de sa mythologie, que là-bas Vartan y est madame-tout-le-monde. À Los Angeles, elle ne subit pas la pression du public en général et des fans en particulier. Si Hallyday estime que pour faire rêver la tourbe on ne se mélange pas à elle, la nature peu liante et timide de Sylvie lui fait considérer les à-côtés du métier comme un sacerdoce : « Je n'ai jamais été sensible à l'aspect extérieur du vedettariat, confia-t-elle au début des années 70. Les demandes d'autographes, les fans qui vous suivent partout, les photographes... Au contraire, c'est tout ce que je déteste dans ce métier. Hélas, ça en fait partie. Mais je vous prie de croire que je m'en passerais volontiers[407]. »

En 1985, alors qu'elle est toujours au sommet, son sentiment n'aura pas beaucoup évolué comme l'atteste une interview à Alain Dubar.

« — Même vos fans semblent avoir un peu peur de vous, vous n'êtes pas vraiment la copine à qui on peut taper sur l'épaule ?

— Ce n'est pas très élégant de taper sur l'épaule d'une femme, elle a une certaine distance par rapport à l'homme. J'ai toujours vécu avec mes fans et j'ai toujours connu les sorties en catastrophe. On ne peut pas se laisser écharper par bonheur ! La foule m'angoisse. Quand je suis sur scène, j'aime que les gens viennent vers moi, mais dans la vie... Je dois beaucoup aux gens qui m'aiment, mais la violence et l'hystérie ne me plaisent pas[408]. »

La plupart du temps, Vartan affecte de ne pas montrer ses sentiments et son embarras lorsque ses aficionados la cueillent, un appareil photo à la main, à la sortie de son immeuble. De mémoire de fan, on l'a rarement vue tempêter, tant il est vrai que lorsqu'ils sont ensemble et qu'il est de mauvais poil, Johnny le fait pour elle.

Celui de 1965 (Vartan-Hallyday) ayant rapidement disparu, de 1967 à 1970, Sylvie fut très partie prenante dans son fan-club personnel. À partir de 1971, un responsable prit en charge le secrétariat du club de la chanteuse. Jusqu'en 1976... À la suite d'un détournement d'argent, on le mit à pied sans autre forme de procès. *Bye-bye friend... and don't forget,* en affaire comme en amitié, Sylvie n'a qu'une loi, l'intégrité ! « Ceci est la version officielle, l'argent n'ayant été que le prétexte second, rectifie un proche de Vartan. En réalité, ce fut surtout pour une histoire de petite lingerie que le responsable en question fut viré. Fou amoureux de Sylvie, d'un amour étrange et fétichiste, il faisait les poubelles pour récupérer ses bas et ses culottes de scène. Un jour, elle s'en rendit compte et en avisa Johnny qui rua dans les brancards. »

Déçue aussi, la Vartan, par l'un des gardes du corps de David qui, à une certaine époque, pendant son absence, faisait visiter la maison familiale aux fans, moyennant finances. Un film de vacances tourné par Johnny où l'on verrait Sylvie les seins nus sur une plage aurait disparu à la même période. Il circulerait de manière non autorisée après avoir été volé puis monté sur système vidéo et reproduit en plusieurs exemplaires... *Exit* le garde du corps !

Quant aux triomphes consécutifs de Vartan au Palais des Congrès ils ont développé chez les plus hystériques de ses admirateurs une nervosité qu'elle a de plus en plus de mal à comprendre et à supporter. S'ensuit une irritation de la vedette dont parfois les plus raisonnables de ses fans auront à supporter les conséquences... Ainsi, Catherine Le C. danseuse et amie de Barbara, garde le plus mauvais souvenir de ses tentatives d'approche de la « reine du Palais » : « Amoureuse de la danse, j'étais éblouie par les prestations de Sylvie et c'est tout naturellement que j'ai tenté à plusieurs reprises d'approcher ce soleil qui depuis la scène projetait une telle lumière. Je ne sais pas si j'avais le chic pour tomber sur le mauvais jour, mais plus d'une fois j'ai vu la chanteuse repousser ses "assaillants" d'un geste de la main. Je l'ai trouvée désagréable. Pis : un soir, dans les coulisses, je l'ai entendue crier : "Foutez-moi tout ça dehors[409] !" »

Ce témoignage de bonne foi nous incline cependant à préciser qu'il ne cadre pas avec celui de l'immense majorité des admirateurs de Sylvie, qui se souviennent d'une tout autre femme, chaleureuse lorsqu'en terrain de connaissance, attentive aux autres et surtout éminemment respectueuse de ceux qui l'ont aidée à devenir ce qu'elle est.

Un autre jour, à Paris, une groupie de longue date, qui traque Vartan à longueur de temps, s'approche de son idole, une paire de ciseaux à la main, et tente de lui couper l'une de ses longues mèches colorées et coiffées par Carita. Devant son insistance et sa détermination, la chanteuse cette fois sort carrément de ses gonds : « Putain de merde ! »

C'est à peu près le seul écaillement de vernis public recensé chez la Dame.

Roger Peyrefitte, toujours dans *L'Enfant de cœur,* rapporte qu'en 1976, dans la loge de Vartan au Palais des Congrès, en s'amusant à fouiller dans la corbeille à papier près de la coiffeuse, il débusqua une lettre remplie d'injures épouvantables : « Notre exquise Sylvie l'avait jetée dans la corbeille dédaigneusement sans prendre la peine de la déchirer. Elle fut fort amusée quand je lui en parlai, car elle ne l'avait pas lue. Elle était habituée à cette haine que provoquent le talent, le succès et la beauté chez des fous, des ratés ou des névrosés, comme une contrepartie à l'amour et à l'admiration. »

*

À Los Angeles, Mme Smet répète avec Claude Thompson son spectacle au Palais des Congrès de Paris, prévu pour le mois d'octobre prochain. Thompson fut non seulement Porgy dans la fameuse comédie musicale *Porgy and Bess*, mais encore le chorégraphe de la grande rentrée télévisée de Presley à la fin des années 60. Entièrement renouvelé, le show comportera un boisseau de nouvelles chansons de facture populaire, telles *L'Amour c'est comme les bateaux, Petit Rainbow, Georges, Le Temps du swing...* Et toujours plus de ballets, avec des chorégraphies de plus en plus pointues. Si Vartan n'assure pas directement la mise en scène, tout émane d'elle et tout revient à elle. Incroyablement douée, dotée d'un sens aigu de l'observation, pas un détail ne lui échappe, elle n'en veut négliger aucun. Pionnière du renouveau d'un certain music-hall en France, Vartan à une autre époque aurait eu une trempe, un prestige et un succès comparables à ceux d'une Gaby Deslys, star oubliée des années 20, dont Mistinguett, sa première fan, disait : « Je regarde ce qu'elle porte et je porte ce qu'elle regarde. »

Infatigable fourmi bâtisseuse chaque jour attelée à sa tâche, depuis Los Angeles, dans des courriers adressés à Michel Fresnay demeuré à Paris, Sylvie s'improvise chef d'entreprise au royaume du strass et de l'effort conjugué. À la lecture de ces lignes sans tricheries adressées à un intime que son collaborateur nous a permis de lire, se dessine pour partie le caractère de cette fille méconnue, dont beaucoup déplorent trop souvent la froideur. Autre élément révélateur, sa fraîcheur et sa spontanéité qui tranchent avec la sobriété, la rigueur presque de ses souhaits toujours exprimés avec tact. Humour aussi, parfois, lorsque le poids de ses quatre volontés risque d'assommer le destinataire de cette missive loquace et révélatrice qui vaut sinon analyse, au moins bien mieux qu'un divan de Chapier ! La flatterie enfin, parce que dans le show-biz, on ne saurait se passer tout à fait ni d'en user ni d'en abuser. Ne résistons pas plus longtemps à restituer l'esprit de ces indications et attentes formulées à quatre mois de l'échéance. Ainsi la Blonde précise que « Jusqu'à la chanson n° 7, robe absolument extraordinaire, à vous couper le souffle, comme toi seul en as le secret. Elle devra être soit fourreau, avec une cape que l'on ôtera pendant la première chanson (car la chorégraphie impose quelque chose de ce genre), soit ample et sans cape. Je choisirai plutôt la première solution, bien que j'ai déjà eu quelque chose de semblable et de plus une robe longue fourreau servira très bien la chanson *Dieu merci.* » Et d'ajouter que pour « Garry et Peter (chanteurs et danseurs noirs américains), un costume étonnant... enfin deux plutôt, ce serait mieux que chacun ait le sien ! » Un peu plus loin, évoquant l'adaptation de *All that jazz*, elle flatte son costumier fétiche en l'assurant qu'il « sera difficile de trouver quelque chose d'original pour rénover ces costumes déjà vus, mais que bien sûr elle compte sur son immense talent pour faire encore quelque chose d'extraordinaire. Après tout, ce ne doit pas toujours être les mêmes qui se tuent à la tâche... »

Après le descriptif des tableaux qui viendront meubler la seconde partie jusqu'au final, Sylvie en vient aux consignes et aux explications avec méthode et précision. Pour conclure, à la fois affectueuse et professionnelle : « Tu vois, il y a de quoi faire ! Quant à moi, rien n'a changé, c'est comme d'habitude, je cours à gauche, à droite, je lève la jambe, je vocalise, je pense, j'oublie, je m'angoisse, je ne dors plus. Je ne peux que te souhaiter bon courage à toi aussi. Je serai à Paris le 7 juin, si d'ici là tu peux penser à tout cela et que tu peux avoir quelques croquis de prêts, ce serait l'idéal.

Je t'embrasse fort ! Sylvie. »

Sous le coup de patte du costumier américain Bob Mackie, les tenues de Vartan vont perdre de leur prime pudeur. Styliste attitré de Cher, Tina Turner, Ann Margret, créateur de la dernière et fameuse robe couleur chair de Marlène Dietrich, cousue chaque soir sur elle à même la peau, Mackie signe trois robes pour Sylvie, tous les autres costumes restant des créations de Michel Fresnay. « C'est Dick Grant, attaché de presse de Cher, qui avait fait connaître Mackie à Sylvie, explique Hubert Leforestier. Je travaillais avec Charley Marouani et Dominique Segall pour la presse, mais je m'occupais de beaucoup d'autres choses. En plus de la régie, je traitais aussi les aspects financiers : les défraiements des danseurs, le coût des musiciens et des costumes. Je défendais les intérêts et les choix de Sylvie par rapport aux producteurs. Elle est extrêmement têtue lorsqu'elle a décidé quelque chose. En dépit de ses prix exorbitants, Mackie, elle l'a voulu et elle l'a eu[410] ! »

Désormais, la Vartan n'arrêtera plus d'imposer ses jambes en les exhibant jusqu'à hauteur de hanche dans des bodys cousus de flammes qui se promèneront en toute désinvolture entre ses cuisses, au gré de ses pas et de ses mouvements. La tenue la plus ambitieuse de Mackie est « la robe léopard » dans laquelle Vartan pose pour Helmut Newton. Prisonnière dans un rond de lumière, devant un rideau de scène de couleur vert amande, comme pour mieux conjurer la superstition en vigueur au théâtre, Sylvie-tigresse, la hanche provocatrice, léchée par les flammes de sa robe-lambeaux, semble prête à relever tous les défis de la civilisation. La photo devient affiche, une affiche qui, du 2 juillet à Salon-de-Provence au 28 août à Pamiers, attire en avant-première la province française. Encore une fois, Sylvie a prévu de ratisser large avant de porter son show en triomphe jusqu'à Paris...

*

Mêmes lieux, dates presque toujours identiques, d'année en année les tournées d'été se suivent et s'enchaînent sans jamais se ressembler pourtant. À chaque journée, à chaque étape son lot de « surprises » ; depuis la casse de dernière minute suivie du miracle instantané et réparateur, jusqu'aux problèmes de maintenance et aux caprices du ciel lors de concerts en plein air, le panier regorge d'angoisses plurielles que Sylvie sait parfois transformer en petits bonheurs impromptus. Tourner sur la Côte, par exemple, elle adore !

D'autant mieux qu'entre deux spectacles elle sait qu'il lui sera toujours donné d'aller déposer un peu de son stress chez Maritie et Gilbert Carpentier, ses « parents adoptifs » de l'affreuse famille du show-biz. Ce 5 août 1977, elle s'est produite à Sainte-Maxime et demain ce sera le théâtre aux Étoiles de Hyères. Dans l'intervalle, courte plage de repos et cure d'amitié dans le mas des Carpentier quelque part au-dessus de la Méditerranée. Johnny est de nouveau loin des yeux et du cœur de sa femme, mais Hubert Leforestier, le dévoué régisseur, se tient toujours à bonne distance... Il est présent lorsque Jacqueline Cartier envoyée par *France-Soir* débarque chez les fameux producteurs pour voler à une épouse et une mère en exil ses quelques rares heures de liberté.

Levée depuis 15 heures, terriblement en manque de son David demeuré près de sa grand-mère, la Vartan ne sait plus qu'être Sylvie lorsqu'il lui prend l'envie soudaine et nostalgique de saisir de son objectif la petite-fille de Maritie et Gilbert. Sarah cueillant des fleurs, Sarah grimpant à bord des chaussures à talons de Mme Sylvie, Sarah réveillant le chien de Mme Sylvie, Plouf, qui se venge en donnant la chasse à deux papillons amoureux de la même fleur. Courte récréation avant le début des choses sérieuses et de la traditionnelle séquence de la pose des bigoudis pour être ce soir la plus belle. Vartan s'amuse : « Et vous allez voir pour quel résultat : au bout d'un quart d'heure de scène, mes cheveux sont des spaghettis ! Il y a des moments où je rage. Si j'avais des ciseaux...[411] »

À 19 heures, c'est le départ pour Hyères. Là, « surprise » : le fameux théâtre aux Étoiles est un préau d'école. Flanquée d'un vieux sac à soufflets en cuir qui a appartenu à son grand-père Robert en Bulgarie, la saltimbanque de luxe prend ses quartiers dans l'une des salles de classe du rez-de-chaussée. Pendant une demi-heure, elle va s'y échauffer avec l'un de ses danseurs « qui la broie littéralement, forçant les écarts de jambe, le dos, les omoplates[412]. » Ensuite, direction le lavabo, de l'autre côté de la cour. C'est celui qui sert aux élèves en saison scolaire et c'est le seul dont elle pourra disposer. Surviennent Eddie et son épouse ! Quand nous vous disions qu'à l'image de la vie, dans les tournées les « surprises » peuvent être de toutes les couleurs... « Voilà le plus vache des critiques[413] ! », l'accueille Sylvie, folle de joie. Puis, prenant la Cartier à témoin : « Il ne me passe rien. Ma famille, c'est la famille couperet[414] ! » Comme par une fenêtre entrouverte, des enfants semblent se pourlécher de la scène, le grand frère sort en trombe pour les gendarmer. « Ça va être leur fête[415] », s'esclaffe Sylvie.

21 heures. Début du spectacle. Le moral et le cœur gonflés à bloc, avec cette sensation pour elle toujours régénérante de se sentir en

famille, Vartan ce soir ne pouvait que donner le meilleur. À l'entracte, Cartier interroge la vedette sur sa voix qu'elle trouve de plus en plus « solide ».

« — J'ai eu de la chance, à New York, je suis tombée sur le professeur de chant de Barbra Streisand et de Liza Minelli. Résultat : je ne suis plus jamais aphone[416] ! »

Avec Jacqueline Cartier comme préposée à la popote, dans le *France-Soir* du 15 août, la soupe vartanesque fut royalement servie !

*

Entre le 7 octobre et le 9 novembre 1977, 180 000 spectateurs se pressent à la Porte Maillot. Sylvie fait de nouveau l'événement. « C'est reparti pour un tour, à nouveau le Palais des Congrès est plein, plein comme un gros cœur qui ne bat que pour Sylvie, tout plein de Sylvie », peut-on lire dans... *France-Soir*... sous la plume de... Jacqueline Cartier. Les copines ça sert aussi à ça !

« Le rideau se lève et apparaît, minuscule et fragile, ravissamment proportionnée dans des robes de rêve, une Sylvie toute petite, à l'échelle humaine, sur cette énorme scène qui a l'air de la tenir comme l'héroïne de King-Kong dans le creux de la main, enchaîne la grande prêtresse de *France-Soir*. Émouvante à force de grâce et de blondeur. Sylvie, étoile à part entière. Son spectacle, qui a l'intelligence du bon music-hall, ne pense pas, ravit seulement les yeux et s'ordonne comme une fête avec le charme rétro, élégant, des productions hollywoodiennes d'avant-guerre.

« Tout est brillant, policé ; les boys et les girls ont des costumes rutilants auxquels il ne manque pas un strass. Elle-même, serpentinement blonde, a la puissance charmeuse des stars. Elle est dans la lignée des Gilda, des Marylin, des Jean Harlow, de toutes celles qui ont été les petites fiancées du monde entier.

« Rien de vénéneux, de trouble, de vulgaire, de dangereux. Sa beauté attire même les enfants. Ils grimpent irrésistiblement sur la scène, les plus riches avec des fleurs, les plus pauvres avec leurs baisers. (...)La petite Sylvie n'en est plus à son coup d'essai. Comme on dit dans le rugby : “Ce n'est pas pour rien que je fus à Cardiff !” Essai transformé. Et elle gagne[417]. »

« Un après-midi, raconte Jean-Henri Martin – un admirateur qui suit Vartan dans le monde entier, depuis 1968 –, les lumières allaient s'éteindre, le spectacle commencer, lorsqu'une rangée de fauteuils restés libres jusque-là furent investis par une bande d'enfants cravatés et tous très typés, encadrés par une flopée d'hommes à la carrure imposante. Les gamins tenaient d'énormes bouquets de fleurs dans leurs bras qu'ils déposèrent à leurs pieds une fois assis. Dans la salle, les gens semblaient intrigués. Je l'étais moi-même. Placé pas très loin d'eux, pendant le show, je m'amusais à lire sur leurs visages les signes de l'émerveillement. L'un d'entre eux surtout me semblait littéralement fasciné. À l'entracte, tous disparurent. Avant de réapparaître. Entre-temps, toujours sous haute surveillance, on les avait emmenés dans la loge de Sylvie pour un cérémonial très privilégié d'échange de fleurs et d'autographes[418]. »

Jean-Henri Martin fut le témoin direct ce soir-là du bonheur très français de Sidi Mohammed, futur Mohammed VI, qui avait fait le voyage spécialement du Maroc pour assister à l'une des représentations de Sylvie Vartan, son icône, en compagnie de ses sœurs dont Lalla Mériem et Lalla Hasna, et de quelques amis.

*

Dans la lignée de Cartier, l'ensemble des critiques parisiens se sont déclarés peu ou prou bluffés par la prestation de celle à qui certains commencent maintenant à donner de « la star ». Le *Figaro,* par la voix de François Santerre, affirme avoir pris acte de la métamorphose : « Les bras sont moins raides, les jambes ont perdu leur aspect de pinces à sucre. »

Dans *Le Quotidien de Paris,* on parle de « la plus grande artiste française de music-hall » en ces termes : « Sylvie Vartan appartient à la première génération adulte à sortir de la Révolution culturelle qui fit la pop'music. Si quelqu'un écrit un jour une anthologie du music-hall, il serait fâcheux qu'elle n'y ait pas une place de reine. Avec son personnage de poupée brisée, sincère, elle entrera dans l'histoire pour avoir prouvé que tout peut se faire et n'importe où, il suffit d'y mettre du courage et de l'intelligence. » Les notions d'intelligence et de connaissance de soi appliquées à Vartan reviennent comme un leitmotiv.

Claude Fléouter lui-même cette fois-ci s'est extirpé de son aigreur, mais s'il fait contre mauvaise fortune bon cœur, il ne se laisse engloutir dans le flot des dithyrambes qu'à hauteur du menton, pour déclarer haut et court dans *Le Monde* que Vartan n'a pas droit à son diplôme de chanteuse. De son côté, *L'Humanité,* trop heureux de casser du bourgeois, dénonce le déploiement de luxe du show et met à l'index le « mercantilisme » qui sévit chaque soir, dans le hall du Palais des Congrès, avant et après le spectacle. Cependant, le coup de poignard ne viendra pas des « camarades à » Brejnev, mais du *Figaro* qui a affûté sa lame afin de mieux le planter dans le dos de la Blonde, quelques jours après un article pourtant très favorable. Le titre en lui-même est déjà presque assassin : « Une idole pour Hollywood anémié... » La suite est une exécution bien élevée entre gens de bonne famille, que son auteur n'a osé signer que sous le pseudonyme de « Monsieur Dimanche » : « En sortant du Palais des Congrès, j'ai acheté l'affiche, qui allonge au-delà de la vérité les jambes de Mme Vartan. Je la rapporte à mes enfants. Je leur dirai que c'était magnifique et que j'ai assisté à une grande messe à laquelle il ne manquait rien, ni officiants, ni fidèles. Seul Dieu était absent[419]. »

« Vartan l'Américaine ! » Autre nouveau surnom qui met Sylvie à cran, parce qu'elle pense ne pas y correspondre : « Nulle part ailleurs qu'en Amérique, on ne peut apprendre mieux à bouger, à danser, nulle part il y a un pareil sens du spectacle musical. À Vegas au moins, on vous sait gré de vos efforts et le luxe n'est pas encore un péché. Nulle part ailleurs qu'aux États-Unis on ne peut s'entraîner aussi bien. C'est pourquoi lorsque je mets au point un show pour la France, je le prépare là-bas. Mais je lui donne le goût français. De sorte que, lorsque je chante aux États-Unis, on me considère comme une "French star", alors que si je suis sur une scène française, on parle de spectacle à l'américaine[420]. »

Pourtant, Sylvie n'a de cesse de le garantir, sa « vraie vie » est ici, en France, dans son pays d'accueil. Elle ne le prouvera jamais tant qu'en continuant à sillonner l'Hexagone quand sonnera l'heure des premiers abandons de tournées d'été par nombre de ses pairs.

*

Comme en 1975, il va y avoir prolongations du 20 mars au 2 avril 1978. Un dimanche, Mick Jagger et Charles Trénet se déplacent pour venir applaudir leur consœur. Au regard des réservations qui affluent, on serait en mesure de raccrocher à la locomotive deux semaines supplémentaires, mais le calendrier du Palais est complet et depuis longtemps la scène a été retenue par l'Orchestre de Paris. Après avoir précédemment déclaré que « la salle est froide et mal construite[421] », Sylvie fait sa mauvaise tête : « C'est d'ailleurs la dernière fois que je passe dans cette salle, car il est impossible d'y répéter correctement. Il y a toujours des manifestations extra-artistiques qui vous empêchent de disposer de la scène. La prochaine fois, si Bruno Coquatrix est d'accord, je passe cinq mois à l'Olympia[422] ! »

Parmi le corps de danseuses qui entourent Vartan cette année-là, l'une d'elle sortira du lot : Guesch Patti. Elle et Lydie Callier adoraient leur patronne. « C'est vrai que Sylvie était très aimée par l'ensemble des danseurs, confirme Lydie Callier, pour la bonne raison qu'elle ne se mettait jamais en exergue. On voyait d'abord la femme avant de voir l'artiste. Dans le studio de répétitions, on ne la distinguait du groupe de filles que par sa chevelure si belle et si particulière, tant elle tenait à se fondre aux autres et à se mettre à leur niveau, suant la même eau et le même sang pendant le travail et s'asseyant par terre, accroupie à discuter pendant les pauses. À aucun moment, elle ne faisait prévaloir son statut de star et pour ça, chapeau ! Tout à son honneur aussi, cette exigence qu'elle avait de s'entourer des meilleures danseuses qui étaient à la fois de très belles filles ; il faut croire qu'elle ne redoutait pas la concurrence. Elle avait raison parce que j'ai peu souvent vu un corps aussi beau que le sien, avec une chute de reins comme on n'en trouve que rarement. Elle n'avait pas conscience que le public ne regarderait qu'elle, que nous ne lui servirions que de faire-valoir. Elle pensait au contraire que chaque élément avait la plus grande importance pour qu'au sortir de la salle, le spectateur puisse s'exclamer : "C'est le plus beau spectacle de ma vie[423] !" »

Pour ajouter à la fête, que « miss USA » veut totale parce que c'est avant tout la sienne, le 10 septembre 1977, TF1 a diffusé « Dancing Star », une nouvelle sauterie musicale produite par les Carpentier. La dernière du genre. Sylvie s'y attendrissant avec humour et en couleurs sur sa propre saga sert aux téléspectateurs des épisodes qui rappellent le début de son parcours. Le tout abondamment arrosé de sauce bulgare. « Magnifiques, les décors », comme se plairait à déclamer « l'ami Brialy », pour un soir imprésario de la Vartan. Les chansons et les scènes ne le sont pas moins. Un duo avec Barbara fut prévu, mais un problème d'édition rendit la chose impossible. Les Debout étant tombés en disgrâce, d'autres partenaires entourent Sylvie, dont Marie-Paule Belle, camarade de vaches maigres, pour la fiction.

Dancing star devient un disque à succès, illustré à la mode fantaisiste par le dessinateur François Dupuich, qui signe là son passeport pour la notoriété. Déjà, il eut l'heur de plaire à Vartan, lorsqu'il lui proposa une maquette pour l'album *Qu'est-ce qui fait pleurer les blondes ?* Il récidivera pour la pochette de *Disco Queen,* le premier titre disco de Sylvie, qu'elle crée en direct et en play-back à la télévision française, dans « Les rendez-vous du dimanche », le 12 mars 1978, très précisément. Pour la première fois ce jour-là, elle chante équipée d'une paire d'épaisses lunettes noires... Et pour cause : la veille, dans l'après-midi, la radio a annoncé l'électrocution fatale de Claude François dans la salle de bains de son appartement parisien du boulevard Exelmans.

« Sylvie semblait sincèrement affectée », se souvient Nelly Giraud, la nouvelle habilleuse de Vartan[424]. Sur le plateau de Drucker, les spots et les lumières font la gueule. Le pavillon du spectacle français est en berne, les fans au désespoir. Cloclo, parfait symbole d'un mouvement perpétuel qui semblait ne jamais devoir s'arrêter. Le jour de ses obsèques, dans l'église, les chagrins les plus remarqués s'appellent Sheila ou Dalida, pleureuses sincères du premier rang. À douleur égale, officiels ou anonymes, ils sont très nombreux à être venus gonfler l'assistance. Inutile de guetter l'arrivée de Vartan ou d'Hallyday. Ni l'un ni l'autre ne viendra. En dépit de la tristesse de Johnny et de l'antipathie nourrie par Cloclo à son égard, cette disparition équivaut pour lui et malgré lui, à l'élimination d'un concurrent direct, le plus dangereux. Le chanteur blond était la bête noire de l'Idole. Selon Alan, l'un des intimes de Johnny, lorsque venaient à Hallyday des pensées suicidaires, il eût suffi de lui rappeler qu'alors Claude François deviendrait en France le numéro 1 incontesté, pour lui faire recouvrer ses esprits. Quant à Vartan, plus mesurée, en 1982 elle sortira de sa réserve, non pour faire le panégyrique enflammé d'un camarade disparu, comme il est trop souvent de mise dans un métier où, on l'aura compris, tout le monde déteste tout le monde et où chacun prétend le contraire, mais pour se souvenir d'un « pro » qu'elle ne pouvait qu'admirer : « Claude et moi, nous n'étions pas des intimes, disons que le fait de faire le même métier nous donnait l'occasion de nous croiser régulièrement. Nous avons tout de même débuté ensemble. Aussi bizarre que cela puisse paraître, nous avons tous les deux eu la même façon de voir les choses et de travailler. Nous n'avons jamais fait de chanson ensemble, Claude et moi, mais nous devions faire un duo le jour où il est décédé. Notre duo ne restera malheureusement qu'un projet... [425] »

CHAPITRE 21

Et l'ombre de « Lady Lucille »...

« Ce qu'il y a d'ennuyeux dans l'amour, c'est que c'est un crime où l'on ne peut pas se passer d'un complice. »
Charles Baudelaire

« Si parfois on annonce la naissance d'une nouvelle Sheila ou d'une autre Mireille Mathieu, on n'entend jamais parler de nouvelle Sylvie Vartan, note à regret un observateur. Sans doute parce qu'aucune chanteuse actuelle n'a le courage d'apprendre en professionnelle les chorégraphies musclées réclamées par le show américain, et de se livrer à la fastidieuse discipline des représentations en groupe. Il est tellement plus simple de trouver des "tubes" et de vendre du disque. Un spectacle de rythme et de charme comme ceux de Sylvie Vartan, où il faut se donner jusqu'à la limite de ses forces, correspond à une performance sportive de haut niveau que seule peut réussir une athlète bien entraînée[426]. »

Vartan souffre, mais ne le montre pas ; c'est aux gens qui l'aiment qu'elle veut plaire. Elle court, elle court, la Blonde, et ne réserve plus ses larmes qu'à son miroir intérieur. Après les prolongations parisiennes et trois semaines au Japon, séjour triomphal au cours duquel Johnny souffle ses trente-cinq bougies, du 22 juin au 12 août 1978, elle repart écumer la province française qui la réclame. Tous les théâtres de verdure, tous les chapiteaux, tous les stades où elle se produit affichent complet. À Béziers, le jour de la dernière, Super-Johnny la rejoint pour deux concerts qui feront date. Désormais, il ne l'impressionne plus, car tous deux sont sur la même ligne. Les époux fantômes s'offrent en duo. *Le feu, tu es le feu...* Ils en profitent pour célébrer sur scène, avec un peu d'avance, les trente-quatre ans de Sylvie. Le 14, David en aura douze...

*

« Même si notre entente physique et notre complicité sont toujours exceptionnelles, nous menons maintenant deux vies séparées, écrit Johnny dans *Destroy*. Et la tendre "Lady Lucille" n'est pas loin », ajoute-t-il plein de sous entendus...

« C'est peu de le dire, confirme un témoin direct d'une scène qui eut lieu précisément au Japon. Hallyday et sa "Lady Lucille" étaient venus ensemble applaudir Sylvie. Ils étaient assis juste devant moi. »

Il est complexe de s'improviser Champollion pour décrypter la véritable identité de cette fameuse « Lucille » qui, depuis leurs premières amours, revient en pointillé dans la vie du rocker. Dans *Destroy* toujours, affirmant que « Lucille » lui ouvrit son cœur du jour où, en 1961, il joua de la guitare pour elle, Johnny fournit plus que des indices : « Notre amour était si intense, si pur, si physique et tellement impossible que nous nous sommes juré, quoi qu'il puisse nous arriver, de répondre présent à chaque coup dur. (...) Jusqu'en 1994, nous n'avons jamais failli à notre parole... (...) Quand j'ai rompu avec Sylvie, elle était là... Quand j'ai voulu me suicider, elle était encore là... Quand j'ai rompu avec Nanette Workman, elle était toujours là... Elle est devenue une grande dame au talent immense, adulée et respectée (...) Elle continue d'affirmer que je suis et reste l'homme de sa vie. Je persiste à croire qu'une liaison durable ne pourrait que la mettre en péril. Nous sommes deux vagabonds de l'amour. Je ne veux pas lui faire du mal. Je veux la préserver comme elle a si bien su préserver sa vie privée et sa carrière. Mais je ne lui dirai jamais assez merci (...) Je n'ai jamais caché mes conquêtes aux paparazzi et autres voleurs d'images. Mais "Lady Lucille" et moi, aucun "rat" n'a réussi à nous shooter dans une situation équivoque... Pas une seule fois en trente-deux ans ! »

Fier comme Artaban, Hallyday précise encore que « Lucille », le grand béguin de ses dix-huit ans, qui sut retenir plus d'une fois sa nuit pour lui, assiste toujours à la première de ses spectacles.

« Quand Johnny parle de discrétion lorsqu'il évoque sa relation avec sa "Lady Lucille", il faut vraiment se pincer pour ne pas éclater de rire, s'avance un noctambule de l'époque. Combien de fois les ai-je surpris elle et lui dans des postures plus qu'indisposantes que j'aurais très bien pu immortaliser si j'avais été photographe ! Dans son autobiographie, Johnny ne la cite pas nommément, parce que la Dame est connue en France ; dans ces conditions, autant ne rien révéler du tout, tout cela, c'est de l'hypocrisie ! »

Une proche collaboratrice de Sylvie rapporte de son côté qu'un après-midi, dans la cuisine de la Villa Montmorency, Ilona lui confia comment « Lucille » téléphonait chez eux pour parler à Johnny. Plus d'une fois, l'audacieuse aurait même tenté de prendre sa place à Vartan. Hallyday lui-même raconte qu'à l'époque de sa crise avec Sylvie, en 1966, c'est à « Lucille » que le pauvre homme se raccrocha, « comme à une bouée de sauvetage. »

*

Aux fins de préparer son spectacle de tournée de juillet 1979, Vartan repart aux États-Unis et enregistre dans un premier temps un album entièrement en anglais, *I don't wan't the night to end,* destiné au marché américain, dit-on. Elle y sacrifie les trois derniers mois de 78, accompagnée en studio par Lee Ritenow, guitariste des Pink Floyd. Un autre 33 tours, en français celui-là, *Déraisonnable,* est également mis sur bande. Tous deux à forte connotation disco, ils ne font que céder à la déferlante musicale du moment. Gloria Gaynor et Donna Summer en sont les reines planétaires, mais la France n'est pas en reste de majesté en la personne de Cerrone et surtout de Patrick Hernandez avec son *Born to be alive.* Selon la légende, c'est Dalida qui dans l'Hexagone a fait figure de précurseur en réadaptant *J'attendrai,* au grand dam de Rina Ketty, paraît-il, inclonable créatrice de ce gentil refrain d'avant-guerre.

À la surprise générale, une seule Française est devenue prophète en son pays, mais aussi dans quelques charts européens et même américains, une fille qu'il est de bon ton de dénigrer depuis que Gérard de Villiers a lancé un jour la rumeur selon laquelle elle serait un homme. En 1977, désireuse de se libérer enfin de son carcan, sous le pseudonyme de SB Devotion, Sheila enregistra *Love me Baby.* Un challenge, au moment où sa vie conjugale doucement roulait vers l'abîme. Banco ! Cuisses blanches et short pailleté, au milieu de trois superbes caoutchoucs noirs, elle récidiva avec *Singin' In The Rain.* Et, perfectionnant son anglais avec le commandant Haffner, professeur à l'institut CETRADEL (il avait pour élèves entre autres Paul Meurisse et Maurice Papon), elle se fit assidue aux cours de danse, puis de théâtre, proposés à New York par l'école de John Strasberg. Ex-marionnette à couettes bouffantes et jupes carrellées, Annie Chancel devint une référence. *Spacer,* véritable rouleau compresseur, termina pour un temps de l'internationaliser.

Or, le disco n'est qu'une mode. Pas plus Sheila que Sylvie, qui trouve cette musique « agréable au niveau rythmique, mais un peu répétitive et impersonnelle », ne l'ignore. Cette appréciation portée *a posteriori* par la Blonde ne traduit-elle pas l'amertume de l'échec ? Même si honorablement classée un peu partout en Europe, avec l'album *I don't want the night to end,* même si *Disco Queen* passé inaperçu en France a cartonné au Japon, en dépit du matraquage publicitaire, aux États-Unis ce n'est pas encore Sylvie qui trustera la tête des charts ! Elle n'aime pas le disco et le disco le lui rend bien. La gifle magistrale de Sheila ne lui est pas personnellement destinée, mais les fans des deux ex-yé-yé, qui se livrent une guerre froide et sans merci, l'interprètent comme tel. Il est patent que, forte de ses atouts, la fille au *Tempérament de feu* n'attendait que l'éclosion de sa personnalité.

Très vite, Vartan va s'exclure d'un challenge perdu d'avance et qui ne l'intéresse pas vraiment. Elle vient de là, elle vient du rock ! Hostile de son côté à ce nouveau rythme et à ce tempo, Johnny enregistre *Le Bon Temps du rock'n roll* qui fustige le disco. « Cette chanson est une trouvaille de Sylvie Vartan qui, d'ailleurs, aurait souhaité l'enregistrer, rappelle Daniel Lesueur. Mais elle se retira de la compétition : quelques années auparavant, elle avait soufflé à son mari *Par amour ou par pitié,* qui avait été écrite pour lui [427]. »

*

Le public blasé d'outre-Atlantique est l'un des plus exigeants qui soient et le duettiste français Georges Tabet avait raison de le rappeler en son temps : « Les Américains appartiennent tous au show-business, même quand leur métier est ailleurs [428]. » Pour autant, La Vartan ne s'avoue pas vaincue dans sa conquête du Géant, clef de la véritable réussite mondiale. Aussi Dick Grant, son chargé de relations publiques aux USA, lui permet-il de côtoyer nombre de personnalités influentes telles que Cher, Sammy Davis Junior, Dean Martin, Liza Minelli, Darryl Zanuck, Ringo Starr. L'opiniâtreté de saumon de la Blonde saura-t-elle l'aider à franchir le dernier obstacle ?

Au programme de sa tournée d'été de 1979, elle inscrit deux titres très « tendance », *Can't stop dancing,* un disco très rapide présenté avec six danseurs dans un ballet compliqué, réglé au rasoir et, extrait de l'album américain : *I don't want the night to end.* Ce dernier morceau est certainement celui qui recueille le plus de lauriers. Sylvie va le proposer tout au long de l'année tant sur scène que dans de multiples émissions de télévision, dont une aux États-Unis avec Jerry Lewis. Sur la lancée, on en fait un « clip », le premier pour elle, et on lui écrit une version espagnole destinée au marché sud-américain : *Esta noche es nuestra mi amor.*

L'album *Déraisonnable,* panier de chansons telles que *Pauvre Sylvie, Solitude, Fantaisie* et *Fumée* que Sylvie met en relief dans un ballet à la sensualité tonique, rafle quant à lui un disque d'or. Un de plus. Et non le dernier, après dix-huit ans de carrière.

Reste que l'Amérique hésite encore à céder devant l'impatience d'une Blonde ambitieuse...

Le mois de mai semble souvent propice aux retours amoureux. À L.A. où elle répète chaque jour pendant quatre heures son show estival, Sylvie rayonne : Hallyday a fait annoncer son arrivée imminente. Il revient d'une croisière de deux semaines aux Antilles françaises. « À l'aéroport de Los Angeles, en le voyant débarquer, le visage buriné et la chevelure dorée, je me suis sentie fière d'être sa femme[429], » confie Vartan à Claude Devedeux, de *Paris-Match*. Sylvie et *Match* : une autre belle histoire promise à durer. Lorsque trois ans auparavant l'hebdomadaire passa sous la coupe de Daniel Filipacchi, d'aucuns murmurèrent que pour Vartan, ce serait « tout bénef' ». Notons qu'avant l'ère Filipacchi, depuis 1963, *Match* avait consacré huit couvertures à la chanteuse, sans rien dire des reportages nombreux et éclectiques. Jusqu'au dernier acte désormais, les ruptures et les « replâtrages » du ménage Smet passeront par *Match*. Plus tard, interviewée par Anne Gaillard dans un autre hebdomadaire, Sylvie réfutera le terme d'« exploitation de sentiments » : « À la limite, quand on est heureux de s'exhiber, ça va ? Après tout, nous étions un couple légitime[430] ! »

En 1979, Vartan y croit encore, et Johnny la laisse espérer. Mettant à profit ce séjour californien loin de David resté à Paris, ils puisent tous deux dans ce qui leur reste de volonté pour pouvoir tout recommencer et repartir de zéro.

Il vaudrait mieux accorder nos violons
Chanter la même chanson
Et nous mettre au diapason[431]...

Promesses ou concessions de vinyle ? Alors que Sylvie n'aime pas se coucher tard et que Johnny n'apprécie que la nuit, pour la première fois depuis des années, madame s'est engagée à sortir avec monsieur, pas trop tard, jusqu'à deux heures, et lui à renoncer à ses petits matins blafards. Ensuite, sitôt la tournée de Sylvie terminée, le 15 août, les Smet recolleront les derniers morceaux en emmenant David au Portugal pour de vraies vacances sans attachés de presse ni photographes.

Parcours sans faute : pas une seule fois, durant l'été 1979, Hallyday ne se laisse piéger par un *paparazzo* en compagnie d'une fille aux seins nus qui n'a plus toute sa tête. Le show-business est un microcosme. Vartan et Hallyday y ont trop d'amis en commun pour que monsieur puisse éhontément duper madame sans que madame en soit généreusement informée en exclusivité. La Vartan n'a ni le temps, ni le goût des aventures nocturnes. Le show est une discipline exigeante à laquelle elle se plie comme une bête de compétition. Étalée sur un mois et demi, sa tournée d'été comportera trente et une dates. La fête commence à Vaux, le premier juillet.

Fribourg... Monte-Carlo... Aubenas...

Chaque soir, entourée de ses danseurs, la vedette ouvre le spectacle à fond de train, avec *Can't stop dancing,* dans une robe-body bleue, paillettes et mousseline, dans la tradition de Bob Mackie. Créée spécialement pour la tournée, cette tenue qui colle à sa peau bronzée lui donne l'allure d'une blonde et sculpturale sirène tout droit sortie d'un conte d'Andersen. Sylvie est plus que belle, mais ne lui parlez point sex-symbol, elle rougirait avant de vous demander si d'aventure on ne serait pas en train de se payer sa tête ! Et quand elle s'aperçoit dressée en vamp sur une affiche, au détour d'une rue, bien sûr il ne s'agit jamais d'elle, mais d'une autre...

Marseille... Grenoble... Thiers...

Dans le thème musical de Sylvie Vartan, la part belle est réservée aux sentiments amoureux, déclinés à tous les modes, sous toutes ses formes. Un intarissable filon. Depuis l'innocente *Panne d'essence,* elle a grandi avec le public et le public avec ses chansons graves ou sirupeuses. Consciente de n'avoir pas toujours été servie à la mesure de ses attentes par ses différents auteurs, souvent elle va puiser dans le répertoire français des textes plus consistants, *L'Hymne à l'amour, Les Moulins de mon cœur, Les Vieux Amants,* pour donner un peu de sa blondeur à ces morceaux d'anthologie. Parmi les reprises scéniques de la chanteuse, on trouve encore *Les Bancs publics*. La rencontre avec Brassens, en 1971, sur un plateau de télévision, ne fut pas pour elle le révélateur que l'on croit car elle se savait déjà en osmose avec l'univers de l'homme. Leurs parcours, leurs vécus, leurs chemins et leurs quotidiens furent à la fois différents et semblables, tous les artistes en définitive portant en eux le même germe, mais l'admiration était bien là. Réciproque. Avant et après l'émission « Grand Amphi », sur la deuxième chaîne, le « Gorille » et « la plus belle » devisèrent littérature et poésie, autres vecteurs susceptibles de rassembler ces deux inconditionnels des mots. Puis, désireuse d'improviser, un exercice qu'elle déteste pour le redouter, Sylvie interpréta en direct une chanson de Brassens, dont elle ne connaissait plus très bien les paroles.

Saint-Julien en Genevois... Vienne... Lourdes...

Riche et varié, partout le spectacle 79 attire des foules gonflées et enthousiastes. Pour beaucoup, qui découvrent la magie du show, c'est la révélation. Un show de classe internationale. Le nombre de chorégraphies avalées par Sylvie et resservies dans la même soirée avec la grâce féline qui la caractérise est impressionnant. Presque toutes ses chansons sont dansées. En France, la diablesse de luxe aux robes savamment déchirées n'a aucun équivalent. Elle est devenue une reine incontestable dans les spectacles du genre. Dos courbé, tête penchée vers le sol, elle offre aux spectateurs son unique couronne, une abondante crinière de lionne, qu'elle secoue après l'effort. Un célèbre salut devenu l'emblème de sa suprématie. La Vartan a pris du métier. Pour elle, la scène est maintenant une seconde maison. Elle s'y sent plus qu'à son aise, apte à rebondir face au moindre incident technique, à improviser en cas de nécessité et à affronter n'importe quel public. Elle leur en met plein les yeux, ils ne demandent pas mieux, ils sont venus pour cela, heureux à la fin de la soirée de repartir comme des vacanciers au budget serré qui en ont eu pour leur argent.

*

Le 21 juillet, la belle Sylvie est programmée à Prayssac, petite commune du Lot. Satisfait l'an dernier de sa collaboration avec les Chapiteaux de France pour le gala de Serge Lama, le président du comité des fêtes a décidé de reconduire l'opération avec, cette fois, Sylvie Vartan en vedette. Il sait qu'elle figure parmi les artistes qui remplissent le plus et le mieux. En achetant le spectacle à une agence artistique réputée de Tarbes, il est sûr de pouvoir combler le chapiteau de 3 000 places. « On m'avait annoncé qu'il y aurait un certain nombre de danseurs, se souvient aujourd'hui M. Fabre, devenu depuis président de l'office du tourisme de Prayssac ; j'ai donc demandé aux Chapiteaux de France de prévoir une scène beaucoup plus importante. Or, à 17 heures, arrivèrent les musiciens de Sylvie, qui voyant que rien n'était encore monté, décidèrent de repartir. Au lieu de s'expliquer avec moi, ils envoyèrent un huissier dans mon dos. Une succession de malentendus fit de cette journée un enfer. La location affichant complet, plus le temps passait, plus cela sentait le roussi. Une scène fut tardivement montée sous le chapiteau, mais elle était toujours trop petite. Non pas de quelques centimètres comme indiqué dès le lendemain dans la presse, mais de plusieurs mètres. Finalement, on réussit à obtenir les dimensions voulues, mais il était bien tard et Sylvie, retranchée au château de Mercuès, fit savoir qu'elle n'accepterait de chanter qu'à partir de 23 heures. Il y avait de nombreux play-backs, donc beaucoup de balances à régler. Sur ce, je pris la décision de tout annuler. Parmi les spectateurs, ce fut un tollé ! Trois mois après, j'ai été traduit devant le tribunal de Cahors par Jean Richard, président d'honneur des Chapiteaux de

France. J'ai été obligé de les dédommager. De son côté, Mme Vartan poursuivit l'agence artistique de Tarbes qui fut condamnée à la rembourser et à me rembourser mes 20 000 F d'acompte[432]. »

Aussi injuste que tenace, la légende perdure aujourd'hui dans le Lot, qui accuse Sylvie d'avoir joué la fine bouche pour quelques centimètres de planches. Depuis ce jour, dans la région, il ne fait pas bon évoquer le souvenir de la Blonde...

*

« Je vous souhaite à tous autant de bonheur pour 1980 que j'en ai eu en 1979[433]. » À la une de *Match,* tel un chef d'État en fonction, Sylvie adresse ses vœux aux Français. Une sérénité depuis longtemps oubliée dans son ménage, un succès et une popularité croissants ; l'année qui vient de s'écouler lui a apporté les plus grandes satisfactions. À Rome, elle a même été officiellement reconnue l'une des femmes les plus élégantes au monde au cours de la soirée des « Best 1979 », organisée par Massimo Gargia. Roger Peyrefitte, également lauréat ce soir-là, renoua d'amitié avec celle qu'il considérait comme « l'idéal sexuel féminin ». « C'est dire comme elle m'avait séduit[434] », se crut obligé d'ajouter l'écrivain...

En France, le fan-club de Sylvie Vartan a été repris par Stéphane Caron, l'un de ses admirateurs, et dans tous les magasins de jouets, son effigie est reproduite à l'infini grâce à une poupée d'une hauteur de trente centimètres, commercialisée par Reynal et vendue avec une panoplie de douze costumes miniatures confectionnés à partir de modèles portés par la vedette. Et puis, il y a le souvenir encore chaud du spectacle de Johnny au Pavillon de Paris, *L'Ange aux yeux de laser,* une soirée mémorable de novembre, à la fois publique et familiale, au cours de laquelle David, pour la première fois, apparut sur scène, à la batterie, derrière son père, tandis que Sylvie s'était fondue parmi les choristes. Un cadeau-surprise d'une mère et d'une femme à un mari et à un père ; Johnny, surnommé « gueule de rock » par David, en référence à *Goldorak*, son héros virtuel.

Vartan est-elle en droit de réclamer davantage ? « Le mouvement c'est la vie », et les bons millésimes amoureux ne sont que des acquis provisoires. Aussi émet-elle le désir de placer la barre plus haute encore. Il lui faut le Palais de Sports. Hallyday y a déjà triomphé, pas elle. Sa décision arrêtée, elle réserve la salle pour la fin de 1981. Un délai qui paraît long, mais l'endroit est très demandé : « Je sais déjà que je vais courir après le temps... Ce temps qui passe si vite que je parle déjà de 1981 comme si l'année qui vient était déjà finie[435]. »

Pour autant, elle ne sacrifie pas à la tradition et, de retour d'une tournée de propagande pour *I don't want the night to end* à la télévision allemande, elle fête dignement Noël 1979 en compagnie des siens à Loconville. Elle est allée elle-même faire les derniers achats et choisir deux sapins au marché aux fleurs de la place de la Madeleine, à Paris, à deux pas de chez Ladurée, où, gourmande, elle a l'habitude d'aller acheter des palmiers. Dans une conjoncture sociale individualiste qui fait de la solitude une meurtrière – le taux de suicides en France a augmenté de près de 30 % par rapport à l'année précédente – Sylvie, qui n'envisage les grandes maisons que pleines de vie et d'enfants rieurs courant dans tous les sens, a prévu un présent pour chacun. David reçoit une batterie neuve et une tenue de ski ; Ilona une paire de boucles d'oreilles en or, une robe du soir en taffetas de chez Nina Ricci et deux kilos de chocolats frais ; Eddie, un jeu d'échecs électronique, et Johnny, présent sans être là, un bracelet en or et deux flacons à liqueur en argent et cristal. Selon Eddie Vartan, quand l'Idole se retrouvait en famille : « Il se sentait seul. Les gens qui étaient autour de lui avaient l'impression de faire partie des meubles[436]. » Ce soir, pas de place pour les esprits chagrins, Sylvie l'a interdit ! La famille Mallory, elle aussi de la fête, n'est pas lésée dans la distribution des cadeaux. Somme toute, en adaptant pour elle *Elmegyek,* une émouvante chanson à consonance slave de Nagy Istvan, Michel Mallory ne lui a-t-il pas offert cette année un trésor bien plus inestimable encore ? Pour la circonstance, le costumier Roberto Rosello a créé une robe blanche et noire avec la partition musicale imprimée sur le tissu. Et un disque d'or pour *Nicolas*, un !

Les douze mois à venir pourraient-ils s'avérer plus fructueux que les précédents ? Avant de partir skier dans les Alpes avec son fils, Sylvie, qui n'a pas hésité à déclarer que 79 avait été sa plus grande année de bonheur avec Johnny, a convaincu les reporters de *Match* : « L'année qui vient sera encore meilleure[437] ! »

Intuition de femme et force du Lion, elle en est fermement persuadée...

QUATRIÈME PARTIE

Une autre femme

CHAPITRE 22

Le temps des lauriers

« Ce n'est pas parce que l'on sait ce que l'on veut et qu'on ne flotte pas en permanence qu'on est moins artiste qu'un autre[438]*. »*
Sylvie Vartan

Qu'a-t-il bien pu se passer depuis le Noël rouge et blanc de Loconville ? Un défi, un de plus. Peu importe qui en fut à l'origine.

« — Je divorce.

— OK ! »

Nul, cette fois-ci, ne s'est abaissé à faire le premier pas vers l'autre. Fierté ou décision bien réfléchie, ils se sont retrouvés devant le bureau de leur avocat, puis, très vite, un juge a enregistré leurs signatures respectives. Sans doute fallait-il que quelque chose casse entre eux, pour se prouver mutuellement, si besoin était, combien ils tenaient l'un à l'autre, en dépit de leurs différences irrattrapables.

*

Nous sommes à la fin de 1980. Johnny et Sylvie sont séparés depuis plusieurs mois. Déjà, le 15 juin, pour l'anniversaire de l'Idole, tout le monde avait répondu présent, tous sauf son fils et sa femme qui se doraient sous le soleil des Seychelles. C'est la première fois que Sylvie manque à ce rituel. « Lady Lucille », en revanche, était bien présente aux côtés de Jojo. Avant cela, à la fin du printemps, on avait aperçu Sylvie au manège de Boulaume, près de Loconville. Encouragée par son amie Isabelle et son moniteur Bruno, elle s'était mise en tête de dompter sa peur des chevaux, une sainte trouille remontant à un séjour argentin au début des années 70 ; des photographes l'avaient hissée sur une jument de polo qui avait eu le mauvais goût de s'emballer, emportant dans sa folle chevauchée une Vartan épouvantée. À Boulaume, « Boomaker » la réconcilia avec la race chevaline. De là à affirmer que « la plus belle conquête du cheval est bien la belle Sylvie[439] », il n'y avait qu'un pas de « trot » que franchit allègrement Agathe Godard.

*

Vartan et Johnny H divorcent, une épreuve à ne souhaiter à personne. La presse bien sûr s'est emparée de l'affaire. Dans l'entourage de Sylvie, on décrit une femme triste.

Pour Hallyday, c'est la tasse, le naufrage, un nouvel aller-simple chez Lucifer. Il a joué, il s'est planté. Ne lui restent que ses larmes de rocker pour pleurer. Sylvie ne reviendra pas. Il vient de la perdre et avec elle son cerveau, son maillon fort, celle qui comptait pour deux, parce qu'il était incapable de le faire, celle qui savait fermer les yeux, qui protégeait et pardonnait toujours au nom de cet anneau sacré glissé à son doigt un matin d'avril 1965. « En perdant Sylvie, il a aussi perdu sa mère, explique une chanteuse. Il se considérait un peu comme son deuxième enfant. Johnny a toujours eu une sainte horreur de la solitude. Un soir que mon mari n'était pas là et qu'il devait coucher à la maison, il a voulu à tout prix dormir dans mon lit. Je l'ai prévenu en riant qu'il ne se passerait rien. Alors, il a enfilé un pyjama en me disant avec un petit air de tristesse : "Comme ça, je serai un peu ton mari..." et il s'est glissé sous mes draps, comme un enfant heureux de dormir dans le lit de sa mère. »

« Pendant dix-neuf ans, j'ai combattu de toute mon énergie, de toutes mes forces, confesse Sylvie à Agathe Godard. Le mariage était une chose sérieuse pour moi, pas une plaisanterie (...) J'ai tout fait pour lui recréer une famille : ma mère l'adorait, je lui ai fait une maison, un enfant, je lui ai donné des tonnes de tendresse et d'amour... J'ai cru que c'était suffisant pour l'arracher à ses démons, je me suis trompée parce que donner ne suffit pas pour que l'autre prenne. Alors, à un moment, il faut arrêter si on ne veut pas plonger.

« On m'a souvent collé une étiquette de fille dure, voire froide, parce que justement j'arrive à me contrôler, à ne pas m'attendrir sur moi-même, je n'aime pas la pitié. Personne ne sait les nuits que j'ai passées à pleurer. Moi aussi j'ai besoin de tendresse, moi aussi j'ai besoin qu'on soit là, je ne suis pas un robot. Je suis quelqu'un qui ne joue pas la comédie, je ne trahis jamais l'amitié ou l'amour. Quand je me démaquille, je peux me regarder dans la glace bien dans les yeux et, quand je me couche, je dors tranquille (...)

« Je ne le juge pas... Je regrette simplement qu'il n'ait pas le même sens de la dignité que moi. Je peux paraître vieux jeu mais pour moi la dignité, c'est très important. L'étalage des "fiancées" de Johnny dans la presse, c'est dur à vivre pour David et je lui ai appris à respecter certaines choses comme le mariage, l'amitié, la tendresse. Ce qui m'a désespérée, c'est d'être obligée de constater que nos routes se séparaient inexorablement et, durant des années, je ne pouvais pas croire que nous nous séparerions définitivement, que nous ne verrions plus la vie de la même couleur (...)[440] »

Le naufrage de Johnny lui fait mal autant qu'elle peut souffrir d'un échec dont elle revendique avec cran sa part de responsabilité. Eddie Vartan à Fantoni et Brierre : « Au moment de sa rupture avec Sylvie, Mallory et moi l'avons attiré [Johnny] à la campagne pour qu'il boive moins. Il est venu, mais avec une caisse de bouteilles de whisky. Il se ruinait la santé[441]. »

« Ceux qui ont sombré sont ceux qui n'avaient nulle part où aller[442] », lâchera Sylvie, quelque quinze ans plus tard.

*

Au plan professionnel, en 1980 Vartan enregistre un nouvel album, *Bienvenue solitude,* tandis que son blason s'enorgueillit de compter un tube de plus, *Tape Tape,* adapté d'un titre de Myriam Makeba. Elle fait également l'autruche dans le conte musical écrit par Philippe Chatel, *Émilie Jolie*, dans lequel Eddy Mitchell est le loup, Françoise Hardy la sorcière, Julien Clerc le « grand oiseau » et Georges Brassens le hérisson. Quelque vingt ans plus tard, Maurane reprendra la chanson de l'*Autruche* dans une nouvelle version d'*Émilie,* tout comme l'Africaine Coumba Gawlo fera un succès planétaire de *Tape Tape*, chanté dans son dialecte et devenu pour le coup *Pata Pata.* Preuve que dans ses adaptations, Vartan n'a pas toujours eu le choix malheureux.

Et toujours les émissions de télé qui s'enchaînent... En mars, au « Palmarès 80 », chez Guy Lux, elle présente quelques-uns de ses ballets scéniques et décroche le meilleur taux d'audience de l'année. La vieille recette de Sylvie pour oublier les réalités malheureuses reste le travail. Jusqu'à l'épuisement. Officiellement séparée de son mari depuis le 17 juin, le mois suivant elle reprend le rythme aliénant des tournées. Le 27 à Orange et le 13 août à Béziers, Johnny la rejoint sur scène. Dans trois mois, le 5 novembre exactement, après de vaines tentatives de réconciliation, ils ne seront plus mari et femme. « Ça ne pouvait plus durer entre eux, intervient un proche. Ce n'était plus un mariage. Même s'ils s'aimaient encore, ils ne se supportaient tout simplement plus. Le point de non retour. »

« À Béziers, tout le temps des répétitions, ils s'ignorèrent superbement, confie un admirateur chevronné de Vartan. Ce fut à peu près la même chose pendant le spectacle. J'étais au premier rang et je connais trop bien Sylvie pour ne pas avoir senti une très forte animosité entre elle et son mari. Il lui a très bien renvoyé son mépris, mais les non-avertis n'ont rien vu et le succès a été phénoménal. »

En septembre, Vartan quitte l'Europe, on l'attend à Los Angeles. Elle y chante à l'occasion du bicentenaire de la cité des Anges.

Retour en France. Encore deux mois de tribulations sur les routes, de novembre à décembre. Chaque soir, dans chaque ville, il lui faut avoir l'œil et l'esprit neuf et présenter son spectacle au public, comme si elle le découvrait en même temps que lui. Un métier, un art, celui de la maîtrise de l'illusion.

L'objectif suprême pointe déjà le bout de son nom : le Palais des Sports. C'est pour la fin de cette année 1981. Nous ne sommes qu'en mai. Tandis que s'élaborent les maquettes de ce spectacle dont elle attend beaucoup, comme à chaque veille de rentrée parisienne, Sylvie ne vit plus. Cette fois pourtant, tout est différent. Affectivement, elle n'est plus seule. Un homme est là, dans son sillage. L'histoire semble plus que sérieuse, mais présente quelques complications. Alors on garde le secret...

Johnny s'enfonce, Sylvie renaît.

*

Aucune scène n'est prévue avant octobre, car plusieurs semaines au Palais des Sports, cela se prépare. D'autres réalisations encore sont à l'ordre du jour ; l'ouverture d'une école de danse à Paris, l'enregistrement d'un album, les photos de l'affiche du « Palais » avec Michael Childers, la préparation d'un livre de souvenirs à paraître, qui aura pour titre *Si je chante,* et toujours les voyages entre la France et l'Amérique pour apprendre, s'informer de ce qui se fait de mieux et de nouveau au pays du travail bien fait, et pour répéter le show avec Claude Thompson et les douze membres de la compagnie qu'elle a engagés. Jamais Sylvie ne relâche l'effort : « Si on n'avance pas, on recule, si on ne progresse pas, on régresse. Quelle horreur ! Même si je suis nouée de trouille avant le spectacle, au point de m'enfermer juste avant le lever de rideau pour faire le vide en moi, même si je sais que je pourrais parfaitement "vivre sur mon acquis" dans tous les sens du terme, je n'imagine pas un instant de baisser les bras. Je ressens violemment ce phénomène après avoir chanté et dansé tous les soirs pendant plusieurs semaines. Le jour où ça s'arrête, je suis obligée de compenser physiquement en courant comme une dingue, ou en jouant au tennis avec une démesure totale. C'est une sorte de drogue corporelle, cela vous met dans un état de grâce, surtout pratiqué intensément, comme je le fais quand je suis sur scène. Après le spectacle, je suis parfaitement bien, heureuse, décontractée, à l'aise avec moi-même. Je suppose que les coureurs de marathon doivent ressentir la même chose après leur dernière foulée. C'est l'effort gagnant, le sentiment puissant que votre corps vous obéit, vous appartient, vous ressemble. Je crois que lorsqu'on a goûté ce plaisir-là, on ne peut plus s'en passer[443]. »

Pour autant, Vartan avoue ne pas s'astreindre à des régimes draconiens. Simplement elle obéit à une alimentation intelligente et adaptée à sa dépense d'énergie. 53 kg pour 168 centimètres déclarés – la photocopie de l'une de ses cartes d'identité établie le 16 septembre 1971 par la préfecture de police de Paris et qui circule dans le milieu des fans stipule 1,65 m, ce qui paraît plus vraisemblable – reste son équation de forme. Une bizarrerie alimentaire, cependant : les vitamines ! « J'ai attrapé ça aux États-Unis. J'en prends plein, en me disant que ça ne peut pas me faire de mal[444]. »

Le 25 mai 1981, Patrick Sabatier consacre une semaine de son émission « Avis de recherche » à l'élève Sylvie Vartan, de la classe de 3e M1, année 1958-1959. Entre deux dates, il a finalement réussi à coincer la Blonde qui avoue passer la moitié de sa vie dans les airs, en dépit de sa peur viscérale de l'avion. Bizarre sensation que de réentendre chaque soir au téléphone tous ceux avec qui au lycée du Raincy, à la fin des années 50, on participait aux tendres chahuts saluant l'avènement du rock... Tout au long de la semaine, avant le jour final des retrouvailles, Vartan, frisée à faire bêler un caniche, fait montre d'un enthousiasme peu commun pour une divorcée de fraîche date. On l'avait connue plus austère. Le nom de Tony Scotti, « Artistic consultant, promotion USA », aura beau être inscrit blanc sur rouge sur le programme du Palais des Sports, aux yeux du public et des profanes, il n'apparaît qu'en filigrane. Personne ne doit encore savoir. Pudeur ? Discrétion ? Volonté de conjurer le mauvais sort ? Délicatesse envers Johnny ? Un divorce est une petite mort, Vartan sans doute ne tient-elle pas à s'étiqueter « veuve joyeuse. » Il est des choses qui ne sauraient se partager, le secret a si bon goût quand il est bien gardé. Alors, devant les journalistes à l'affût de quelque nouveau prétendant, elle brouille les pistes : « Les Américains, je les aime professionnellement, ils sont fantastiques, mais en tant qu'hommes, je les trouve un peu "boy-scout", gauches, sans éducation, sans grand humour... Johnny avait une folie, une poésie, une tendresse rare. Après avoir vécu avec quelqu'un comme lui, c'est difficile d'être à nouveau séduite...[445] »

Tout cela alors qu'aux yeux des intimes, Scotti est déjà sentimentalement installé dans sa vie, qu'il a été présenté au clan Vartan, et aussitôt accepté. Notre Sylvie y va fort ! Pour gommer les vicissitudes de son existence et transformer les crapauds en fleurs, avec ses airs de ne pas y toucher, elle n'est pas la dernière à savoir manier le manche ! Après tout, elle a raison, on en connaît d'autres qui ont bâti leur image et leur carrière sur l'art de la falsification morale et qui ne s'en portent pas plus mal...

Au vrai, ce silence médiatique tient dans une tout autre explication. Officiellement, Tony Scotti est toujours marié. « Certains soirs, l'épouse de Scotti était présente dans les coulisses du Palais des Sports, révèle un membre du staff de la chanteuse. Je ne sais si elle se doutait de ce qui se tramait. Je ne pense pas. L'atmosphère était tout de même un peu bizarre. Sylvie ne nous avait pas présenté son nouvel amoureux en tant que tel, mais bien entendu, nul n'était dupe. Tout découlait d'une telle évidence. »

Et voici qu'au cœur de cet imbroglio franco-californien réapparaît notre Line Renaud nationale ! Proche des Scotti depuis plusieurs années, la « Demoiselle from Armentières » s'est sentie solidaire de Mme Scotti n° 1 dans son naufrage sentimental. Vartan est celle par qui le malheur de son amie arrivait, avant « l'incident » de Vegas l'année suivante qui allait faire déborder le vase d'un antagonisme trop longtemps contenu.

Parmi les refrains égrenés par Sylvie chez Sabatier, il en est un qui aussitôt a fait mouche. Bientôt, les radios jouant le jeu, on l'entend partout et très vite. *L'amour c'est comme une cigarette,* adapté de l'américain, *Morning train*, est enseveli d'or. Avec ce titre, celle qui s'est déjà vue décerner un « Love d'or » par le magazine *Salut !* tient son tube pour le Palais. Pendant l'été, tandis que la France barbote dans les eaux de l'Hexagone, que le monde entier est au spectacle d'une tragi-comédie, le mariage de Charles et Diana à Londres, soulevée d'enthousiasme par son renouveau intérieur, une petite blonde répète à Paris, avec rigueur et passion. Encore et encore. Elle sait qu'à l'heure des premiers frimas, elle devra redonner l'illusion de l'été.

*

28 octobre... Tandis que des bus dont elle est marraine à la RATP circulent dans Paris recouverts de ses affiches, quatre jours après un premier rodage en Suisse, Sylvie lève un bout de voile sur ce que sera son nouveau show parisien. Pour cela, elle a choisi Guy Lux pour qui, avec Sardou, elle restera à jamais la « chouchou. »

Une robe à flammes couleur chair incrustée de mille strass qui se reflètent comme des miroirs à la lumière des projecteurs : ça ressemble à du Bob Mackie, ça a le génie de Bob Mackie et c'est du Bob Mackie ! Cette fois-ci, il a frappé fort. Pour les besoins de son affiche, Vartan s'est résolue à ne presque rien cacher de son anatomie travaillée au biseau depuis des années et dont un académique (création de Mackie toujours), de même facture que la robe de lumière vient parfaire la silhouette. Subtilement, sur l'affiche du spectacle, son corps photographié dans différentes positions reconstitue son prénom. Façon Erté. Jamais, eu égard à sa pudeur et à son inhibition, elle n'a accepté de pousser l'audace aussi loin. Chez Guy Lux, le 28 octobre, lorsqu'elle apparaît dans la « robe lumière », ce ne sont que « oooh ! » jaillissant du cœur du public. Sylvie, madone sexy et figée, entourée de danseuses tout aussi statiques, se révèle peu à peu à la lumière des projecteurs. La musique a démarré. Lentement. D'emblée, les spectateurs reconnaissent l'air de *No more tears,* morceau d'anthologie disco et énorme succès de l'année précédente. Barbra Streisand et Donna Summer l'interprétaient en duo. Sylvie a choisi de reprendre cette chanson en anglais, dans sa sonorité d'origine et de l'illustrer par une chorégraphie de Claude Thompson.

Fin du ballet. Dans le Studio 102 de la maison de la radio, c'est de l'hystérie ! Qu'est-ce que ce sera au Palais des Sports... Sylvie pense-t-elle déjà à mener ce show en Amérique ? Ce ne serait pas pour déplaire à Tony Scotti. Producteur et manager d'artistes, le métier il connaît, et aux USA, l'homme n'est pas sans une certaine influence dans le show-biz. Pour l'heure, encore parisienne, Sylvie a peur, très peur : « Si jamais je voyais David dans la salle, j'aurais un trou[446]. »

À mesure que le temps passe, et il passe vite, plus la première se rapproche, plus les journées de répétitions s'alourdissent. Les trois derniers jours sont les plus éprouvants. Pour tout revérifier, les milliers de détails, et régler définitivement l'énorme machinerie, cela devient du 24 heures sur 24. Alors, foin des pendules ! Pour la première fois, Sylvie a utilisé la technique de la vidéo. Danser, regarder ensuite le film, corriger, remanier... « C'est une invention formidable, je me demande comment on faisait avant[447] ! »

Tout artiste digne de ce nom connaît pour l'avoir éprouvé mille fois l'amer sentiment du vide et du renoncement, le goût des suspenses interminables qui étreignent à la veille du feu, la peur de la scène.

Le danseur Bruno Batlo, futur témoin de coulisses, se souvient de semblables révolutions chez Sylvie avant chaque lever de rideau : « Elle était terriblement traqueuse, je pense qu'elle l'a toujours été. Nous la sentions bouillonnante. Avant que le grand tourbillon ne nous emporte tous, nous, les danseurs, dans sa foulée, nous la voyions serrer ses poings, frapper et refrapper du pied par terre, tout en rageant contre cet état extrême. “Il faut être fou pour s'infliger de telles souffrances”, nous avouait-elle ensuite, en riant, lorsque le spectacle avait été mené à son terme, que tout s'était bien déroulé [448]. »

Depuis longtemps, Vartan l'a compris, au théâtre le succès passe par le public féminin. Mieux vaut d'abord séduire ces dames et savoir les mettre dans sa poche, car ce sont elles qui entraînent leur mari ou leur *boy-friend* au spectacle. Il semble qu'au sommet de sa popularité, Sylvie ait réussi car les réservations affluent. À contrecœur, on a sorti le panneau « Complet. » Ce pour plusieurs semaines, dans une salle de 5 000 places !

*

23 novembre 1981. Une date. Quelle sera sa couleur ? L'année précédente, sur cette même scène, le soir de sa première, Dalida vécut le cauchemar. Les incidents techniques se succédèrent avec une « méthodique régularité », les bandes de play-back utilisées pour les parties dansées ne démarrant pas au moment opportun et se rembobinant sans plus de discrétion. Au cours de la deuxième partie, la chanteuse, furieuse, manqua s'étrangler dans sa cape à cause d'une mise en scène mal réglée. *Panic on stage !* Le rideau retomba sur elle pour ne se rouvrir que dix minutes plus tard. À la sortie, Nicoletta qui avait encore sa voix, crut bon d'enfoncer le clou : « C'est une honte pour le spectacle, pas étonnant que le métier aille mal. » Des mots qui lui attirèrent les foudres de « frère Orlando [449]. »

Face aux impondérables, Vartan a appris à faire face. Par égard pour sa clientèle, celle qui vénère l'ordre au point d'être « incapable de s'endormir dans une chambre où les tiroirs sont ouverts [450] », en astiquerait presque jusqu'au dernier carré de planche. Et c'est quand le trac l'envahit, qu'elle en vient à douter d'elle-même, qu'elle réussit le mieux à motiver ses troupes pour monter en première ligne. Être ou ne pas être pro.

*

« Une autre ! Une autre ! » Bientôt les douze coups de minuit. Sous la bulle du Palais des Sports, l'échine courbée vers la terre, la chevelure soignée par Loïc de chez Carita foulant le sol, une reine salue son peuple déchaîné. Cette fois-ci, point de fausse note, ni de « trahison » d'amis fidèles. En deux heures de décibels et de rythmes, de frissons et d'éblouissement, Vartan a définitivement converti le dieu malin du spectacle. Agrippée au rideau rose qui sur elle se referme, elle salue une dernière fois. Puis disparaît, laissant les fans non rassasiés à leurs grondements d'enfants gâtés.

Au cours de la champagne-partie donnée dans les coulisses où elle a réussi à se glisser, une fan aperçoit nettement la Vartan, euphorique, sauter au cou d'un grand et beau ténébreux. La chaleur de leurs gestes ne laissent place à aucune équivoque quant à leurs sentiments. « À la sortie, tout avait été fait pour noyer le poisson, se souvient Valérie. La première, Sylvie fit son apparition, encadrée de Charley Marouani et d'Hubert Le Forestier, suivie un peu plus tard par Scotti entouré d'un groupe de personnes. Nous, les fans savions déjà de quoi il retournait, mais les médias devaient être tenus à l'écart de cette relation. Le jeu était passionnant à vivre et à regarder ! »

Entre rire et épuisement, après la réception donnée à La Ciboulette, le restaurant à la mode tenu par Jean-Pierre Coffe face à Beaubourg, la reine Sylvie ne s'endormira qu'avec le déclin des étoiles. Plus fort que les rêves, viendra alors la revisiter le souvenir désordonné mais encore chaud des heures qui viennent de s'écouler et qui déjà ne sont plus. D'abord, le clou de la fête ; sa descente des cintres, dans la robe de Bob Mackie, allongée au mépris de mille vertiges sur une nacelle retenue par deux câbles invisibles, le moment où à l'arrivée, son talon foule la scène, le rideau d'argent, symbole de pluie, qui se met en place derrière elle, et les premières notes de *No more tears,* qui s'égrènent sous la main du pianiste, avant l'explosion finale de ce ballet époustouflant qui fera presque autant pour sa gloire que vingt années de tubes empilés. Puis, le tableau rock des années 50, jean rapiécé, chaînes, blouson noir et lunettes chromées, au milieu de danseurs qui peinent à suivre la cadence du *boss ;* le Brésil à Paris, quand Sylvie, jupe de dentelle évanescente et capeline strassée de parme apparaît, lumineuse, sur l'épaule d'un beau *carioca* pour chanter et danser *Tape Tape* ; la séquence émotion, avec un voyage digne au pays de *Mon père.* Une perruque courte qui va bien, la petite robe bleue de chez Réal ressortie du placard, et c'est le signal de départ pour un train nommé *Locomotion* qui prend à son bord 5 000 ados de quarante ans, « Vous sous souvenez quand j'étais *La plus belle pour aller danser... »* Elle l'est toujours et sans conteste ; dans le ballet sensuel et dépouillé du *Piège,* la Blonde s'improvise chasseuse d'hommes, redoutable araignée aux cuisses musclées et aux épaules nues, arpentant la scène avec juste ce qu'il faut de tissu sur la peau, devant une toile géante, impatiente de recevoir ses victimes. Les rappels, nombreux et incessants, pour l'entendre réciter son hymne et sa prière, *La Maritza.* Et encore cette chanson nouvelle de Jean-Loup Dabadie, que les radios ont occultée mais à qui la scène ce soir-là promet une vraie longévité : *Aimer,* un texte original uniquement composé de verbes. Cet autre, aux accents et à l'interprétation magistraux, signée de Francis Basset : *Merveilleusement désenchantée.* « Il faut avoir du cœur pour entendre le cœur des autres[451] », écrivit un jour Roger Peyrefitte, prenant la défense de Sylvie-chanteuse d'hymnes à l'amour. Au vrai, Vartan ne chante bien que les chansons qui l'habitent. En cette soirée du 21 novembre, elles se sont toutes invitées en elle. Cohabitation réussie en dépit de quelques incidents techniques mineurs, et qui se prolonge jusqu'au 2 janvier 1982. « Chaque soir, il fallait rajouter des chaises[452] », se souvient Arlette Chouraqui, une ouvreuse de l'époque. « Un projet de prolongation d'une dizaine de jours fut bien dans l'air, mais France Gall qui venait juste derrière n'a pas voulu bouger ses dates, renchérit Hubert Le Forestier. C'est dommage, ces quelques jours auraient permis à Sylvie de gagner un peu d'argent. En cinq semaines au Palais, le show ne fut qu'amorti[453]. »

La formule n'ayant guère évolué, la rentabilité passant toujours par la province et l'étranger, à l'heure où le 29 mars Antenne 2 diffuse la première partie de « Sylvie au Palais des Sports », loin de la capitale l'ex-Mme Smet qui a déjà ratissé plus d'une trentaine de villes poursuit son marathon avec son équipe. À chaque soirée de gala son lot de « surprises »... Un soir, c'est le trou de mémoire, une expérience toujours traumatisante à vivre pour l'artiste, une sorte de peur qui le saisit par le bas, une peinture chaude et ascendante qui l'inonde, le colle, jusqu'à la délivrance. Une autre fois, Sylvie doit s'y reprendre à trois fois pour chanter *La Maritza.* Elle a une excuse valable ; elle vient de faire une chute dans la fosse d'orchestre !

*

Après une halte de six mois au cours de laquelle un nouvel album est enregistré, la Blondissime se laisse photographier par Bill King, un portrait qui servira à la publicité de *Gauloise* (parfums Molyneux), puis met le cap sur le Mexique pour une autre séance photos. Retour en août ; nouvelle tournée, nouveau périple à travers la Belgique, la Suisse et de nouveau la France profonde.

Pour plus d'une raison, la chanteuse devait se souvenir de son passage à Ajaccio, le 18 août. Non pas que l'accueil du public ajaccien ait failli à sa réputation, « Vous les Corses, vous avez le sang chaud ! », mais à trop vouloir embraser les esprits avec des mots racoleurs, on hérite parfois d'un retour de flamme inattendu. À la fin de la représentation, tandis que Vartan, au bord de la scène, offre sa main à toutes celles qui se tendent, un « plus chaud que les autres » l'empoigne jusqu'à la faire basculer. La Blondc ne doit son salut qu'à l'intervention expresse des gros bras de la sécurité. Furieuse mais habile à ne pas le montrer, une fois délivrée elle se retourne vers l'orchestre qui continue de jouer, se masse l'avant-bras et, son courroux surmonté, revient, un semblant de rictus au bord des lèvres.

Lorsque dans sa vie on a digéré autant de tomates, aurait-on eu bonne conscience à faire une salade d'une poignée de main trop assaisonnée ?

Pour le reste de la soirée, l'humeur de la Vartan dut avoir à souffrir de cet incident car à la sortie du chapiteau, ses fans qui ne conçoivent pas de la laisser repartir sans un sourire ou un gribouillis sur une photo ou un programme l'attendent d'admiration ferme. Visiblement, la madone blonde qui a ramené sa crinière sous un chignon serré, n'a ce soir qu'une envie : s'esquiver au plus vite vers le Sofitel de Porticcio. Sous la pression de la masse, elle doit se résigner à quelques signatures. Sylvie ne traîne pas la réputation de goujat d'un Sardou, mais ce qu'elle donne de bon gré, elle n'apprécie pas qu'on le lui arrache de force. Comme il y a des manières de réagir, il y a des façons de demander. Le public, elle l'aime. Avec sincérité. Avec distance aussi, même si elle avoue parfois en souffrir : « J'ai toujours le regret, lorsque je suis en tournée ou sur scène à Paris, de ne pas avoir suffisamment de temps à consacrer à tous ces gens qui viennent me voir. À peine arrivée dans une ville, je dois repartir dans une autre et leurs visages déçus me peinent. Sans eux, un artiste n'est rien[454]. »

À Ajaccio, au moment où, entourée de son staff, elle fait mine de lever le camp en direction d'une Rodéo qui l'attend, portes ouvertes, un mouvement de foule se déclenche. Les cris fusent : « Oh Sylvie, nous sommes tes fans ! » « Nous sommes ton public ! » « C'est nous qui t'avons faite ! » « Pour qui tu te prends ? » Une fille l'attrape un peu vivement par le bras.

— « Non mais, oh ! », proteste Vartan, qui aussitôt se ressaisit en offrant son plus joli sourire, sans pour autant céder à d'autres concessions qu'une signature. Et la Rodéo de disparaître à vive allure dans la nuit, laissant aux fans le goût âpre de la poussière et de la déception.

Dans la cité impériale, dès le dressage du chapiteau l'après-midi, sur la place Miot, face à la mer, tout avait mal commencé : « Les techniciens étaient en plein effort de montage, se souvient Olivier G., lorsque mon père nous déposa, un ami et moi, à proximité. Nous voulions rester-là jusqu'au soir pour, dans un premier temps, acheter nos billets, tenter ensuite d'apercevoir Sylvie. Or mon père, douanier à la brigade d'Ajaccio, observa le manège avec un autre œil que celui de deux jeunes fans éblouis. Les camions qui transportaient le matériel n'étaient pas en règle. Leur immatriculation étant belge, ils auraient dû faire l'objet d'une déclaration d'exportation temporaire sur un document appelé à l'époque un D 48, ce que les chauffeurs avaient omis de faire et le régisseur de la tournée sans doute de vérifier. Insensible à nos trémolos, mon père infligea une amende de 40 000 F à qui de droit. “Ne vous inquiétez pas, elle a les moyens de payer”, fut son seul argument[455]. »

Bons baisers d’*Ajacciu*, Sylvie !...

*

« Tout au long de cette courte tournée d’été, elle se montra d’une humeur assez maussade », précise Nelly Giraud[456]. Tony n’était pas là...

Pour suivre Sylvie peu avant le second Palais des Congrès, Nelly avait quitté du jour au lendemain son emploi de première main chez Givenchy. « Je n’avais même pas averti mon employeur, si bien que lorsque peu après après ma prise de service chez Sylvie, on me demanda de poser à côté d’elle pour un reportage, avec dans les bras l’une de ses robes les plus célèbres, j’ai paniqué : “Et si mon patron me reconnaissait ? !” La peur au ventre, j’ai accepté en pensant qu’il s’agirait d’un cliché sans conséquences, une photo tout petit format noyée dans les pages du reportage en question consacré bien sûr à Sylvie. En fait de photo miniature, j’apparus “en grand”, une pleine page dans *Paris-Match !*

Sylvie, que je n’avais pas mise au courant de ma fuite de chez Givenchy, s’amusa beaucoup de cette histoire et me proposa alors de me garder puisque j’avais tout plaqué pour elle. Un geste élégant que son accueil plutôt froid n’avait pas laissé présager. Elle n’est pas d’un abord facile. Le jour de notre premier contact, elle ne me gratifia même pas du moindre sourire. D’entrée, elle place les barrières. Lorsqu’on la connaît mieux, en dépit de son exigence dans le travail, elle devient un tout autre personnage beaucoup plus chaleureux. Pour l’avoir suivie à Paris et sous tous les chapiteaux de France, au Japon et aux États-Unis, au Brésil et ailleurs, et pour avoir été, à ma plus grande joie, au service des plus grands, de Mylène Farmer à Johnny, en passant par France Gall et Yves Montand, je puis affirmer que c’est une fille bien. En retour, elle savait qu’elle pouvait compter sur moi. Terriblement traqueuse, un trac communicatif, elle a besoin d’avoir une confiance absolue dans les gens avec qui elle travaille. J’eus bien droit à quelques engueulades, mais jamais rien de bien méchant. Je me souviens d’une fois où, après une chanson, Sylvie est sortie côté cour alors que je l’attendais côté jardin. Elle a dû enfiler toute seule sa robe en un éclair de temps. Josette Sureau et moi avons eu droit à un nom d’oiseau. Josette venait souvent nous rejoindre en tournée. Ce soir-là, nous n’en menions pas large mais nous avons explosé de rire ! Dans le dos de Sylvie, bien sûr... Idem lorsqu’au dernier moment une fermeture bloquait sans prévenir ou cassait carrément, j'avais droit à tous les reproches : "Tu devrais vérifier tout cela avant, récriminait-elle, à chacune son boulot !" Elle avait raison[457]. »

*

100 000 exemplaires : *Si je chante,* la photo-biographie de la Blonde, est devenue un *best-seller.* Un succès voyageant rarement seul, en France tous les journaux maintenant ne font plus état que du nouveau défi de Vartan : Las Vegas. Rien que ça ! Depuis le temps qu'elle « se voyait déjà »... C'est pour décembre, du 9 au 11, six concerts programmés au MGM Grand Hotel. Dans ce paradis pour joueurs où Elvis et compères laissèrent un peu de leur légende, où tant d'autres se cassèrent le nez, une petite Française inconnue d'*Uncle Sam* pourrait-elle passer autrement qu'inaperçue ? À Paris, certains ricanent. D'autres rient jaune ; et si elle gagnait ?... Pour ce faire, la production américaine ne lésine pas sur les moyens. Gageons que pendant ce temps, Scotti n'est pas resté les bras croisés. Près d'un mois avant l'échéance, partout dans la ville, Dan Moss, le manager américain de Sylvie et Dick Grant, son chargé de relations publiques aux USA, font poser des panneaux de dix mètres sur cinq, reproduisant une Vartan nue sous l'académique de Bob Mackie, sirène de glace au corps scintillant, qui toise le mortel du haut de son placard éclairé la nuit par de puissants projecteurs. Plus glamour que moi, tu meurs ! Pour parfaire l'effet, on a inscrit en-dessous cette légende en lettres rouges : *The Best Gift from France since the Statue of Liberty* (Le plus beau cadeau de la France depuis la statue de la Liberté). Géant ! Pour piquer les Américains au cœur, on n'aurait pu faire plus mégalo. Très vite, l'affiche suscite la curiosité, provoque des attroupements, puis des embouteillages. À ce stade, les choses prennent un tour sérieux et les médias s'emparent de l'événement. L'AFP le relaie jusqu'à Paris. Sylvie espère bien avoir autant de succès sur scène que dans la vie et quand on lui lance la célèbre formule américaine porte bonheur : « Break a leg » (casse-toi une jambe), elle répond sans hésiter : « Les deux[458] ! », avec un humour mâtiné d'inquiétude bien cachée. Chacun à Vegas se demandant quelle perle audacieuse la vieille cousine France a-t-elle bien à offrir cette fois qui n'ait jamais été montrée auparavant, elle a effectivement du souci à se faire. À présent, il va falloir assumer cette surpublicité, il en va plus que de sa réputation, de son éthique. « Las Vegas est une folie mais je sais au fond de moi que, quoi qu'il puisse m'arriver, je retomberai toujours sur mes pieds même si parfois, je récolte des bleus[459]. » Pour ceux qui en doutaient encore, la Vartan ne doute de rien ! « Pour moi, réussir c'est faire ce que j'aime. Dans

ce sens-là, oui, j'ai réussi. Pour le reste on verra[460]. » Au vrai, rarement Sylvie a reculé devant son destin, chaque fois qu'il s'est présenté à elle pour la soumettre à d'autres choix. Droit devant, *face au soleil.* Quoi qu'il puisse advenir. L'Amérique reste à ses yeux le seul pays où l'on peut encore rêver, et « si le rêve est possible, c'est déjà le début du bonheur[461] !... »

CHAPITRE 23

La douche américaine

« Ni Line Renaud, ni Sylvie Vartan qui dit toujours : "J'ai conquis l'Amérique"... oh ! oh ! oh[462] *!... »*
Liliane Montevecchi

Le vieux Sam pleurniche avec E.T. en cette fin d'année ? Si l'on se fie à l'énorme publicité qui continue d'arroser Vegas, la Blonde va lui sécher ses larmes et lui réapprendre à danser. Homme de spectacle averti, le costumier Michel Fresnay, qui travaille déjà beaucoup à cette époque avec les Américains, ose croire au succès de son amie Sylvie en dépit d'un scepticisme bien rentré. Avec le recul, il se livre aujourd'hui à une sorte de synthèse qui nous permet de mieux comprendre les rouages du système américain : « Il faut savoir qu'à Las Vegas se côtoient les plus grandes vedettes américaines... Tous les grands sont passés à Vegas. C'est-à-dire Presley, Tom Jones, Sinatra... À une certaine époque, les directeurs de casinos firent venir des vedettes européennes pensant élargir de la sorte leur clientèle de jeu, ce qui malheureusement ne fut pas le cas. Ainsi Régine, qui crie partout qu'elle a fait Vegas, fut amenée à chanter avec Paul Anka. Ce fut un passage éclair... À la décharge des Américains, ils ne savent pas qui est Régine, comme ils n'ont jamais entendu parler des uns ou des autres. Tout ce que connaissent les Américains de la France, ce sont les Folies-Bergères et Brigitte Bardot. Dans le milieu des années 70, je me souviens qu'on m'a demandé : "Est-ce que Brigitte Bardot est toujours vivante ?"

« En 1982, donc, Sylvie arriva, précédée d'une très belle campagne publicitaire. Elle n'était pas venue dans le cadre d'une promotion des casinos, mais pour un show. Produite par Dan Moss, Sylvie était accueillie comme la belle artiste qu'elle était. Or, à cette époque, dans le même genre, se produisait Ann Margret, qui faisait des shows dansés à la télévision. Or les Américains sont chauvins. Qui est cette chanteuse française, d'où sort-elle ? Pour eux, les Européens n'existent pas. Pour preuve cette anecdote fort significative... Chaque année, Johnny Stark se rendait aux USA pour essayer de promouvoir Mireille Mathieu. Je me souviens qu'il rachetait tous les shows que Mireille faisait chez les Carpentier pour pouvoir les montrer aux Américains. Un jour, à Los Angeles, il me convia à un dîner qu'il donnait dans un restaurant très chic, en l'honneur de Mireille, et il disait lui réserver une surprise... Elle fut de taille : dans une longue robe blanche, coiffée de trois perruques l'une sur l'autre, affublée d'une étole en renard qui avait dû être blanc, une dame sans âge, la peau tirée de tous côtés, fit soudain unc entrée sensationnelle : la légendaire Mae West ! Elle était accompagnée d'un monsieur, sans doute son imprésario. À la fin du repas, Mireille demanda avec son petit accent provençal : "Oh, madame Mae West, j'aimerais bien avoir une photo avec vous !" Muette jusque-là, West qui ne l'avait pas regardée une seule fois au cours du repas se fit traduire par son ami, qui annonça à Mireille dans un grand sourire : "Madame Mae West sera très heureuse de faire une photo avec vous... Ce sera 2 000 dollars !" J'ai alors vu Stark aligner sans rechigner la somme convenue, parce que de cette façon Mireille pourrait se vanter d'avoir Mae West comme amie, laquelle n'avait rien à faire d'une inconnue nommée Mireille Mathieu. Ce qui fut valable pour Mireille l'est aussi pour nombre de vedettes françaises.

« En 2000, lors d'une interview, un journaliste demanda à Richard Gere s'il connaissait des chanteurs français. "Je ne sais pas, faites-moi écouter, je vous dirai..." Le journaliste lui fit entendre des tas de gens. Aucune réaction de Gere... Jusqu'à ce que l'acteur s'écrie : "Ah ! Maurice Chevalier !" À New York, seuls Brel et Aznavour sont connus du public mais rien de comparable avec "Momo" qui reste le seul à avoir rempli des arènes entières. Il avait compris aussi une chose : l'intérêt qu'il y avait à garder le *French accent*... comme disent les Américains. Ce que n'a pas manqué de faire des années plus tard Line Renaud[463]. »

*

9 décembre 1982 ; hasard de la programmation ou fétichisme de la part de Sylvie ? Il est vrai que le 9 et le 15 ont toujours été de bons chiffres pour elle. Il y a soixante-huit ans aussi, jour pour jour, au royaume d'Autriche-Hongrie naissait Ilona, sa mère, dans le bruit et la fureur des canons de la Grande Guerre. Une fête est prévue en son honneur. Réussir un doublé serait rendre un hommage bleu nuit à « papa Georges » qui, sans coup férir, sera là ce soir, quelque part

dans la salle, au-dessus des quelque 1 200 prestigieux dîneurs du MGM Grand. Hier, confiant son mal-être face à sa notoriété en France, présomptueuse, Vartan a déclaré à Dennis Hunt qu'elle ne sait pas comment elle réagirait si le problème devait à nouveau se poser ici aux États-Unis. Puis parlant de Johnny, « le Presley français » auquel son interlocuteur faisait référence, elle a expliqué que lui aussi aurait pu faire carrière aux USA mais qu'il ne croyait pas assez en lui-même. « Moi, je ne suis pas comme ça, a-t-elle encore précisé, si je veux quelque chose, je donne le meilleur de moi-même, quelles que soient les chances que j'ai de l'obtenir. Je suis toujours prête pour l'Amérique, mais je ne sais pas quand l'Amérique sera prête pour moi [464] ! »

*

Sur la scène du Celebrity Room, la plus grande salle du MGM, le rideau s'est levé sur Dom De Luise. Dans un tintement de cristal et de croisement de couverts d'argent, l'acteur et réalisateur américain que l'on a beaucoup vu dans les films de Mel Brooks ouvre le feu en exhibant ses rondeurs et en jouant de son humour. En attendant le tour de la Vartan, nerveuse comme une pouliche devant sa table à maquillage. Dans la même loge, fraîchement arrivée de Paris, Nelly Giraud, son habilleuse, tâche de se remémorer les consignes données par la patronne. Le rôle de Scotti est de calmer le jeu. Il s'y emploie à sa mesure. Comment est l'ambiance dans la salle ? Ils sont pour l'heure plutôt calmes, tout à la dégustation des meilleurs vins hexagonaux servis en l'honneur de cette soirée très française. « Coq au vin », « Steack Bercy », « Assortiment de glaces frenchies » : la douce France est partout sur la carte du menu...

*« And now, ladies and gentlemen, miss... **Sylvie Vartan ! ! !** »*

No more tears, déjà présenté l'année dernière au Palais des Sports, *Bette Davis' eyes*, tube interplanétaire créé par Kim Karnes, auquel la Blonde apporte sa *French touch* rocailleuse, le non moins fameux *Gloria* d'Umberto Tozzi, dans sa version anglaise, le medley rock et twist du Palais, qui ne peut pas ne pas leur plaire, *Le Temps du swing* ressorti de derrière les fagots dans sa formule originale et, pour finir, la surprise du chef : un florilège de standards yankees patrimoniaux, *Smile, Tomorrow, Can't smile without you...* Lourd et copieux, ce programme-chantilly ne serait rien sans la cerise sur le gâteau : le *happy-end* à l'américaine, avec une *Maritza* qui ne pouvait mieux renaître ailleurs qu'ici. Et prendre tout son sens.

« — Vous savez, vous êtes formidables et j'ai été vraiment très heureuse d'être en Amérique et avec vous. Vraiment, vous méritez le voyage depuis Paris ! Je sais que beaucoup d'artistes d'autres continents disent que – et vous avez déjà très probablement entendu cela maintes et maintes fois pour ne pas le croire, mais parfois c'est à un étranger de vous rappeler ce que vous avez de si précieux ici et je vais vous le dire – c'est l'endroit numéro 1 pour la liberté dans le monde ! C'est pour cela que les gens viennent ici. Vous avez ceci en commun avec la France. En France également, beaucoup de gens arrivent d'ailleurs. Ma famille quitta un jour la Bulgarie pour la France et pour cela ils eurent à traverser une rivière appelée la Maritza. Ce fut la dernière image qu'ils emportèrent de leur pays, c'est pourquoi la rivière est devenue un symbole, le symbole une chanson, la chanson de la liberté : *La Maritza*[465] *!* »

La Maritza, berceau de sa famille arménienne...

Par cette tirade nourrie, Sylvie savait qu'elle piquerait les Américains au cœur et au vif. Dans son chemisier blanc rutilant (Christian Dior, *of course !)*, les bras ouverts vers la foule, elle en recueille longuement les fruits.

« Le succès est allé croissant au fil des six spectacles donnés en trois jours, raconte Hubert Leforestier. Lentement mais sûrement. À la fin, ce fut du délire[466] ! »

Le lendemain et les jours qui suivent, la presse locale se fait l'écho de ce minicoup d'État français sur une scène américaine. « C'est un mélange d'Ann-Margret, de Liza Minelli et de Cher[467] », affirme péremptoire Bill Willard. Mieux (ou pire), journaliste au *Hollywood Reporter,* George Christy va jusqu'à conférer à Vartan « la puissance et le pouvoir d'une Édith Piaf[468] » ! Un aventurier ce Christy, dans la tradition des petits cow-boys du grand Ouest américain...

Une vidéo du spectacle est déjà en phase de montage, qui sera ultérieurement commercialisée en France. Gene Kelly, à qui on a fait appel, en assure la présentation. Gene Kelly, star mondiale et vivante légende hollywoodienne au service de la petite fille un peu trop rêveuse de la chambre 14... Si feu Rudolf Mayer, père d'Ilona, qui, à l'instar de nombre de juifs d'Europe centrale à l'époque, lorgnait sur l'Amérique comme le désert espère la pluie, avait eu des jumelles assez longues pour voir à travers les nuages, nul doute qu'il n'aurait pas manqué le début du film. *Sylvie Vartan, Live in Las Vegas,* ou la fausse mort d'un vieux fantasme !

Confessée par Patrick de Nussac, Sylvie arrose avec force champagne et un doigt d'amertume ses lauriers végasiens : « Oh, je sais, on m'a détestée. On ne m'a pas pardonné d'avoir été une idole à dix-sept ans, à l'époque yé-yé, avec mon nez en trompette, on a confondu ma carrière avec mes histoires avec Johnny. On n'a jamais cru que j'allais m'imposer aux États-Unis, moi la petite Française, en dehors d'un coup de pub. Si je vais là-bas depuis vingt ans, c'est parce que j'y trouve plus d'amitié, de compréhension. Vois-tu, le métier est certainement plus dur là-bas, mais les gens savent tellement que c'est difficile, que la concurrence est rude, que l'on respecte le travail et la réussite. Ici, tout le monde se jalouse. On a l'impression chaque fois de jouer sa peau. À Las Vegas, le show-biz est venu gentiment m'encourager, Bette Midler et Travolta en tête[469]. »

Bientôt, en France, la polémique est déclarée ouverte : Sylvie a-t-elle réellement conquis le géant américain ? Dans le petit monde des paillettes, les ricanements vont bon train. Chef de file : Line Renaud ! Ayant eu connaissance d'une publicité américaine présentant ainsi le show de Sylvie : « Pour la première fois depuis Édith Piaf, une chanteuse française en vedette à Las Vegas », elle ne décolère pas. Un samedi soir, dans « Champs-Élysées », visiblement agacée, la dame patronnesse du show-biz français ne peut s'empêcher de déclarer qu'il est honteux de faire croire aux gens qu'on réussit « comme ça », d'un coup de chiquenaude, en Amérique. « On ne citera pas de nom », se croira en devoir d'intervenir Michel Drucker, toujours prompt à arrondir les angles.

Les sables du désert auraient-ils effacé à jamais le nom de Line Renaud à Vegas ? En faisant le récit de sa petite épopée américaine, Line oublie simplement de rappeler qu'elle a été vendue dans la cité du jeu avec le nom du Casino de Paris, à la différence de Sylvie, arrivée en tant que vedette à part entière.

Franck Ténot : « Pour ma part, et parce que je la sais ainsi faite, je n'ai jamais entendu Sylvie médire sur qui que ce soit, tant dans le métier qu'à l'extérieur. Pour elle, il y a de la place pour chaque talent et chaque talent a sa place. Une fille en or et une exception dans ce milieu[470]. »

Pour preuve, en dehors de quelques rares exceptions comme Étienne Daho, Vartan avoue ne compter aucun intime véritable dans le show-business. Son eau, c'est ailleurs qu'elle va la puiser, « à la chaleur du bois, à la chaleur des gens ». Ceux dont l'amour lui est acquis et qu'elle n'a pas besoin de convaincre. Lion, ascendant Capricorne, la Blonde est une terrienne. La petitesse trouve toujours chez elle porte close.

Pour autant, la question reste posée : Sylvie a-t-elle conquis l'Amérique ? Une interrogation pour un peu gentille au vu de la difficulté de la tâche, de l'impossibilité même pour un Français de parvenir à laisser ne serait-ce que son nom sur une scène le temps d'une soirée.

Seule certitude pour Vartan : sa cote d'amour japonaise qui ne connaît aucun écueil et au nom de laquelle en mars 1983 elle prend les airs avec musiciens et danseurs pour la promotion d'un titre créé sur la scène de Vegas : *UCLA.* Chez Hiro-Hito, ça cartonne sec ! Entre deux télés, Sylvie en profite pour offrir son spectacle américain à son public nippon qui accourt en masse.

*

Après l'enregistrement à LA de trois duos avec Michel Sardou, *La Première Fois qu'on s'aimera, L'Atlantique, La Provence et les Balkans,* « Le plus beau cadeau de la France depuis la statue de la Liberté » se fait de nouveau américaine, en Californie cette fois, chez elle, sur la scène du Beverly Theater de Los Angeles. Quelques jours seulement pour récidiver l'exploit de Vegas, à partir du 5 mai. Pour les besoins de la publicité, on a beau avoir ressorti le très beau compliment que Montand dédia à Vartan : « Si vous voyez son nom sur une affiche, ne marchez pas, courez la voir ! », dans la cité des stars, le public est blasé et le pari plus risqué encore. La Française va-t-elle le perdre ?

Spectateur privilégié d'un désastre programmé, Michel Fresnay se trouvait dans la salle du Beverly Theater, le premier soir. Son témoignage, précieux, met un terme à plusieurs années de nébulosité et de rumeurs savamment entretenues par quelques journalistes peu scrupuleux. « Certes, il y a une chose que l'on ne pouvait faire aux États-Unis, c'est du play-back ! Le jour de la première, à l'entrée du théâtre, les musiciens américains recrutés par Sylvie commencèrent par défiler en brandissant des pancartes : "No play-back[471] !" »

« En réalité, complète Hubert Leforestier, nouvellement employé par Scotti à Los Angeles et présent lui aussi au moment des faits, les syndicats de musiciens ont institué une règle stipulant que pour tout musicien français engagé sur le territoire américain, son employeur est en plus redevable de l'équivalent de deux salaires de musicien américain. Ainsi, Sylvie, qui avait amené ses musiciens français et en avait recruté deux ou trois sur place devait débourser double et triple cachet. Cette forme extrême de mesure protectionniste ne fut pas du goût de Scotti qui refusa de se prêter au jeu. D'où la manifestation du syndicat devant le théâtre, destinée à empêcher les musiciens de Sylvie d'entrer. En dernière minute, Tony loua un bus et se débrouilla pour que les musiciens devant jouer avec Sylvie puissent avoir accès au théâtre[472]. »

« Les Américains sont ainsi faits, pas de cadeau, reprend Michel Fresnay. Dans les parties incriminées, au lieu de faire semblant de jouer, certains se croisaient ostensiblement les bras. Heureusement, Sylvie ne s'est pas démontée : elle a chanté et dansé avec courage et détermination. Et comme il y avait beaucoup de Français dans l'assistance, ils lui ont fait un triomphe, moi le premier. Mais devant cette mauvaise volonté, les représentations ont dû être écourtées. Ensuite, nous nous sommes rencontrés au restaurant. Elle avait avec elle le bouquet de fleurs que je lui avais envoyé. Elle était très heureuse de voir quelqu'un qui l'aimait. Même si j'avais vu des problèmes techniques, « tripatouillés » sans aucun doute par les syndicats de musiciens, elle savait que la vision que j'avais d'elle n'en serait pas modifiée. Comme toujours, elle s'est montrée très gentille et sympathique.

« Cela dit, comme elle est loin d'être idiote, bien au contraire, elle a très vite compris que ça ne servait à rien d'essayer de faire une carrière aux États-Unis. Là-bas, vous pouvez ramasser des talents à la pelle, le moindre petit club a une chanteuse extraordinaire.

« Aussi, connaissant Sylvie comme je la connais, elle n'a pas souhaité persister pour s'attirer des critiques désastreuses que des échotiers mal intentionnés se seraient empressés d'exploiter. Elle avait fait ce qu'elle avait eu envie de faire. Elle s'est arrêtée comme ça, sans que nul ne songe à lui nuire. Sylvie a compris qu'il valait mieux retourner vers son public de Paris, où elle était adorée. C'est là que l'on comprend qu'elle est une artiste clairvoyante qui sait où et comment mener sa carrière[473]. »

*

Les *barnes* assassines, ces perfidies dont parle Fresnay, n'avaient aucun motif valable pour épargner Vartan. Aussi, Paul Grein, le plus virulent d'entre eux, frappa-t-il sans pitié : « La mise en scène était si fastueuse que la vraie question qui se posait était la suivante : "Comment évaluer le rôle de Vartan dans cette renversante affaire ?" Doit-on les blâmer d'avoir masqué ainsi ses capacités vocales, ou doit-on au contraire les féliciter de s'être rendu compte que la seule chance de masquer son manque de réel talent était de multiplier les changements de costumes et les effets spéciaux ? Le blâme semble justifié. Non pas pour suggérer que Vartan – une star depuis deux décennies chez elle en France et qui ne fait ses débuts ici que maintenant – est une chanteuse extraordinaire. Mais pour cette même raison – parce qu'elle n'a pas une voix particulièrement vibrante – on ne devrait pas la forcer à se produire au milieu de tant d'effets scéniques. Vartan est plus à sa place lorsqu'elle travaille à une échelle plus modeste. Comme par exemple dans sa tendre version de *Rythm of the rain* (*En écoutant la pluie*), un de ses tubes en France. Mais la première partie du show était chargée de clichés et de trucs que nous avons déjà vus par douzaines dans les revues vegasiennes. Le numéro d'entrée, l'insignifiant *No more tears*, donna le ton au show. On y vit Vartan apparaître sur une plate-forme, puis se déplacer, hautaine, au milieu de huit danseurs (rien que ça !), dont l'un deux, marchant d'avant en arrière, brandissait un candélabre au-dessus de sa tête. Une scène ridicule présentée sans le sens de l'humour dont savent faire preuve Cher ou Bette Midler en de pareilles circonstances. Nous étions supposés être distraits par le spectacle et non pas amusés par son incongruité. Autre problème, il y eut quatre changements de costumes dans la première partie du show, Vartan jouant à la fois le rôle de girl et de chanteuse. En définitive, il y eut un manque de cohésion assez déroutant. Le show parut juste une succession de numéros imposés et les fréquentes absences dc Vartan ne firent que briser le charme, l'empêchant d'établir une véritable complicité avec le public [474]. »

Un concert programmé pour le 13 mai au Warfield Theatre de San Francisco est annulé dans la foulée. Et si, comme le crie la petite « Demoiselle d'Amentières » qui connaît son sujet sur le bout de ses plumes, on ne réussissait pas « comme ça », au pays de Merlin l'Enchanteur, d'un coup de baguette magique ?

« Sylvie avait tout pour devenir une seconde Mistinguett, insiste un spécialiste. Elle a le talent nécessaire et le music-hall dans le sang. Mais en changeant de cap pour interpréter des chansons pseudo-intellectuelles, elle a compromis ses chances de pouvoir reprendre un jour le flambeau du music-hall de tradition [475]. »

CHAPITRE 24

« S » comme Scotti

« L'amour, c'est une solution. »
John Lennon

« **On** ne peut jamais savoir ce que la vie vous réserve. Lorsque j'étais toute petite, je me revois dans cet hôtel de la rue Montmartre. Le jeudi, il n'y avait pas école. Maman travaillait. Toute seule, je passais la journée sur mon lit de cuivre, à rêver. J'avais peur dans cette chambre. Je me disais : quelque part sur cette planète, il y a un garçon qui m'attend. Un jour il va m'épouser et je n'aurai plus peur. Où est-il ? Qui est-il ? À quoi ressemble-t-il ? Je n'étais sûre que d'une chose : son nom commencerait par "S", comme Sylvie... Smet et Scotti[476]. »

Les événements américains, exceptionnels dans la carrière d'une chanteuse française, auront à tout le moins permis à Vartan de mettre en lumière celui qui, depuis deux années au moins, lui a prouvé qu'à vouloir espérer, on ne meurt pas. Ses proches ne la reconnaissent plus. Elle-même se sent marcher « en permanence sur un sentier lumineux. » Qui est-il au juste, ce Tony Scotti dont elle ne craint plus de dire qu'elle l'attendait depuis toujours, sans pour autant renier son « ex » ? Une élégance que ne saura pas toujours lui rendre Johnny.

Scotti/Vartan, ça commence par un coup de foudre lors du 10e Tokyo Musical Festival, au début de 1981. Pour la deuxième fois, Sylvie participe en qualité de juré à ce festival dont le gala de clôture est cette année assuré par Diana Ross. Dans un livre de souvenirs, Michel Mallory affirme qu'au moment de leur divorce, Johnny et Sylvie avaient déjà, chacun de son côté, rencontré l'âme sœur. Lui en la personne de Babeth, elle dans celle de Tony Scotti. Du côté de Sylvie, rien n'est plus faux.

Et puis, qu'importe ! L'histoire est belle : « Nous étions tous les deux dans le jury. Loin de nos foyers respectifs, un peu seuls. Alors, on s'est rapprochés. Beaucoup même[477] ! » « Dès que je l'ai vu, j'ai senti. C'était lui. De sa présence émanait une telle force ! Il correspondait pile à mon idéal masculin. J'éprouve un sentiment très violent, bouleversant, et j'ai le recul suffisant pour le savourer. La passion, c'est si bon. J'en ai peur, tellement je suis bien. Nous voyons la vie de la même couleur, c'est superbe[478]. » Et lui de surenchérir sobrement : « Sylvie est le rêve de tous les hommes[479]. »

Le destin est quelquefois un grand entêté. À preuve, une autre déclaration troublante de Sylvie à un journaliste français dans les années 90. Trois ans avant leur rencontre, on lui aurait en effet conseillé de s'adresser à Scotti à Los Angeles pour la production de ses disques américains. En précisant à Vartan que l'homme était particulièrement séduisant, on ne parvint qu'à la bloquer : « Je n'avais pas osé aller le voir...[480] »

En dépit de rumeurs sur une liaison avec l'un de ses proches collaborateurs, Sylvie affirmera *a posteriori* avoir longtemps erré de désillusions en solitude avant la venue du dieu Scotti dans son ciel, une solitude « éprouvante » qu'elle préférait encore à la tiédeur d'une relation qui n'aurait pas répondu à ses exigences. « Ou je tombais sur l'oiseau unique en son genre, ou je poursuivais ma route sans m'engager sentimentalement. Cet être rare existait-il ? Je suis une vedette. Les costauds n'en raffolent pas. En plus, je voulais qu'il partage ma vie affective et professionnelle ; et je refusais les efforts, les compromis. Mon cas était compliqué. Franchement, j'imaginais mon avenir plutôt solitaire[481]. »

À cet impossible, Scotti fut donc tenu. Cette fois, Vartan ouvre les vannes et du haut de son Parnasse, laisse exploser sa plénitude à qui se presse pour l'interroger sur sa perle rare, ce « double en plus fort » : « Ce qui me bouleverse si fort dans ma vie avec Tony, c'est l'ensemble des points qui nous rassemblent et l'équilibre qui existe entre nous. Pas besoin d'ajustement, nous aimons les mêmes choses, l'accord est parfait. Je pourrai finir les phrases qu'il commence, il sait ce que je veux sans que j'aie le temps de le formuler... Les mots me manquent[482]. »

Côté providence, la Blonde est plutôt une vernie ! Elle-même en conviendra plus tard avec Alain Morel, du *Parisien* : « Rencontrer Tony Scotti fut une chance inouïe. Si le premier grand amour ne se transforme pas, c'est l'idéal. Je ne suis pas de celles qui trouvent dommage de ne pas aller voir ailleurs. Mais, même si Johnny fait à jamais partie de ma famille, j'étais trop passionnée pour m'accommoder d'une situation devenue médiocre[483]. »

Les fans de Vartan, qui n'ont jamais vraiment adhéré aux frasques hallydéennes, sont aux anges. Le bonheur de leur égérie s'étale à la une de tous les journaux, les magazines dits *people* ne sont pas les derniers à en recueillir les bénéfices. En 1983, Sylvie Vartan est en France une énorme vedette et son nouveau compagnon entre dans la chronique mondaine. Elle le présente aux journalistes, à ses amis, se montre à son bras dans les fêtes parisiennes, au Paradis latin, à la première de la nouvelle revue du Moulin-Rouge. Même elle réédite sa photo-biographie *Si je chante,* en rajoutant un chapitre consacré à son nouveau compagnon. Jamais Sylvie n'aurait pris le risque d'étaler publiquement une relation si elle avait douté un seul instant de sa solidité. À quand le mariage ? Soucieuse sans doute de se ménager une plage d'intimité au milieu de ce tapage médiatique, elle se retranche derrière une explication qui, pour cette traditionaliste, n'en est pas une : « Nous sommes très bien comme ça. Dans l'illégitimité[484] ! » Encore lui faudrait-il trouver une date dans son emploi du temps, et la bloquer. Or, son actualité artistique du moment est des plus chargées. Dès septembre, révolution de Palais, elle reprendra en effet possession de celui de la porte Maillot à Paris. Deux mois pour prouver qu'on peut toujours faire mieux. Y a-t-il un triomphe possible après le Palais des Sports 81 ? Pour Sylvie, c'est un oui franc et enthousiaste, à la seule condition de ne pas perdre l'envie de faire mieux que la fois précédente. Dans ce cas, autant s'arrêter tout de suite. Indémontable Blonde !

Il est vrai que Scotti, coproducteur du show avec Camus-Coullier, est là, qui veille à tout. C'est un pro. À Los Angeles, avec ses deux frères, Ben et Fred, il est à la tête d'une société, la Scotti Bros, sise au 2114 Pico Bvd, dont les activités couvrent aux États-Unis la promotion, le management, le film, le disque et la télévision. Scotti s'est entre autres occupé de Barbra Streisand, Olivia Newton-John, Dolly Parton, Barry White, Bette Midler. C'est lui qui a découvert les Survivors, le groupe musical du film *Rocky III.* Lui-même a été chanteur, doté d'une jolie voix de crooner. Plus tard, sous l'influence de Sylvie il produira James Brown, mais encore le fameux *Alerte à Malibu* au succès international. On chuchote que l'homme, dont la famille s'est installée aux États-Unis voilà deux siècles, fut à un moment donné la dix-septième fortune du pays. Un brillant parti, Scotti, et un « costaud », avec le bras long et deux épaules bien larges, comme Sylvie semble les apprécier : « C'est quelqu'un de créatif et je n'ai jamais eu quelqu'un de créatif à côté de moi. Quelqu'un qui m'aide à faire mes spectacles. Vraiment c'est formidable. Il a mis toute une organisation au travail pour moi. Et en plus, il a plein d'idées. Ça change la vie d'avoir un miroir qui vous renvoie ce qu'il y a de meilleur, de plus fort en vous[485]. »

Désormais, tout passera par Scotti. « Même le rêve ! J'avais besoin de lui. Je ne me sens plus seule, il me porte. On a souvent dit que je me comportais comme un mec. C'est faux ! Je n'ai jamais voulu conduire un camion ou porter les valises. Et puis, avec les frères, les neveux ou les parents de Tony, j'ai retrouvé une famille. Chaleureuse, à l'italienne ! Comme chez nous, avant, en Bulgarie... [486] »

Le pays de son enfance manque parfois à Sylvie, une nostalgie qui réapparaît par pics réguliers. Elle n'est jamais retournée « là-bas. » Quand même cela serait possible, elle n'entend pas cautionner le régime qui a fait tant de mal aux siens. Plus tard, peut-être, quand les choses auront changé. David a bien fait vaciller Goliath...

*

« Deux millions de dollars [487] » : Tony Scotti vient d'annoncer à la presse le montant de la facture. Soit l'équivalent d'un milliard et demi de centimes. Le spectacle de Sylvie, avec ses 70 représentations pour 250 000 spectateurs attendus, est une gageure. Pas pour Tony, évidemment, puisqu'à ses yeux, le talent certain de Sylvie est la meilleure de toutes les garanties.

« Une passerelle en spirale, genre science-fiction, descendant des cintres, des rampes lumineuses de plusieurs centaines de projecteurs, un orchestre "monté" sur coussin d'air – une plate-forme style overcraft qui se déplace comme une plume sur scène –, douze danseurs et danseuses déchaînés comme autant de Travolta : tout est prêt pour entourer Sylvie Vartan au Palais des Congrès [488] », note le journaliste Patrice de Nussac, venu en reconnaissance.

Au niveau –3 du Palais, Sylvie répète avec sa troupe. Quelques-uns des danseurs ont été recrutés dans sa propre école de danse parisienne. Forte de 3 000 élèves dirigés par 16 professeurs, cette énorme machinerie appelée à s'étendre est installée dans le Xe arrondissement de Paris, au numéro 7 de la rue des Petites-Écuries. Depuis 1981, elle a pris un essor extraordinaire et Sylvie n'en est pas peu fière. « Dans un métier où tout le monde, ou presque, picole, se drogue plus ou moins, où l'angoisse inhérente à ce milieu fait la fortune des fabricants de tranquillisants en tout genre, l'une des parades les plus évidentes est de se remuer, de faire du sport, de maîtriser et de respecter son corps. L'autre étant de se montrer capable d'autres émotions. De ne pas vivre que pour ce métier. D'avoir, d'élever, d'aimer un enfant. D'entreprendre autre chose, ailleurs. De continuer à apprendre (j'adore apprendre). C'est pour toutes ces raisons en vrac que j'avais envie de créer ce studio. Pour faire partager à des tas de gens, jeunes ou pas, hommes et femmes, mon amour absolu de la danse sous toutes ses formes, dans des conditions qui ne soient ni laxistes, ni austères et dans un cadre moderne, aéré, clair, fonctionnel et gai, où la seule sélection serait la motivation. L'à peu-près et les mondanités iront ailleurs[489] ! »

De danse et de chorégraphies il sera largement question dans le super-show de 1983, dont le coup d'envoi sera donné le 10 septembre. En entrée : *Danse ta vie,* une adaptation de la chanson phare de *Flash- dance*, qui fait fureur outre-Atlantique. La sortie parisienne du film a été programmée pour le 14 septembre, soit quatre jours après la première de Vartan. Un bon coup pour la Blondissime qui apparaîtra en smoking et gants blancs, tandis qu'autour d'elle les danseurs habillés par Roberto Rosello évolueront gantés de bleu-nuit, dans des spencers noirs très seyants. La grande classe !

En décidant de reprendre sa superbe partie rock et twist du Palais des Sports, super-Sylvie ignore combien elle va alourdir un spectacle déjà riche en tableaux les plus divers. Une nouveauté, en revanche, sera la bienvenue : un changement à vue sur scène, prévu entre *La plus belle pour aller danser* et *Shake your tail feather,* rock acrobatique pour le moins renversant. Restons dans le rythme et clôturons la première partie avec un ultime ballet de luxe, une espagnolade sensuelle et follement rythmée : *Latino !* À l'heure où trois Carmen se disputent les écrans de cinéma, dans sa robe gitane rouge et noir à volants, les cheveux tirés en arrière, pour sûr, la Vartan fera sensation, mais que d'énergie dépensée pour une critique qui jugera cette fin de partie effilochée et superflue ! Elle-même en conviendra *a posteriori* : « Je me souviens que pour *It's raining men,* que j'aimais aussi beaucoup et qui ouvrait la deuxième partie, il fallait monter des escaliers pour accéder au toboggan. Je venais de danser *Latino* juste avant l'entracte et je n'en pouvais plus. J'étais épuisée[490]. »

Après que les hommes auront fini de pleuvoir sur la scène du Palais, la deuxième partie s'enchaînera de façon plus inattendue. Sylvie a découpé son show en deux « mi-temps » bien distinctes ; élaborée comme un tour de chant, la seconde se veut plus classique, plus intimiste. Plusieurs chansons, une seule tenue. « Maintenant que tout le monde veut danser sur scène, moi je chante seulement[491] », laisse-t-elle échapper, non sans un brin de malice. Bon public la Vartan, et parce qu'elle a toujours peur des retours de manivelle, jamais venimeuse pour deux sous. Pour autant, oser se présenter seule pour la première fois, débarrassée de ses danseurs et dépouillée de ses strass dans l'arène pour un récital aussi long, est-ce bien raisonnable ? Rendez-vous tous au 10 septembre...

*

À la fin de la Première Guerre mondiale et jusqu'au début de la suivante, âge d'or du music-hall français, il était de bon ton d'organiser aux Folies-Bergères des premières dignes de ce que l'on s'escrime à appeler aujourd'hui des « mises en scène hollywoodiennes. » C'est oublier que s'il a grandi en Amérique, le music-hall est né en France et les Folies en étaient le siège institutionnel. Aussi, les soirs de première, ne badinait-on pas avec le protocole. Pour organiser l'accueil des invités les plus prestigieux (politiques, diplomates, critiques, académiciens, stars du cinéma ou de la scène), la direction du théâtre avait recours à la garde républicaine qui déléguait une quarantaine de ses hommes en grande tenue, culotte bleue, gants à crispin, sabre au clair et casque étincelant. À l'extérieur, un service d'ordre de la préfecture de police régulait le trafic pour faciliter l'accès des mondains au théâtre. Et partout, dans le hall, au milieu des visons et des astrakans, déambulaient des perles et des diamants, des effluves de patchouli et des volutes de cigares de luxe. Juste avant que ne retentisse la sonnerie annonçant le début de la représentation, paré de ses plus beaux atours, dans un assaut d'élégance, le Tout-Paris avait déjà offert un premier spectacle. « Brouhaha discret du meilleur temps... »

Renouer avec cette tradition ; voilà qui redonnerait à Paris un peu de sa patine. Sylvie y est favorable. En résumant l'avant-spectacle, le soir de la première du 10 septembre 1983, Didier Varrod étale son ignorance de ce que furent autrefois les bons usages du spectacle français : « Le passage de Sylvie Vartan l'a visiblement marquée : première hollywoodienne, cérémonial, haie d'honneur pour les personnalités encadrées par les ouvreurs, eux aussi très smart[492]. » En revanche, lorsqu'il rend compte de son impression générale sur le grand auditorium du Palais des Congrès, on ne peut qu'adhérer à son jugement : « J'ai eu la sensation d'être un colis livré au plus géant des congélateurs : confortablement assis, oui, mais cette salle manque complètement de chaleur. Pari difficile pour les artistes de parvenir à dégivrer une telle ambiance[493]. » Sylvie elle-même marquera toujours une préférence pour le Palais des Sports, mieux conçu pour accueillir les grands spectacles populaires.

*

Il est très tard, la nuit a basculé vers un autre jour lorsqu'à la fin de la représentation, 3 700 spectateurs debout font une ovation à la Blonde dont les échos de sa chanson *Encore* (Jean-Loup Dabadie), viennent de donner l'assaut final de la victoire. Est-ce un triomphe ou sa mécanique ? « Le retour régulier de Sylvie Vartan sur scène à Paris n'est plus un événement, écrit Varrod. Il y a des habitudes bonnes à prendre. Le public parisien l'a compris. (...) Les années passent, le mythe Vartan s'intensifie. Sylvie s'en fout, elle chante : clin d'œil spectaculaire au temps présent qui continue, par contre, à déranger certains...[494] »

Entre haine et fanatisme, il y a toujours place pour des critiques intelligentes. Celle d'Yves Stravridès : « Elle se met sur le grand plongeoir de la chanson réaliste, se pince le nez. Et plonge. On connaît le traitement réservé aux sacrilèges. Alors, est-elle faite pour chanter Brel ? Ô surprise ! Pas moins qu'une autre. Pas que son lyrisme réunisse justesse et dimension, mais son culot mâtiné de panique révèle une fêlure touchante. Comme dirait Antonin Artaud, elle semble faire des "signes dans les flammes". De chansons comme *Lucie* ou *Encore,* elle dégage une émotion déroutante. Elle-même paraît dépassée que ça puisse passer. On peut aller voir Sylvie Vartan pour ce qu'elle est. Ni une affiche de papier ni une star. Mais une petite blonde qui, quand elle s'y met, peut étripailler un public[495]. »

Sans autre « moitié de tube » que *La Première Fois qu'on s'aimera,* dont elle partage le disque d'or avec Sardou, Sylvie a donc gagné. Disque d'or également pour l'album *Danse ta vie.* L'indéfectible clan Vartan termine la soirée chez Maxim's, autre institution parisienne du joli temps passé. Tony d'un côté, de l'autre David et Ilona, à ses pieds la Ville Lumière qu'une fois de plus elle vient de mettre à genoux. Demain ? Elle n'y veut pas penser. Et puis demain, il y a spectacle ! La princesse regagnera son Palais, comme après-demain et les jours suivants. De même qu'on ne recommence jamais sa vie, on ne l'arrête pas, fût-ce sur une image de bonheur. C'est le sort de ceux qui ne vivent plus que par procuration, à larmoyer sur une pile de photos jaunies.

Et Johnny ? Il est loin et proche à la fois. Sylvie a été la première à aller l'embrasser à la naissance de Laura, la fille née de son union avec Nathalie Baye. De même, lorsque l'Idole s'est retrouvée à l'hôpital pour un problème de hanche, elle n'a pas hésité à interrompre ses répétitions pour courir à son chevet. Elle les a invités le soir de sa première, Nathalie et lui. « Johnny reste une étoile dans mon ciel »... Intègre, protectrice et maternelle, elle le défendra toujours. Surtout contre lui-même. En 1981, peu après leur divorce, elle écrivait : « On n'efface pas vingt ans d'une vie... Johnny continue à faire partie de ma famille, il est toujours le père de David. Il est probablement malheureux, il l'a toujours été. S'il m'appelle au secours, j'irai, mais je déteste l'idée de ce cri. Si je l'appelais, moi, je ne sais pas s'il viendrait, aujourd'hui... peut-être ? Mais j'en doute...[496] »

Peu ou prou à l'époque du Palais des Congrès, alors que la carrière d'Hallyday connaît un nouvel essoufflement, celui-ci fait à son ami Serge Loupien, alors qu'ils sont tous deux sous l'emprise du whisky, la confidence suivante : « Tu ne connais pas la dernière de Sylvie ? Elle a téléphoné à Nathalie pour lui dire que son mari, Tony Scotti, a une idée pour me remettre sur pied : "Tu comprends, comme Johnny ça ne marche plus, on va lui faire chanter les chansons de Presley à Las Vegas, avec les musiciens d'Elvis. J'en ai parlé à David, il trouve ça génial." Me remettre sur pied. Tu imagines ? OUUAAHHH ! Les CONS !...[497] »

*

Pendant ce temps, tête pleine dans un corps sain, Sylvie travaille. Après le Palais et une vingtaine de dates de tournée, elle multiplie les apparitions sur les écrans de télévision européens. Suit un voyage capital vers le Japon, en avril, où elle présente à ses fidèles fans nippons son dernier show parisien. Au cours de ce séjour, le 27, elle inaugure « Sylvie Vartan Dance Studios », une nouvelle école de danse située au dernier étage du Printemps-Japon, au centre de Tokyo, à Ginza précisément, quartier des affaires et du luxe. Lors de ce séjour, elle donne un gala privé pour Air France au Méridien de Tokyo. Air France qui l'élira vedette de l'année 1984. Un formidable coup de pub qui n'est rien moins que mérité pour la Blonde, eu égard aux milliers de miles effectués à bord des avions de la compagnie française depuis des dizaines d'années. Sylvie Vartan et Air France : une longue, longue histoire d'amour vouée à la pérennité. Puis c'est le retour en Europe : on attend Sylvie au Forest National de Bruxelles pour y représenter la France à « l'Euroshow ».

Mais déjà, *Paris-Match* en a fait sa une ; entre Sylvie et Tony, le mariage, c'est pour bientôt ! Ils ont choisi la ville de leur rencontre pour en faire l'annonce à Agathe Godard, en exclusivité. « Quitte à passer pour une midinette, j'aime l'idée du mariage, déclare Sylvie sans rougir, un solitaire carré d'au moins cinq carats au doigt. Et puis à quarante ans, c'est dur de présenter l'homme de sa vie en disant : mon fiancé, mon ami ! Tony qui est italien et moi qui suis bulgare, avons le sens des réjouissances. Nous aimons et nous savons nous amuser. Nous ferons une belle cérémonie avec orchestre, violons et traditionnel gâteau de mariage. Et puis, ce sera la dernière fois ! Alors...[498] »

Orchestre, violons et traditionnel gâteau, avec en sus champagne et vodka, orchidées blanches et tapis rouge, larmiches de circonstance et caméras de télévision (TF1, Antenne 2 et une équipe engagée par le couple pour réaliser un film-souvenir complet de la journée) : le 2 juin, à Los Angeles, dans la résidence achetée par

Tony Scotti et qui fut celle de la grande actrice du muet, Rosalind Russell, la fête tient ses promesses. Sous le portique en stuc blanc, un juge vêtu d'une robe noire plus longue que le tailleur griffé Dior de la mariée, a uni tout à l'heure Sylvie à Tony. Au doigt de l'épousée, un anneau serti de diamants brille de mille feux sous le soleil californien. Le même éclat autour de son poignet ; ce matin, Tony lui a offert un bracelet assorti. À présent, les tentes dressées dans le jardin, au-dessus de la piscine recouverte pour la circonstance et qui abritent les buffets japonais, italien et campagnard, vont pouvoir accueillir les 250 invités. Sur un fond sonore de harpe, une jeune fille qui joue *Perhaps love* de John Denver, quelques figures du gratin hollywoodien, Jean-Pierre Aumont, Ursula Andress, (elle fut très proche de Scotti), Pia Zadora, Patty Reagan, la fille de Nancy et de Ronald alors Président, côtoient tous ceux qui ont fait le déplacement depuis la France : Patricia Coquatrix, Patrick Juvet, Charley Marouani... Partout du clinquant pour cette noce très *Dynasty,* sauf les sentiments qui ne sont pas du toc. Sur le devant de la scène, bien sûr, les familles avec au premier rang, David, sorti presque indemne des crises à répétition entre ses parents, suivies d'un divorce douloureux : « Maman a été formidable. Elle n'a jamais dit un mot de travers sur mon père. Elle m'a toujours tout expliqué, très calmement. J'ai compris. Il n'y a pas eu de drame[499]. » Cette journée est aussi un peu la sienne. Depuis toujours si proche de sa mère dans les pires moments, il ne peut que savourer aujourd'hui le meilleur. En dépit de sa passion pour Johnny, David a d'emblée accepté la présence de Tony, un « type épatant » : « Quand maman m'a dit qu'ils allaient se marier, j'étais fou de joie[500] ! »

Essoufflée après avoir dansé le charleston en petit comité avec la mère de Tony, accompagnées toutes deux au piano par Ben Scotti, frère du marié, Ilona elle aussi affiche son sourire. Elle sait le chemin parcouru par Sylvie avant d'en arriver là. Heureuse et triste à la fois, Ilona. Demain, à Loconville aura lieu le remariage de son fils Eddie avec Florence, et elle ne pourra pas y assister. Mais elle n'a pas à se forcer pour faire bonne figure devant sa fille qui, depuis l'un des balcons, a lancé son bouquet, puis sa jarretelle. Marouani l'a rattrapée au vol.

La mariée est en blanc, la couleur de l'instant. Celle aussi de sa somptueuse maison de style colonial français, à deux étages, avec un tas de balcons de bois et de fer forgé peints en gris et bleu. Au fond du jardin, une petite maison d'amis toute blanche elle aussi, avec des parquets laqués bleu pâle. Redonner vie à une maison c'est un peu renaître soi-même, intérieurs qui se recomposent en simultané. Sylvie a déjà prévu de l'emménager dans le style de sa demeure parisienne, meubles anciens et couleurs gaies. C'est à Paris qu'elle s'est fournie en rideaux et tissus.

*

Succès, amour, argent ; comme dans l'annonce prometteuse d'une voyante surdouée, les frais de consultation en moins, Vartan se retrouve au pinacle de son existence. « Le talent, ça se mérite [501] », a-t-elle coutume de déclarer. Et du bonheur ? À n'en pas douter, il existe une logique, non pour l'apprivoiser, mais pour au moins savoir le reconnaître quand il passe sous vos fenêtres. « Je savais exactement quelle était ma recette de bonheur. Quel genre d'homme, de compagnon, il me fallait. Je me suis laissé entraîner dans quelques sentiers différents. Mais je voyais vite les défauts que je ne supportais pas. Autant avant je pensais que les opposés s'attiraient, autant je pense maintenant que c'est tout à fait l'inverse [502]. » S'il se trouve des esprits chagrins pour penser un peu trop fort que Vartan a toujours épousé les hommes qu'il fallait au moment où il le fallait, Sylvie ne les entend pas. Le Bonheur, ça rend sourd. L'argent ? Comme elle n'a jamais dépendu financièrement de qui que ce soit, on peut la croire lorsqu'elle déclare n'avoir à aucun moment été son esclave. Elle l'apprécie comme monnaie d'échange, contre ce qu'il peut lui procurer et apporter à ceux qui lui sont chers. Car la Dame aime le luxe et n'en fait pas mystère. Imitant les vrais marginaux, elle possède une collection de fourrures (bof !), s'achète les bijoux dont elle a envie, fréquente les maisons de haute couture... « Comme chez les Grimaldi, avant l'ère Lagerfeld, chez Vartan, on rit, on pleure, on se marie et on divorce en Dior », aurait pu ironiser ce journaliste de *L'Écho des Savanes* chargé en 1984 par sa rédaction, de « peaufiner » l'image de marque des Monaco. Sylvie s'obstine néanmoins à vouloir relativiser les pouvoirs de l'argent, avec des arguments qui ne manquent pas de sel : « L'argent ne veut rien dire. Dieu sait que je côtoie des gens riches, et je vois très souvent comment leurs enfants sont pratiquement abandonnés. Je crois que l'argent mal employé est plus dangereux que le manque d'argent. Si l'argent m'angoissait, je ne le dépenserais pas, je le mettrais de côté. Or, je le dépense. Il y a des femmes qui ont beaucoup de bijoux au coffre et qui en portent des faux. Moi, je m'en fiche : j'aime les bijoux, je les mets. Si je les perds, eh bien tant pis ! Je vis mon argent. Et si un jour je n'en ai plus, eh bien, je n'en aurai plus. Les valeurs prioritaires n'ont rien à voir avec l'argent [503]. »

Des considérations qui rejoignent sensiblement des propos tenus par la « collégienne du twist » devant Ménie Grégoire en 1966 :

« — Vous savez, l'argent, pour moi, c'est vraiment accessoire [504].

— On dit cela quand on a beaucoup ! s'était insurgée l'auteur de *Métier de femme.* Je n'aime pas vous entendre parler ainsi : c'est une phrase de gens riches. Quand on manque vraiment d'argent, vous savez mieux que moi que ça devient important[505]. »

De façon quasi obsessionnelle, comme si elle craignait d'être assimilée à une machine à sous, le thème de l'argent revient souvent chez Vartan : « Je n'ai jamais fait ce métier pour de mauvaises raisons. À l'époque je ne savais même pas que l'on pouvait en vivre[506]. » (...) « Je pourrais jeter du jour au lendemain tout ce que je possède aujourd'hui. Cela ne me pertuberait pas[507]. » De beaux sermons qui tenteront plus d'un cambrioleur à venir visiter ses différentes demeures. Une première fois à Loconville, ils laisseront les objets de valeur, n'emportant que les press-books des débuts de Sylvie que son père avait eu à cœur de tenir à jour jusqu'à sa mort. Un acte signé... La seconde fois, ils ne se contentèrent pas du peu. À la fin des années 1990, à la Villa Montmorency située entre les résidences de Rika Zaraï et de Carole Bouquet, un autre malfaiteur, introduit par une fenêtre, emporta une coquette somme d'argent et une montre de très grande valeur. Fidèle à son éthique, en public Sylvie relativisa, comme elle minimisa ce qui aurait pu se transformer en une véritable tragédie lorsqu'en janvier 1999, un incendie ravagea la maison qu'elle louait alors à l'écrivain Jackie Collins, sœur de Joan, à Los Angeles, sa propre maison étant en travaux. Ce soir-là, M. et Mme Scotti dînaient en ville lorsque la police les alerta. Soulagement immense pour Sylvie arrivée en catastrophe sur les lieux du sinistre de pouvoir serrer dans ses bras Ilona, sa mère, sa fille Darina et la baby-sitter ; toutes avaient pu évacuer la demeure à temps. L'incendie d'origine accidentelle fut le fait d'une négligence : une cigarette mal éteinte... « Des tas de souvenirs et de photos sont partis en fumée, » se plaignit Vartan à une amie, sans jérémiades supplémentaires[508]. Les Scotti trouvèrent refuge chez Fred, l'un des deux frères de Tony, marié depuis peu à Simone Brink, l'amie d'enfance de Sylvie à Sofia.

Rares sont ceux qui peuvent se targuer d'avoir pris Vartan en défaut aux heures les plus graves de son existence. La puissance de sa constance laisse encore une fois perplexe. Peut-être, au fond, cette rigueur vis-à-vis d'elle-même, cette intégrité et cette façon de jouer à chaque fois franc-jeu et cartes sur table sont-elles les clés de son exceptionnelle réussite et de sa popularité, si le succès pouvait se satisfaire d'une simple explication rationnelle.

*

Été 1984. De nouveau, Scotti offre à son épouse une scène américaine. Un dernier baroud d'honneur : sept représentations, du 29 juin au 3 juillet, au Sand's d'Atlantic City, le Las Vegas de la côte Ouest, une cité en pleine prospérité depuis qu'elle a obtenu à nouveau l'autorisation de pratiquer le jeu. La presse locale s'interroge : « Sylvie Vartan qui ? »

Dans *Press Atlantic City Bureau,* après avoir rappelé qu'en France le patronyme de la Blonde est aussi célèbre et familier que le vin ou le fromage, Bob McHugh se demande en substance ce que vient chercher cette doublure d'Ann Margret dans cette partie de la côte Ouest américaine où elle est une illustre inconnue. La réponse, le journaliste ne va pas tarder à l'obtenir. « Un tabac de chaque soir, commente un témoin français. Il est vrai qu'à l'opposé du Beverly de Los Angeles et à l'instar du MGM de Vegas, le système du Sand's est la réservation par des Tour operators. Les gens qui avaient acheté leurs places ne savaient donc pas qui ils viendraient applaudir. Le triomphe de Sylvie n'en fut pas moins conséquent. À chaque représentation, ils en redemandaient. »

Cadeau de mariage de Mme Scotti à son époux : *L'Italiano,* la chanson d'Umberto Tozzi, qu'elle interprète spécialement pour lui chaque soir, dans sa version originale.

*

Le Sand's : un dopant avant la tournée aoûtienne qui attend Vartan en France et qui la mènera sur les plages et dans les arrière-pays. Les amoureux se sont déjà offert une lune de miel, cet hiver, à Venise, bien avant le mariage. Ils la prolongeront en musique cet été avec des milliers de gens bronzés qui leur crieront bravo. De la France, Tony ne connaît que Paris et ses environs, elle va lui faire découvrir le reste en prenant le pari qu'il va en tomber amoureux. David également sera de la caravane, en qualité d'assistant régie/son. Le môme Hallyday aurait-il quelque idée derrière la tête ? Chaque soir, dans la lumière bleue des projecteurs, l'une des couleurs de scène préférées de Sylvie avec l'orangé, il regardera sa mère ne plus lui appartenir. Cette mère rompue à ce métier qu'elle mit tant de temps à acquérir jusqu'à le parfaire et à l'incarner au point d'être régulièrement choisie pour figurer en couverture d'ouvrages consacrés au music-hall. Si David est fasciné par Johnny, il l'est aussi par le professionnalisme dont fait preuve son illustre génitrice, par son charisme sur scène, et ne manque jamais de le rappeler à qui s'aviserait de l'oublier.

Sylvie est l'une des rares à avoir inscrit juillet et août sur son agenda de travail. Les tournées d'été ne font plus recette. Tout comme Mathieu, Sardou, Renaud ou Sébastien, cette année elle a « ramé ». L'époque où les cigales parisiennes partaient sur la Nationale 7 à la rencontre de leur public semble révolue. L'air du temps, la crise, le changement des habitudes familiales... « Il semble que les chanteurs se livrent à une course mégalomaniaque, peut-on lire sous la plume d'un éditorialiste français : à qui aura la plus grande salle à Paris, le plus longtemps possible. Puis, pour rentabiliser le show, on part en province avec quarante ou cinquante personnes sur les routes, plus cinq à huit tonnes de matériel. Comme il faut amortir, on a besoin d'un maximum de spectateurs chaque soir et on ratisse la France, préfectures, sous-préfectures, chefs-lieux de cantons... Le citron a été trop pressé[509]. » Et le même observateur de prendre l'exemple de Sylvie Vartan : « Les vedettes demandent des cachets de plus en plus élevés. Pour qu'un spectacle soit rentable, il faut que la recette soit le double du cachet-plateau. Si Sylvie demande 160 000 F, pour une vingtaine de personnes, chaque représentation doit rapporter au moins 320 000 F. Lorsque le rideau se lève, 250 000 F sont déjà partis dans la location de la salle ou du chapiteau, les frais de publicité en ville, le cachet de l'équipe et de l'artiste, les charges sociales, la location du matériel... Pour ce prix-là, il faut jouer chaque soir devant au moins 3 000 personnes. Tout cela se répercute sur le prix des places. Pour que le prix du billet ne flambe pas davantage, il faut se produire dans des salles de 4 000 ou 5 000 personnes[510]. »

Un cercle plus vicieux que le vice, qui va sonner le glas des supershows vartanesques.

Avant de se laisser aller doucement vers l'automne, Sylvie pourra se vanter de ramener dans ses valises l'un des plus beaux cadeaux qu'un artiste peut recevoir de la part de son public, ou de l'une de ses composantes. « C'était à Nice durant l'été 1984, se souvient Jean-François Weber. Au moment des rappels, comme à Paris parfois, Sylvie avait prévu de terminer avec *L'Hymne à l'amour.* Notez qu'à époque, seul Julien Clerc avait osé reprendre cette chanson, avant donc Hallyday et Michèle Torr. Revenons à notre Blonde et à Nice... Magistrale, l'interprétation de Sylvie ! Et quel silence... impressionnant. Tout d'un coup, n'y tenant plus, un fan du quatrième rang, un peu plus démonstratif que les autres, se leva de son siège, les larmes aux yeux, en hurlant : “Et dire qu'il y en a qui disent que tu n'as pas de voix ! ! !” Je ne sais pas si, avec la musique et le retour de son dans les oreilles, Sylvie a compris ce qui venait de se passer, mais ce qui est sûr, c'est que contrairement aux protestations qu'on aurait été en droit d'attendre de la part de spectateurs qui n'avaient pas payé pour ce genre d'intervention, la vague d'approbation silencieuse qui raccompagna l'exubérant sur son siège fut significative[511]. »

Une victoire et une consolation pour Vartan qui ne fit pas que des heureux l'année précédente au Palais des Congrès... « Je n'étais pas une fana de la chanteuse, explique Martine R., mais j'avais voulu la voir sur scène au moins une fois dans ma vie pour être à même de pouvoir juger, même si j'ai horreur de ce mot. Les costumes, les chorégraphies, les décors, tout était parfait. Seulement, au moment où Sylvie attaqua "Ne me quitte pas", avec mon mari qui en qualité de pianiste a accompagné les plus grands, de Baker à Aznavour en passant par le Golden Gate Quartet, nous nous sommes considérés atterrés. Nous ne fûmes pas les seuls, puisque derrière nous, dans les hauteurs nous avons vu des spectateurs se lever les uns après les autres et partir en disant : "C'est nous qui te quittons !" J'ai trop de respect pour les artistes pour en faire autant, mais j'avoue qu'il y avait de quoi se boucher les oreilles ! Je ne comprends pas qu'avec tous les bons professeurs de chant existant sur le marché, cette fille, talentueuse à bien d'autres égards, n'ait jamais réussi à placer sa voix. C'est chez elle une immense lacune et c'est dommage[512]. »

*

L'année artistique de Vartan s'achève au début du mois de novembre par un autre feu d'artifice aux couleurs du Brésil : invitée vedette du prix des Molières. Créée en 1963 pour récompenser les meilleurs acteurs de cinéma et de théâtre, cette institution est au Brésilien ce que l'académie des Césars est au Français, celle des Oscars à l'Américain. Dès 1967, ce prix fut doublé pour le lauréat par un trophée Air France, une aile d'avion *design* assortie d'un billet aller-retour São Paulo-Rio-Paris et d'un séjour à l'hôtel Méridien. Après Mathieu, Aznavour, Montand et Polnareff, au tour de Sylvie Vartan d'animer au Théâtre municipal de Rio (notre Palais-Garnier) la seconde partie de la cérémonie, en offrant un condensé de ses shows français et américains. Triomphe pour celle qui, arrivée enfant à Paris dans les brumes d'un petit matin d'hiver, a fini par incarner à l'étranger un certain talent, une certaine classe et une certaine élégance française.

Autre moment phare et récréatif de cette année finissante : l'enregistrement par Sylvie d'un nouveau duo avec le chanteur de country John Denver, à L.A. Qu'importe si sa longue tournée des télévisions européennes avec lui n'a pas apporté à *Love again* le succès escompté ! Lorsque Sylvie ne gagne pas, elle répond que l'essentiel était de « faire. » Au mois de septembre, avec un temps de décalage, elle a fêté chez Maxim's ses vingt ans de carrière et posé pour *Jours de France* avec Thierry Le Luron, devant le gâteau traditionnel. Chouchou de Marcel Dassault, plus d'une centaine de fois en une trentaine d'années, un record absolu, Vartan fera la couverture de ce magazine bon chic bon genre, soucieux de refléter la pensée bienséante de l'époque.

Vingt ans de métier : en réalité vingt-trois années de chevauchées bien souvent fantastiques au-dessus des modes et des océans. Sauront-ils avoir raison de l'enthousiasme d'une Blonde amoureuse ? Chez les fans perce un début d'inquiétude. Ailleurs, on ne se trouble pas outre mesure...

CHAPITRE 25

La vie commence à quarante ans

« Les gens vous adulent, vous adorent, puis les lumières s'éteignent... on ne peut pas tout sacrifier à ça. Perdre de vue l'essentiel[513]. »
Sylvie Vartan

À l'âge où d'autres femmes, pour certaines déjà grand-mères, avancent doucement vers l'automne de leur vie, Vartan voit s'ouvrir devant elle la perspective tardive d'un bonheur conjugal au goût d'été indien. Serait-elle assez folle pour tout compromettre par les séparations ingérables qu'impose son métier ? Les tournées qui s'enchaînent les unes aux autres à un rythme qu'on finit par ne plus contrôler, au point d'en perdre la notion des années ; les sonos qui agressent ; les projecteurs qui fusillent et tuent un peu plus chaque soir ; les exigences et les fantasmes des foules capricieuses et versatiles ; les chambres d'hôtels où l'on réinstalle un peu de sa vie pour se rassurer et combler l'absence... La petite pointure de la Blonde (37 et demi) a déjà tellement couru et parcouru le monde dans tous les sens, en toute saison, par temps de chien ou sous le soleil !

Non, si elle ne va pas vraiment se mettre à tricoter des écharpes au coin du feu en attendant que son mari lui fasse chaque soir le résumé de sa journée de bureau, elle va choisir sa méthode de travail, lever le pied pour laisser d'autres farfelus danser à sa place. Amour et paix. La paix, enfin. *Peace and love.* Vingt ans après 68, sans impuretés dans les narines, ni fleurs dans les cheveux, mais les deux yeux bien ouverts sur la réalité de son privilège, Sylvie accomplit sa révolution intérieure : « Je ne regrette pas mes vingt ans, car à cette époque, j'étais étourdie et éparpillée. Intransigeante et démesurée. Je vivais tout dans un désordre indescriptible. Aujourd'hui, je suis beaucoup plus heureuse[514]. »

Il est également patent qu'avec Hallyday, la malheureuse ne savait jamais ce qui allait lui arriver le lendemain.

Déjà, ces deux dernières années, la présence de Scotti l'avait soulagée des mille tracas de l'organisation scénique qui viennent s'ajouter au stress de l'artiste : « Pendant vingt ans, j'ai travaillé toute seule, c'était dur, je devais m'occuper de tout. Là, c'est fantastique, je ne m'occupe plus de rien, je ne vérifie plus rien, j'ai le temps de vivre, de chanter. Dommage que je n'aie pas rencontré Tony plus tôt... [515] »

Ou comment boire les étoiles avec une paille !

*

La France de 1985 vibre aux sons des Balavoine, Renaud, Bruel, Berger, Daho, Mas. Elle en espère d'autres : Kaas, Paradis, Farmer... Tout en haut, surfant sur la mêlée depuis quatre ans, Jean-Jacques Goldman le bien-nommé, un grand garçon aux allures d'adolescent attardé, riche d'une puissance charismatique qui va commettre des ravages durables et irréversibles. Musicien avant tout, mais subtil et tendre photographe des sentiments humains, alliant la fraîcheur à l'authenticité, la sensualité à la discrétion, il ne présente aucune des tares habituellement recensées dans le show-biz. Éminemment doué, cet auteur-compositeur-interprète nouveau genre cache plus d'une note dans sa « Gibson » et transforme tout ce qu'il touche en métal jaune. Jean-Jacques Goldman est le messie que la chanson française attendait, son oxygène, son nouveau baptême. Pour toutes ces raisons, Sylvie l'apprécie et pour cette humilité non feinte qu'il cultive aussi parfois jusqu'à l'agacement. Presque jusqu'à la démagogie. Goldman cependant est une grande chose et ne peut pas plaire aux médiocres. À l'instar de Vartan, mais pour d'autres raisons, lui aussi à ses débuts fit les frais de sa notoriété dans la presse. Sylvie se sent proche des victimes faciles. Lorsqu'aux Victoires de la Musique, « l'homme en or » n'obtient pas même une miette de trophée, elle s'insurge, comme elle prendra plus tard la défense de Vanessa Paradis, devenue la tête de Turc des aigris mal soignés. Combien Vartan aspirerait à collaborer avec la nouvelle idole... et lui avec Johnny ! Si Jojo est un malin, Goldman ne l'est pas moins ; après Berger, il finira de remettre le « vieux » rocker au goût du jour, avec l'efficacité que l'on sait, avant de placer Céline Dion sur orbite.

Au cœur de tant de décibels, voici qu'un autre Hallyday ose maintenant afficher son prénom. Au bras de sa mère pour le concert de Johnny au Palais des Sports, fin 82, puis l'année suivante pour le repas de gala chez Maxim's où Sylvie fêtait sa victoire du Palais des Congrès, le jour du mariage avec Tony, chez eux, à Los Angeles ;

si de plus en plus, le timide David se voit propulsé sur le devant de la scène, c'est tout simplement qu'il apprend son futur métier. Avec Vartan pour guide, et Scotti ; tous deux viennent de fêter leur premier anniversaire de mariage à Honolulu. Sylvie se défend néanmoins de faire figure de cerbère : « Il ne faut pas tout mélanger. Je suis sa mère avant tout. Je ne suis ni son manager, ni une artiste par rapport à lui. Je n'ai jamais été du genre à aller danser avec lui quand il avait quinze ans. Je pense qu'il faut un certain décalage. C'est comme ça qu'on donne confiance à ses enfants[516]. »

À pareille époque, en 1985, une autre affaire, moins reluisante, fait bruisser le microcosme. Selon les sources des magazines spécialisés dans les secrets d'alcôve, Sylvie aurait fait bloquer les recettes du spectacle du rocker au Zénith. Hallyday/Vartan : Dallas continue-t-il ?

« Tout est entièrement faux, protestera Sylvie. Je fais un procès aux journaux qui ont écrit cela. Je n'ai pas employé ces moyens très laids. C'était un article complètement fielleux qui salissait pour salir. S'il y a un million de gens qui ont lu ça et qui l'ont cru, c'est lamentable. Et par rapport à mon fils, c'est dramatique[517]. »

Vartan ajoute : « Dans chaque couple qui divorce, quand il y a un enfant, le père se doit de partager les frais d'éducation de son enfant. Moi je fais face à mes responsabilités de mère. Il n'y a aucune raison, parce qu'on s'appelle Hallyday, de ne pas faire face à ses responsabilités de père[518]. »

Authentiques également les déclarations publiques plus aigres que douces de Johnny dans la presse sur celle qui fut sa femme pendant quinze ans. Là encore, face aux attaques d'un homme-enfant qui fait mal parce qu'il a mal, elle reste digne : « On s'est aimés très fort. On s'est aimés passionnément, fougueusement, formidablement et méchamment, comme on s'aime à dix-huit ans. Nous avons eu une histoire extraordinaire. C'était quelqu'un qui me plaisait et c'était réciproque. Malgré ce qu'il peut dire maintenant, avec une certaine aigreur, on ne peut pas gommer son passé comme ça. Enfin, moi, je ne peux pas, en tout cas. J'ai toujours de la tendresse pour lui. J'ai un fils avec lui. Je ne peux pas tenir de propos désagréables sur lui. Ce qui me chagrine simplement, c'est la façon dont lui parle de moi en déformant la vérité. Ça, ça fait de la peine. Parce que, au fond, je me demande ce qui s'est passé en lui. C'est vrai qu'il est assez influençable. Peut-être son entourage l'influence-t-il ? Je ne sais pas. Je ne vois pas à quoi tout ça rime. Je ne vois pas ce que ça lui rapporte, à qui cela profite. C'est aussi très dommage pour son fils. Lui aussi connaît la vérité. Alors, évidemment, quand il lit certaines phrases, elles lui font mal forcément. Tony, mon mari, a des rapports courtois avec son ex-femme avec laquelle il a été marié pendant dix ans. Et cela, bien qu'ils n'aient pas d'enfant[519]. »

« That's show-business, David ! », croirait-on entendre l'Italo-Californien réconforter ce beau-fils, « cadeau du ciel », qu'il pare de toutes les qualités et dont il s'est juré de faire une star : « Les Français exportent du vin, de la mode, bientôt ils vont exporter David[520] ! » De son côté, Vartan multiplie les recommandations au fiston sur les pièges et les périls d'un métier qui ne pardonne rien. Surtout ne pas perdre la tête face au succès et aux flatteurs qui faussent les rapports. Pour elle, l'entourage, c'est ce qu'il y a de pire ! Parce qu'elle a connu tout cela, Maman-Sylvie ne veut pas que David monte sur ce manège et qu'il ne puisse plus en descendre. Elle-même, estimant qu'on reçoit suffisamment de coups dans cette profession pour ne pas aller les chercher soi-même, vient de décliner l'invitation de Patrick Sabatier à son fameux « Jeu de la vérité » qui sera fatal à Chantal Goya : « Le niveau des questions est plutôt médiocre, argumente-t-elle. Et puis, je suis trop pudique et je maîtrise mal mes émotions profondes. La plupart des gens mentent, et le font pour se donner en spectacle. Il faut séduire en faisant en sorte qu'on s'apitoie sur ton sort. Il faut faire pleurer... cela ne correspond pas à ma façon d'être. Le bonheur est un sentiment positif et j'accepte volontiers d'en parler, mais le malheur, la peine, ça se garde pour soi. Faut être maso. À ne pas faire[521] ! »

Après le passage de Goya chez Sabatier qui eut pour résultat de la mettre au placard pendant huit longues années, Sylvie l'engueula sévèrement en lui disant qu'elle avait été folle de s'être jetée dans un pareil guêpier. L'autre lui a alors répondu que dans la vie, on ne pouvait pas être toujours gagnant, mais, qu'au moins, elle avait prouvé qu'elle savait prendre des risques. On sait aujourd'hui la teneur de la machination montée contre Goya, dans le but de la faire trébucher. Un stratagème imbécile qui ne devait pas porter chance à ses instigateurs. Après avoir été la reine du Palais des Congrès, réalisant des performances à faire pâlir qui voudra, Chantal Goya dont Trénet disait qu'elle était « un phénomène de music-hall », devint la paria du spectacle français, au même titre que Sheila. Quant aux amis des jours de fête : silence radio !

*

Comment Sylvie, femme à la réserve et à la timidité si marquées, a-t-elle pu accéder aux plus hautes marches dans un métier de proximité où, à l'inverse du cinéma qui produit des stars distantes, l'on se doit de s'exposer en permanence, d'être le point de mire de millions d'yeux dont on ne sait jamais s'ils sont inquisiteurs ou amicaux, sans perdre sa propre identité ? « Il paraît qu'on devient artiste soit parce qu'on est en manque d'amour, soit pour attirer l'attention, s'auto-analyse-t-elle. Moi, j'étais une enfant très aimée. En outre, comme je suis d'une nature plutôt timide, je n'ai jamais voulu être le centre d'attraction. Il m'a fallu du temps pour réaliser que c'était tout simplement pour prolonger mon enfance. Quand j'étais toute petite, en Bulgarie, ma mère m'a emmenée voir quelques spectacles féeriques qui m'ont éblouie et m'ont marquée à vie. J'ai toujours en moi cet éblouissement. Quand je suis en train de répéter un spectacle, même si je râle parfois, et qu'il y a des moments où j'ai envie de tout balayer, j'aime cette folie car pendant quelques heures je suis complètement déconnectée du côté grave de la vie[522]. »

Faut-il que la « force fragile » d'une femme soit insoupçonnable. Et parfaitement canalisée dans le cas de Vartan, qui se dit sans cesse au bord de l'abîme mais qui jamais ne tombe... autrement qu'amoureuse d'un beau texte, d'un chien plus attendrissant que les autres, d'un enfant, n'importe lequel. Sylvie se sent très proche de ceux qu'elle nomme « les petites personnes ». Leur innocence lui rappelle celle des animaux, des chiens en particulier auxquels elle voue une passion sans bornes.

Vartan n'est pas de ceux qui cherchent à plaire et à convaincre à tout prix. Elle peut même se montrer totalement hermétique lorsqu'elle sent qu'on la juge mal. La journaliste Claudie B., une fille superbe à la forte personnalité, qui eut à réaliser une interview pour le célèbre magazine féminin auquel elle collaborait alors, en fit les frais au mitan des années 90 : « L'entretien, si je puis m'exprimer ainsi, s'est déroulé au 35 rue Marbœuf, dans les bureaux de Charley Marouani, imprésario de Vartan. Je me suis d'emblée retrouvée face à une femme froide, distante, au maquillage blafard, retranchée derrière ses lunettes fumées, et dont le discours m'a paru d'une platitude déconcertante. Aucune vie, aucune vibration, point de passion, une succession de lieux communs. Banal sur toute la ligne ! Visiblement, mon interlocutrice n'avait rien à dire ou rien envie de dire et j'ai dû écourter. À mon retour au journal, il fut décidé que nous ne ferions pas le sujet[523]. »

*

Sylvie éprouve-t-elle quelque remords d'avoir cédé à la mode de l'écriture, de ce que l'on appelait alors les *beauty books,* ces livres truffés d'astuces et de conseils pour grandes cocottes en mal d'activité ? Pourquoi le ferait-elle ? Non, rien de rien, aujourd'hui Vartan ne regrette rien. Entre deux recettes de cuisine, trois méthodes de maquillage, de séduction, de façons d'affronter le soleil ou l'hiver, dans ce guide luxueux paru en septembre 1985 aux Éditions N° 1, et dans lequel le « truc » de Néfertiti pour raffermir ses seins – elle avalait des crottes de lièvre – ne serait pas apparu déplacé, Sylvie s'affiche sous toutes ses coutures, en noir et blanc et en couleur, dans l'intimité et sous les lampes d'un photographe professionnel, outrageusement fardée même sous la douche. Tout est pensé, orchestré, répertorié, illustré sans jamais perdre de vue un certain sens du rationnel. Éclectisme bien élevé à l'image de la signataire de l'ouvrage. Cette réflexion sur le sacro-saint dilemme entre la mode et l'âge, par exemple : « L'âge ne doit pas être déterminant dans le choix des vêtements ; rien n'est plus grotesque qu'une femme d'un certain âge essayant de jouer les jeunes filles. Et si l'inverse est tout de même moins ridicule, il faut savoir, en règle générale, être en accord avec son âge et l'évolution de sa vie. »

Et Steph' de Monac, alors ? ! Lorsque Richard Blackwell, styliste à Atlantic City, décerne à la princesse le diplôme mondial de la femme « la plus mal fagotée », Vartan tergiverse : « Stéphanie n'est pas ridicule, elle est jeune et belle, donc elle peut tout se permettre. On commence à être ridicule quand on commence à prendre de l'âge et qu'on s'habille comme Stéphanie[524]. » Et toc !

*

1985 est une année faste pour les fans, réunis par centaines autour de leur *prima donna* en toute promiscuité le 26 mai à l'Espace Cardin. Une première dans le genre. Et la dernière...

Un jour, à un journaliste qui interrogeait Claude François sur l'agrément d'avoir un club de supporters, le P-DG de Flèche décocha cette réponse : « Il est énorme. Cela prouve à une vedette qu'elle n'est pas toute seule à se trouver merveilleuse ! » Les antipodes de Sylvie. La contemplation de soi n'est pas sa tasse de thé, ni les fan-clubs, qui entretiennent cette mauvaise gymnastique. Pour cette « journée particulière » à l'Espace Cardin, tout a fonctionné par le bouche à oreille. Aujourd'hui, les voilà rassemblés, la vedette et ses admirateurs, pour une après-midi entière au cours de laquelle, passant de groupe en groupe, signant ici quelques autographes, interprétant quatre titres encore tous chauds de son album *Made in USA,* trinquant ailleurs avec une vieille connaissance, échangeant rires et souvenirs dans une ambiance de fin d'année scolaire quand à peu près tout est redevenu permis, Vartan s'offre une longue et revigorante récréation. Oubliant son statut de star, elle n'est plus qu'une « copine. » Et eux, ses meilleurs copains. *« Auprès de ma Blonde... »*

Les fan-clubs deviendront bientôt un véritable casse-tête chinois pour Sylvie : satisfaire les uns en évitant de froisser les autres, ne rien oublier qui puisse porter préjudice, ménager les susceptibilités... Un sport diplomatique auquel elle n'aura bientôt plus envie de se livrer. Ni véritablement besoin, après une carrière souveraine du haut de son pilier bientôt trentenaire. Fin 1988, alors que le fan-club officiel aura presque disparu, quelques aficionados entreprendront de créer une revue trimestrielle, *Version originale*, une initiative que Sylvie n'approuvera que dans la mesure où les nouveaux mousquetaires s'accorderaient à fusionner avec l'ancien fan-club à reconstituer. Concept voué d'avance à l'échec ; les passions antagonistes qui régissent le monde des fans n'ont d'égales que les turpitudes qui commandent aux actions de l'homme.

*

Pierre Cardin, en 1985, c'est la maison de couture que l'on sait, avec ses produits dérivés de luxe, mais ce sont aussi les restaurants Maxim's, celui de Paris, aussi célèbre que la Grande Eiffel ou le Moulin-Rouge, et celui de New York qui voit le jour en octobre, à Madison Avenue, 61e Rue, au coin de l'hôtel Pierre. Pour inaugurer ce petit morceau de Paris en exil au pays des cow-boys, le célèbre couturier qui a racheté Maxim's à la famille des Vaudable en 1981 au prix de 20 millions de dollars, a choisi deux ambassadrices de poids, françaises, cela va de soi ; une ancienne première dame, Claude Pompidou et l'une des femmes les plus élégantes du moment, Sylvie Vartan, qui vient de participer à l'Opéra-Garnier de Paris à la remise des « Oscars de la mode. » Crime de lèse-étiquette : on fit l'erreur ce soir-là d'inviter Line Renaud, brouillée avec la Vartan. « Ah ! si Roger avait été là ! », semble soupirer le rapporteur de l'anecdote dans le superbe ouvrage commémoratif du centième anniversaire de Maxim's[525]. Roger Viard que Line Renaud et Sylvie Vartan, nos deux « étoiles américaines », connaissaient bien en effet, fut pendant quarante-cinq ans le gardien de la tradition, rue Royale, à Paris, dans la prestigieuse cantine des gens importants qui n'ont aucune importance.

Ce n'était pas la première fois que la gentille Line tempêtait à l'arrivée de la Blonde dans une manifestation mondaine ou un lieu public où elle-même se trouvait. « Un jour, rapporte Éric D., je me trouvais dans une soirée avec Line et quelques amis, lorsque Sylvie Vartan fit son entrée. Line m'a attrapée par le bras : "Voilà la Vartan, partons !" De même, lorsqu'elle croisait le timide David Hallyday sur un plateau de télévision, elle lui demandait toujours d'embrasser son père de sa part, sans un mot pour sa mère avec qui David, tout le monde le sait, entretient les rapports les plus serrés. Manifestement, elle ne l'aime pas[526]. »

Gamineries de vieille dame destinées à ne durer que ce que durent les êtres. De son côté, lorsqu'elle trouve un vêtement vieillot ou une chanson démodée, Sylvie se départit d'un « Ça fait Line Renaud ! », railleur et bien inoffensif.

*

« L'enfant prodigue est en couverture de *Paris-Match*. Maman veille au grain. Maman est bien contente. La suite du feuilleton sera bien assurée. C'est une coproduction hollywoodienne. Nous vivons une époque formidable[527]. » Déjà les premières attaques contre David. Sa notoriété de naissance est un handicapant privilège. Trop lucide pour ne pas le savoir, il ne se berce pas d'illusions, mais à vingt ans, on a toujours raison. Alors, après avoir raflé quelques louanges pour son film *He is my girl,* David fait un carton avec son premier album, *True Cool* et triomphe au Zénith, à l'Olympia et à La Cigale, mais reste à vivre auprès de sa mère. Leur complicité, née dans une poche d'eau, semble promise à ne jamais se tarir : « Je veux épouser une femme comme elle[528]. » Lorsque Dany Jucaud lui demande s'il est normal à son âge d'habiter encore chez ses parents, le « roi David » répond : « Je m'y sens tellement bien. Je suis comme maman : casanier. Je déteste les chamboulements. Vous ne trouvez pas qu'on est bien ici[529] ? » Après les tempêtes qu'ils ont traversées côte à côte, ils goûtent ensemble à une paix espérée et construite. Pour autant, la bulle protectrice connaît ses failles et Sylvie ne sera pas la dernière à le reconnaître : « Ce qui est frustrant, c'est que, lorsque les enfants deviennent grands, on ne peut plus régler leurs problèmes, on ne peut pas tout arranger. On ne peut plus les consoler comme on consolait les chagrins d'autrefois, on ne connaît plus les remèdes[530]. »

La même Sylvie qui, nommée chevalier des Arts et Lettres, a cédé une fois encore à l'anglais, changeant de coiffure et adoptant un look préfabriqué de punkette de salon de thé. Ses jupes de cuir noir frisent la vulgarité. C'est le temps de *Made in USA,* enregistré en Californie au Sand Studio de Santa Monica, avec la participation de David à la guitare, pour trois morceaux. *Made in USA* est un album de dix chansons à la sauce rock, moyennement reçu en France, mais correctement accueilli en Allemagne. Quant à l'Amérique, cette fois Vartan a tiré un trait dessus : « Il faut être clair, je n'ai jamais prétendu faire carrière aux USA ! Je vis là-bas et je sais bien qui est connu et qui ne l'est pas. Aucun Français ne fait carrière aux USA, ceux qui le prétendent sont des menteurs. J'ai toujours fait l'objet de jalousies féroces, encore plus depuis que je suis mariée à un Américain. Ça ne fait pas plaisir à tout le monde ! En France, quand on ne peut pas vous prendre en pitié, ça ne va pas. Je parle du métier, pas du public, qui n'a rien à voir avec ces querelles médiatiques[531]. »

Petite victoire d'amour-propre pour la Blonde : Serge Loupien révèle qu'un soir, Hallyday se trouvait au Kobe Steacks, un restaurant japonais de Nashville, lorsqu'une hôtesse fit l'annonce suivante : « Good evening, messieurs-dames, je viens d'apprendre qu'il y a parmi vous l'ancien mari de Sylvie Vartan. J'aime beaucoup Sylvie Vartan[532] ! »

La gueule de Johnny...

Les amis de Jojo l'ignorent sans doute, mais au Japon, toujours le Japon, l'étoile de Sylvie n'en finit plus de ne pas se ternir. Contrairement aux idées reçues, ce n'est pas Mireille Mathieu mais bien elle, la reine française de ce pays, l'enfant chérie. Outre la réussite sociale qu'elle incarne et à laquelle les Japonais accordent une grande importance, elle symbolise l'univers des *sixties* dont les Nippons, très nostalgiques, sont si friands. En 1985, la Blonde réalise un gros coup en devenant dans l'Empire du Soleil levant et pour un cachet faramineux, la nouvelle ambassadrice de Coca light. Un spot publicitaire est tourné. Deux versions : une courte pour la télévision, l'autre plus longue pour le cinéma. Sur ces images étonnantes et inédites en France, on découvre une Sylvie en body rose et baskets blanches jouant de la hanche dans le décor très aérien d'un pont de navire reconstitué, imitée en cela par une pléiade de danseurs calqués sur elle. La finalité est de démontrer qu'avec un peu d'exercice et beaucoup de Coca light, tout le monde peut se forger un corps de rêve. *Running scared,* chante Vartan, abondamment permanentée ; un titre extrait de son album anglais, rythme imposé auquel Véronique et Davina, figures de proue de la gym-tonic dans l'Hexagone, n'auraient pas résisté.

L'élection de Sylvie par la succursale de la firme américaine témoigne si besoin était de la notoriété japonaise de celle qui, trente ans après son premier concert à Tokyo, a su rester ici LA référence de la chanson française. Aucune Européenne avant elle ne s'est vu offrir un tel privilège. Faut-il que le prestige de la Dame soit immense !

Un super gala promotionnel privé donné à Tokyo, *Shake up party,* vient clore cette campagne de pub géante. Son contrat et ses poches bien remplies, « Shilubi Balutan » est maintenant libre de quitter le pays. Les fans aux yeux bridés pleurent... Pas pour très longtemps ; entre Sylvie et le Japon, ce ne sont jamais que des au revoir. L'année suivante, invitée au 15th Tokyo Music Festival, elle reviendra remettre le prix du meilleur chanteur de l'année en compagnie de Carl Lewis. Et comme elle le fera désormais à chacun de ses passages, elle se rendra à ses studios de danse pour inscrire sur le mur d'entrée de l'immense local une phrase, un mot, une pensée, paraphé de sa signature à l'éternelle marguerite.

*

Après l'échec américain de Sylvie, dans le catalogue des portes mal refermées, notons son divorce, en 1986, d'avec RCA, sa maison de disques depuis vingt-cinq ans. La même année, Sylvie a sorti un album, français celui-là, au titre prémonitoire, *Virages,* dont la diffusion en province a été plus que négligée par RCA. Professionnelle, Vartan s'est bien tenue à la promotion télévisuelle de son disque, mais déjà, et depuis longtemps, la politique du « Je te prends, je te jette » des firmes discographiques commet ses ravages. Tandis que les coûts de production sont de plus en plus élevés, le disque en général ne tourne plus rond depuis 1978, sa dernière année faste, grâce à la vague du disco. Une baisse de près de 20 %. Alors, on restructure, on licencie personnel et artistes peu rentables. L'époque où l'on glissait un chèque dans la pochette du disque envoyé au programmateur semble révolue, mais les méthodes n'en sont pas moins des traités de comptoir, qui consistent à laisser un programmateur signer les paroles d'une chanson qu'il n'a pas écrite, en échange d'un certain nombre de passages du titre à l'antenne. Ou bien on passe par le coup de la « coédition », permettant ainsi aux stations de radio de toucher des droits sur les ventes et les passages du disque. Dans ce cas de figure, on ne peut que s'attendre à une promotion soutenue. Les purs, tels Georges Moustaki, montent au créneau : « Le show-business est un système schizophrénique, un système, un commerce, une porte ouverte à tous les appétits, l'argent, la gloire. Le show est une affaire trop sérieuse pour être laissé aux seuls soins du business. »

Vartan campe sur son nom, sa notoriété et son prestige, mais d'un point de vue commercial, pour RCA, elle n'est plus la vache à lait de naguère. Aussi, la séparation qu'elle a elle-même décidée, parce qu'on ne « jette » pas Sylvie Vartan, lui laisse-t-elle un goût amer. Fair play, en gage de ses bons et loyaux services, Bob Summer, président de RCA, lui avait remis un trophée de cristal. Avec 20 millions d'albums vendus en France – sans compter les 15 millions de ventes export – on l'aurait récompensée à moins !

Autre désillusion ; l'école de danse des Petites-Écuries, à Paris. Depuis 1984, en dépit d'une fréquentation assidue, c'est la déconfiture. Une sombre histoire de gros sous et de mauvaise gestion, semble-t-il. Par principe, dès le début, Vartan avait cru bon de désigner à la tête de son centre l'une de ses amies proches. La déception semble être venue de ce choix. Vingt ans plus tard, elle s'en expliqua avec Laurent Dostes, créateur sur Internet du très officiel et très contrôlé site Sylvie Vartan : « Notre entente avec cette amie a pris fin pour de sombres raisons de pertes financières inexpliquées. Et dans le trouble, je n'existe plus ! Même si j'ai dû y mettre un terme, je ne regrette pas d'avoir tenté cette expérience, ne serait-ce que pour l'ambiance incroyable qui régnait dans cette école. Il y avait un côté *Fame* transposé dans la réalité, très stimulant... Une alchimie entre une discipline de travail acharné inhérente à la danse et des rapports humains vraiment chaleureux. »

Par chance, l'école du Japon, en pleine croissance, tourne déjà à plein régime. Mais pour combien de temps encore ?

Côté cœur, il y a aussi cet enfant avec Tony, qui ne veut pas venir. Parfois, Sylvie songe à cette petite fille de l'Assistance publique qui avait partagé leur Noël à Johnny et à elle, au début des années 70, et à sa douleur au moment de la quitter : « Quand David avait sept ans, j'avais organisé un Noël pour les orphelins du Ve arrondissement. C'était magnifique. Carlos s'était déguisé en Père Noël et j'entends encore le rire des petits. C'était à la fois très gai et très triste car, une fois la fête finie, ils sont tous retournés à l'orphelinat. Au moment de partir, une petite fille de trois ans a agrippé ma main. Elle ne voulait plus me quitter, je revois son petit visage tout pâle, ses cheveux blonds comme les blés. Je n'ai jamais oublié son regard. Ce jour-là, pour la première fois, je me suis posé la question de l'adoption. Depuis, elle est restée en veilleuse dans un coin de ma tête[533]. »

Gageons que l'enfant n'aurait pas volé beaucoup d'espace dans le 360 mètres^2 de l'avenue du Président Wilson... Les regrets sont du temps perdu, et dans la tête de Sylvie, une mécanique est en marche.

CHAPITRE 26

Les mouchoirs de Sofia

« À quiconque il a été beaucoup donné, il sera beaucoup redemandé. »
Saint Luc

« Je n'ai pas attendu que ce soit la mode pour devenir généreuse[534]. »
Sylvie Vartan

Disparue des scènes françaises depuis trois ans, présente encore à la télévision, mais par épisodes et pour défendre son dernier titre, paru sous le label Philips : *Femme sous influence* (musique de Romano Musumara, compositeur de Jeanne Mas et de Stéphanie), sans tube véritable depuis *L'Amour c'est comme une cigarette,* en 1981, et surtout sans projets immédiats, beaucoup dans la France de 1987 estiment la Vartan résolument « finie ! » Même Michel Mallory, son parolier d'antan – pour qui, avec Johnny, elle fut la poule aux œufs d'or – ne croit plus en elle et l'avoue dans l'intimité. Alors, à l'instar de Dalida tragiquement disparue au printemps, on « nationalise » la Blonde. Elle pourrait mourir demain, sa nécrologie serait fin prête, ficelée, polie, sans tâches. Puis on la décore... Depuis le début de l'ère mitterrandienne et la nomination de Jack Lang, « le Sully Prudhomme de la culture hip-hop » (Alain Finkielkraut *dixit*), rue de Valois la section honorifique occupe six personnes à plein temps. L'annuaire des Arts et Lettres en atteste : en 1992, on aura accordé autant de distinctions que de 1957 à 1981 ! Loin le temps où, proposée à son insu par Sacha Guitry, la vénérable Pauline Carton déclinait ainsi la Légion d'honneur qui venait de lui être accordée : « Je remercie les messieurs qui ont pris cette initiative, mais j'ai pensé que cette décoration était réservée aux militaires. Je n'ai pas fait, dans ma vie quoi que ce soit qui justifie un tel honneur. Sentiments reconnaissants[535]. »

Le ruban rouge pour Vartan viendra plus tard. Le 13 novembre 1987, elle est faite chevalier de l'Ordre national du mérite par François Léotard, « remplaçant » de Lang. L'intéressée, qui se déclare fière, pour l'heure se repose à l'ombre de la gloire naissante de David. De temps à autre, elle s'offre une petite récréation comme ce voyage qu'elle a fait au Mexique en 1986, en compagnie d'Hubert Leforestier, dans le cadre de la Coupe du monde de football. À l'invitation de Michel Platini, elle participe à une émission de télévision avec l'équipe de France. Comme encore à Séoul, au pays où chats et chiens sont réduits au statut de steacks, pour figurer cette fois au grand spectacle pré-olympique de 1988, devant 90 000 spectateurs. Séoul : une idée du vieux Bop Hope. Lorsque la chaîne de télévision japonaise NHK lui propose un *prime time* (horaire privilégié), elle ne se récuse pas non plus et reçoit le Jean-Pierre Foucault nippon chez elle, dans sa maison de Beverly Hills. Exclusivité internationale ; aucune caméra française, depuis le mariage, n'avait encore pénétré dans cet antre secret. Un tablier noué autour de la taille, trempant ses mains dans la farine et dans l'huile pour réaliser sous l'œil gourmand des caméras sa fameuse moussaka « perso », la maîtresse de maison prend le risque de fouler aux pieds paillettes et fantasmes. Mais voici le test fatal, autour de la table de la salle à manger où se sont rassemblés les membres de l'équipe qui repartiront sans indigestion notable. La Blonde est bien ce cordon-bleu autrefois loué par Johnny !

Autre amuse-gueule de dernière heure : l'enregistrement, en 1988 toujours, d'un remix de *La plus belle pour aller danser* et de *Irrésistiblement,* qui sert de fond sonore à une pub télévisée de Canon. Ces versions sont exclusivement destinées au Japon, son pays porte-bonheur. Le monde ne tournerait-il plus qu'à l'heure nippone pour la petite fille de Sofia devenue princesse sous le ciel de Paris et quelque peu en sommeil du côté de la Californie ? Au début des années 60, lorsque Line Renaud émit le souhait d'interrompre en plein triomphe sa revue au Casino de Paris, Joséphine Baker la mit sérieusement en garde : « Si tu rejettes le succès, un jour, le succès te rejettera[536]. » L'éloignement de Sylvie lui sera-t-il préjudiciable ? Non déconnectée de son métier, puisque de par les activités de son mari, celles de son fils maintenant, elle y trempe pour ainsi dire au quotidien, sa vie en Amérique reste néanmoins celle d'une bourgeoise californienne moyenne. Les Américains ne sortent pas dans les night-clubs et préfèrent se recevoir chez eux autour d'un buffet ou à l'heure de l'apéritif. Seules excursions nocturnes entreprises par le couple Scotti : le théâtre ou le cinéma, mais depuis que le projet d'une salle de projection à demeure est à l'étude, Vartan s'autocondamne à devenir de plus en plus casanière. À Los Angeles, elle a ses repaires, ses adresses ; « Il Fornaio », une boulangerie « du tonnerre », le salon de Maurice José, ex-manager de Dessange à Paris, coiffeur des stars du Parnasse hollywoodien, et surtout « L'Orangerie », l'un des restaurants français les plus luxueux de la ville. Autrefois associés à Jean-Claude Brialy, ses propriétaires ont préféré prendre leurs distances avec l'acteur et son restaurant parisien pour fonder une *Orangerie made in USA*. La cuisine de Jean-Claude Parachini, ex-chef du Vivarois à Paris et membre de la diaspora française de Los Angeles, attire en foule le Tout-Hollywood. À telle enseigne que Liz Taylor, Jane Fonda ou Ronald Reagan aiment à s'y dépayser et à s'oublier l'instant d'un dîner, en rêvant de la France.

Mais plus de trois mois consécutifs à déplorer la violence des programmes de MTV en écoutant mugir le Pacifique ou en faisant des gâteaux et de la tapisserie, à recompter les badges et les chaussettes de sa collection, ou encore à coller des montagnes de photos d'enfants et d'animaux, c'est trop pour Sylvie. Aussi quand vient la nostalgie, quand elle en a assez de faire du lèche-vitrine pour dévaliser les boutiques de *sportswear* dans les galeries chic de L.A., qu'elle n'en peut plus de suivre chaque après-midi le « 20 heures » de TF1 retransmis par le câble, elle fait ses valises et s'envole pour Paris. À part les gens, elle qui n'apprécie pas de chambouler son cercle d'amis, Sylvie n'aime pas les choses fixes. Mais elle n'aime pas non plus rester au même endroit, faire la même chose. Quelquefois, si la fatigue se fait sentir, elle s'imaginerait bien en cigogne au repos, mais cela ne dure jamais. Ses envies de rester définitivement quelque part ne sont que provisoires. Entre les deux continents, on peut la croire quand elle dit qu'elle a trouvé son rythme personnel de vie. Paris où ses agents et autres chargés de presse, Dominique Segall en tête, ont veillé à l'entretien de son image. Une pratique courante dans le milieu, pour mieux faire glisser en général quelque promotion à venir. Or la scène, Vartan pense en avoir fait le tour, avoir bouclé la boucle. Secrètement, elle attend autre chose. Un beau rôle au cinéma ; elle en rêve. En crèverait presque. Comme Johnny, employé par Godard et Costa-Gavras, dans *Détective* et *Conseil de famille,* elle espère se voir solliciter par les grands cinéastes. Outre des déclarations qui abondent dans ce sens, ses apparitions de plus en plus régulières avec son mari au festival de Cannes en sont les premiers révélateurs. Sylvie Vartan est à ce jour la seule chanteuse française à avoir remis un César à deux reprises, en 1979 et 1985.

*

Oubliée la Blonde, en France ? Pour illustrer la couverture de son agenda 1988-1989, Glatigny a choisi un dessin de François Dupuich la représentant en vamp disco. Ici et là, on l'évoque à toute occasion, dans la presse à sensation, à l'intarissable imagination. Il est même sérieusement question d'une comédie musicale sur la vie de Marlène Dietrich dont Tony Scotti aurait racheté les droits. Interrogée lors d'une émission de Guillaume Durand sur la Cinq, Sylvie ne dément pas. « Avez-vous les moyens de vos ambitions ? », l'interpelle alors sans ménagement une téléspectatrice. Sylvie s'en tire par une pirouette.

« À côté de Vanessa Paradis, Sylvie Vartan c'est la Callas ! » Autre décret, autre censeur : Pascal Sevran. Celui qui par l'humour et la terreur règne aux Buttes-Chaumont sur le plateau de « La chance aux chansons » se fait un jeu depuis quelque temps de livrer chaque après-midi sur TF1 une guerre sans merci à la « chanteuse à trous » (en référence aux jean's « aérés » de Vanessa Paradis). Au vrai, Sevran révère Vartan. L'un de ses vœux les plus chers : inscrire le nom de la Blonde en gros sur le conducteur d'une de ses émissions. De par son statut et parce qu'elle n'entend pas donner d'elle l'image d'une ombre du passé bêlant sur ses play-backs d'antan, la chose est pour l'heure impossible.

Quelques années en arrière, dans un ouvrage consacré au music-hall français, Sevran parlait ainsi de Vartan : « C'est une vedette de papier, une cover-girl, mais qui vibre et qui aime, mais qui souffre et qui se tue. Poupée de chair et de sang, Sylvie qui pleure marque les limites de la vamp, c'est en cela qu'elle est proche du public malgré tout ; malgré les rolls et les téléphones blancs, malgré les piscines californiennes, malgré le carnaval des copains. (...) À défaut d'être Liza Minelli, il faudra bien qu'elle se décide à s'intéresser d'un peu plus près à la manière dont Line Renaud descend les marches du Casino de Paris [537]. »

Plus rustique : le clin d'œil de Jean Roucas. Dans le cadre de la campagne des présidentielles de 88 revisitée par le Bébête-show, l'humoriste adresse à Sylvie un « message personnel » en la personne de Marchie-la-Cochonne, impayable compagnon de caricature de Dédé-la-joie-triste et de Kermitterrand, alias Dieu...

« — Faites gaffe, nous, on vient d'inscrire Sylvie Vartan au PC et on va faire comme elle, moins on a de voix, plus on gueule fort !

Comme un cochon, j'ai les cheveux longs
J'aime pas Chirac et je hais Tonton...
Comme un cochon...

Charcuterie de bon aloi...

« Cela m'évoque un gala que nous avions donné à Ajaccio, en 1979, intervient Lydie Callier. Georges Marchais était dans la salle et au moment où Sylvie entama sa fameuse chanson disco-tango *Georges,* tous les regards se braquèrent sur le secrétaire du parti communiste. Sensuelle au possible dans une chorégraphie où elle était censée se laisser tripoter par une armada d'hidalgos, Sylvie elle-même eut toutes les peines du monde à réfréner son fou rire. Et moi qui, comme d'habitude, en rajoutais en lui glissant des petites phrases assassines qui avaient le don de lui faire perdre momentanément son sérieux. Imaginez Vartan se trémoussant devant Marchais en chantant :

Oh, Georges, je tangue comme un bateau ivre,
Oh, Georges, les vagues du tango m'ennivrent,
Georges, je suis si faible entre tes bras,
Georges, je suis une femme,
N'en profite pas[538] *!*

*

Dix ans après, les fans, eux, sont moins à la fête, et désespèrent d'un jour revoir leur icône en mouvement sur une scène, comme au bon vieux temps du Palais des Congrès où, à l'issue de chaque représentation, ils la retenaient encore et encore en lui criant « Reste, on t'aime ! » « *Dis, quand reviendras-tu ?* »...

Or, voilà qu'en 1989, courent les bruits d'un éventuel Palais des Sports pour Sylvie, prévu vers le début de 1991... Comment les fans se débrouillent-ils pour toujours tout savoir avant tout le monde ? Une vocation mata-harienne doublement favorisée par des gens dans la place aussi bavards et indiscrets que des coiffeurs pour dames. Toutefois, la nouvelle est à prendre avec précaution, il y a déjà eu d'autres projets, annoncés par Sylvie elle-même, et restés en l'état : l'Olympia, en 1986, le Zénith ou Bercy la même année, le Palais des Sports en 1987, le Grand Rex l'année suivante... L'un de ses amis chanteur qui s'est produit avec succès dans cette dernière salle n'a pas trouvé l'acoustique extraordinaire et s'est fait fort d'en aviser Vartan. D'où sa défection. Ce qui paraît plus plausible et vérifiable, c'est qu'en octobre elle sortira un nouvel album, *Confidanses.* D'ailleurs, un clip est en cours de tournage dans le décor du théâtre de l'Opéra-Comique, à Paris, sous la direction de Lydie Callier, qui a déjà fait ses preuves de réalisatrice avec le clip d'*Étienne* (Guesch Patti.) « Pour ces minimétrages, j'avais voulu montrer qu'elle était avant tout une femme moderne, explique Lydie. Tout en lui conservant son côté sophistiqué avec une robe en velours très classe, je lui avais donc enlevé ses talons pour la mettre carrément à plat ! Et elle s'est laissé faire parce qu'elle savait que je la connaissais très bien et qu'elle pouvait avoir confiance. Quand elle se sent en sécurité, c'est une fille très facile à diriger dans la mesure où elle se connaît elle-même sur le bout des doigts. Au cinéma, avec des metteurs en scène de valeur, elle pourrait faire des merveilles[539]. »

En faisant appel à un autre talent référencé, le docteur ès-tubes Didier Barbelivien pour, entre autres, *Il pleut sur London* et *C'est fatal*, il semble que Vartan se soit enfin décidée à revenir dans la course en frappant un grand coup. Après avoir déclaré : « Je me suis très attentivement occupée de mon fils David, qui était à un tournant de sa vie où il avait un réel besoin de sa mère[540] », elle rectifie le tir : « Mon métier n'est pas un fonds de commerce où l'on passe la main aux héritiers. Ce n'est pas parce que David a réussi son entrée dans le show-business que je vais, moi, raccrocher[541] ! » Un grand coup de poing sur les *i* à l'adresse de ceux qui ne l'auraient pas encore compris.

« That's rock'n roll ! », en aurait conclu Johnny, avec qui la réconciliation publique a eu lieu en juin 1986, lors du 36e festival de Cannes. Jojo, la crinière teinte en blanc, y remettait la Palme d'or.

*

Mireille Mathieu, pénalisée par le décès de Johnny Stark et de plus en plus boycottée par le système, Dalida disparue, Sheila ayant fait des adieux solennels à l'Olympia (« Sylvie était assise devant moi, elle était en larmes », note Bernard, un témoin), sur la place de la variété féminine un pion chasse l'autre. Tous ces succès brefs et éphémères, ces produits périssables et autres « yaourts », laissent le public sur sa faim. Les vraies « stars » ont disparu. Aussi, le retour de Vartan est-il attendu avec curiosité.

« Un après-midi, se souvient Vartoch', chanteur-animateur de cabaret parisien, je me promenais sur les quais de la Seine, à hauteur de Notre-Dame, lorsque mon attention fut attirée par une jeune femme en jean-tennis et tee-shirt blanc, qui se laissait photographier. À brève analyse, je me rendis compte que le modèle en question n'était autre que mon idole ! "Va donc la voir", m'encouragea l'ami qui m'accompagnait. Ce à quoi je me résolus, en choisissant un moment de pause.

— Excusez-moi, vous êtes bien Sylvie Vartan ?, fis-je bêtement.

— Gagné ! Ah ! Ah ! Ah ! (rire vartanesque).

— Pourrais-je avoir un autographe ?

— Mais bien sûr... Tenez, venez vous asseoir à côté de moi, sur le banc, là.

— Quel est votre nom ?

— Euh... Vartoch' !

— Intéressant...

Et Sylvie d'interpeller alors son photographe, un certain Meylan, de l'agence Sygma :

— Viens voir, il s'appelle Vartoch' ! Mais pourquoi Vartoch', au fait ?

— Parce que je suis artiste et que j'interprète vos chansons...

— En vous travestissant ?

— Non, non, ce n'est pas mon truc. Je chante en direct, mais sans perruque, ni talons aiguilles.

— Il faudra que vous me montriez cela !

Simple, sans manières, directe, chaleureuse, à l'écoute de l'autre ; en quittant Sylvie, mon autographe personnalisé en poche, j'eus presque la sensation d'avoir papoté quelques instants avec une amie de toujours », note Vartoch'[542]. Pour autant, lorsque cinq ans plus tard, les « copains » de bord de Seine se retrouvèrent sur le plateau de « Chéri, j'ai un truc à te dire », de Christine Bravo, Sylvie, bringuebalée entre ses quatre points cardinaux affectifs, Paris, Los Angeles, Sofia et Tokyo, ne se souvenait plus de la rencontre.

Telle est la Blonde, rétive à la foule, mais pouvant se donner à l'un des éléments qui la constituent et qui a eu l'heur de lui plaire.

*

Révolution au pays de Vartan : en cette année de bicentenaire, David a choisi de se marier ! Une simple rencontre chez Patrick Sabatier et ce fut le coup de foudre. Dans le désordre, Estelle Alice Lefébure est jeune, blonde comme les blés de la Beauce, mannequin vedette et normande d'origine. « Ils ont en commun la même sensibilité, la même simplicité, la même discrétion, s'enflamme la mère du marié, dans son tailleur de chez Dior, le jour des noces. On les croirait frère et sœur. C'est pour ça qu'ils s'attirent tellement[543] ! » (...) « Je crois qu'ils donnent une bonne image de la jeunesse, ils sont sains[544]. »

En 1980, au moment du divorce des Smet, lorsque Johnny somma leurs amis communs de choisir leur camp, beaucoup, à l'instar de Carlos, se rangèrent du côté de Jojo. Une pilule amère pour Sylvie. Aujourd'hui, plus heureux que jamais, Vartan et son « ex » se retrouvent aux côtés d'autres anciens comme les Carpentier, les Debout, Jean-Marie Périer, Patricia Coquatrix. On remarque aussi la présence de Stéphane Collaro et de Nagui, ami de David et de... Carlos. Le mariage civil a eu lieu à Fréneuse-sur-Risle, village de la mariée. Pour l'église, ce sera l'abbatiale de Saint-Georges de Saint-Martinde-Boscherville. Quant aux flon-flons, rendez-vous à une vingtaine de kilomètres de là, au château du Landin, bâtisse du XVIIIe siècle louée par Maman-Sylvie. Un orchestre tzigane y accorde déjà ses instruments. Johnny est venu accompagné de sa nouvelle conquête, Adeline, la fille de son ami Long Chris. « Je suis passé à côté de moments formidables avec mon fils, écrira Hallyday. Trop souvent absent, j'ai négligé son éducation, je ne l'ai pas vu grandir. Il m'en a voulu. J'ai culpabilisé. Je n'ai pas été un "bon" père au sens traditionnel du terme. En fait, David et moi, nous nous sommes découverts à son adolescence. Quand nous avons pu enfin parler. Quand il a pu enfin comprendre. Me comprendre... Chaque fois qu'il m'appelait papa, je craquais. J'étais secrètement jaloux de l'influence que pouvait avoir Tony Scotti sur lui [545]. »

Scotti, grâce à qui Hallyday obtint un rôle dans une production américaine, *Le Triangle de fer,* en 1988. Sylvie avait suivi les deux hommes de sa vie sur le tournage qui eut lieu au Sri-Lanka. L'occasion pour elle d'y faire plus ample connaissance avec l'un des partenaires de Johnny, l'acteur Haing Ngor, qui, encore inconnu, avait décroché un Oscar grâce à sa prestation dans *La Déchirure.* Après que Ngor eut confié à Sylvie une épreuve d'un récit autobiographique, celle-ci se montra si bouleversée qu'elle lui proposa de l'aider à le faire éditer en France. Un an plus tard paraissait *Une Odyssée cambodgienne*, chez l'ami Fixot-Filipacchi.

Au mariage de David, lorsque l'Idole réajuste la cravate de son fils sous le regard bienveillant du nouveau mari de Sylvie, on se dit que si la vie n'est pas un long fleuve tranquille, il est parfois des berges que l'on ne regrettera pas. En regardant s'éloigner son enfant, Sylvie, elle, laisse hurler sa douleur, mais ne confie que l'essentiel : « Et voilà que, tout à coup, cet être que vous avez aimé à la folie, bercé de votre tendresse, dont vous avez eu le pouvoir de calmer les peurs, vous ne pouvez plus rien pour lui, impossible de le prémunir désormais contre les épreuves, il lui appartient de prendre sa vie en main. C'est dur, tellement dur [546]. »

Le lendemain de la cérémonie, le père d'Estelle, très atteint par une grave maladie, décède. Du voile noir sur le tulle. Arrêtez la musique !

*

Plus que la célébration dispendieuse par la gauche caviar du bicentenaire de la Révolution française, 1989 restera dans l'histoire du monde l'année de la chute du mur de Berlin. Vingt-huit années de honte abattues à coups de masses et de pelleteuses. Le démantèlement, puis la pulvérisation de l'URSS sont en marche. Pour favoriser le commencement d'un indispensable travail de mémoire, les journalistes occidentaux de bonne volonté vont-ils enfin pouvoir parler du cancer communiste sans être diabolisés ?

Pour Sylvie et Eddie, son aîné, tous deux victimes des tentations universalisantes du discours communiste auquel trop de démocrates de par le monde se sont laissé prendre, la signification de ce chamboulement revêt une couleur particulière : le début de l'espoir pour leur pauvre Bulgarie qui, de joug en asservissement, a traversé les siècles en comptant les années. Jusque-là, on le sait, Sylvie avait refusé toute invitation à se rendre « là-bas », pour ne pas cautionner le régime en place. Une rencontre en mai 1990 au festival de Cannes avec Marie-France Brière, directrice artistique des programmes d'Antenne 2, bouleverse la donne. Ne pourrait-on pas envisager de monter un spectacle à Sofia, maintenant que la chose est devenue « politiquement correcte » ? L'idée cheminant, une date est arrêtée, celle du 6 octobre suivant. C'est à Lydie Callier, son ancienne danseuse devenue chorégraphe et cinéaste, que Sylvie commande la mise en scène du show qui se tiendra au palais de la Culture, point d'orgue de ce retour aux sources. La confrontation directe avec ce public inconnu et pourtant si cher fait trembler la Blonde.

« Je me trouvais alors quelque part en France, en cure de thalassothérapie, la première thalasso de ma vie, se souvient Lydie Callier, lorsque je reçus un coup de téléphone de Sylvie, affolée. Elle avait besoin de moi dans l'urgence. Je venais d'arriver et j'avais tellement besoin de repos... Mais pour elle j'ai tout laissé tomber et je suis partie. Nous avons pris un immense plaisir à mettre en scène notamment l'une des chansons de son dernier album : *Comme un homme.* Dans une robe bustier noire, très courte, avec une jupe ouverte agrafée à la taille, elle arpentait toute la longueur de la scène telle une panthère d'amour, entre quatre magnifiques garçons qu'elle semblait rendre fous [547]. »

La représentation unique de Vartan au Palais de la Culture, ne sera qu'un avant-goût de ce qu'elle rencontrera sur les différents lieux de son enfance. La maison du grand-père, Lakatnik..., autant de fantômes et de souvenirs qu'il faudra affronter sous l'œil impudique des caméras, celles de Maritie et Gilbert Carpentier, producteurs pour la France, et de la télévision bulgare qui ne perdra pas une miette de ce pèlerinage fiévreusement attendu depuis qu'annoncé. Plusieurs équipes de journalistes français seront présents. « Sylvie en Bulgarie » étant l'un des sujets prévus pour le numéro d'« Envoyé spécial » du 22 novembre, la rédaction a délégué sur place quatre de ses reporters.

*

Voilà plusieurs années que la Bulgarie ne captait plus l'attention des médias occidentaux. Depuis l'attentat contre le pape, sur la place de la basilique Saint-Pierre, à Rome. On accusa sans preuves les services secrets bulgares d'avoir guidé la main du terroriste turc Ali Agca. Mauvaise publicité pour le pays qui célébrait cette année-là le 1300e anniversaire de la fondation de son État. Ses relations diplomatiques et économiques avec nombre de nations étrangères eurent à en pâtir. À cette époque, le camarade Todor Jivkov, élu en 1954 premier secrétaire du Bureau central du parti communiste bulgare, régnait en maître sur la Bulgarie, Jivkov, un paysan madré, sorte de Pierre Laval mal fagoté, pervers et corrompu, qui gouvernait par la ruse en jouant avec les êtres comme Henri III de son bilboquet. Vers le milieu des années 80, Jivkov commença à perdre du terrain à l'apparition des premières organisations dissidentes, jusque-là très discrètes. La reconnaissance internationale de ces mouvements émana de la France, en la personne de François Mitterrand qui, lors d'un voyage à Sofia en janvier 1989, émit le souhait de recevoir à sa table quelques-uns des intellectuels, pour la plupart membres actifs de la dissidence bulgare. Dès lors, les choses allèrent relativement vite jusqu'à la chute de Jivkov. Simple révolution de palais, les communistes conservant les rênes. Les Bulgares sont ainsi à ne pouvoir, en dépit de quarante-cinq années de censure, se détacher des habitudes de prise en charge. L'école : gratuite ; les études : l'État les finançait ; le sport : l'État encore ! On ne saurait se débarrasser du confort maintenu par un système qui pour l'assurer, s'endetta secrètement jusqu'à dix milliards de dollars ! C'est le paradoxe des Bulgares qui conservent pour les Russes une tendresse non dissimulée. N'ont-ils pas donné à ces grands frères du Nord leur alphabet cyrillique, du nom de leurs inventeurs, les moines Cyrille et Methode, tous deux Bulgares ? Pour Sylvie, comme pour tout Européen de l'Ouest, cet état de choses pourrait sembler bien peu compréhensible. La chanteuse fait part de son trouble aux journalistes de la chaîne de télévision japonaise NHK, venus la filmer à son domicile parisien pour un Spécial Sylvie Vartan : « Music my love », un nouveau *prime time* dont la diffusion au Japon est prévue pour le mois de janvier 1991.

Lorsque « Djidjika » pose le pied sur son sol natal après trente-huit années d'exil, plus qu'alarmante la situation est catastrophique. En attendant un procès d'opérette, Jivkov est bien sous les verrous depuis le début de l'année, au mois d'août quelques provocateurs ont bien commis un début d'incendie à la Maison du parti communiste, un hélicoptère est même venu retirer de façon symbolique l'étoile rouge que l'on dit en rubis et qui la dominait, en l'emportant Dieu sait ou, reste que les étals dans les magasins sont vides, qu'il ne faut pas moins de deux ou trois jours d'attente dans sa voiture pour obtenir quelques litres d'essence à prévoir pour un mois et que le temps si lointain des tickets de rationnements est de retour. La crise du Golfe et la baisse des livraisons soviétiques de qui la Bulgarie était un petit peu la sœur cadette ont fini d'achever l'économie locale. Si le pays s'est endetté de façon inconsidérée, nombre de partenaires étrangers, dont certains États africains et surtout l'Irak, à qui l'on a vendu entre autres des armes, lui sont encore redevables.

Au regard de cette misère, Sylvie est effondrée. Entourée de sa famille, Tony Scotti, Eddie Vartan, David, Estelle et d'une meute de journalistes et de photographes qu'elle a emmenés avec elle à bord d'un avion spécialement affrété, lors de sa conférence de presse à l'aéroport de Sofia, elle n'a de cesse de répéter : « Je suis très ébranlée par ce retour... », un discours jugé parfois « linéaire, mais sincère, honnête et vrai [548]. »

Dès le premier jour, tout est plus fort encore que ce qu'elle avait imaginé. « J'avais l'impression que tous les gens avaient quelque chose à me dire. Ils me regardaient avec des yeux pleins d'espoir, je sentais une sorte de supplique silencieuse. Impression de retrouver mon enfance dans un décor de cauchemar : rien n'a véritablement changé, mais tout s'est abîmé, lézardé, décrépit. Comme des souvenirs en ruines... [549] »

Aussi, avant d'aller communier avec les lieux qui lui furent chers, préfère-t-elle se consacrer tout entière à son spectacle. Elle ne dispose que de trois jours pour s'adapter, prendre ses marques, sentir la salle, faire la balance avec les musiciens et solutionner les éventuelles tracasseries techniques.

« Après chaque répétition, Sylvie réintégrait sa chambre à l'hôtel Vitocha, raconte Jean-Henri Martin. C'est Tony Scotti, que nous avions rencontré dans le hall immense du palais de la Culture, qui nous l'avait affirmé. Tony fut d'ailleurs notre providence à mon amie suisse et à moi, qui avions fait le déplacement pour ce concert unique. Rien n'avait été annoncé nulle part en France, nous avions appris la chose par hasard... Le jour de notre arrivée à Sofia, 48 heures avant le concert, nous nous sommes immédiatement rendus au palais de la Culture pour acheter nos places. *Sold out !* J'ai encore devant les yeux ce panneau placardé devant le guichet. Les 5 000 places du théâtre avaient été vendues depuis bien longtemps et en un temps record, paraît-il. O désespoir ! C'est alors que nous sommes tombés sur Tony. "Vous avez fait le voyage depuis la France ! ?" Il fut visiblement très touché et se proposa d'arranger les choses. C'est ainsi que le grand soir, tandis que, dans une ambiance bizarre, les abords du palais de la Culture se remplissaient d'une foule immense et recueillie, nous nous sommes retrouvés dans le carré VIP, aux côtés de quelques dignitaires bulgares, de membres de la famille de Sylvie, de Sonia Kervorkian, la petite mémé qui avait racheté la maison du grand-père et qui l'habitait encore, de David, d'Estelle et de Tony. Tony, qui avait fait ajouter deux chaises pour nous et qu'il avait eu l'élégance de nous offrir. Tant dans le hall où, devant les différentes vitrines renfermant des photos d'enfance de Sylvie, des Bulgares avertis offraient leurs commentaires aux badauds qui s'étaient attroupés, qu'aux quatre coins de la salle, où la plupart des spectateurs s'étaient déjà installés, les caméras de télévisions françaises et bulgares évoluaient en un étrange ballet autour de nous. Tout fut bientôt enfin prêt pour le spectacle !

« Lorsque Sylvie fit son entrée pour chanter *Oblate Libialo*, accompagnée d'un seul accordéon, instrument local par excellence, le silence devint religieux. Sa voix sortait des tripes, on aurait dit un râle... Puis l'ovation ! Dix minutes de *standing ovation.* Premières larmes. Sylvie allait beaucoup, beaucoup pleurer tout au long du spectacle et l'assistance avec elle. L'émotion était telle qu'elle nous traversait comme un liquide trop brûlant qui vous procure des sensations inconnues, incontrôlables, divines et douloureuses à la fois. Entre deux chansons, Sylvie parlait, parlait, d'abord mal assurée, puis, maîtrisant manifestement et son vocabulaire et son discours. Les réactions du public, autour de nous, étaient formidables. "Liberté !" entendait-on çà et là. De temps à autre, je regardais Maritie Carpentier ; elle aussi était en larmes. Du début à la fin. Itou Estelle et David. Eddie Vartan, lui, avait préféré surveiller les opérations caché derrière un bout de rideau[550]. »

« Nous aussi, lorsque nous n'avions pas à intervenir sur scène, nous suivions tout cela depuis la coulisse, se souvient Thierry, l'un des quatre danseurs engagés pour la soirée. Ce n'était pas très original, mais nous ne pouvions faire autrement que pleurer[551] ! »

« Seul le medley des années 60 réchauffa un temps les cœurs, avant que l'émotion ne gagne à nouveau, que les mouchoirs ne ressortent des poches et des sacs, reprend Jean-Henri Martin. Sylvie était habillée par Marc Bohan pour Christian Dior. Le film qui fut monté et présenté le soir de Noël à la télévision française, si émouvant soit-il, ne donne qu'un faible aperçu de ce que fut cette incroyable messe. Le "pire", si j'ose dire fut le final. Dans une longue jupe noire et un spencer blanc appuyé à la taille avec une basque, brodé sur chaque manche et dans le dos, la madone de la soirée fit pour la dernière fois son entrée sur scène. Elle n'était pas prête de retourner dans sa loge ! Après qu'ils eussent chanté avec elle l'hymne national bulgare, debout, le poing levé pour certains, tous voulurent la voir de plus près, lui glisser quelques mots, lui baiser les mains, lui offrir un bonbon, une rose. Oh, ce n'était pas des bouquets de chez Lachaume ; juste une fleur enveloppée avec les moyens du bord, mais qui valait symbole d'amour. Pour des impératifs techniques, je suppose, le film escamote largement toute cette partie si intense de la soirée où la moitié au moins des 5 000 personnes défilèrent sur les planches, rappelant à Sylvie qui un souvenir, qui une anecdote sur sa famille, ce qui avait pour résultat à chaque fois de la faire redoubler de pleurs. Moi-même, je ne savais plus quelle attitude adopter, ni dans quel monde je me retrouvais. La salle ne se résignait pas à se vider. Puis, très tard dans la soirée, le spectacle ayant commencé à 19 heures 30, les gens ont fini par partir, éblouis, forts de ce qu'ils venaient de vivre et qu'ils ne connaîtraient sans doute jamais plus[552]. »

*

Au lendemain de ce jour de gloire, l'équipe technique des Carpentier profite du soleil que procure encore à cette époque « l'été tzigane » pour débarquer au 51 boulevard Totleben, dans la maison de grand-père Robert et *baba* Slavka. « Nous avons essayé en vain de brouiller les pistes pour tourner tranquillement une séquence intimiste, raconte Maritie dans ses Mémoires. Tous les photographes et amis de Sylvie arrivent et il y a une disproportion évidente entre cette foule de Parisiens branchés et bavards et l'accueil timide et doux que nous réservent deux petites vieilles dames[553]. » L'une d'entre elles n'est autre que Sonia Kevorkian, dont le frère aujourd'hui décédé avait racheté la maison aux Vartan. Sylvie redoutait ces douloureuses retrouvailles auxquelles sa mère s'est soustraite par crainte d'être battue par l'émotion. Lorsqu'elle aperçoit Sonia, qu'elle a quittée enfant, d'instinct Djidjika se dirige vers elle. Et les larmes parlent aux larmes. À l'intérieur, la vieille dame montre à l'enfant prodigue un tableau qui n'a jamais changé de place depuis le départ de la famille en 1952. Troublé à son tour, David fait le tour de cette maison dont il a tant entendu parler. Ému, il finit par prendre sa mère dans ses bras pour la laisser pleurer contre lui, un long moment. David, vivant symbole de ce qu'elle fut et qui la continuera avec pour ligne de conduite toutes ces notions familiales dont elle fut imprégnée dès sa naissance. David, à qui elle pourrait dédier ce pèlerinage. Quant à Estelle, elle laisse en héritage cette confidence à une Sonia Kevorkian depuis toujours amoureuse de la France : « Paris est une ville sale, je préfère vivre à Los Angeles[554]. »

Un mouchoir dans la main, le cœur gonflé par ce maëlstrom de sentiments les plus divers, d'épaisses lunettes chaussées sur son nez humide, Sylvie s'assoit maintenant sur les marches extérieures pour laisser les photographes accomplir leur travail. Une autre étape l'attend, et non des moindres ; le retour à Lakatnik, près de l'endroit où elle a vu le jour, plus de quarante-six ans en arrière... Là-haut dans les montagnes, avisée depuis plusieurs semaines, la famille Mladenov est en effervescence. C'est chez eux que le film doit être tourné, dans la même cour triangulaire où des années durant, pendant et après la guerre, ils se réunissaient avec les Vartan pour partager les vicissitudes de l'existence avec un optimisme et une solidarité qui ne leur ont jamais fait défaut et qui les guident encore aujourd'hui. « Nous avions fait rôtir des agneaux dans la cuisine d'été où Ilona entre autres avait passé tellement et tellement d'heures, raconte Maria Alexieva. Sur la place, une table avait été dressée pour beaucoup, beaucoup de monde. Le maire du village était là. Mon frère Itcho avait hâte de retrouver son vieil ami Eddie, mais le plus ému était sans conteste notre père. Lui non plus n'avait rien oublié. Puis, ils sont arrivés. Tout de suite, Sylvie a reconnu les lieux, la maison, les gens... C'était incroyable ! Elle s'est même souvenue de cette vieille dame, très grande, qui lui flanquait une peur affreuse. Itcho l'a conduite alors dans l'ancienne chambre qu'elle occupait enfant, avec son frère et ses parents. Le décor et les meubles n'avaient pas changé. Rien n'avait changé, tout était rangé exactement de la même façon que du temps où ils y vécurent, jusqu'à leur départ en 1952. Itcho m'a raconté qu'elle s'est assise seule, sur son ancien lit, la tête tournée vers la fenêtre, plongée dans ses souvenirs. Elle est restée un long moment comme cela. Lorsque ensuite, nous sommes montées toutes les deux chez moi, dans ma maison, un petit peu plus haut dans le village, afin qu'elle puisse se maquiller tranquillement pour la caméra, elle m'a fait une confidence étonnante sur les deux hommes de sa vie. Elle se débrouillait assez bien pour parler bulgare, mais parfois Eddie était obligé de lui venir en aide. Je me souviendrai toujours de cette séquence où elle chante *Moya Goro*, avec mon père qui l'invite à danser. À la fin de la chanson, papa était terriblement ému, il pleurait à chaudes larmes, alors Sylvie lui baisa les mains. Mon père est mort depuis. Sylvie et ses amis ne sont restés qu'une journée ici, mais quelle journée ! Scotti ne cessait de s'extasier : "Comme c'est beau, ça me rappelle ma famille en Italie !" Curieuse, l'une de mes cousines lui demanda alors où ils habitaient avec Sylvie à Los Angeles. "Tu as vu Eddy Murphy dans *Le Flic de*

Beverley Hills ? Eh bien, notre maison est à quelques pas de la sienne !" Tout le monde se mit à rire. Pendant ce temps, Eddie raconta à mon frère tout ce qui était arrivé à sa famille depuis 1952, la carrière de Sylvie, etc. Après leur départ, nous reçûmes très souvent des lettres et surtout des colis. Dans une lettre très douce, Ilona nous remercie de la façon dont nous avions accueilli ses enfants[555]. »

Dans les coulisses d'une émission télé, Sylvie renoue d'autres liens distendus par le temps. Il fallut pourtant à Lily Kostadinova, l'amie du boulevard Evlodi Gueorguieff, exhiber des preuves tangibles de leur ancienne amitié, avec photo à l'appui, pour que Djidjika se souvienne d'elle avec précision. Elles avaient huit et dix ans la dernière fois...

*

De retour à Paris, Sylvie décide de monter une association pour venir en aide à ses compatriotes. L'Association Sylvie Vartan pour la Bulgarie aura pour but de collecter des fonds destinés à l'achat de denrées et de fournitures de première nécessité. Des biens qui seront acheminés sous le contrôle de la Croix-Rouge française, indépendamment de sa consœur bulgare encore aux mains des communistes. La finalité, on l'aura compris, consiste à éviter que les dons ne tombent entre les mains de la Nomenklatura. Consciente du système de corruption qui s'est installé en Bulgarie, y compris et surtout au sein de la police, Sylvie a préféré jouer la sécurité. « C'est une femme très généreuse, se pâme Maria Alexieva. En Bulgarie, elle a entre autres soutenu un hôpital pédiatrique pas très loin de Lakatnik, et elle a fait des donations importantes à l'institut Pirogof (du nom d'un illustre médecin russe), un hôpital des urgences situé à quelques dizaines de mètres à peine de l'ancienne maison de son grand-père, à Sofia. Je sais que son action continue en France. Ici, il y a une dame qui la représente officiellement et qui gère l'antenne bulgare de son association[556]. »

Ce que ne dira pas Maria, c'est son regret de ne pas voir Sylvie lui faire l'honneur d'une petite visite chaque fois que la chanteuse se rend en Bulgarie. Les Mladenov ne l'ont plus revue...

Jusqu'à sa mort, Eddie ne fut pas le dernier à s'impliquer dans cette tâche pérennisée aujourd'hui par sa sœur. Lorsqu'il apprit ce retour des Vartan dans leur pays, l'éditeur Bernard Fixot, ami personnel de Sylvie, décida de publier dans sa collection « Documents » la fameuse biographie romancée d'Eddie, qui relate ce que fut le parcours de la famille Vartan en Bulgarie. À partir d'éléments réels, lieux, atmosphère, personnages restitués ou remodelés, le « grand frère » bâtit un scénario en partie fictif et d'une facture superbement nostalgique. Ainsi parut en septembre 1990 *Il a neigé sur le mont Vitocha,* crédité par la *sister* elle-même : « En lisant ce livre, j'ai senti à chaque mot qu'il avait trempé sa plume dans l'encre de notre sang... [557] »

Quant à Sonia Kevorkian, après le remue-ménage médiatique, directe émulation du passage de Sylvie Vartan dans sa demeure, elle fut considérée comme une star de la télé, recevant journalistes et curieux et évoquant volontiers son histoire liée à celle des Vartan, avec une aisance que nul n'aurait soupçonnée auparavant. Éclaircie d'octobre pour vieille dame prête à partir...

CHAPITRE 27

Combat de coqs avec Alfredo Arias

« Être constamment reconnue est fatigant et pas tout à fait normal[558]. »
Sylvie Vartan

« Je ne me sens pas connue, je me sens connaître beaucoup de gens[559]. »
Danièle Gilbert

Sylvie au Palais des Sports en janvier 1991, ça n'était pas de la science-fiction ! Cinq semaines pour mieux revenir, soit près de 150 000 spectateurs espérés. Après une éclipse de sept années, n'est-ce pas viser plus haut que ciel ? C'est justement le but d'Alfredo Arias, à qui la mise en scène de *Je vous salue Paris* a été confiée. Arias est un vieux de la vieille. Non par son état civil, mais par cette expérience que seules peuvent conférer les heures passées à se brûler sur les tréteaux les plus minables et sous les rampes les plus prestigieuses. Originaire de Buenos Aires, à dix-neuf ans l'homme se frottait déjà à la scène en qualité de comédien. Très vite, il passa de l'autre côté du miroir, présentant son premier spectacle, *Dracula*, puis un autre, un autre encore ; des succès enchaînés qui, en 1968, l'entraînèrent dans une grande tournée en Amérique du Sud et aux USA. Festivals de Spolète, d'Edimbourg, de Berlin, de Rome, de Florence, de Venise... Installé en France où il fut nommé directeur du Centre dramatique national d'Aubervilliers, jamais plus le petit Argentin ne devait cesser de mêler son génie à ses ambitions pour rendre ses mises en scène toujours plus oniriques.

Au cours d'une conférence de presse, Alfredo donne le ton et la mesure de ses espérances : « Je connais Sylvie Vartan depuis déjà une dizaine d'années. Je me fais un plaisir de travailler aujourd'hui pour elle. Je pense que les personnages populaires comme elle ont été choisis par le public pour leur charisme. Notre travail sera humble et ambitieux : sublimer la star en la rendant familière. Nous voulons un spectacle magique, sensible, proche du public, tendre, inoubliable, où jeunes et moins jeunes trouveront la joie du spectacle, du music-hall[560]. »

Conçu comme un show dans le show, *Je vous salue Paris* rompt littéralement avec tout ce que Vartan a fait jusqu'ici. L'idée de base est que Sylvie, dans sa maison de Los Angeles dont le décor sera reconstitué, évoque sa carrière. On la découvrira préparant avec ses musiciens le spectacle qu'elle donnera au Palais des Sports. C'est alors qu'à la tête d'une équipe de télévision, un journaliste – Frédéric Mitterrand, choisi par Arias parce que selon lui le « Neveu » est « le seul dans la culture populaire française à mélanger aussi bien le baroque avec le profane » –, témoin privilégié dans ce voyage à travers les chansons de la Blonde, la surprendra en pleine répétition. « Je ne prépare pas MA revue, précise Arias, mais un spectacle pour elle, vu par moi[561]. » Quant à Vartan, lorsqu'on lui demande si elle n'a pas peur de se laisser vampiriser par Arias, sa position est claire : « Au contraire, ça me plaît. Il faut se laisser faire. Si j'ai voulu travailler avec lui, c'est pour être sa victime quelque part et rentrer dans son univers[562]. » Les pions et les conditions de chacun posés, place aux choses sérieuses...

Dans un grand quotidien du soir, à quelques feuilles d'une immense publicité pleine page de ce spectacle jugé « casse-gueule », dans sa rubrique, Yves Mourousi fait la part belle à Sylvie : « Après des années passées au théâtre de la Commune d'Aubervilliers, après Marivaux, Shakespeare ou Goldoni, après *Luxe,* au Palace, *Evita Perón* au théâtre de l'Épée de bois, après le triomphe des *Peines de cœur d'une chatte anglaise* et une revue pour Christian Lacroix, il faut s'attendre à tout avec cette rencontre Vartan-Arias ou Arias-Vartan. Pluies, fontaines, cascades qui tomberont, couleront, jailliront sur la scène, un univers qui tiendra de l'espace magique pour une rencontre et un courant de tendresse. Une ronde sur la scène, sur les escaliers, dans les lumières. Une ronde entourée de marches et de milliers d'étoiles. D'un coup de baguette magique, *La Maritza* deviendra *Sylvie au pays des merveilles.* Obstinée, la Vartan. Par admiration et parce qu'elle aime le spectacle. Elle sera servie[563] ! »

L'occasion peut-être aussi pour la chanteuse, de prendre sa revanche sur tous ceux qui firent obstacle à la comédie de ses rêves, *Alice au pays des merveilles...*

Parce qu'elle trouve Arias fantastique et que Sylvie est une amie, Lydie Callier est sollicitée pour faire partie de l'entreprise. Très vite, elle se rend compte que les désirs de l'Argentin sont incompatibles avec ceux de sa vedette : « Il ne tenait pas compte de la personnalité de Sylvie et voulait jouer de son image comme on le fait d'une poupée Barbie. Je la voyais très mal projetée dans ce genre de fantasmes. Pas elle. Je l'en ai avertie, puis, sentant l'orage qui menaçait, j'ai abandonné le navire. Ce fut un malheureux quiproquo et pour avoir été trop honnête, je me suis vue discréditée à ses yeux. Elle m'en a voulu, parce que, moi présente, elle savait que je pourrais toujours la protéger[564]. »

Arias/Vartan ou Vartan/Arias : un match de boxe, plus qu'une rencontre. La mésentente alla croissant. Devint totale. Un combat de coqs auquel Sylvie mit une fin prématurée. « C'était mon spectacle, plaidera-t-elle plus tard, et non pas une de ses productions ! J'ai vite réalisé qu'il avait complètement occulté ma personnalité en me glissant dans des personnages de son propre univers, qui ne me ressemblaient pas. J'aurais sinon trouvé très bien de jouer la tempête, ou d'être déguisée en oiseau, mais il s'agissait avant tout d'un tour de chant[565]. »

Nous surprenons ici Sylvie en totale contradiction avec ses déclarations du début. Mauvaise foi ? Système de défense ?

D'aucuns ont parlé de véritable pugilat verbal entre le metteur en scène et sa vedette, le premier ayant prétendument déclaré : « Tu n'es pas une artiste ! »

Aujourd'hui, parce qu'il tient à donner sa version des choses, Arias a oublié les éclats de voix pour ne se souvenir que d'une femme et d'une artiste qu'il déclare admirer toujours : « Nous nous sommes ratés et c'est dommage. Je n'ai pas eu accès à son univers comme elle n'a pas compris le mien. Je la voyais avec mes yeux d'étranger débarqué un beau matin de mon Argentine natale et ce n'était pas le même regard porté par ceux qui la suivent depuis toujours. Beaucoup de morceaux du puzzle me manquaient. Pour moi, elle était avant tout une pop-star à la personnalité très intéressante. Je voulais parvenir à la faire découvrir par un public qui ne la connaît pas ou qu'elle laissait encore indifférent.

Je travaille avec mon cœur et ma pensée, mais je n'étais pas lié d'une façon historique avec le personnage et pour ce genre de spectacle il faut l'être. Nous n'avions pas tous les éléments pour pouvoir nous exprimer, on n'a pas su trouver le lien et les artistes qui puissent en établir un. Il manquait un pont, une passerelle, entre elle et moi. Je voulais des chansons nouvelles et pour cela il faut beaucoup de temps, le choix d'un auteur dans ces cas-là nécessite une recherche minutieuse et exigeante. C'est très difficile d'élaborer des choses nouvelles, ça ne se fait pas du jour au lendemain. Un seul mot pour résumer tout cela : dommage...[566] »

*

Tout projet de collaboration avec Arias définitivement écarté, Sylvie se retrouve dans l'impasse. La réservation du Palais des Sports est un contrat ferme, impossible de faire marche arrière. Comment concevoir et monter un spectacle en deux mois, sur l'une des plus importantes scènes parisiennes, sans troupe ni chorégraphie, sans décor ni costumes ? Un spectacle qui se doit d'être d'autant plus chiadé qu'il annonce le *come-back* attendu de la Blondissime, unique bête de scène femelle homologuée par les requins mâles d'une profession hautement machiste. Lydie Callier disqualifiée, en show-businessman averti, c'est Scotti qui sauve les meubles, dégotant en un temps record un chorégraphe capable de relever pareil défi : l'Américain Jerry Evans. « Je n'ai jamais travaillé aussi dur de ma vie, raconte Bruno Batlo, l'un des danseurs, lui aussi recruté dans l'urgence. La femme de Charley Marouani ayant téléphoné à Arthur Plasschaert, dont j'avais été le collaborateur, pour lui demander un assistant français capable de faire le lien avec les autres danseurs, Arthur me recommanda auprès de Sylvie. Notre première rencontre eut lieu dans un studio de répétitions où se déroulaient les auditions. D'emblée, je fus frappé par le charisme de cette femme. Une image que l'on ne chasse pas comme cela de sa tête. À ce propos, je me souviens d'une anecdote extraordinaire. Un petit peu plus tard, lors de la promo télé du remix de *Quand tu es là*, je fus amené à créer une chorégraphie autour de quatre danseurs et deux danseuses. Ils étaient tous fous d'elle, parce que dans le grand spectacle parisien, elle était un symbole, une référence. Danser avec Sylvie, c'était quelque chose. Un jour, lors de la première émission, les ultimes répétitions s'étant déroulées sans problème avec une Vartan toute simple, en tenue de sport, cachée derrière les lunettes fumées habituelles qu'elle chausse lorsqu'elle ne connaît pas les gens, qu'elle veut être discrète, le direct fut lancé. Les danseurs étaient déjà tous en place lorsqu'ils virent arriver, maquillée, coiffée et supersexy, une femme de quarante-six ans, plus lumineuse que les reflets de sa robe Paco Rabanne. Le choc de la métamorphose pour eux fut si énorme qu'ils en oublièrent de changer de position, ce qui était prévu dans la chorégraphie que j'avais mise au point. Ils la regardaient, bouche bée, incapables sur l'instant de bouger. Le film de l'époque, que j'ai conservé, montre bien tout cela[567]. »

Evans, chorégraphe attitré de Paula Abdul, a déjà réalisé nombre de shows télévisés aux États-Unis. Sylvie le découvre en faisant sa connaissance. Des civilités rapides car il y a du pain sur la planche : de la conception du spectacle à sa création, tout est à faire, autant qu'à refaire. Par amour autant que par amitié, Étienne Daho, qui a fait entrer Vartan au Top 50 en produisant une version remixée de *Quand tu es là,* donne un coup de main. « On m'avait dit que Sylvie était une bosseuse et ça s'est vérifié, témoigne Batlo. Comme nous tous, elle a travaillé comme une folle. Elle bossait tout le temps ! À partir du moment où elle se sait entourée de personnes qui savent pourquoi ils sont là et ce qu'ils ont à y faire, elle se montre tout à fait *cool*, comme l'on dit. Très facile à vivre. Une vrai "pro", doublée d'une maman toujours aux petits soins, allant jusqu'à vérifier dans votre assiette, au restaurant, ce que vous mangez pour s'assurer que vous ne manquez de rien[568]. »

Sur le plateau, maman-Sylvie redevient Vartan-meneuse. Il faut aller vite, plus vite ! Tout doit être raccord pour le jour J.

Peu à peu, sous les encouragements de Daho se dessine la structure du spectacle. Quatre tableaux pour la première partie, autant dans la seconde, avec un final très rock'n roll. Vartan sait l'importance d'une entrée et d'une sortie au music-hall. Qu'a-t-on prévu cette fois en lever de rideau ? Quelque chose de très simple, pour lequel la Blonde a puisé, et pour l'orchestration et pour l'aspect visuel, dans son vaste patrimoine artistique. Dès les premières notes, au son d'une batterie lente mais dominante, une toile immense imprimée de son visage géant escaladé par des peintres lilliputiens qui lui donnent corps s'enroulera peu à peu pour remonter vers les cintres. Cette œuvre du peintre italien Pascalini avait illustré la pochette du 45 tours de *Par amour ou par pitié*. Dans un nuage de fumée, lentement, vêtue d'un pantalon noir à pattes d'éléphant et d'une veste de « dompteur de cirque », rouge et blanche à jabot, un look très années 70 dû à Mine Barral, Sylvie apparaîtra alors pour chanter son titre de 1967. Il y aura très peu d'autres véritables créations stylistiques. Pas le temps et surtout inutile. Pour les nécessités de ses chorégraphies remuantes et musclées, Evans a juste besoin de tennis, de casquettes, de jeans, de blousons de couleur ou de cuir. On ne se démonte pas le bassin sur *Dancing in the street* dans un tailleur Dior !

Pour ce qui est de la mise en scène, l'Américain a prévu de ne propulser les danseurs au nombre de dix sur le devant de la scène qu'au moment du deuxième tableau, permettant ainsi à Sylvie un changement rapide. En body, bottes et collant noir, celle-ci reviendra en Barbarella pour se défouler sur *Donne-moi ton amour,* avant d'endosser le costume du tableau final de Sofia. Séquence émotion. Toujours dans le registre rétro, avec *Comme un garçon,* elle fermera ensuite la première partie. On la verra alors disparaître sur une passerelle reliant deux plates-formes, en sautillant sur le refrain de l'ami

Debout, saluant les « copains » avec sa casquette pailletée d'or qu'elle lancera au batteur, tout en bas, chargé de la rattraper au bout de sa baguette...

Même décor pour la seconde partie. Quelques nuances néanmoins avec des jeux de lumières toujours remarquables puisque signés par Jacques Rouveyrollis, l'éclairagiste des grands, un vieux compère. Cette fois l'ambiance deviendra Tamla Motown avec un quatuor de belles argentées, rutilantes en Paco Rabanne : Sylvie et ses choristes pour un medley très « énervé », *Moi je danse, Garde-moi dans ta poche, Je n'ai pas pu résister...* De la nostalgie encore, faire du neuf avec de l'ancien. Débarrassée de ses bêlantes, la Blonde n'aura le droit de reprendre son souffle que le temps de deux chansons lentes, dont une création, *Les enfants s'en vont*, relative au récent mariage de David :

Où es-t-il, que fait-t-il ?, l'éternelle question
Quand ils tournent leur page, qu'ils coupent leur cordon
On croyait à jamais, à l'épreuve du temps
On vit au téléphone le passé du présent...

En coulisses, le délai paraîtra sans doute interminable aux danseurs – dont Kamel Ouali, futur chorégraphe d'*Autant en emporte le vent* et professeur de la *Star Academy*, pour qui c'était le premier spectacle – qui piafferont d'impatience avant de réinvestir la scène pour une nouvelle déferlante rock, *Dancing in the street*, l'un des points culminants du show. Troisième et avant-dernier tableau, dans une petite robe noire décolletée toute simple, Sylvie se remettra de ce déchaînement collectif jean-basket en égrenant un chapelet d'anciens refrains comme *2'35 de bonheur et L'Amour c'est comme une cigarette.* Le quart d'heure glamour sera réservé pour la fin : de la pompe cette-fois, avec une robe signée Gianfranco Ferré pour Dior, du crêpe, de la faille de soie et deux voiles d'organza cousus dans le dos. Ainsi parée, la Vartan renouera avec son mythe de vamp au service de la Liberté en entonnant l'hymne de Lennon, *Imagine*, les cheveux obéissant au souffle d'un invisible ventilateur. « Une autre, une autre », réclamera alors à n'en pas douter la foule, sentant venir le crépuscule. Excellent prétexte pour augurer d'une fausse sortie. Fini les grands airs de diva, et retour au r'n'r primitif de Nashville. Du noir au blanc, du slow au rock, il n'y a qu'un riffe sur laquelle Vartan, roulera à nouveau des hanches en rythme.

Puis s'en aller pour ne laisser que des regrets et des « encore ! »

*

En dépit de la joyeuse humeur qui gouverne les jambes et les esprits au sein de sa nouvelle équipe, Sylvie ne cache pas son inquiétude. Si l'urgence est pour certains un moteur, parce qu'elle respecte autant son public qu'elle-même, elle aime prendre le temps de caresser ses projets. Or, pour avoir douté une première fois avec Arias, refusant au dernier moment de s'en remettre à sa fantaisie, elle se retrouve à nouveau confrontée au doute. Ses admirateurs, habitués aux fastes des années 70 et 80, adhéreront-ils à *Je vous salue Paris,* show tonique et vivant certes, mais dépouillé de paillettes et de flonflons, à l'image de ces spectacles que l'on offrait en 1940 aux Parisiens, quand il fallait continuer vaille que vaille de distraire le populo ? Parce que cette alternative plus que ce choix émane d'elle, en cas d'échec Sylvie assumera. Elle l'a toujours fait.

Or, dès le début du mois de janvier, la perspective de plus en plus précise d'une menace de guerre dans le golfe Persique la soumet à des interrogations bien plus alarmantes. Le Koweït, envahi par les troupes de Saddam Hussein, est un important producteur de pétrole et son sort ne laisse pas indifférent les Occidentaux. La Grande-Bretagne et la France, entre autres, se sont rangées derrière les États-Unis qui menacent d'intervenir. Déjà, à Sofia, trois mois auparavant, Sylvie avait senti le vent mauvais. Décrivant la situation catastrophique et l'héritage laissé par les communistes aux enfants de son pays, « Pas de lait pour grandir, pas de chauffage pour tenir, pas de crayons pour apprendre », elle avait ajouté : « (...) et pour seul créancier de l'État, ironie de l'Histoire : l'Irak[569] ! »

Que va-t-il advenir ? On parle d'une Troisième Guerre mondiale... N'est-ce pas trop s'avancer ? Dans l'expectative, sur les encarts publicitaires des journaux, sur les murs ou les colonnes Morris, son profil offert à la lumière, Sylvie n'en finit pas de se dérouler en un dionysiaque fondu-enchaîné, un salut capillaire qui fait référence au titre de son spectacle. Si ça marche, que les réservations affluent, cela relèvera de la prouesse. Déjà, certains jouent les oiseaux de mauvais augure : « Sylvie se cherche. Trop gourmande : avait refusé il y a quelques années l'Olympia. Trop peureuse : a refusé de jouer le second degré en se faisant "mettre en scène" par Alfredo Arias. Compte sur la fidélité de son public. Qu'en pense-t-il ? Lui préfère-t-il Patricia Kaas ? À tort ou à raison ? Réponses sous peu[570]. »

Le 22 janvier, ce que l'on redoutait arrive, la guerre est officiellement déclarée. Très vite, à Paris, les théâtres désemplissent, certains comme les Folies-Bergères ferment leurs portes. Un sentiment de confusion mêlé à une peur panique d'une nouvelle vague d'attentats sur le sol français s'empare de la population. Chacun préfère rester chez soi. Triste coïncidence et comble de malchance, le 22 janvier est également la date de la première de Sylvie qui entame ainsi son Palais des Sports sans autre chose à offrir que sa blondeur et sa voix familières, presque rassurantes, ses ballets, ses lumières. Dans une telle conjoncture, c'est peu. Chaque soir, néanmoins elle s'attarde à parler au public pour le convier à oublier les affres de l'extérieur en sa compagnie. Chaque soir, les clameurs de ses fidèles lui répondent en écho dans un Palais des Sports à demi rempli de « téméraires » qui ne boudent pas leur plaisir. Un enthousiasme également partagé par les critiques, exception faite de ceux de *Libé,* un impitoyable réquisitoire contre l'interprète de *Panne d'essence,* ses play-backs et son incapacité à se renouveler. Ce ne fut pas l'avis de Siméon de Bulgarie, le petit roi avec lequel la famille Vartan pleura en 1943, à Sofia, le jour des obsèques du Boris III, son père. Le même soir qu'Hallyday, Siméon vint applaudir sa compatriote avant de l'inviter à dîner au Ritz.

Le spectacle est interrompu deux semaines avant la date prévue.

Michel Fresnay : « Je pense que le chorégraphe n'était pas celui qu'il lui fallait, par rapport à Walter Painter, qui comprend beaucoup mieux Sylvie, et qui l'aime surtout. Il l'admire énormément et il l'aime d'un amour vrai. Comme un frère. Il a compris le personnage et comment le mettre en valeur. Au printemps 2002, à Londres, il m'en parlait encore : "Je ne désire rien tant que réaliser un jour « le » spectacle de sa vie, le dernier, pour que les gens connaissent son parcours et l'admirent encore plus[571]." »

Non filmé autrement que par des amateurs et une équipe engagée à titre privé par Sylvie, « pour le souvenir », *Je vous salue Paris* ne passera pas à la postérité. Seules quelques cassettes pirates circulent aujourd'hui. En France, eu égard aux événements, la tournée prévue a été annulée, mais Vartan ne renie pas pour autant un show dont elle se dit fière. Demi-succès ou moitié d'échec, elle présente en Italie, puis au Japon au mois de juin de 1992 un spectacle restreint sensiblement remanié, avec moitié moins de danseurs : *Je vous salue Japon.* À cette occasion, une carte téléphonique est éditée à Tokyo.

*

Si elle a comblé les inconditionnels, la rentrée scénique de la Blonde à Paris après une si longue absence n'est pas celle qu'elle-même aurait pu espérer. « Évidemment, c'est toujours désagréable de chanter devant une salle à moitié vide, qu'elle fasse 800 ou 10 000 personnes[572]. »

On a beau s'appeler Vartan et collectionner les triomphes, on se remet difficilement d'un retour manqué. Quel avenir pour Sylvie ?

La télévision d'abord, où elle multiplie les apparitions en tous genres : chez Patrick Sébastien, elle chante Tina en imitant Turner, pour « Trente millions d'amis » où elle ouvre les portes de son antre de Loconville. Avec Caroline Tresca elle parle de l'amour presque à cœur ouvert, et pour les besoins du « Fréquenstar » qui lui est consacré, elle emmène Laurent Boyer sur les lieux de son enfance parisienne de petite émigrée. Cachée derrière d'épaisses lunettes fumées, elle se laisse filmer dans la chambre 14 de l'hôtel d'Angleterre, dont les murs sont toujours debout. Depuis longtemps, l'établissement ne fonctionne plus. Voué à la démolition, on envisage de le transformer en hôtel de police. Partout, Sylvie reconnaît les odeurs, les structures, capte ici une onde, là une sensation oubliée, gratte le papier et redécouvre des pans de la tapisserie posée par son père. Après le douloureux retour en Bulgarie, deux ans auparavant, voilà un besoin nouveau de se pencher en arrière pour caresser les ombres disparues, toucher là où ça fait le plus mal. Besoin de coller ensemble les émotions perdues et présentes, pour faire du passé un allié dont on n'aura plus peur. Vivre aujourd'hui, à défaut de se soucier de demain, mais tenir hier par la main. Savoir d'où l'on vient. Pourquoi l'on continue. Comprendre. Le passé, c'est proche et lointain à la fois, ça ne veut rien dire.

Parce que les lieux, les musiciens, le contexte, les morceaux, l'état d'esprit changent et que la passion reste toujours la même, en 1992 miss Vartan reprend le chemin des studios. Chez Phonogram France, elle signe pour un nouvel album, *Vent d'ouest* à consonance très californienne, enregistré comme *Made in USA,* au Santa Monica Sound Studio, pour des raisons de confort, le maître des lieux n'étant autre que monsieur Tony Scotti. *Vent d'ouest* qui a permis à la chanteuse de composer la musique de *Sur tes lèvres* se présente comme un album enlevé, presque organique. En bannissant les machines, la musique née d'un foisonnement de guitares et de « vraies » batteries gagne en authenticité. Désireux de voir sa mère aborder un problème qui les sensibilise tous deux, l'écologie, David a apporté sa contribution personnelle en composant la seule musique de l'album sur laquelle aucune parole française ne semblait adaptable. Devenue *Earth and Air* sous la griffe de Lisa Catherine Cohen, dans la langue d'Hemingway Sylvie évoque la possibilité d'une histoire d'amour entre la terre et l'air.

Autre heureuse surprise, un coup de cœur : *Je veux qu'il m'aime.* Étienne Daho lui a fait découvrir cette chanson de Blondie et Vartan a craqué, sans perdre de vue que le titre « sérieux » de l'album, celui sur lequel on a tout misé, reste *Qui tu es*. Un clip en a été tiré, réalisé par la cinéaste Aline Issermann. Pas de support filmé en revanche pour *Les Aventures à l'eau,* mais cette ballade de Julien Clerc, avec qui Sylvie chanta *Partir*, en duo, quelques années auparavant, n'en reste pas moins l'une de ses reprises studio favorites. Clerc l'avait enregistrée dans un premier temps. Puis il avait généreusement offert son texte et sa mélodie à Sylvie, tant celle-ci trouvait la chanson sublime et tant elle eut le sentiment que les mots qui la composaient appartenaient à son propre vocabulaire.

Les Aventures à l'eau... voilà titre pour un peu évocateur si l'on se penche sur ce furent les pérégrinations du couple Vartan/Hallyday, en des temps plus lointains que les moins de... ans ne peuvent pas connaître...

CHAPITRE 28

Les princes du Parc

« On a vu souvent rejaillir le feu
D'un ancien volcan qu'on croyait trop vieux »...
Jacques Brel

Quoi de neuf du côté de chez David H. ? En 1991, le soir de sa dernière au Zénith de Paris, on a vu ses parents monter sur scène pour chanter avec lui *Johnny B. Goode.* Les surprises, c'est le lot de toutes les dernières. Vartan en profite pour se répandre en dithyrambes sur sa blonde progéniture : « David est le plus doué de nous trois[573]. » Comprenez : plus que son père ! Davantage qu'elle ?...

Juin 1993. Changement d'arènes. Comme une tradition oubliée, la Blonde, Jojo et bébé rocker vont être réunis pour souffler les bougies d'anniversaire de l'Idole (cinquante ans), autour d'un gâteau qu'il va falloir partager avec des milliers d'invités payants et déjantés. En réservant le Parc des Princes pour trois soirées exceptionnelles, Camus, le producteur d'Hallyday, a donné dans un gigantisme jusque-là jamais atteint en France. Un truc énorme. La fête commence bien avant le 18 juin, lorsque dans un coin de campagne alsacienne Johnny découvre la pièce maîtresse de son décor, montée dans le plus grand secret : soixante tonnes d'acier dans lesquels on a découpé, soudé et peint une reproduction du Golden Gate Bridge de San Francisco. Cent cinq mètres de long, sur trente-trois de haut ! Le *boss* est bluffé. Son feu vert donné, on va pouvoir démonter le pont pour le transporter à Paris par convoi spécial à bord de dix-huit 38 tonnes. À Paris, où les répétitions qui commencent sur le plateau 3 des studios Long Courrier, rassemblent autour de Johnny les invités du mégashow : Eddy Mitchell, mais aussi David et la guest-star de ces trois soirées uniques : Sylvie, bien sûr, même si l'entourage de l'Idole n'avait guère envie qu'elle vienne, réticence balayée par les pressions des maisons de disques. Un micro à la main, elle répète *Tes tendres années,* devant le staff de son « ex » au grand complet, filmée par les caméras de Camus. On la sent très intimidée, mal à l'aise même, et comme jugée, épiée par les potes à Jojo, tatoués, musclés ou chevelus ; la vieille rivalité des clans qui semble reprendre ses droits. Planche de salut inespérée pour elle, le libertinage de ses deux chiens à ses pieds, qui provoquent l'hilarité générale. « Eh ben, c'est ça les tendres années[574] », s'esclaffe Vartan ! La glace est rompue. Rendez-vous pour le 18 au soir.

Un vent de folie souffle sur le Parc. Comme au « bon vieux temps du rock'n roll, » Hallyday démontre qu'il n'a rien perdu de sa sueur et que ses yeux sont toujours aussi bleus. Mitchell, Paul Personne, Joey Greco, quelques amis sont venus faire déco dans unc vitrine où l'on ne voit que l'Idole. Et où surtout on l'entend ! Tombent les dernières notes de *Quelque chose de Tenessee* lorsque, dans l'obscurité, en coulisse, Sylvie s'installe à bord d'une Buick décapotable blanche. De « Lady Lucille » à Nathalie Baye, elles sont venues, elles sont toutes là. Bardot a envoyé une lettre griffée de sa célèbre marguerite, Chirac & Co – à savoir tous les présidentiables – rôdent dans les coulisses, à l'affût des caméras. Mais celle que tout le monde attend, celle vers qui tous les regards veulent converger, c'est Sylvie !

Regarde un peu, celle qui vient... Celle qui vient, c'est elle, la Blonde, maintenant dans le feu des projecteurs. La cambrure souveraine, assise sur le coffre du bolide surgi de la soixantième décennie, elle se laisse conduire au pas sur la passerelle-vertige du pont surplombant la scène. Entre éclats de rire nerveux et battements de cœur, la crinière raccourcie mais au vent, la voilà arrivée à hauteur de l'ascenseur géant grillagé, dans lequel elle prend place. Une mise en scène léchée comme elle les aime, comme l'attendaient les fans d'Hallyday. Le couple mythique des *sixties* enfin réuni, pensez donc ! Trente ans, presque jour pour jour, après une autre inoubliable nuit, celle de la Nation. Cris, salves d'applaudissements, sifflets ; à l'américaine !

Cette fille-là, mon vieux, wouaou ! elle est terrible ! Fin de la chanson, coup de tonnerre accompagné de fumigènes. Des vivats à nouveau, confinant au délire. Le héros de la fête s'avance pour aller accueillir son ancienne compagne à l'extrême gauche d'une scène longue de 72 mètres. La robe rouge en velours moiré, coupée court devant pour aller mourir derrière, sur la cheville, est piquée de deux voiles de même ton dans le dos. Sous le mouvement de hanche de sa locataire, la voici qui maintenant se met à luire dans la lumière. Sylvie doit ce modèle à Gianfranco Ferré qui l'a créé pour Dior. Le talon, rouge lui aussi, paraît immensément haut. C'est qu'il faut être à la hauteur face à cet homme bardé de cuir noir et de métal, aux yeux de juge, perçants comme des lasers ! Pour lui, Sylvie entame *Je veux te garder dans ma vie,* dévisagée sur écran géant, par des milliers de regards. Manifestement, ils ne parviennent pas à s'accorder sur cette chanson, ce qui les poussera à la supprimer dès le lendemain. Puis, très vite, un second titre, un autre duo, très musclé, celui-là : *Le Feu,* synthèse de ce que fut leur *rock'n love story.*

Le feu, tu es le feu,
Tes yeux sont des flammes bleues
Et ma vie est à feu et à sang[575]...

Voici maintenant l'instant grave : en dépit des conseils de son entourage, Sylvie va entonner *a capella* une chanson enregistrée par Johnny en 1963, *Tes tendres années.* « Née sous le signe du Lion, plus on me résiste, plus je m'entête[576]. » Alors elle chante, la voix d'abord mal assurée. Sa main sur l'épaule de Johnny, dans l'autre son micro, tous deux sont de profil par rapport au public, leurs corps séparés seulement par un battement de cils. Ils n'avaient pas besoin de cela pour se souvenir qu'ils ne se sont pas aimés par hasard, mais à cette seconde, ils y repensent plus fort encore. Le visage de Sylvie, étonnamment lisse, est bouleversant et bouleverse. Dans l'immense *agora,* on l'écoute presque religieusement. Et on les regarde. Avec culte et dévotion. Tout le monde semble conscient de participer en privilégié au sacre d'un instant, que les nécrologues de l'un ou de l'autre ne manqueront pas d'utiliser le moment venu. « Je l'ai vue au bord des larmes, racontera Johnny, a posteriori. Je me suis dit : "Il faut qu'elle tienne." Elle a tenu[577]. »

« Je me demande qui des deux était le plus ému[578] », rectifiera Sylvie. « C'était notre jeunesse que la foule applaudissait. Un sacré bain de nostalgie ! Le premier soir, on avait lui comme moi, l'estomac noué par le trac. Le second, plus détendus, on a mieux savouré. Toute la journée qui a précédé le troisième concert, j'étais surexcitée, impatiente, et je me disais : "Heureusement que cela recommence ce soir." On a vécu un moment inoubliable de plus. Un chapitre magnifique supplémentaire au livre de nos vies[579]. »

Pour le premier concert, tel fut l'ordre des chansons qui subit quelques modifications par la suite, Sylvie préférant placer *Tes tendres années* au début de sa prestation, en lieu et place de *Je veux te garder dans ma vie.* Ce qui sera conservé sur la cassette vidéo bientôt commercialisée. Contrairement à la soirée inaugurale, sans que l'on en sache la raison, elle ne reviendra plus avec ses deux

Hallyday et Eddy Mitchell, le Poulidor du rock français, pour un *Happy birthday rock'n roll* final.

*

À présent Vartan ne regrette qu'une chose : que le père de son fils n'ait jamais pu retrouver, comme elle, une ère de sérénité amoureuse. Généreuse, intègre et fidèle par-delà même les trahisons passées et les bassesses d'après-divorce, ce flottement permanent dans la vie du *Chanteur abandonné* attente à son propre bonheur. Si ce n'est pas cela le syndrome de la rage amoureuse, Pasteur n'a rien découvert !

Et de Tony Scotti dans ce marivaudage scénique ; jaloux ? « Je crois que non, répond Sylvie à Alain Morel, visiblement inquiet en posant sa question. C'est un mari extraordinaire, intelligent, généreux et très... sûr de lui *(rires)*. En ce qui me concerne, il est tranquille à juste titre. Ex-artiste, il comprend parfaitement que chanter est pour moi comme pour Johnny une thérapie du bonheur. Sur le plan privé, il est heureux sincèrement de la complicité que j'entretiens avec le père de mon fils [580]. »

« L'accueil que me réserva Scotti, lorsqu'à Amiens, en 1999, Sylvie me présenta à lui en qualité de "meilleure amie de Johnny", plaisante Josette Sureau, me laissa perplexe. C'est tout juste s'il ne venait pas de serrer la main au diable ! Quant à moi, je ne mettrais pas la mienne au feu que Jojo ne fait pas encore un peu peur à Scotti... [581] »

« Je pense au contraire que Tony peut dormir sur ses deux oreilles !, oppose un proche de la Blonde. Hallyday, c'est pour elle de l'histoire ancienne [582]. »

Selon les affections et les sensibilités, chacun extrapole et fantasme, mais la réponse reste en sommeil, tout au fond du cœur des intéressés...

CHAPITRE 29

Un *Ange* qui passera mal...

« Dire qu'il m'a fallu trente-quatre ans pour passer de la couverture de SLC (Salut les copains !) *à celle des* Cahiers du cinéma[583] *! »*
Sylvie Vartan

Si sa prestation chez son « ex » a été le moment fort du cinquantième anniversaire d'Hallyday, de la même manière que le concert de Sofia, le Parc des Princes a dopé la popularité de Sylvie. Le cœur hardi, elle se lance dans une nouvelle aventure : l'enregistrement en prise directe, aux studios de Boulogne, de quelques-uns de ses anciens standards. C'est le moment opportun ; en France, l'acoustique est dans l'air. Sylvie se dit sensible à ce mode de travail où chant et orchestration font corps dans une ambiance que l'on semblait avoir oubliée. Nostalgie du séjour à Nashville en 1963 peut-être, influence du Parc avec Johnny sûrement : « En voyant l'émotion suscitée et l'impact sur le public, je me suis dit que c'était une forme d'innocence et d'authenticité qui manque à la musique actuelle. On vit dans une époque où tout est brutal et superficiel, voyez la *dance music*... J'ai eu envie de reprendre mes anciennes chansons, comme pour y retrouver de vieux copains[584]. »

Succès oblige, arrangé et réalisé par Philippe Delettrez, l'album *Sessions acoustiques* est réédité avec en bonus trois titres : *La Vie d'artiste,* de Ferré, et deux chansons du tandem Étienne Daho/Arnold Turboust : *Quelqu'un qui m'ressemble* et *Le Premier de nous deux.*

*

Bénéfice non négligeable que tout ceci, et excellente promotion pour drainer un nouveau public, celui des salles obscures. Vartan sur grand écran ? C'est pour bientôt ! En février, la Dame trempe un premier pied dans l'eau du bain. Avec Mathilda May, Hyppolite

Girardot et Danièle Thompson, entre autres, la voilà membre de jury au 21e festival du Film fantastique d'Avoriaz, présidé cette année par Christopher Lee.

Plus qu'un *come-back* surveillé de près, ce retour de Sylvie Vartan au cinéma sera une véritable mise à l'épreuve. Pour la première fois, à l'instar des plus grandes, la chanteuse va devoir ne s'habiller que de pellicule pour porter un film entier sur ses épaules si peu expérimentées. Défi, inconscience ou simplement passion profonde ? Sans défi, ami de l'inconscience, il n'est guère de progrès possible. La passion, silencieuse mais réelle, réclamait elle aussi réparation de ce déni de justice infligé à la Blonde par des agents quelque peu exclusifs. Comment, lorsque l'on aspire depuis l'enfance à devenir comédienne, apprendre *a posteriori* et supporter que des rôles qui devaient lui revenir soient allés à Deneuve et d'autres encore, qui n'avaient rien demandé et à qui Sylvie n'avait rien à envier ? *Pierrot le fou, Les Parapluies de Cherbourg...* c'est loin tout ça. Vartan se seraitelle trompée de carrière ? Certains l'affirment. Si le cinéma l'accepte dans son ciel étoilé, ce sera un beau pied de nez à tous ses détracteurs de la première heure, ces moqueurs qui se sont toujours résignés à confondre l'interprète avec ses chansons.

Or, à cor et à cri Sylvie proclame son appartenance à la scène, un univers qui lui a apporté un concentré de ses plus grands orgasmes, puisque c'est en ces termes qu'elle évoque la qualité de ce lien charnel qui la relie au monde des lumières bleues : « Même si le cinéma marche, je garderai la scène qui me donne un bonheur à part. C'est grisant de toucher physiquement et émotionnellement le public[585]. »

Reste que la situation est périlleuse. Ambiguë. Jean-Claude Brisseau n'est pas le dernier à en convenir : « Quand j'ai choisi Vanessa Paradis pour *Noce blanche,* tout le monde m'a dit que j'étais complètement fou parce que, me disait-on, elle était incapable d'aligner trois mots. Eh bien, pour Sylvie, ce fut très exactement la même chose. Je vous jure qu'il y a eu un tir de boulets rouges contre elle[586] ! »

Ses caméras installées dans la région bordelaise, le Maître impatient attend son héroïne. Bordeaux, Sylvie connaît déjà. Combien de fois n'y a-t-elle pas planté ses propres tréteaux pour y recevoir, d'abord des tomates de saison puis, plus tard la bénédiction des foules tout au long de ces trois dernières décennies ! « Je n'ai que de bons souvenirs ici. Ceux de tournées où le public est très chaleureux, de vacances au Pyla avec Johnny et David enfant, à la villa "Gribiche" chez nos amis Pierre-Bloch. Et puis, le seul vin que j'aime et supporte est celui de Bordeaux[587] ! »

Restait à découvrir le château Marbuzet, dans le Médoc. C'est là que seront tournées les scènes principales du film, ainsi qu'à Bordeaux même, à l'hôtel de Saige, l'ancienne préfecture de région dont on a reconstruit les décors. Dès avant que les choses sérieuses ne commencent, on est en droit de se demander comment Vartan, habituée à tout régir dans sa vie comme sur scène, du choix de ses musiciens et de ses éclairagistes à celui de ses chansons et de ses chorégraphes, comment Sylvie supportera-t-elle de s'abandonner à la volonté absolue d'un homme défini comme tyrannique ? Lorsqu'il est fait référence devant elle aux très mauvaises relations entretenues sur le tournage de *Noce blanche* entre Brisseau et Paradis, elle se braque : « Moi j'aime les gens qui savent ce qu'ils veulent, qui ont une certaine autorité. Ce qu'on me dit sur les autres me passe au-dessus de la tête. J'ai déjà assez de mal à gérer ma propre personne[588] ! » « Brisseau est quelqu'un de très droit, de sincère, un pur qui possède à la fois la violence et une subtilité extrême. Il ose et j'aime ça. Il me correspond. Travailler ensemble c'est comme l'amour, vous savez ; il faut se ressembler pour se comprendre[589]. » (...) « Il ne fait pas partie d'un club. Dans ses films, la Grâce ne va jamais aux gens qui devraient la mériter et ça, c'est terrible, c'est un désespoir total. J'aime son cinéma et sa façon d'être. J'aime sentir l'autorité de quelqu'un, et comprendre ce qu'il veut parce qu'il le formule sans détour. Brisseau a été prof et moi j'adore apprendre...[590] »

C'est presque sans hésitation ni arrière-pensée qu'elle avait accepté l'idée de collaborer avec le réalisateur, à la faveur d'une première rencontre à Cannes, à la fin des années 80. Par instinct d'abord, puis par goût et très grand respect pour l'homme et son œuvre. Et de la confiance ? « En fait, pour s'oublier soi-même devant une caméra, il faut une certaine dose d'inconscience, argumente la Blonde. C'est naturel quand on ne connaît pas les dangers et qu'on ne réfléchit pas, et je sais tirer le rideau... ne plus penser. J'ai cette chance de pouvoir le faire en tout cas[591]. »

*

Un film est avant tout une histoire et un metteur en scène. Dans ses précédents longs métrages, *De bruit et de fureur, Noce blanche* et *Céline,* Brisseau, ex-enseignant issu d'un milieu populaire, axait ses situations autour de l'éducation, de l'apprentissage de la vie, des films sur toutes les facettes qui constituent l'âme humaine face à la proscription découlant de la morale, du bien et du mal. Dans *L'Ange noir,* on filmera avant tout des apparences, élément fondamental de l'histoire, les apparences sous lesquelles vont se nicher les haines, les désirs et la volonté de puissance. Avec deux degrés de lecture différents : l'esprit du film noir classique, et la réflexion plus profonde sur le monde. Meneuse de bande, Sylvie sera Stéphane Feuvrier, une ex-délinquante sans pitié, perverse et nympho, porteuse de secrets diaboliques, devenue l'épouse d'un grand magistrat bordelais intègre (Michel Piccoli) et qui, à trop avoir régné sur son petit monde par le calcul et le cynisme d'une double existence, meurtrière par passion, le payera de sa vie. En seconde lecture, Brisseau veut signifier avec force que la Justice n'est pas le lieu de la vérité, mais le lieu du plus malin.

Par souci de préserver le suspense auprès des journalistes venus rôder dans le périmètre, on ne sent guère Vartan plus désireuse de s'étendre : « C'est un personnage fort, nuancé, une femme qui est sous l'emprise de la passion et quelque part de l'amour, malgré son apparence. Un rôle comme on en écrit peu aujourd'hui. Fabuleux. Unique ! Style des stars américaines des années 40-50. Tout y est en demi-teinte[592]. »

Voilà biscuits suffisants pour que quotidiens et périodiques, partout en France et même en dehors des frontières, se fassent largement l'écho de ce retour vartanesque devant les caméras. La créatrice des « *Blondes* » sur grand écran qui tient le premier rôle face à Michel Piccoli et à Tcheky Karyo, ça vous fouette une salle de rédaction ! Là encore on l'attend au tournant. Un virage où elle se guette elle-même. Et s'épouvante ! N'a-t-elle pas engagé pari trop fol ? Trop tard, elle s'est profondément éprise du personnage de Stéphane Feuvrier, pour son côté « victime » : « J'ai aimé cette femme que j'ai perçue comme quelqu'un de cassé, de dépassé par cette passion. Elle est en révolte, rebelle jusqu'au bout, et quels que soient ses actes, on lui trouve des circonstances atténuantes. Elle est fragile, marquée par une société qui l'a écrasée, et contre laquelle elle s'est levée. Elle a perdu ses repères et son sens des valeurs, obsédée qu'elle était par une passion amoureuse. Le personnage est complexe et, finalement, fragile. Victime, elle sait dès le départ que sa vie n'a plus aucun sens. Elle acquiert donc une dimension pathétique. Cette marche inéluctable vers la mort m'a touchée[593]. »

Sur le tournage – deux mois de pluie permanente –, tout en conseillant à Sylvie de projeter sa timidité naturelle sur le côté distant du personnage de Stéphane, Brisseau lui enseigne en même temps l'art de la retenue, de la dissimulation des sentiments. Ce qui ne va pas sans difficulté avec une artiste émotive, accoutumée à accentuer sa gestuelle sur scène, où tout doit être rendu de manière démesurée. Nul néanmoins au fil des semaines ne pourra faire état de tensions entre le maître et son actrice. Sylvie estimant même qu'en comparaison avec le show-biz et la scène, plus brutal, qui vrille l'estomac, le cinéma est du « cocooning[594]. »

*

L'Ange noir, une ! Dernière !... Rendez-vous à la distribution des notes par le public. L'attente est longue. Mais Sylvie ne cessera pas d'exister pour autant et le fait savoir en célébrant en grande pompe ses dix ans de mariage avec Tony Scotti. L'endroit choisi, la Maison blanche, un lieu huppé de l'avenue Montaigne, est connu des Parisiens chic et branchés. Carlos, Jean-Marie Périer et Tcheky Karyo, entre autres, sont venus boire une coupe de champagne et piocher dans le fraisier à étages découpé par leur hôtesse d'un soir. Le beau tableau que voici ! La presse *people* qui s'en fait l'ambassadeur n'en perd pas une miette. Dans une robe blanche de Dior courte et seyante créée pour elle par Gianfranco Ferré (on prend les mêmes et on recommence), Vartan, toujours égale à elle-même, n'est pas passée à côté de son commentaire : « Dix ans de mariage, c'est un exploit de nos jours[595] ! » L'année précédente, pour la même occasion, l'Italien avait offert à son épouse « un écrin renfermant un magnifique bracelet serti de diamants les plus purs[596] » après lui avoir rappelé qu'il l'aimait comme au premier jour...

Retour en 1994 : à ne pas manquer non plus, à l'automne, le match France-Bulgarie, au Parc des Princes. Timidement, Sylvie donne le coup d'envoi et monte s'installer dans la tribune officielle aux côtés de Tony, David et Johnny. Sans préciser la couleur du maillot qui fit battre ses tempes et son cœur, ce soir-là...

*

Dimanche 23 octobre 1994 ; 7e festival du Film de Genève ; avant-première mondiale et publique pour *L'Ange noir*. En France, la sortie est prévue pour le 16 novembre. « Lenteurs de montage », explique-t-on à la presse. N'a-t-on pas plutôt voulu faire coïncider l'événement avec la rentrée scénique de la Blonde au Casino de Paris, en janvier 1995 ?

Le public genevois s'est déplacé nombreux ; dans son tailleur-pantalon gris (du Dior sinon rien), Vartan paraît plus que jamais encline au trac. Que va-t-il se passer ? Plus que celui de Piccoli ou de Tcheky Karyo, figurants majuscules recrutés pour la mettre en relief, au moins autant que celui de Brisseau, ce film est le sien. Échec ou succès, lauriers ou couronne tressée d'oignons : c'est elle qui héritera de tout.

À l'Alhambra de Genève, la lumière vient de s'éteindre. Sur l'écran, Stéphane Feuvrier s'avance, un revolver à la main, et tire à plusieurs reprises sur un homme dont on ne distingue pas le visage.

Puis elle se laisse glisser sur le sol, comme absente au spectacle de son acte. Dans la salle, Sylvie tente de faire abstraction de Vartan pour se prendre au jeu de son propre personnage. Pas facile avec un réalisateur qui, pour les besoins de son scénario, est allé puiser profond dans la vie de son actrice des éléments qui sauteraient aux yeux d'un non-voyant. Le nom de son amant et complice d'abord, Aslanian, un Arménien, comme elle, comme ce sang qui coule depuis toujours dans ses veines. Sa pseudo-rencontre avec son époux ensuite, lorsque la police l'interroge, elle ment et raconte qu'elle l'a connu à la suite d'un très grave accident de voiture. À l'hôpital où on lui « recollait les morceaux », selon sa propre expression, il lui aurait été présenté. En prison encore, lorsqu'elle raconte à son avocat, en disant vrai cette fois, qu'à l'âge de dix-sept ans, elle avait voulu mourir pour Aslanian, une tentative de suicide ratée. Mais où Brisseau est-il allé chercher tout ça ?... Enfin, la photo de Stéphane Feuvrier utilisée par le réalisateur, et qui n'est autre que celle, fameuse, représentant Sylvie devant le lycée Hélène Boucher, à Paris, en 1962. « Brisseau a choisi une photo que tout le monde connaît. Il ne me l'a pas demandé, ça c'est terrible ! Il l'a fait en toute innocence. J'aurais pu lui en donner une moins connue. Comme je n'ai pas l'habitude de me voir dans un film, les photos, tout à coup ça réveille [597] ! »

Tombe la dernière scène. S'il n'en fallait retenir qu'une, ce serait celle-là : l'Ange noir reprenant devant toute la société bordelaise sa couleur et sa peau véritables. Qu'a-t-elle à perdre puisqu'en dépit de son acquittement obtenu par la force de la corruption, grâce à l'influence de son cocu de mari, elle a tué le seul homme qui comptait pour elle, le complice de leur passion commune : Aslanian et Stéphane ou la destruction de l'ordre social. Alors elle sort le grand jeu, un soir de réception dans le hall du château familial. Tout le gratin de la magistrature est là, présent, pour sabler sa libération. Parée de ses plus beaux atours, bijoux précieux et robe de soirée noire pailletée fendue à la cuisse, signée... Dior, Stéphane Feuvrier sort de sa chambre, décidée, avant de tout quitter, à bousculer ces gens pour lesquels elle n'entretient que haine. Du haut de l'escalier qui surplombe le hall, souverainement méprisante, elle toise l'assistance, puis lentement, une à une, descend les marches. Dehors un taxi l'attend, qui l'emmènera vers nulle part... « Chien blessé se cache pour mourir. » Mais avant cela, cracher à la gueule de tous leur propre vérité, la sienne aussi. Sans éclats, sans bataille rangée, ni gestes déplacés. Juste un impromptu jeu de langue en passant, avec l'épouse d'un ami de la famille.

Plus bas, sur les marches, une convive s'écarte, troublée : « Ma chérie, je vous plains ! Ces longues semaines passées en prison, ça a dû être l'enfer.

— Moins que de vivre parmi vous, lui répond Stéphane. D'autant plus que j'étais coupable. Aslanian n'a pas essayé de me violer. Moi par contre, j'ai tué, volé. Lui aussi. Mais moins que vous. Lui au moins, il le faisait franchement. Pas comme vous, qui vous servez de la loi et des avocats. N'est-ce pas Paul ?... (à l'adresse de Tcheky Karyo, son amant et défenseur). Au fait, vous allez baiser avec qui maintenant que je ne serai plus là ? »

Puis, se tournant vers Piccoli, un mari dépité :

« Et toi, Georges, tu n'as pas eu de chance. Tu m'aimais comme un fou. Il a fallu que tu tombes sur moi. Dommage... Adieu.

— Laisse-moi partir avec toi ! »

On se dirige seul vers le néant. Sans répondre, sans même se retourner, l'Ange noir s'avance jusque sur le perron. D'un geste royal, elle recouvre ses frêles épaules d'une étole de mousseline, puis, obéissant à la musique hitchcockienne et « au ras de l'écran » de Jean Musy (*Clair de femme, Pause-Café, Papy fait de la Résistance, Le Journal d'un fou, Noce blanche...)*, les yeux dans le vague descend pour la dernière fois, l'une après l'autre, les marches extérieures de cette maison qui ne fut jamais pour elle qu'un décor artificiel, loin de sa vraie vie consumée ailleurs avec un voyou nommé Aslanian, dans des chambres de bonne ou des hôtels de passe, au hasard de leurs rendez-vous adultères.

Le taxi est là, tous feux allumés, qui attend Stéphane au bout de l'allée. Elle s'apprête à monter. Seule Cécile ne se résigne pas à laisser partir ainsi sa mère.

« Attends... »

Un coup de feu, celui que l'on attendait pas, celui d'une fille réservant à cette génitrice haïe le même sort que celle-ci infligea à Aslanian. Après avoir aimé la mère, l'homme s'était épris de la fille. Mortifiée, sans connaître au juste l'identité de sa rivale, Stéphane l'avait supprimé au moment où il le lui avait appris. Condamnée à vivre le restant de ses jours sous le joug et le chantage de sa fille, l'Ange noir préféra rompre avec le monde. Devançant son désir, Cécile lui rendit ce service...

*

Debout sur la scène en compagnie de Brisseau avant de faire front à l'armada des journalistes, Sylvie a pu recueillir à chaud la réaction du public. Elle est positive, mais Genève n'est pas la France. Le don d'ubiquité étant un luxe rare et coûteux, Vartan ne sera pas présente dans chaque salle, chaque soir pour offrir aux cinéphiles ou aux simples curieux le spectacle de sa présence.

À Paris, placardée dans son décolleté pigeonnant sur les encarts publicitaires du métro, Stéphane Feuvrier ne peut plus maintenant laisser quiconque dans l'ignorance de son existence. Ni des sinistres intentions qui semblent habiter sa mâchoire aussi dure et glacée que l'acier de la Rhur. Le 16 novembre, les dés sont jetés...

À l'issue d'une semaine d'exploitation, on enregistre 24 960 entrées réalisées sur 19 salles de Paris-périphérie, 46 101 sur l'ensemble du territoire, sur 55 copies[598] : on est très loin du score de *Noce blanche. L'Ange noir* a raté sa sortie. Les premières critiques tombent. Elles sont désastreuses ! Le film et son réalisateur sont presque unanimement désavoués.

Vartan, elle, sans faire l'unanimité, loin s'en faut, tire ses marrons du feu. Gérard Lefort : « Et puisque la mariée est si belle, il aurait été mal poli de ne pas la doter d'un rôle magnifique. Du coup, Brisseau peut tout lui demander, et Vartan peut tout se permettre. Elle se hausse alors au gynécée des sombres blondes hollywoodiennes "qui, de Grace Kelly en Kim Novak, allient physique de glace et tempérament de feu[599]". »

Une opinion que ne partage pas Aurélien Ferenczi, pourfendeur de Brisseau, dans *Info-Matin* : « Mystère : qu'est-ce qui a convaincu Sylvie Vartan, ex-idole des yé-yé reconvertie en belle-mère de couverture de magazine, de faire des débuts tardifs au cinéma dans *L'Ange noir* de Jean-Claude Brisseau ? La violence torride avec laquelle, dès la troisième minute du film, on lui arrache soutien-gorge et porte-jarretelles pour simuler un viol qui n'a jamais eu lieu ? Le succès de Vanessa Paradis, elle aussi chanteuse, mise à nu dans *Noce blanche,* du même Brisseau ? Les mauvais conseils des faux amis : "Sylvie, ma chérie, vas-y, c'est *Basic Instinct* revisité par le cinéma d'auteur[600] !" »

Entre dithyrambe et franche moquerie, la palette des appréciations oscille ainsi à l'infini, indiquant à tout le moins que Vartan n'a laissé personne indifférent. « Je pense que les femmes intéressent davantage Brisseau que le cinéma, s'avance un intime de Sylvie qui eut l'occasion de côtoyer le réalisateur. Il devait avoir des vues sur elle et dans *L'Ange noir*, il a projeté ses propres fantasmes[601]. »

Rendez-vous manqué donc, qui ne fut pas cause d'une promotion médiocre. Partout, outre les papiers et les reportages, sur les ondes ou les écrans, entre deux répétitions de son futur spectacle parisien, Sylvie fut invitée, interrogée, choyée ou passée à la question, avec parfois plus ou moins de complaisance (« Est-il vrai que Brisseau vous a engagée à la seule condition que vous ne chantiez pas ?... »)

Elle se prêta à tout, des commentaires les plus caustiques aux hommages les plus ampoulés, récitant inlassablement les chapitres d'une même leçon ; depuis *Sous le joug,* tourné à six ans en Bulgarie, jusqu'aux ratés avec Rappeneau, Demy et Godard, en passant par le bide de *Patate* : toute sa vie elle a rêvé d'être une actrice, une vraie, une tatouée ! Une idée qui ne semblait pas séduire Johnny : « Il ne voulait pas que je fasse de cinéma. Il était jaloux... [602] »

Dans le cadre de cette promotion, le 12 novembre 1994, Canal + offrit à la Blonde un tremplin magnifique : portrait-puzzle de l'« enfant du rock déracinée », par Gilles Verlant (La nuit Hallyday), plus précisément une longue interview cousue de révélations et de documents rares débusqués aux quatre coins de la planète. Sylvie le trouva escamoté et resta sur sa faim, mais l'effet médiatique fut conséquent et poussa les indécrottables à signer l'évidence : « Les modes passent, Sylvie reste ! »

Les spectateurs n'en continuèrent pas moins à la bouder sur grand écran. Pour autant, Vartan poursuivit sa ronde ; avant-première à Nancy, à Bordeaux, festival du Film à Sarlat... Il ne fut pas jusqu'aux Canadiens qui ne désirèrent l'avoir pour deviser avec elle de cet *Ange noir,* source en France de tant de fiel. Là-bas, en plein cœur de la forêt boréale du Moyen-Nord québécois, dans la cité minière de Rouyn-Noranda, où se déroulait le 13e Festival international du cinéma en Abitibi-Témiscamingue, la Vartan interviewée entre autres par Patrick Apel-Muller rappela comme un hommage à son metteur en scène qu'il fallait être « aussi original que lui pour m'avoir confié un rôle pareil [603] ! » Un avis peu ou prou partagé par la majorité des critiques présents à la projection du film. Avec un article intitulé « Un Ange noir qui a du plomb dans l'aile », piétinant le cinéma français dans son ensemble, Daniel Rioux libéra un antagonisme semble-t-il profond : « En regardant Sylvie Vartan occuper – et non faire évoluer ! – l'un des trois rôles principaux du film *L'Ange noir,* on comprend mieux pourquoi sa dernière apparition dans un film date de l'époque où elle avait cinq ans. (En voilà un qui n'avait pas consulté ses fiches !) Et le film était bulgare, comme elle. Côté cinéma, la dame a bien l'air, mais elle n'a pas la chanson. Vartan paraît malhabile sous cet air de tragédienne et d'anarchiste de salon que lui ont imposé un scénario étiré et une mise en scène douteuse. On se demande ce que Michel Piccoli fait là-dedans et si Vartan aura une autre proposition pour un rôle [604]. »

La consécration de Sylvie fut française : non seulement *Les Cahiers du cinéma,* bible de référence, ne l'éreintèrent pas autrement qu'avec une rose, mais ils lui offrirent la première de couverture.

*

Un ex-assistant de Dominique Segall, lui-même attaché de presse de la chanteuse de longue date, se souvient qu'aux yeux de bon nombre de journalistes et d'une partie du public, à cette époque Vartan véhiculait l'image d'une *has-been*. Son rôle dans *L'Ange noir* contribua à considérablement changer la donne. « Au sortir des nombreuses interviews qu'elle accorda ici et là et des émissions auxquelles elle accepta de participer, tous les journalistes se déclarèrent séduits par elle, nous dit-il. Ils venaient de passer une heure ou deux avec une femme qu'ils méconnaissaient totalement et à propos de laquelle ils avaient engrangé les *a priori* : la chanteuse yé-yé complètement dépassée et hors course, qui n'avait eu jusque-là pour plus grand mérite que d'être la femme de qui l'on sait. Ils avaient faux sur toute la ligne et force leur fut de s'en rendre compte. Du coup, Vartan, qui avait du mal à faire la une de certains magazines, revint en force grâce à cette nouvelle perception des choses, par ceux qui ont le pouvoir de ranger les gens au placard aussi facilement qu'ils les en sortent. Moi-même, avant de prendre mes fonctions auprès de Dominique Segall en 1990, parce que je ne la connaissais pas, je ne voyais pas Vartan sous un meilleur jour. Total et radical revirement d'opinion ! En dépit de son image de froideur, qui n'est pour moi rien d'autre qu'une carapace, Sylvie est quelqu'un de très vivant, de profondément humain. Pour autant, les fameuses barrières que Sylvie pose et impose ne sont pas une légende. On sent toujours qu'à un moment il ne faut pas dépasser la limite. C'est une personne qui évolue à petits pas. Comme sur scène, elle ne s'avancera pas à improviser quelque chose qu'elle n'est pas sûre de réussir, elle a été longue à accepter de figurer dans la presse gay. Elle n'en voyait pas l'intérêt et se montrait assez réfractaire. Nous n'osions pas lui dire que parmi les spectateurs qui venaient l'applaudir à l'Olympia, plus de la moitié étaient des homosexuels, que c'étaient eux qui achetaient ses disques et que par conséquent, si elle n'allait pas à leur rencontre, cela pourrait se retourner contre elle. Elle a fini par y aller toute seule mais ce ne fut pas sans mal. C'est une fille qui a des principes et qui s'y raccroche. Quelque part, elle n'accepte pas d'être l'icône du public gay [605]. »

Dans son métier, Vartan côtoie pourtant depuis toujours une majorité d'homos. Reste que pour elle, l'homosexualité est un pays connu mais une terre étrangère. Elle ne se risque pas à se poser en censeur pour autant. Sensible au-delà du raisonnable, elle a su comprendre et évaluer la souffrance qui abrite les amours entre personnes de même sexe : « J'y ressens une certaine tristesse. Le fait d'avoir un enfant, c'est la joie suprême. Les amours stériles me peinent...[606] »

Une propreté de jugement qui épatera même le père Brialy : « Sylvie, c'est une fille saine[607] ! »...

CHAPITRE 30

Revenir dans la lumière bleue

« En ce monde l'on n'est sûr de rien, puisque la lumière est une illusion, puisque le bruit est une illusion. »
Guy de Maupassant

Toulon, Voiron, Chennevières-sur-Marne ; trois villes tampons retenues par Vartan pour essuyer les plâtres de son nouveau spectacle. Après le demi-échec du Palais des Sports en 1991, elle fait une nouvelle tentative parisienne dans une salle prestigieuse s'il en est : le Casino de Paris. Sylvie ne connaît l'endroit que pour y avoir récemment applaudi Dutronc, entre autres, ainsi qu'Yves Lecoq, dans un spectacle plus ancien. Extrait de sa boîte à Guignols, l'imitateur y parodiait de façon très étrange un vieux refrain de la Blonde. Derrière lui, sur la scène, une clone vartanesque tangotait dans une robe à flamme tandis que Lecoq s'escrimait péniblement à décrisper la galerie avec des rimes revisitées de *La drôle de fin*... « *Mais dis où vont-elles donc les stars quand elles s'en vont ?...* » Allusion facile aux revers de fortune des artistes. Du Lecoq grand cru...

Qui dit salle à dimension réduite parle de spectacle plus intimiste. Un concept d'autant plus inquiétant qu'il est nouveau pour Sylvie. En dépit des milliers d'heures de gloire et de bravos laissés derrière elle sur les plus grands plateaux parisiens, la Vartan saura-t-elle faire revenir à elle son public ? Depuis 1983, il n'a pas eu le bonheur de la voir triompher vraiment dans la capitale. Onze ans déjà ! De danse, il sera très peu question dans ce spectacle, juste quelques pas de tango sur une orchestration nouvelle de *La drôle de fin*. Chorégraphie plus dépouillée que celle des Palais des Sports et des Congrès où, portée par quatre bellâtres, Sylvie s'envoyait dans les airs pour se laisser retomber sur le matelas de muscles de leurs bras. La mise en scène de Walter Painter qui reprend du service auprès de sa Blonde, n'a prévu qu'un danseur : Bruno Batlo. Vêtu d'un sombre boléro, le partenaire de 1991 sera l'unique hidalgo de la belle. Ensemble, ils retrouvent leurs repères. « En danse, chaque pas que Sylvie exécute, chaque mouvement de son corps, elle l'associe à un mot, à ce qu'elle chante, explique Batlo. C'est souvent le procédé mnémotechnique utilisé par les chanteurs. Quand on répétait un pas ensemble, elle prenait ainsi ses marques pour s'y retrouver. Jusqu'à ce que nous atteignions la perfection, *sa* perfection[608]. »

Le soir de la première, peu avant d'être hissée sur la scène par l'une des deux trappes qui servent la structure du Casino, Sylvie ne vit plus. Le trac toujours. *What to do ?* Filer à l'anglaise ? Impossible, la musique démarre. Lentement, de dos, immobile, un bras levé vers le ciel, l'autre dans l'alignement de sa jambe, reconnaissable à sa crinière brushée qui a encore perdu de sa longueur, elle se laisse hisser sur le plateau, par une sorte d'étroite plate-forme montante à trois marches. Au music-hall, comme dans un devoir de français l'introduction, l'entrée est capitale. Elle peut décider de tout un spectacle. Aussi Painter l'a-t-il étudiée. Tout en sobriété. Au milieu d'une musique à suspense, savant mélange de batterie progressive et de guitares de plus en plus nerveuses, le tout balayé d'un jeu de lumières mis au point par Jacques Rouveyrollis toujours, la tension atteint son paroxysme lorsque Sylvie, arrivée enfin au terme de son voyage, se retourne vers le public pour redescendre les trois marches gravies lors de sa mise en place, tout à l'heure, sous la scène du Casino. Plein feux sur la Blonde ! Radieuse, la silhouette gracile, elle s'envole vers son public, arpentant la scène au son d'une batterie maintenant exaltée, pour exécuter en bonne et due forme des révérences qui auraient fait pâlir *Queen Mum !* De l'institutionnel aussi pour habiller sa peau, deux tenues, une pour chaque partie, avec une robe longue prévue quand viendra le moment des rappels : Sylvie a fait confiance à Christian Dior.

Pour l'heure la voici caracolant dans un ensemble noir, veste ample aux terminaisons de manches perlées, sur une combinaison coupée en haut à mi-bras et au col échancré et brodé de paillettes. Un rappel de brillants également, le long de la couture qui joint la cheville à l'aisselle. *Qu'est-ce qui fait pleurer les blondes ?,* réorchestré-rock par Philippe Delettrez, un passage obligé pour souhaiter la soirée bonne et dire « Je ne vous ai pas oubliés. » Puis Painter l'a souhaité, sans trop de conviction, au son d'une guitare sèche qui égrène les premières notes de *La plus belle...,* Sylvie rejoint le devant du plateau et vient s'asseoir sur les marches qui donnent accès à la scène, à un souffle du premier rang de spectateurs : « C'est toujours avec le même bonheur et la même émotion que je vous retrouve au fil des spectacles et du temps qui passe. C'est drôle parce que c'est comme si c'était la première fois... Comme si c'était la première fois parce que j'ai toujours cette impatience qui me brûle et mon cœur qui bat très très fort, dans l'attente de vous voir. C'est vrai aussi que je tiens beaucoup à ces moments que nous partageons ensemble. Ils sont tout à fait uniques, privilégiés... on peut se toucher du bout du cœur, du bout des yeux... c'est formidable... »

« À ce moment précis, j'ai traversé toute la salle par l'allée centrale pour lui apporter une rose rouge, se souvient Camille. C'était très romantique. Les gens ont applaudi et je crois qu'elle était très émue. En m'approchant d'elle, je suis soudain entré dans le cercle de lumière et j'ai vu l'épaisseur de son maquillage de scène. Le choc ! Heureusement, la force et la magie de l'instant m'ont tout fait oublier très vite[609]. »

Ce jeune fan avait franchi le sacro-saint cercle, selon sa propre expression, au-delà duquel le spectateur ne doit pas s'aventurer s'il veut conserver ses illusions. À la fin de sa vie, au théâtre, Joséphine Baker se moquait d'elle-même en déconseillant aux gens de ne pas la regarder avec des jumelles s'ils ne voulaient pas avoir de surprises... Mais le music-hall, et le Casino plus que l'Olympia en fut le temple, c'est avant tout le contact direct avec le public qui doit primer. Il faut aller au charbon, se jeter dans l'arène. Le Casino n'est ni l'usine de la Porte Maillot, ni celle du Palais des Sports, encore moins Bercy et le Zénith, véritables pompes à fric de l'ère nouvelle. C'est au vrai music-hall que l'on fait ses classes. Trente-trois ans après ses débuts, inévitablement Sylvie devait en passer par là pour être consacrée parmi les immortelles du genre. Aussi, pour la deuxième partie du spectacle, qu'elle ouvre dans une somptueuse robe blanche perlée au ras des cuisses, en caressant un fauteuil aux larges accoudoirs recouvert de velours rouge et disposé au milieu de la scène, comme elle se frotterait à un homme dont elle entend se faire la proie (reprise de 1981 : *Le Piège*), a-t-elle convenu, approuvée par Walter Painter, d'inscrire *Comme un garçon* au programme, en faisant monter des spectateurs sur la scène.

Des *Vieux Amants* de Brel à *La Vie d'artiste* de Ferré, Sylvie n'a pas hésité non plus à puiser dans le sacro-saint du répertoire français. Des chansons qui lui collent à la peau, interprétées avec toute la sensualité et la distance requises. Balayés, cette fois, les sarcasmes d'antan. Vartan pense avoir atteint une envergure suffisante pour oser ce que bon lui semble et qui lui paraît à sa portée. Écoutons-la chanter : « Mais... mon amour/Mon doux, mon tendre, mon merveilleux amour/De l'aube claire jusqu'à la fin du jour/Je t'aime encore tu sais... je t'aime. » Impossible de ne pas participer au frisson collectif qui s'empare de la salle du vieux Casino, du parterre jusqu'aux dernières rangées du balcon. À cet instant, on pense à Johnny, mais chacun y va de son interprétation et l'émotion de la Dame, accoudée au grand piano noir, ne semble pas les décourager... Johnny, qui, un soir viendra la rejoindre sur scène pour chanter avec elle *Tes tendres années.*

Hélène Hazera a beau noter avec humour, dans un article intitulé « Sylvie de famille » : « Quant à ses couacs légendaires, présents à l'appel, on ne peut pas plus lui en vouloir qu'à la cousine qui en pousse une à la fin du banquet[610] », reste qu'après trente ans de fusion entre une artiste et son public, l'émotion peut ardemment se passer de tout ce qui ne devient alors que détails superflus. Mais la critique ne lâche pas le morceau aussi facilement ; elle insiste et devient lourde : « Pourquoi s'attaquer à *Sur l'écran noir de mes nuits blanches,* dont la mélodie en demi-teinte garantit les pains ? Heureusement, deux choristes black épaulent ces traductions des Supremes, jusqu'au sauvetage en mer[611]. »

Nonobstant les critiques lucides ou les ostracismes plus ordinaires, Sylvie semble l'avoir désormais intégré : l'essentiel est dans l'émotion, non dans la performance. Quant à ses « fausses notes », laissons-nous plutôt convaincre par une vraie professionnelle de la musique, Dominique Martinelli : « On ne chante jamais deux soirs de suite de la même façon, dit-elle. Il y a des fois où l'on est fatigué, où l'on a bu un peu de champagne la veille, c'est la vie. Je n'appelle pas cela chanter faux. Quand une chanson est bien vécue, qu'on est sincère lorsqu'on l'interprète, on n'est pas faux, et la générosité de Sylvie quand elle chante fait que... elle peut être basse parfois, mais ce n'est pas cela chanter faux. Il y a des gens qui sont accordés à 440 et qui ne me font passer aucune émotion, en un mot on s'emmerde avec eux[612] ! »

Si l'on peut tenir pour acquis que l'émotion est signe d'intelligence, on peut de même considérer qu'ici le vieux débat sur la voix de Vartan referme définitivement ses portes.

« Le Casino a complètement changé l'image de Sylvie, renchérit Bruno Batlo. De même que je l'ai entendue dire que le contact direct avec le public, la promiscuité avaient été pour elle une heureuse révélation[613]. »

Batlo qui, au cours de ce spectacle fut encore le Cyrano de sa patronne, dans un sketch écrit par Françoise Dorin. « J'ai même joué les photographes, comme autrefois Hubert Leforestier pour une autre chanson au Palais des Congrès, lorsqu'à la fin de *Comme un garçon,* chaque spectateur qui avait dansé avec Sylvie avait le droit de se faire photographier avec elle sur la scène avant de descendre regagner sa place. Le numéro eut un succès considérable[614]. »

Jean-Claude Camus, producteur du show, n'avait pas cru à un tel retour : « Elle revient de loin », aurait sanctionné dans l'intimité des coulisses, le chef de protocole de Johnny. Preuve lui en fut donnée : tous les Phénix ne s'appellent pas Hallyday...

*

Après ces trois semaines de triomphe à guichets fermés rue de Clichy, Sylvie, qui était en position de jouer les prolongations, se sent pousser des ailes et souhaite ardemment déménager à quelques blocs de là, boulevard des Capucines, pour retrouver le moment venu l'Olympia, *son* Olympia, celui de ses débuts, avec un spectacle plus étoffé, plus dansé. La consécration de son retour en grâce ne pourra passer que par là. Entre-temps, elle sera devenue « la plus belle grand-mère de France » (Michel Drucker *dixit)*... Ce nouveau rôle lui échoit au mois de mai 1995, lorsque Estelle donne naissance à une petite fille qui se laisse prénommer Ilona, une fleur à sa grand-mère paternelle.

Michel Fresnay : « Sylvie était folle de bonheur et ne s'en est pas cachée aux médias. À la radio ou à la télévision, je ne sais plus, je l'ai entendue s'écrier : "Je suis grand-mère, c'est merveilleux !" Peu après je rencontre Maritie Carpentier, heureuse aussi pour Sylvie, qui me dit : "Tu sais, il n'y en a qu'un qui est furieux, c'est Johnny." Johnny qui lui a fait part de sa désapprobation : "Tu te rends compte, ça veut dire que moi aussi, je suis grand-père, tu y as pensé ? !" Déjà esquinté par les Guignols, on allait le prendre pour un papy rocker. Des craintes qui se sont vite dissipées[615]. »

Passant outre les récriminations de Jojo, Sylvie consomme et abuse de son bonheur familial, puis s'envole en juin vers le Japon, son autre « chez moi ». Daniel Toscan du Plantier et les membres du jury du 3e festival du Film français de Yokohama y attendent leur blonde présidente. Sylvie n'étant pas véritablement actrice, là encore, on peut parler d'authentique phénomène Vartan, dans un pays où l'on ne consomme de l'étranger que de la pointe des baguettes. Une hégémonie qui poussa l'un des membres du jury, parmi lesquels Josiane Balasko, Nadia Fares, Hélène de Fougerolles, Philippine Leroy-Beaulieu, toutes des inconnues pas même illustres pour les Nippons, à perdre sa retenue. « En coulisses, visiblement agacée, Balasko s'étonna du choix de Sylvie Vartan comme présidente, eu égard à son maigre palmarès cinématographique », nous apprend X. qui tient la confession de Dominique Besnehard, l'agent de Sylvie. Aussitôt, fan aliéné de la Blonde depuis de nombreuses années, le pittoresque Besnehard intervint. « En trois mots, Balasko s'écrasa[616] ! » Besnehard est un mammouth influent dans une profession où mieux vaut ne pas compter d'ennemis de cet acabit.

Lauréat du Festival : *Un Indien dans la ville,* mais c'est *L'Ange noir* que l'on a attendu. Lors de sa présentation à la soirée de clôture, ce fut le choc ! Pudiques jusqu'à la névrose, les Japonais n'ont pas reconnu leur « Shilubi » dans cette femme court vêtue dont les sous-vêtements sautent aussi facilement qu'un beignet de crevette dans sa poêle. Habillée d'une jaquette on ne peut plus équivoque, dans les vidéo-clubs, la K7 du film sera carrément reléguée au rayon érotique. Sylvie Vartan princesse du X au pays des geishas ! L'un de ses proches atteste qu'aux États-Unis tout fut fait pour dissimuler la cassette de *L'Ange noir* à la vénérable Ilona, Sylvie trouvant toujours un prétexte pour ne pas montrer le film à sa mère...

*

En France, chez BMG qui a englouti RCA, la première maison de Vartan, on a pris la décision d'éditer l'intégrale des chansons de la Blonde, depuis 1961 jusqu'à 1986, ce pour la fin de l'année. C'est plutôt une bonne nouvelle : environ 500 titres regroupés dans un coffret de 21 CD, merveilleux cadeau pour les inconditionnels et un pied de nez aux pirates de tous bords. Aussitôt installés dans les rayons des disquaires, les 2 000 exemplaires disparaissent. Il faut rééditer 500 coffrets supplémentaires. Même schéma. On projette alors de sortir les spectacles *Live* de Vartan. Puis on oublie. Un jour, peut-être... ou alors demain. De nos jours, il n'y a plus de suivi de l'artiste dans une maison de disques, les équipes changent tout le temps, et comme Sylvie n'est pas du genre à demander ni à exiger quoi que ce soit... BMG, Universal : véritables pieuvres aux multiples tentacules, labels, sous-labels et autres sous-sous-labels, ne connaissent qu'une seule devise : la rentabilité à outrance et le fric à gogo !

Bien que sa vie matérielle soit largement assurée jusqu'à la fin de ses jours, Vartan a néanmoins le vent dans le dos. À elle d'aller de l'avant pour avoir une année 96 du meilleur cru. Aussi, après avoir, comme Catherine Deneuve, entièrement sacrifié sa chevelure aux ciseaux de *Charlie en particulier,* entreprend-elle de rassembler autour de son nom quelques grandes pointures, auteurs et compositeurs prolifiques et parmi les plus référencés : « Dans ce métier, les choses sont en vous, mûrissent et finissent par sortir. Avec Lyvia d'Alché, ma complice, nous avions écrit les paroles d'une chanson qui s'appelle *Des mots d'amour.* J'ai essayé de la mettre en musique et je n'y arrivais pas. Tous ceux à qui j'ai demandé de le faire n'y arrivaient pas non plus. Lyvia a eu l'idée de l'envoyer à Richard Cocciante, qui m'a retourné une maquette, très succincte, et tout a démarré. On a travaillé ensemble sur la musique et il a peaufiné le tout. Il m'a montré d'autres chansons qu'il avait : *Toutes les femmes ont un secret,* et *Des mots*. Elles m'ont plu. Je lui ai donné l'idée de faire une chanson autour du thème de forte et fragile. Michel Jouveau en a écrit les paroles. Et puis, il y a eu Yves Simon, Luc Plamondon... Des gens qui ont une certaine maturité et se sont débarrassés du superflu, que ce soit au niveau de la musique ou des mots[617]. »

Sylvie omet de signaler son entière participation à la musique de *Quelqu'un m'attend,* magnifique chanson traitant de l'adoption.

De son côté, Jean-Louis Murat a signé le texte de *Il pense à son corps* : « Murat, je l'ai rencontré par l'intermédiaire d'amis communs. Il écrit peu pour les autres. J'aime son côté troubadour, extrêmement sensible, pudique et solitaire, ça me plaît. *Il pense à son corps,* pour moi, c'est un sujet à la Oscar Wilde, la fuite du temps, une chose étrange et lancinante, obsédante[618]. »

Le résultat dépasse les espérances. Considéré par l'intéressée comme l'album le plus abouti de sa carrière, *Toutes les femmes ont un secret* est une explosion de notes bleues qui battent le cœur, comme une vague la roche, et de mots nouveaux qui s'y déposent et s'y ancrent, avec la certitude d'avoir réinventé l'émotion. Les chiffres eux non plus ne font pas grise mine ; un peu moins de 100 000 albums vendus. Il y avait longtemps que la plus américaine de nos chanteuses n'avait pas réalisé un tel score, frisant le disque d'or pour un album. En outre, *Je n'aime encore que toi,* le « tube » du disque, est mis en scène par Lydie Callier dans un clip à l'image de Sylvie, le corps sage et la pensée ailleurs. Désormais, les portes de l'Olympia sont ouvertes.

*

À l'heure où les Éditions Vade Retro publient un luxueux album de photos consacré à la Blonde, auquel elle a elle-même apporté sa collaboration en faisant sortir de leurs boîtes toutes les ombres du passé, *Baba* Slavka et grand-père Robert, papa Georges, Rudy Mayer et Rosa Passlouchny, les champs de foin de Lakatnik, la rivière de l'Iskaar, le 51 boulevard Totleben, depuis Los Angeles où elle a « planté sa vie », Sylvie est relativement étrangère à ce qui se passe du côté de chez Molière dans le domaine artistique. Qui est à la mode, qui ne l'est plus : tout ceci la dépasse. Tout comme ne semble pas la concerner chez les chanteurs français ce nouvel effet de masse importé d'ailleurs des États-Unis et créé pour défendre telle ou telle cause humanitaire. En France le charity-business est un concept en pleine expansion. Mais les kermesses d'antan sont devenues des enjeux capitaux. Rien de tel pour un artiste en perte de vitesse qu'une participation dans un spectacle des « Enfoirés » pour reprendre le train en marche. Ne se murmure-t-il pas dans l'ingrat milieu homosexuel que si le sida a tué des millions de personnes, il en a au moins ressuscité une : Line Renaud ?

« Presque tous les chanteurs, à un moment de leur carrière, se sont engagés pour une cause ou une autre. Comment se fait-il que vous ne l'ayez jamais fait[619] ? » Étonnante Dany Jucaud, toujours présente dans les étapes importantes de la carrière de Sylvie, qui cependant ne ménage jamais celle qu'en privé elle admire et respecte comme une amie. Que le mot « carrière » ait été préféré à celui de « vie » constitue déjà un premier lapsus révélateur. Méfions-nous de ces artistes au sourire souvent plus large que le cœur ; ivres de reconnaissance et de notoriété, ils ne roulent souvent que pour eux-mêmes. Notons seulement que lorsque nombre s'affichent dans le seul but de se faire ce qu'ils ne sont guère, en se mettant en retrait Sylvie ne se soucie même pas de paraître ce qu'elle est.

« Je m'occupe de charité autrement, sans tapage ni publicité, c'est une question de conscience personnelle[620] », déclare-t-elle, tout en se gardant de faire référence à ce petit garçon indien qu'elle parraine depuis déjà plusieurs années. Par amitié pour Daho, et parce qu'elle se dit solidaire de la cause, elle participa en 1990 au double CD collectif *Urgence,* se rendit également au gala du sida de 1985, mais n'en fut pas moins dupe : « On m'avait pourtant fait assez savoir que je ne faisais pas partie des amies de Line Renaud[621] ! »

Ce genre de révolte et le fait qu'elle dénonce pour la première fois nommément ceux qui lui font du tort peut surprendre de sa part, eu égard à sa ligne de conduite dans ce domaine : « Moi, je n'ai de ressentiment envers personne. C'est le public qui consacre les artistes. Les gens que je n'aime pas, je n'en fais pas état ; c'est un métier trop difficile pour porter des jugements de valeur[622]. » Il faut croire que son amertume dut atteindre le même niveau de flottaison que le poison distillé par l'aînée... Tandis qu'elle déplorait l'imbuvable attitude de Trénet – « Dans *VSD*, Charles Trénet a dit des choses déplacées, médiocres et incompréhensibles ; quand on a réussi, comment peut-on s'abaisser à dénigrer certains chanteurs ? Il n'y a aucune fraternité[623] » –, qu'elle parlait de l'existence de clans à propos des capos de la profession qui au motif d'être « branchés » retranchent les autres dans des camps, en 1985 Vartan mit tout aussi curieusement en avant ceux qu'elle distinguait dans cette bulle d'air vicié : « Sheila justement n'entre pas dans cette catégorie. Je l'aime beaucoup, elle est sympa et a d'énormes qualités[624]. » La même année, Sheila venait de se planter en beauté au Zénith ; il n'est pas dans les habitudes de Sylvie de tirer sur les ambulances. Dans cette politique, elle rejoint Georges Brassens, ennemi des « racistes musicaux. » Lucien Gibara racontera qu'un jour il se fit taxer de « con » par Brassens qui l'avait entendu la veille déclarer publiquement, sur une antenne de radio, que selon lui, Jo Dassin ou Sheila, c'était « de la merde ! » « Vous n'avez pas le droit de dire du mal de mes camarades de bureau, gronda le poète. C'est grâce à des gens comme ça que moi j'existe. Ma vedette préférée, c'est Tino Rossi. Si je chante, c'est grâce à Tino Rossi. C'est pas pour ça que je suis un con[625] ! »

Quant à la politique, l'autre, celle qui ment, tue parfois... « De toute façon, je ne me serai jamais engagée politiquement, je n'ai pas le temps de savoir qui est qui, répond la Blonde à Dany Jucaud, pour satisfaire à sa curiosité toujours grandissante. Je m'engage uniquement pour défendre la liberté. Je suis contre tout totalitarisme de gauche et de droite. Disons que je serais plutôt au centre[626]. » Avec cela, bas les risques ! On ne la fait pas à une enfant née entre l'occupation nazie et le communisme le plus rouge. L'odeur des auges politiciennes et pseudo-démocratiques ne pourrait que la révulser et la détourner de ses propres valeurs, l'univers professionnel qui est le sien suffisant déjà à sa peine. Toujours Vartan s'est gardée de s'ingérer dans le débat public en se posant en revendicatrice à qui tout serait dû par le fait de sa seule naturalisation française. En outre, elle n'a pas assez de prétentions pour penser que ses « messages » puissent être entendus et écoutés. L'unique acte politique qu'on lui connaisse est son engagement pour Valéry Giscard d'Estaing, en 1974. C'est peu.

« Je n'aime pas la rue, dit-elle. Je n'aime ni la foule, ni les manifestations. Je n'aime pas que l'on me reconnaisse. En dehors de la scène, qui est un endroit protégé, je n'aime pas me mettre au premier rang[627]. »

En d'autres termes, la Blonde n'est pas de celles qui prêchent dans un désert peuplé de caméras et de micros. Alors, bon sang, à l'automne de sa vie, pour quelle cause Sylvie Vartan descendrait-elle dans la rue ?

« Pour soutenir la cause des enfants ou des animaux ou pour lutter contre la pollution[628]. »

Ben voilà, il suffisait à Dany Jucaud d'insister ! La défense du droit des animaux, monopole de Brigitte Bardot, centre d'intérêt de sa vie, sa seconde carrière, ce pourquoi elle a vendu meubles de familles, robes et bijoux, et fait don de sa célèbre Madrague à sa

Fondation. Exemple unique d'abandon total à une cause trop souvent décriée car méprisé est mal comprise.

En octobre 1996, désireux de célébrer la Bardot à l'occasion de la parution de ses Mémoires, Jean-Pierre Foucault décide de lui consacrer un « Sacrée Brigitte ». Quand la production demande par écrit à la star des stars de quels artistes elle aimerait se voir entourée pour son émission, elle barre le questionnaire d'un généreux « Je m'en fous ! »

Cela laisse présager de la suite... Chez Glem, on se montre d'autant plus inquiet que la plupart des chanteurs et acteurs sollicités se récusent ; en apparaissant aux côtés d'une BB marquée au fer rouge à cause de son mariage et de ses idées politiquement incorrectes, ils craignent pour leur image de marque.

Vartan, elle, a accepté l'invitation. Les deux femmes ne se sont pas revues depuis des années. Dans les loges des studios de la Plaine-Saint-Denis, la qualité des retrouvailles n'échappe pas à un proche de Bardot, témoin de la scène : « Elles se sont jetées dans les bras l'une de l'autre. Je ne connais pas Vartan, mais du côté de Brigitte ça ne ressemblait pas à des léchouilles de show-biz. Elle a un besoin viscéral de sentir, de toucher, de respirer les gens qu'elle apprécie vraiment. »

« — Pourquoi nous sommes-nous perdues de vue ? lance Sylvie, au débotté. Il faudrait se revoir plus souvent.

— Oh tu sais, les choses ont tellement changé. J'ai ma vie, tu as la tienne désormais, et elles sont si différentes... C'est difficile. »

Arrive le moment du faux direct. Lorsque Foucault l'annonce, Sylvie Vartan apparaît en haut des marches d'un décor bucolique, dans un ensemble pantalon sport et smart, éclatante de beauté, et chante son tube du moment. Titre de circonstance en hommage à Brigitte : *Moi je n'aime encore que toi...* Derrière elle, son danseur Bruno Batlo joue les accordéonistes d'un soir. « Elle m'avait demandé de le faire car elle a ce côté famille qui fait que, même sur les plateaux de télévision, elle veut s'entourer des gens qui lui sont familiers. Elle aime ça[629]. »

Venus saluer la reine Bardot, ont déjà défilé Pierre Salinger, Valéry Giscard d'Estaing, Lech Walesa, Dany Brillant, les Gypsy Kings, les quatre Anglais de World's Apart, mais le cri du cœur de BB qui fête en même temps ses soixante-deux ans est pour la Blonde : « C'est mon plus beau cadeau d'anniversaire ! » Effusions à nouveau, pour la caméra cette fois.

« — Pourquoi avez-vous tenu à ce que Sylvie soit là ce soir ?, interroge le malicieux Foucault.

— Sylvie ? Parce que je trouve qu'elle est le témoin d'une époque extraordinaire. Aujourd'hui les gens sont en laisser aller, mal habillés, n'ont plus aucune élégance, n'ont plus aucune répartie... Elle est une femme belle, qui a du talent et qui est toujours là, toujours élégante, toujours somptueuse, malgré le temps, il faut bien le dire, nous sommes de la même génération, elle est un petit peu plus jeune que moi, mais bon...

— Oh là là... » Sous son maquillage, la timide Sylvie rit et se trouble, parce qu'elle sait chaque mot de Brigitte, magnifique d'assurance, pesé, pensé, sincère. Une consécration amicale mais également un vibrant panégyrique entendu et partagé en nombre.

« — Non non, non, mais pour moi, c'est très important, insiste Bardot. J'ai un sens de l'esthétique et de la dignité qui est très important. Et Sylvie représente tout cela pour moi. »

Couple singulier que celui de ces deux grand-mères hissées très jeunes au rang d'idoles, et que tout, un temps, rassembla. Maintenues par-delà les années en état de grâce, chacune dans sa catégorie, aujourd'hui leurs parcours les séparent. Jeunesse passée, il est toujours difficile de compter ses billes. Le choc des bilans respectifs s'exprime ici douloureusement par la couleur des vêtements : du blanc sur toute la surface pour Vartan, signe de vie et symbole immaculé d'une volonté de renouvellement perpétuel à travers une maternité réussie ; pour Bardot, du noir, terrible deuil d'une existence gâchée, beaucoup à cause des autres, beaucoup par sa faute, une autodestruction programmée. Constante, mais discrète et très mesurée dans ses actes comme dans ses déclarations, la Blonde a bâti pierre par pierre sa réputation et ne se plaint pas d'incarner une certaine idée du bonheur et de la réussite sociale. Pour cela, elle lisse et peaufine son image. Instable, en état permanent de révolte, pratiquant la politique de la terre brûlée selon Pascal Sevran, BB « aura provoqué les cons toute sa vie, avec son cul, avec sa langue, avec son cœur[630]. » À trop avoir crié son désir d'être libre, la voici à présent prisonnière des hommes. Derrière des barreaux dorés qui lui cachent un soleil qu'elle n'aime plus, en voulant défendre la vie sur terre, l'infortunée n'en finit pas de se laisser mourir, au contraire d'une Vartan qui récolte des fruits patiemment semés. Comment y est-elle parvenue ? Sylvie connaît le mode d'emploi mais n'en dira rien : pour vivre heureux, vivons muets !

*

Éblouie et écrasée à la fois par la personnalité et la verve sans virgule de son aînée, Sylvie repartit ce soir-là, un panier de fleurs bien garni sous le bras, pour se préparer à d'autres clameurs, celles de son public de l'Olympia, qui déjà affiche « complet ». 15 octobre-

3 novembre : trois semaines de triomphe d'ores et déjà assuré. Beaucoup d'inconditionnels ont payé le prix fort et seront de l'aventure chaque soir. Le plus près possible de la scène, pour espérer un regard, cueillir une émotion. Depuis un an, ils ne vivent que dans cette attente. Pour n'être pas en reste, les fans de province ont aligné leurs congés sur la durée du tour de chant de Sylvie et réservé une chambre d'hôtel à Paris. Dix-huit soirées garanties sans lapins, auprès d'une Blonde plutôt partageuse : les belles vacances que voilà !

L'Olympia... Avant la démolition du Monstre pour une reconstruction-record à l'identique sur le même emplacement, Sylvie a souhaité sentir une dernière fois l'odeur si particulière de ses coulisses, fouler encore de son pas cette scène chargée d'histoire qui la vit débuter dans le tumulte, un jour de décembre 1961. L'Olympia déserté par elle en 1972 pour voler vers des « Palais » qu'on lui prédisait inaccessibles. L'Olympia aujourd'hui retrouvé, toujours le même dans ses vieilles pierres, avec son grand rideau rouge juste un peu abîmé. De Bruno Coquatrix, il ne reste hélas que le nom. L'esprit du lieu est parti avec lui. « Sa femme Paulette n'a jamais aimé personne, affirme Doudou Morizot. Contrairement à ce qu'elle répand dans ses livres, je ne l'ai pratiquement jamais vue sur le plateau au milieu des artistes. Quant à l'implacable Patricia, sa fille, elle m'a viré au bout de trente-cinq années de bons et loyaux services, à douze mois de la retraite. Jamais son père n'aurait laissé faire une chose pareille. Bruno, c'était un seigneur[631] ! »

Sylvie est amie avec Patricia. S'est-elle rendu compte des changements intervenus depuis le décès du « pape du music-hall » ? Elle fait « comme si » et joue le jeu.

« Un après-midi, raconte Michel Vié, placeur depuis 1990 et responsable de salle depuis 1997, ce devait être quelques semaines avant le début du spectacle de Sylvie, je me trouvais avec l'un des placeurs, au premier rang de la mezzanine, dans un théâtre désert, lorsque soudain la scène s'éclaira, nous rendant du coup invisibles depuis le plateau. Il nous fut alors donné d'assister à un spectacle unique que pour rien au monde nous n'aurions voulu interrompre. Paulette Coquatrix se tenait debout au centre de la scène en compagnie de Sylvie, lorsque celle-ci, vêtue d'un simple survêtement, s'allongea sur le dos, de tout son long. Puis, se retournant, elle embrassa le sol : "Mon Dieu, que j'aime cette scène..." Jamais nous n'avons vu un artiste faire ce geste. Comme tout le monde, nous connaissions la saga de cette fille et la voir revenir aux sources avec tellement de sentiments et de nostalgie nous donna la chair de poule. Je suis persuadé qu'elle ne se serait pas autorisée à s'abandonner ainsi si elle s'était sue observée. En revanche, je l'ai souvent vue faire ses balances avec les musiciens en peignoir blanc et serviette sur la tête. Sans chichis. Les paillettes, c'est pour le public[632]. »

*

Chaque spectacle de Sylvie ne ressemble jamais au précédent. Ainsi le veut-elle, par élégance, par savoir-vivre, par horreur de l'habitude, par simple bon sens, par goût du jeu et de la mise en scène. « Sitôt qu'une chose à laquelle on tient un peu se trouve *au point,* et qu'on le sait, il faut avoir le courage de l'abandonner. Mieux vaut ne laisser à rien le temps, ou l'occasion, de se figer[633]. » Dès la première écoute d'une chanson, Vartan peut d'ores et déjà lui prédire une carrière scénique. Ce puissant don de projection est l'un de ses atouts qui ne l'ont jamais prise en défaut. Choisir l'ordre des chansons, le bon équilibre entre les anciennes, les « incontournables », et les nouvelles, entre les rythmées et celles, plus lentes, qui doivent baigner dans la lumière bleue ; tout ça c'est son truc. Elle le sait. Elle s'en sert et en use. Elle a raison.

La direction musicale ayant été confiée à un fidèle, Philippe Delettrez, celui-ci, sur un plateau de télévision, fait la connaissance d'une choriste au tempérament volontaire, Dominique Martinelli, qui avait participé au « Spécial Sylvie Vartan » de Michel Drucker au Zénith de Grenoble en avril 1990. « Je me rappelle que pendant les répétitions, Sylvie tenait une brosse à cheveux dans les mains, elle n'avait pas de micro. Elle en riait elle-même[634] ! » Martinelli l'ignore, mais la brosse à cheveux, c'est une vieille manie de la Vartan lorsqu'elle répète ses play-backs dansés. Un lointain souvenir pour la choriste. Aujourd'hui, Dominique est face à Delettrez qui, dans son œil et dans sa voix, a pressenti celle qui saura réunir une équipe de filles susceptibles de savoir chanter, mais aussi danser, avec Bruno Batlo, autour de la Blonde. « Sur les conseils de Sylvie et parce que j'avais la même conception des choses, j'ai mis un point d'honneur à recruter avant tout des gens "humains", explique Melle Martinelli. C'est indispensable lorsque l'on vit près de douze heures par jour ensemble, surtout dans un univers de garçons. Toutes se sont montrées à la hauteur. Avec une "pro" comme Vartan, il faut l'être ! Être capable d'harmoniser à la dernière minute. Combien de fois cela nous est-il arrivé ! "Bon, eh bien ce soir, nous rajoutons telle et telle chanson !..." Faut être souple et pouvoir suivre. C'est un métier, il n'y a pas de hasard. Si elle n'est pas *speed*, et plutôt du genre *cool* mais concentrée dans le travail, Sylvie est une bosseuse, c'est quelqu'un d'organique, d'instinctif, elle ressent les gens, un vrai scanner. Dans le même temps, elle a quelque chose de l'enfance qui fait qu'on ne peut pas ne pas l'aimer. Elle est choubidou, Sylvie, très attachante, voilà, c'est le terme, quelqu'un d'attachant, avec une énorme couche de pudeur. Et ce qui est fort, c'est qu'elle n'est pas "star" pour deux sous. En outre, elle porte l'héritage du music-hall qui malheureusement se perd, et moi j'adore ! Sylvie fait ce métier comme on devait le faire à l'époque, ils le font sérieusement sans se prendre au sérieux[635]. »

Outre sa pugnacité légendaire, Vartan aurait-elle donc percé, mains propres et blancheur de cygne, sans entourloupe ni cadavre sur sa route ? Sylvie, ou l'itinéraire d'une fille propre.

*

Le 15 octobre 1996 au soir, tout est en place derrière le grand rideau rouge de l'Olympia. Les lumières éteintes au milieu d'une frénésie d'avant-spectacle, un écran géant tombe des cintres. Le film qui saute un peu nous fait redécouvrir Vartan dans sa robe bleue de chez Réal. À cet instant elle a vingt ans pour toujours mais ne le sait pas encore. Tandis que les images de « Cherchez l'Idole » défilent sur l'écran, qui nous montrent une Sylvie 64 devant un micro en pied, une bande-son est diffusée dans la salle, venant se substituer à celle de l'époque, *La plus belle pour aller danser,* devenant ainsi :

Souviens-toi, j'étais la plus belle
Pour aller danser
Pour mieux évincer toutes celles
Qui voulaient t'aimer...

... *Retiens la nuit...* La voix de Johnny lui répond en écho en s'extirpant des haut-parleurs. Le spectateur a compris que le remake de *La plus belle* est une affaire de famille et ce montage filmé provoque chez lui l'effet attendu lorsque quelques secondes plus tard le rideau s'ouvre sur une Sylvie 96 fusillée de lumières, les bras tendus vers son public, vers ses publics aujourd'hui rassemblés dans une rare et intense communion de générations. Pour la femme sophistiquée de cinquante-deux ans, qui joue encore à l'idole en laissant les autres la persuader que face à son miraculeux jeunisme le temps semble perdre du terrain, l'accueil est délirant. Sur un signe de sa main, les clameurs cessent et alors seulement le spectacle commence. Son scintillant boléro ôté à vue par la main du pianiste qui, pour le coup, fait office d'habilleuse, elle peut maintenant jouer de tous ses atouts physiques : un dos ferme et musclé mis en valeur par le décolleté d'une robe extracourte, des jambes plus épaisses mais toujours parfaitement galbées et des bras tout aussi fermes. Sans oublier ce carré de blondeur qui la ramène trente ans en arrière, un rafraîchissement estimé bien tardif pour d'aucuns, mais qui a le mérite de lui rendre « un petit air d'autrefois », rajeunissant ainsi celles de ses fans qui suivent et copient année après année l'évolution de son *look*.

Les fans observent la vedette à la loupe. Chacune de ses apparitions est prétexte à observations, à commentaires, à comparaisons. Une dissection à laquelle la chanteuse sait ne pouvoir échapper et contre laquelle elle se prémunit en soignant le détail. Tiens, elle a pris quelques centimètres de tour de hanche... Ça lui va bien mieux... Je n'aime pas sa nouvelle couleur de cheveux... Oui, mais qu'est-ce qu'elle a encore comme pêche... Elle a changé sa façon de tenir le micro... Ses faux cils sont plus longs que la dernière fois... Entre inconditionnels et frustrés, envieuses et admiratives, les analyses de haute voltige spirituelle s'affrontent et s'entrechoquent. Gisèle Rouleau et Lucienne Baujon[636] s'y retrouveraient sans besoin de décodeur...

« Au cours de la seconde partie, vers la fin du spectacle, raconte Dominique Martinelli, suivant la chorégraphie de Walter Painter, Bruno tirait une chaise sur laquelle Sylvie était assise, depuis la coulisse jusqu'au milieu de la scène. Pour elle, qui avait à troquer son tailleur noir contre un pantalon et une chemise blanche, le changement de costume était extrêmement rapide. Un soir, elle n'a pas eu le temps de remonter sa braguette et sa chemise dépassait largement par l'ouverture béante... Catastrophe ! Comment allait-elle s'en sortir ? Avec les filles, nous avions du mal à garder notre sérieux... Croyez-moi ou pas, elle s'en est rendu compte en même temps que nous et à la vitesse de la lumière, tout en continuant à danser avec Batlo sur *Donne-moi ton amour*, elle s'est retournée vers l'orchestre pour tout remettre en place. Ni vu, ni connu ! Ça s'appelle le professionnalisme[637]. »

*

Pour autant, en 1996, tous les souvenirs de Sylvie à l'Olympia ne furent pas que bonheur. Quelques jours après la première, voilà qu'une méchante broncho-trachéite vint lui chercher querelle, compromettant la continuation du spectacle. Une rupture de contrat paraît impensable, trop de gens dépendent de la vedette. Les places ayant été vendues près d'une année à l'avance, Vartan n'a ni le droit d'arrêter, ni celui de décevoir. « Je me demande où elle a bien pu prendre cette force de continuer, s'interroge Dominique Martinelli. Elle a pris cette force quelque part et elle y est arrivé[638]. »

Line Renaud avoue que pour lui insuffler cette santé de fer propre aux filles du Nord, sa grand-mère plongeait un tison brûlant dans son biberon. Et le secret de Vartan ? Les pâtes de fruits ou les

Bounty, que sa nouvelle habilleuse, Ethel, lui prépare, chaque soir, entre deux thermos de tisane ? Trop simple ! « Je n'aime faire que les choses qui me plaisent, bien manger, bien boire. La gym, par exemple, ce n'est pas très amusant, donc je n'en fais pas. Quand je prépare un spectacle, je cours. C'est bon pour le souffle. Je ne prends pas non plus de cours de danse. Je ne peux pas fonctionner s'il n'y a pas un but, une finalité. Quand je danse, c'est que je suis en répétition pour un spectacle. Sur le plan de la beauté, je me fais faire un nettoyage de peau une fois de temps en temps. La seule régularité, ce sont les massages shiatsu, à Paris comme à Los Angeles. Le secret de ma forme, c'est que je chante [639]. »

« Ses problèmes sont survenus très exactement à la fin de la première semaine de représentations, précise Michel Vié. Elle a eu une soudaine extinction de voix en première partie. L'entracte fut sa planche de salut. Elle n'aurait pas pu continuer. Il fallait lui faire une piqûre de cortisone. Apprenant que j'étais préparateur en pharmacie de métier, quelqu'un de l'entourage de Sylvie vint requérir mon aide, mais je n'avais pas le droit de pratiquer un tel acte. L'entracte s'éternisait. Dans la salle, les gens que personne n'avait pris le soin d'informer s'impatientaient. Dernier recours : appeler le médecin de l'Olympia qui arriva en urgence de Rueil-Malmaison, me semble-t-il. Une heure après la fin de la première partie, le rideau put enfin se rouvrir sur une Sylvie tout en excuses. Elle tint le coup comme ceci pendant les quinze autres jours. Le dernier soir, je me souviens être allé dans sa loge pour la féliciter et prendre des nouvelles de sa santé. "Je suis heureuse, mais complètement usée", me répondit-elle. Il était temps que cela s'arrête. Un soir, elle fit même une chute au milieu du ballet des années 60. Tout se passa très vite, elle se releva avec un petit sourire, le public applaudit et le show continua. Physiquement, pendant ces trois semaines, elle était allée au bout de ses forces pour honorer ses engagements et son contrat avec le public. Et quel public ! En neuf ans de boîte, je n'en ai jamais vu de plus chaleureux. Sheila aussi a le sien, mais on ne parle pas de la même clientèle, de la même classe. Chaque soir, Vartan fit un tabac. Les gens ne la laissaient plus partir [640]. »

Le jour de la dernière précisément, à la fin du spectacle, la Blonde dut revenir plusieurs fois saluer et saluer encore avant de disparaître. Définitivement, croyait-on. Comme la foule ne se résolvait pas à partir, elle revint s'asseoir au milieu de la scène, une serviette blanche autour du cou, en disant : « Bon, c'est d'accord, je reste avec vous, je ne pars plus. » Moments forts et précieux entre un artiste et son public. Trente-cinq ans de route pour arriver à un tel pacte passionnel, ce n'est donné qu'aux plus grands. Ceux qui l'ont suivie pendant des années, en tournée, à Paris où ailleurs, sont formels : Vartan ne s'abandonne que très exceptionnellement. Petits instants de folie douce distillés et aussitôt repris. Juste avant elle, le passage de Jane Birkin à l'Olympia fut un bide retentissant. Des fauteuils vides tous les soirs, en dépit d'invitations lancées tous azimuts. Lorsqu'elle céda sa loge à France Gall, malgré un vieux différend existant entre les deux chanteuses, Sylvie écrivit un large « Bonne chance ! » sur la glace, avec son bâton de rouge à lèvres. Inutile d'appeler la fortune lorsqu'elle veut rester sourde. Mme Berger fit à peine mieux que miss Birkin. Le succès : une greffe qui prend ou ne prend pas.

CHAPITRE 31

Sueurs froides à Montréal

« Plus le péril est grand, plus doux en est le fruit... »
Pierre Corneille

Du 9 novembre au 7 décembre 1996, après avoir salué ses publics suisse et belge, la reine Sylvie part balayer la province française pour elle si familière à présent. Puis s'en va renouer avec la vieille tradition des tournées d'été. Premier gala : le 17 juillet 1997 à Monaco. Elle s'installe pour trois jours au Sporting Club et joue devant la famille princière. En 1975, c'était elle, la petite fille de la chambre 14, qui recevait les Grimaldi en *son* palais, celui des Congrès, à Paris. Grace était encore là et, en ancienne professionnelle, elle avait su mesurer à sa juste dimension la performance de Vartan.

« J'étais à Monaco, raconte un témoin, et j'ai vu des dames de la haute retirer leurs bracelets pour pouvoir frapper dans leurs mains au moment du medley des *sixties*. Debout, montrant l'exemple à l'assistance, Stéphanie n'était pas la dernière à applaudir en mesure[641]. »

Le premier soir, le spectacle fut donné au profit de la SPA. Après la représentation, au moment de la tombola animée par Patrick Sébastien, on vit la princesse s'entretenir longuement et avec passion avec Sylvie. Vartan à Monte-Carlo : le plus gros succès de la saison 97, tous artistes internationaux confondus !

*

Autre date inscrite au programme de cette tournée d'été : les Francofolies de Montréal, au théâtre Maisonneuve. Depuis 1975, Sylvie n'est pas revenue chanter au Canada. Pour la simple raison que, pendant de nombreuses années, ses succès furent repris et exploités à l'excès par les artistes locaux. Michèle Richard, par exemple, s'empara de *La plus belle pour aller danser,* tandis que Chantal Renaud obtint tube sur tube avec ses versions de *Comme un garçon* et *Irrésistiblement.* Même *J'ai un problème* fut copié. C'est au demeurant en partie à cause de ces *covers*, comme on dit, que Sylvie s'est faite aussi rare au Canada.

« Tout avait bien commencé, relate un spectateur présent ce soir-là : Tony, David, Estelle et la maman de Sylvie, qui avaient fait le voyage depuis Los Angeles, se trouvaient dans la salle, ainsi que Sacha Distel. À son arrivée, Estelle, très connue là-bas, fut ovationnée. Jusqu'à ce qu'un malheureux incident technique ne vienne entacher la soirée. Au moment où les musiciens entamaient la longue partie twist chantée et dansée, le play-back de Sylvie refusa de démarrer. Dans l'urgence, tandis qu'elle s'était hissée sur le piano pour le début de *Est-ce que tu le sais,* en une fraction de seconde, son micro ouvert, elle prit le parti de suivre le cours des événements et de chanter en direct tout en continuant à danser ou plutôt à marquer les pas. Même si la balance n'avait pas été réglée pour, elle s'en tira remarquablement. C'est dans de telles circonstances qu'on voit le professionnalisme et le sang-froid de cette fille, parée à tous les contretemps[642]. »

Le lendemain cependant, parmi les quatre critiques les plus attendus, il en est un qui ne fait pas de cadeau à Vartan. « C'était un véritable acharnement thérapeutique, se désole notre témoin. En substance, Sylvie chantait toujours aussi mal qu'à ses débuts, elle était devenue trop lourde pour danser[643]. » Un chapelet de méchancetés destiné à porter atteinte à l'artiste autant qu'à la valeur intrinsèque de la personne. Dans sa chambre d'hôtel, en attendant son départ pour la France, où la tournée doit se poursuivre, Sylvie pleure : « Je ne méritais pas ça ! » « Toute la journée, l'ambiance fut tendue au sein de la troupe[644] », se souvient Bruno Batlo.

Les avantages du play-back, à l'instar de tant de ses consœurs adeptes du genre, Sylvie sait les apprécier. Ses effets pervers sont moins agréables à assumer. « Une fois, en tournée, pour sa chanson *La drôle de fin* qu'elle ne faisait jamais en direct, raconte un fan, elle commençait à s'installer sur le lit de bras de ses danseurs, lorsque son micro glissa de ses mains pour s'en aller rouler sur la scène. Le play-back partit malgré tout, des spectateurs se mirent à siffler. Gardant son calme, Vartan fit signe à la régie de tout arrêter, récupéra son micro, puis fit repartir la bande. À la fin, elle obtint un triomphe[645] ! »

Une autre admiratrice, la même qui se plaignait du manque de fantaisie de la Blonde en scène, revient à la charge : « À propos de l'usage abusif du play-back, quand j'entends dire par les défenseurs aveugles de Sylvie qu'à sa décharge dans le passé les meneuses ne chantaient que par intermittence dans un spectacle qui, selon eux, était beaucoup plus court, donc moins important, mon sang ne fait qu'un tour ! Arguties et contre-vérités ! Non seulement, jadis ces dames chantaient sans micro, donc en direct parce qu'elles n'avaient pas le choix, le play-back étant un monstre inconnu, mais elles devaient encore porter leurs voix jusqu'au fin fond du théâtre. Pour cela il fallait avoir des cordes vocales ! Les trois quarts des artistes d'aujourd'hui n'auraient pu faire carrière en ce temps-là. À tous ces inconditionnels déraisonnables de notre Sylvie, je leur réponds : et Baker ? ! À soixante-huit ans, elle mena tambour battant et en direct sa dernière revue de Bobino. Et avec quelle voix ! Il y eut bien l'utilisation de deux ou trois play-backs, mais ils avaient été imposés pour des raisons techniques par André Levasseur, le metteur en scène, au grand dam de Joséphine qui fut longue à convaincre parce qu'elle refusait de flouer le public. En plus de chanter, la Dame dansait et il fallait voir comment ! Que l'on ne vienne pas ensuite nous conter des sornettes. Il y a tout simplement une baisse de qualité et une tendance à la facilité que procure la technique moderne, un point c'est tout. Je veux bien replacer les choses dans leur contexte, adhérer aux méthodes actuelles en toute connaissance de cause et en toute objectivité, à condition qu'on arrête de nous faire prendre des vessies pour des lanternes. »

*

Dans le 747 d'Air France qui l'emmena à Montréal, Jean-Henri Martin, notre admirateur impétinent, accompagné de son ami d'enfance Jean-Marc Sagnes, eut l'occasion de faire plus ample connaissance avec Sylvie, elle-même flanquée de son attaché de presse, Dominique Segall. Tous quatre en première classe, ils se retrouvèrent seuls passagers du pont supérieur. Sagnes, alors directeur général de Novartis-Grèce, fit état à Sylvie d'une proposition susceptible d'intéresser son association pour la Bulgarie. Stockés en Israël, pas moins de 25 tonnes de céréales pour enfants de la marque Gerber, des invendus, allaient être détruits. Une opportunité inespérée pour nourrir pendant plusieurs mois des centaines d'enfants bulgares. Emballée, Sylvie se montra partie prenante. De ce jour, naquit peu à peu une certaine complicité entre la Blonde et celui qui allait devenir secrétaire général de l'Association Sylvie Vartan pour la Bulgarie. De groupie, Jean-Marc Sagnes accéda ainsi au rang d'intime après une longue période de mise à l'essai. Ensemble, ils se rendirent en Bulgarie à la fin de l'année 1997 pour s'assurer du bon acheminement de la marchandise. Ils devaient y retourner souvent.

Le 14 août, la tournée s'arrête à Vittel. Le lendemain, Sylvie fête son cinquante-deuxième anniversaire et les commémorations chez les Vartan, c'est jour de Shabah ! Pour la deuxième fois, l'ex-« collégienne du twist » se prépare à être grand-mère. Emma naît le 15 septembre, peu de temps après la prestation en vedette de sa mamie dans le *prime-time* désormais très couru de Pascal Sevran, « Les Années tubes ». Tenace, le père Sevran ! Depuis le temps qu'il espérait la Blonde sur son plateau... Il la tient enfin, mais elle repartira furieuse. Furieuse de n'avoir pas été prévenue de la présence d'un Jean-Jacques Debout moyennement frais, au piano, à qui Sevran demanda de chanter avec elle quelques mesures de leur fructueuse collaboration d'antan. « Ce n'est pas ma tonalité », s'escrimait à souffler une Sylvie nerveuse à son ancien compère, tandis que celui-ci, sourd à ses appels désespérés, continuait à jouer pour lui-même. Le résultat de cet interlude musical entre deux amis ambassadeurs d'une époque déjà lointaine, elle la professionnelle à tous crins et lui, le baladin de la vie, tourna à nouveau au rendez-vous manqué. Vartan a « horreur » des surprises, dit-on, et des imprévus. L'une de ses fans à l'enthousiasme parfois mal calculé un soir en fit les frais, qui s'était risquée sur la scène dans une copie de la robe bleue de chez Réal, pour se trémousser aux côtés de son idole. Le prime et très court mécontentement notoire de la Blonde fit l'effet à la pauvre fille d'une douche glacée. L'effet de surprise rapidement digéré, Sylvie montra *in fine* beaucoup plus de chaleur. Comme nombre de choses chez Vartan, l'autodérision a ses limites. « Je n'ai jamais pu l'emmener chez Michou voir le type qui l'imitait, déclare un ami. Par trois fois, elle me donna son accord de principe, par trois fois, elle se décommanda[646]. »

Or, nous savons que Vartan se rendit un soir dans le célèbre cabaret de la rue des Martyrs. C'était le 6 décembre 1972. Zézette, l'artiste qui campait son personnage écopa même de ce blond compliment : « Tu es plus vraie que moi-même[647] ! »

« Sylvie est toujours la première à vouloir s'amuser, glisse Josette Sureau. Souvent, lorsqu'elle chantait dans une ville dont l'un des musiciens était originaire, elle se faisait fort de l'annoncer aux spectateurs : « C'est un enfant du pays ! » C'est ce qu'elle fit un soir, avec l'un de ses bassistes dont j'ai oublié le nom. Très en forme, au moment de cette tournée, elle lui refit le coup le soir suivant, dans une autre ville, puis dans toutes celles dans lesquelles nous sommes passés : « Il est d'ici, c'est un enfant du pays ! » Je me souviens de la gueule du musicien, il ne savait plus où se mettre : « Imagine que quelqu'un me pose des questions à la fin du spectacle ! ? »

« Sylvie est de la race des bons vivants, je l'ai dit. Son solide appétit ne trompe pas ! Combien de fois ne sommes-nous pas allées toutes les deux chez Bocuse ! Combien de Relais et Châteaux n'avons-nous pas écumés lors de ses tournées. C'est là qu'elle me faisait ses confidences sur Johnny. De son côté il m'en faisait aussi puisque avant de devenir l'amie de Sylvie, je fus la sienne. Je servais parfois de boîte aux lettres. Je pense qu'ils se sont rencontrés beaucoup trop tôt et c'est dommage. Aujourd'hui encore, je n'ai pas le même rapport avec l'un et avec l'autre. Johnny, c'est mon pote ; si je suis dans le besoin, je peux lui demander dix plaques, il ne voudra même pas entendre parler de remboursement. Pour autant, Sylvie est une fille formidable et elle sait être généreuse. Toujours, lorsque nous faisions des achats ensemble, elle en profitait pour m'offrir une bricole. Un jour, ce fut une montre d'une assez grande valeur. J'ai travaillé avec bon nombre d'artistes dont Sheila et je peux affirmer qu'elle est la seule dans ce métier à avoir atteint une telle envergure tout en restant aussi profondément humaine. J'en ai rencontré des mauvaises !... Ce n'est pas le cas de Sylvie. Même si ses priorités restent sa famille, elle n'est pas insensible au malheur d'autrui. Si en amour comme en amitié, Johnny est fougueux et peut avoir des élans passionnés, quitte à avoir très vite l'envie de tout envoyer balader, Sylvie observe beaucoup plus de recul vis-à-vis des gens, mais elle est plus constante dans ses rapports. Tous deux sont en tous les cas de grands timides[648]. »

*

La naissance d'Emma n'en est pas moins l'occasion inespérée pour « mamie Sylvie » d'enregistrer sous la direction de Philippe Delettrez un album de comptines traditionnelles extraites du patrimoine français et tombées pour la plupart dans le domaine public. La planète de l'enfance est la sienne. Elle s'y trempe souvent, pour se réconcilier avec ses paradoxes, entre « Ne pas tomber sans grandir » et « Juste aimer sans haïr. » Pieux mensonges au service de l'essentiel : savoir garder le plus longtemps possible ses illusions au chaud. Pour sceller ce pacte, Sylvie a signé la musique de la première chanson de l'album, *Kouklitchka,* tandis que Jean-Loup Dabadie et Eddie Vartan ont planché avec force sensibilité sur *P'tit bateau,* une ode à Ilona, la première de ses petites-filles. Trois notes de musique qui s'échappent et se dissolvent, le temps d'un voyage au pays où les roses sont toujours des forteresses imprenables.

Le public ayant plébiscité la démarche, l'année suivante *Sylvie Vartan chante pour les enfants* connaît une suite logique, un deuxième album où *Dame Tartine* et les *Frères Jacques* viennent s'enquérir avec *Cadet Rousselle* des nouvelles de *La Mère Michel,* cette vieille folle qui laisse son chat errer partout et s'étonne ensuite de ne le point retrouver !

L'aube d'une nouvelle carrière ? Non. Chantal Goya peut préparer en toute quiétude ses remixes de *Guignol* et de *Bécassine,* la Blonde ne fait que passer au royaume des sucres inventés.

Trois p'tits tours et puis s'en va...

CHAPITRE 32

La *Mamma*

« J'espère que je serai une petite vieille sympathique et rigolote[649]*.* »
Sylvie Vartan

Déjà, à la fin de l'année 1996, les échotiers de la presse à sensation, ceux-là même qui savent toujours renifler la fumée avant le départ du feu, faisaient référence à un vieux souhait de Sylvie Vartan d'adopter, avec son mari, une petite fille originaire des pays de l'Est. Un bébé à son âge, alors qu'elle vient d'être grand-mère ?...

« Cette adoption d'une petite fille, il y a des années que Sylvie l'envisageait, se souvient Josette Sureau. Combien de fois, à l'époque de son mariage avec Johnny, n'en avons-nous pas parlé ! Elle se torturait de questions : d'où viendrait cette enfant ? Y avait-il risque à élever un gosse qui n'était pas le sang de son sang ? Etc. Avec cet esprit cartésien qui est le sien, elle pesait le pour et le contre[650]. »

Un an et demi plus tard, la fiction est devenue réalité. Dans leur propriété de Los Angeles, M. et Mme Scotti, entourés de leurs mamans respectives, présentent en exclusivité pour *Elle* leur fille Darina. Longues furent les tractations pour aboutir à ce jour de réjouissance. Mais ce que Blonde veut... Jamais l'idée de mettre au monde une petite fille ne l'avait abandonnée depuis la perte de son enfant, en 1974. L'adoption, elle y avait songé, non pas comme un ultime recours ou un dépannage, mais dans le but déclaré de recréer une fibre naturelle entre deux chairs étrangères. Trois ans après leurs efforts, les Scotti sont enfin récompensés. Trois ans d'incertitude mêlée d'espoir. Tout commença en 1995, lors de leur inscription à la DDASS. Au même titre que des milliers d'autres couples, ils furent soumis à maints entretiens avec des psychologues, à des bilans de santé et à tout le tracas administratif que l'on sait et qui n'a guère évolué, en France, depuis un demi-siècle. En 1956 déjà, Joséphine Baker, championne toutes catégories de l'adoption d'orphelins, faisait sauter le standard d'Europe 1 en lançant un appel alarmant aux autorités compétentes en vue de faire évoluer les choses.

Un an pour obtenir l'agrément nécessaire avant de recommencer le même processus à l'étranger, auprès des autorités bulgares. Depuis son engagement envers son pays d'origine et la création de son association, Vartan a touché la misère de ce peuple en déconfiture sociale, économique et politique. Son adoptée ne pouvait venir que de cette terre qui la vit naître et vers laquelle elle revenait à l'automne de sa vie.

C'est au début de l'été 1997 quc Sylvie sent les prémices d'un bouleversement : un coup de téléphone providentiel en provenance d'un orphelinat de Burgas, sur la mer Noire. Il faut qu'elle vienne, une enfant vient de naître, qui lui est destinée. Avec Scotti, elle effectue le voyage le cœur battant. Johnny fut l'homme des premières amours et des jours de tempête, Tony est celui de la sécurité et de tous les possibles. Las, à leur arrivée, on leur apprend qu'ils vont encore devoir patienter avant d'emmener l'enfant avec eux. Plusieurs mois. L'Éternité... L'état de l'orphelinat où la petite fille a été abandonnée est pitoyable. Scotti n'hésite pas à mettre la main à la poche pour assurer un début de vie décent à *son* enfant. Sylvie n'en attendait pas moins de la part de cet homme droit et chaleureux comme l'Italie, qu'elle avait un jour choisi pour compagnon de vie.

*

« Vous verra-t-on au festival de Cannes ? »

Au printemps 1998, à cette question posée par une fan membre de son association, Sylvie répond de façon évasive : « Je ne crois pas, j'ai autre chose à faire... » « C'était le 21 mai, dira plus tard Vartan, je n'oublierai jamais cette date magique. Nous avons retrouvé Darina à l'hôtel. J'avais enfin ma fille à moi. Darina, en bulgare signifie "don de Dieu[651]". »

En délivrant un petit être d'un dortoir pour enfants jetés à la réforme, manifestement le destin de cette femme prend un autre cours. Elle que la fortune a privilégiée, mais qui a toujours su se préserver des feux d'artifice pour ne pas perdre de vue son « code de vie », vient d'entrer dans une autre dimension. Un état subliminal qu'elle tient à immortaliser, le temps d'une séance de photos destinée à dissuader les potentiels voleurs d'images. Les cachets assez élevés de ces clichés exclusifs parus dans *Elle* et *Match* sont dans leur intégralité reversés par les parents Scotti à L'Association Sylvie Vartan pour la Bulgarie. Désormais, le contexte n'est plus le même qu'à l'époque de David : le nombre de ses activités professionnelles ayant été de son fait sensiblement restreint, maman Sylvie sera plus disponible, dans un pays, les États-Unis, où elle peut vivre incognito. Mais gare aux paparazzi trop envahissants ! Les photographes italiens d'un magazine dit *people* en feront les frais. Et comme lorsque l'enfant vient de Dieu, rien ne saurait avoir de prix pour lui, mademoiselle verra sa robe de baptême spécialement confectionnée par... Dior.

La nouvelle maman déclare ne faire aucune différence entre Darina, David et les filles de celui-ci : « Ils forment les doigts d'une même main. Nous dirons à Darina le plus tôt possible que c'est un autre homme et une autre femme qui l'ont conçue, mais que Tony et moi sommes ses vrais parents. On ne doit pas tricher. Dire la vérité à un enfant, c'est le traiter en être humain à part entière. Chaque année, nous fêterons l'anniversaire de sa naissance et je ferai une deuxième fête pour célébrer le jour où elle est arrivée chez nous. Un jour, elle posera la question et nous lui dirons [652]. »

*

Axelle Red, Étienne Daho, Françoise Hardy, Richard Cocciante, Johnny et David Hallyday, Nathalie Baye, Pierre Palmade, Frédéric Mitterrand, Jean-Paul Gaultier, Jacques Weber, Michèle Laroque, Laurent Gerra, Mathilde Seigner... Rien que du beau monde pour cet « Irrésistiblement Sylvie » sans fausses notes diffusé par France 2 le 24 octobre 1998, sous la direction artistique d'un fervent de la Blonde, d'origine libanaise : Camilio Daccache. Lorsque six mois auparavant, à l'occasion de la sortie du nouvel album de Vartan, *Sensible,* auquel collaborèrent Didier Barbelivien, Jay Alanski, David Hallyday et Marc Lavoine, il proposa à son idole cette soirée hors des sentiers battus en lui spécifiant qu'elle aurait mains libres et carte blanche, l'affaire fut d'emblée entendue.

L'enregistrement public de l'émission eut lieu en faux-direct, aux studios de la Plaine-Saint-Denis, quelques semaines avant la programmation télévisée. Jean-François Weber y assista : « La plupart des duos avaient déjà été mis en boîte. Heureusement ! Le tournage n'en finissait plus et les temps morts succédaient aux temps morts. Je pense à la parodie du couple Vartan-Hallyday par Laurent Gerra et Mathilde Seigner, par exemple. Ils durent s'y reprendre à dix fois pour *J'ai un problème.* À croire qu'ils en avaient vraiment un ! Sylvie venait souvent s'enquérir de nous. N'avions-nous pas trop chaud, trop soif... ? "Faites-leur porter de l'eau", commandait-elle aux assistants de production. "Je crois que j'avais oublié combien le tournage d'une émission télé peut être longue et fastidieuse", plaisantaitelle encore. Puis elle repartait se mettre en place pour la séquence suivante[653]. »

Interpréter *Son of a Preacherman*, Sylvie en rêvait depuis le début des années 70. Un luxe qu'elle s'offre en duo avec Axelle Red. Comme elle a pris plaisir à glisser dans le triolisme avec Hardy et Daho pour partenaires : *Quelqu'un qui m'ressemble,* du sieur Étienne, son seul véritable ami dans le métier.

Remplacer Frankie Jordan par Pierre Palmade dans le sketch de *Panne d'essence,* soit, mais glousser *On a toutes besoin d'un homme,* avec Nathalie Baye, sous l'œil d'un Johnny goguenard, il fallait oser ! Plus que le fracassant *Bon temps du rock'n roll* avec Jojo, le moment fort fut l'évocation, en compagnie de Frédéric Mitterrand, de l'éternel retour à Sofia, avec David au piano, donnant la note à sa mère pour cette chanson qui fait froid dans le dos dès les premières mesures : *Mon père.* Papa Georges, un grand-père dont David, âgé de quatre ans à sa mort, ne garde que très peu de souvenirs, mais qui respire encore par les yeux de cette mère essentielle et tant aimée. David avait rêvé d'épouser « une femme comme elle », il rencontra Estelle, présente elle aussi sur le plateau... Le couple, officiellement, se porte bien, mais Sylvie est à la torture devant ce qu'elle considère comme un gâchis, un crime contre X, qu'elle-même a vécu sans en avoir hérité et qu'elle aurait voulu éviter à son fils et à ses petits-enfants. Quand arrivera le moment tant redouté, que les meubles n'ayant pu être sauvés, les oiseaux de mauvais augure cette fois toucheront dans le mille, Sylvie s'en tiendra à cette seule déclaration : « Quand on voit ses enfants se casser la gueule, ça fait mal, surtout quand on les a prévenus[654] ! » Pour le reste, en dépit d'articles de presse se réduisant à présenter injustement Estelle comme une bouffeuse d'animateurs-producteurs de télé, rien ne transpirera. Le linge sale, ça se lave en famille : chez les Vartan, la règle est d'or. Donner le change. Toujours.

Reste que les relations entre la belle-mère et sa bru, Sylvie ayant pris le parti de son fils, tournèrent au vinaigre. « Sylvie était triste et furieuse à la fois contre Estelle, raconte une amie de la chanteuse : "Elle emmène mes petites-filles à 10 000 kilomètres de moi[655] !" »

En attendant mieux, le top model était redevenue Lefébure, par la volonté de Johnny, son ex-beau-père. « Jamais je ne me suis mêlé des histoires de mon fils et de sa femme, confiera celui-ci à Bernard Violet, en juin 2003 – à l'occasion du soixantième anniversaire de l'Idole, célébré au Parc des Princes, Arthur, nouveau compagnon d'Estelle, présentera le spectacle en direct à la télévision... – J'ai simplement demandé qu'elle ne s'appelle plus Hallyday. J'ai accepté que mon fils s'appelle Hallyday parce qu'il était mon fils. En revanche, je ne vois pas pourquoi sa femme dont il a divorcé continuerait à s'appeler Hallyday. C'est comme Caroline Barclay qui a une autre vie, un autre mari, je ne vois pas pourquoi elle continue toujours à s'appeler Barclay[656]. »

Hallyday est une « marque » dont Lee, le cousin de Johnny, déposa les droits au début de la carrière de l'Idole, mais il semble que ce n'aurait pas non plus été le désir d'Estelle de demeurer à vie une Hallyday.

Toujours des histoires de fric et de gros sous... Qu'elle paraît loin « la vie d'artiste » des chanteurs désargentés qui n'avaient que leurs trois notes et leurs tripes à offrir en partage et dont Ferré nous donnait à rêver !

*

Un an après « Irrésistiblement Sylvie », qui n'a pas réussi à faire de *Sensible* le succès escompté, c'est au tour de Michel Drucker de célébrer la Blonde dans un « Vivement Dimanche » axé sur la mode, le cinéma, avec bien sûr des témoignages d'amis sûrs qui vous veulent toujours du bien... Depuis « Les Rendez-vous du dimanche », Sylvie est un pilier des émissions de l'éternel Drucker. Celle-ci n'a pas été programmée par hasard, dans une dizaine de jours Vartan sera à nouveau l'événement parisien : trois semaines d'un nouveau marathon tranquille à l'Olympia. À l'instar des Monaco ou de Jackie Kennedy, elle est un produit qui fait vendre. Aussi Dominique Segall, un agent qui connaît son boulot sur le bout de ses arguments, ressort-il comme un automatisme les vieux attirails promotionnels, télés, presse, pubs. On prend les vieux dinosaures et on recommence : Dany Jucaud, par exemple... mais pas par hasard ; elle est une amie « sûre » qui ne posera pas de questions vaches ; c'est pour *Paris-Match*...

« — On a souvent dit que vous n'étiez qu'une vedette de papier, que vous ne saviez pas chanter (Ça commence bien...)

— Je me fous de ce que les gens disent de moi ! (Stratégie de défense classique qui ne raye pas l'hypersensibilité de la Blonde, véritable catalyseur d'émotion, que la moindre marque d'attention ou de moquerie, touche ou atteint.)

— Votre dernier Olympia a été un très gros succès. N'avez-vous pas peur, comme un boxeur, de faire un combat de trop ?

— Les locations sont complètes. C'est tout ce que je peux dire. (Attrape-toi ça !)

— Ce qui m'a toujours fascinée, c'est que vous ne doutez pas de vous. Je connais peu de gens autant attachés à leur passé que vous. Au fond, vous êtes très conservatrice.

— Je ne l'ai jamais nié.

— Il n'y a rien de pire que de devenir une vieille chanteuse. Saurez-vous vous arrêter à temps ?

— Je n'y ai pas encore pensé, mais ça peut arriver. Ça ne sera pas prémédité, je m'arrêterai d'un coup. Tout peut arriver... [657] »

*

Autre copine, dont les centres d'intérêt sont loin désormais du petit monde élitiste parisien : BB. Depuis sa Madrague, affolée par le sort réservé à une certaine caste de Bulgares utilisés dans les spectacles de rues, elle appelle la native d'Iskretz au secours :

« Ma Sylvie,

J'ai un immense service à te demander, qui concerne une souffrance inacceptable infligée aux ours de Bulgarie (voir cassette ci-jointe).

Il est difficile de ne pas réagir en faisant tout notre possible pour faire interdire cette tradition barbare et cruelle digne du Moyen Âge.

Je m'adresse à toi qui es le phare, la lumière, l'enfant de ce pays si beau mais si impitoyable parfois.

Aide-moi, Sylvie !

Demande aux dirigeants de Bulgarie de faire cesser ces monstrueux spectacles. Nous entrons dans le 3e millénaire, nous ne pouvons plus accepter l'inacceptable. Je suis sûre que tu comprendras ma démarche, mon écœurement, je sais que tu m'aideras.

Je t'aime et je t'embrasse.

Brigitte »

Sylvie ne restera pas insensible à cet appel désespéré. Dès réception de la lettre, elle se met en peine de rédiger à l'adresse de l'épouse du Président bulgare Stoyanov un courrier en anglais. Sur son papier à en-tête, après lui avoir fait part, au nom de sa famille, de sa fierté du comportement de la Bulgarie dans le douloureux conflit du Kosovo, elle transmet à Mme Stoyanova la requête de Bardot, cette très chère amie de longue date ayant voué sa vie à la protection animale, l'agrémentant de louanges sur la star retirée.

L'intervention de Sylvie eut d'heureux effets. Aujourd'hui, en Bulgarie, les ours ne dansent pratiquement plus dans les rues, les narines mutilées par les anneaux qui les retenaient captifs. Un parc a même été construit pour eux, financé par la Fondation Bardot et qui, chaque année accueille de nouveaux pensionnaires.

*

Revenue à ses vicissitudes, chaque soir sur la scène de l'Olympia, pour ce spectacle-réveillon – le dernier avant le passage au millénaire suivant – auquel elle a apporté un soin tout particulier, Vartan s'exhibe. Du trio de choristes de 1996, Dominique Martinelli est la seule rescapée. Pour la partie danse, Bruno Batlo ayant décidé d'arrêter le métier a recommandé l'une de ses connaissances, Yann Jonas, Sylvie ayant déjà recruté un Américain au *curriculum vitae* impressionnant. Tous sont beaux, jeunes et pleins d'enthousiasme, à l'image de ce spectacle pétillant comme une bulle de champagne. Le premier soir, gênés par les mines hiératiques du Tout-Paris et respectueux de la présence dans la salle de David et de sa grand-mère Ilona, les fans gardent leur réserve. Mais dès la seconde représentation, c'est du délire, la bulle explose en couleur, avant, pendant et après chaque refrain ! Il faut dire que la Blonde a particulièrement gâté tous ses publics en général ; de la jeune « grand-mère de famille » qui a ressorti sa choucroute, au cadre dynamique en retraite toujours aussi épris de la « collégienne du twist », en passant par les jeunes gays venus se greffer au troupeau des anciens. Pour conserver la formule, deux parties bien distinctes composent le spectacle. La première, toute en surprise, d'où le rock a été banni : il aura le temps de se venger après l'entracte. La nouveauté vient également du choix du couturier improvisé costumier : Jean-Paul Gaultier, un fervent de l'utilisation de la fourrure à qui Bardot a écrit un jour, dans l'une de ses fameuses « lettres ouvertes » : « Vous ridiculisez la mode française en attifant les mannequins comme des épouvantails à votre image. »

La lumière qui s'éteint, la voix gouailleuse de Mistinguett qui ressuscite sur écran géant pour entonner son hymne national : *C'est vrai,* repris en cœur par une audience surchauffée et impatiente. Arrêt sur image, la Miss laisse la place à Vartan qui déboule sur la scène, inondée de lumières. « Oui, c'est elle, la voilà, qui s'ramène... » Tout n'est plus que folie collective pour accueillir celle qui, dans une robe blanche « équipée » de deux interminables manches rétractables, balaye le plateau. Qui va prendre naissance dans le bas de la nuque de la Dame : une superbe parure de plumes d'oiseaux de paradis de chez Février.

Après une reprise d'un autre refrain de Miss, *Paris, c'est une blonde,* en un jeu de lumière et une rafale de batterie Sylvie se change à vue et revient dans l'époque pour enchaîner ses standards. L'écran géant à nouveau, le temps pour elle de se métamorphoser. Défilent alors, obéissant à sa voix – sur un refrain piqué aux Bird's en 1966 et réarrangé à la mode gospélisante, *Tourne, tourne* – les images et les êtres qui ont fait ou défait le siècle. Puis, soudain, la voilà qui réapparaît en ambassadrice de la couleur rose. Du plus tendre au plus dur, la palette s'étale sur sa robe coupée courte, brodée et frangée de paillettes. Cette pure merveille n'est pas sans rappeler une création de Saint Laurent pour Sylvie (Olympia 72). Que va-t-elle bien pouvoir réciter dans cet uniforme de comédie musicale à l'esprit très Broadway ?

« — Au temps du Moulin-Rouge, un grand monsieur, Joseph Oller, offre à Paris un très beau cadeau. Et c'était... l'Olympia ! Et c'est comme s'il lui offrait une immense boîte à musique d'où sortiront pendant de nombreuses années les plus belles chansons du monde : celles que nos grands-parents ont adorées, celles que ma mère me chantait, celles que nos enfants fredonneront certainement un jour, parce qu'elles sont intemporelles. Elles ont été chantées par les plus grands, dans le monde entier, elles sont toutes françaises, on peut en être fier quelque part. Je suis sûre que vous en reconnaîtrez beaucoup. En tous les cas, moi, j'ai voulu jeter un regard sur tous ceux qui, pendant que ce siècle allait à sa fin, lui ont donné ses musiques, ses rythmes, son humour, sa poésie. Je les aime tous, du plus grand au plus obscur, car c'est grâce à leur talent qu'au-delà des modes, des genres, des styles, moi je peux chanter et danser, heureuse et éclairée par leur souvenir... »

Au piano, Jean Mora donne le *la*. La salle retient son souffle. Elle ne va pas tout de même pas...

Je t'ai rencontré simplement
Et tu n'as rien fait pour chercher à me plaire
Je t'aime pourtant d'un amour ardent
Dont rien je le sens ne pourra me défaire...

Fascination : le sacro-saint du music-hall français ! Ce n'est que le début... *Parlez-moi d'amour... Que reste-t-il de nos amours ?... Pigalle... Prosper... Les Amoureux des bancs publics... Je m'voyais déjà... Je suis swing... Et maintenant... J'attendrai... Fleur de Paris... La Madelon... La Vie en rose... Mon homme...* Autrement dit Lucienne Boyer, Chevalier, Brassens, Aznavour, Bécaud, Rina Ketty, Piaf, Georges Ulmer, Mistinguett à nouveau... Sylvie-Poulbot, Sylvie-zazou, Sylvie-tango, Sylvie-Madelon... le spectateur pris dans le tourbillon d'un florilège cocorico rythmé en montagnes russes, bercé par l'accordéon ou le violon, secoué par le saxo ou bluffé par des chorégraphies réglées au millimètre, ne reprend son souffle qu'à l'issue de vingt-cinq minutes d'un hallucinant voyage dans le temps, qui ferme la première partie. Fantastique ! Sensationnel ! Merveilleux ! Époustouflant ! Le triomphe déguisé en applaus est conséquent. Depuis le temps que la fille de Georges Vartan désirait chanter Paris...

À la seule fin de rester imprégné de ce qu'il vient de voir, pour éviter aussi de s'écorcher aux rocks à venir, enthousiasmé, Pascal Sevran se retire à l'entracte, le cœur dans les étoiles. Même Line Renaud, avertie de ce tabac de chaque soir, s'est laissée entraîner par Dominique Besnehard. Pour voir... « Elle applaudissait à tout rompre, se souvient son voisin de rang, qui se fit un jeu de l'observer. Surtout au moment de *La Madelon* qu'elle avait elle-même chantée. Elle regardait alors autour d'elle, recherchant des regards complices... [658] » La réconciliation entre les deux « Végasiennes » eut lieu dans la loge de Sylvie qui reçut ce soir-là plus d'éloges byzantins que dans toute sa carrière... Sacré Line !

Deux ans plus tard, Bruel n'hésitera pas, lui, à faire de la récup', s'inspirant directement de ce brillantissime pot-pourri, pour réenregistrer avec le résultat que l'on sait les vieux tubes du patrimoine français, aussitôt surdiffusés par les mêmes stations de radio qui pratiquent la ségrégation à l'égard d'une Sylvie ou d'une Sheila.

Rock donc pour la seconde partie de Vartan à l'Olympia. Des slows aussi, puisés dans le répertoire sans fond de Sylvie. La chanteuse y resplendit dans un costume pailleté à pattes d'éph', très réussi. Avant le tableau suivant, celui des *Robes,* une chanson d'Éric Chemouny, dont Eddie Vartan a composé la musique et pour lequel Sylvie s'est glissée dans une longue robe bleu sucette délavée, « à la Line Renaud », qui n'a pour avantage que de desservir sa silhouette épaissie. Peu de temps auparavant, la Blondissime avait projeté de vendre aux enchères l'ensemble de ses attributs de scène : « Et puis, je me suis dit que je devais les garder dans mon grenier pour que mes trois petites filles les découvrent un jour. La vie est faite de ces petits bonheurs accumulés. Mis bout à bout, ils font une vie heureuse [659]. »

*

Voici venu le temps du final, point d'orgue tant attendu par les fans : ils savent Sylvie plus vulnérable donc accessible à ce moment-là. Les au revoir et les séparations lui crèvent toujours l'âme et le cœur. « Je n'aime pas partir, c'est comme une petite mort à chaque fois... [660] » Stigmates de l'enfance et de ce grand-père laissé là-bas, au pays du rose tendre devenu celui de l'enfer rouge, qui court le long du quai, un mouchoir à la main, un matin d'hiver 1952... Et la petite Djidjika qui a déjà tout compris de la signification des ruptures, du bruit sourd qui les accompagnent et des médecines impuissantes à les guérir.

En dehors des rivalités, des jalousies et des querelles intestines qui l'animent et l'alimentent, le petit monde des fans est un vivier de sentiments humains où les solitudes s'additionnent parfois de la manière la plus heureuse. Cancans et souvenirs, ragots et troc de disques rares, sources sûres et adresses utiles, scoops de dernière heure et démentis authentifiés : tout est prétexte à s'oublier soi-même pour mieux se rassembler en *elle*. D'aucuns ont définitivement renoncé à vivre et exister autrement que dans le rite et la dévotion, n'osant seulement imaginer et concevoir la « fin du règne »... Tous connaissent mieux la carrière de Sylvie que Sylvie elle-même, qui se perd souvent dans les dates et les souvenirs. Ou du moins feint-elle de se perdre... Lorsque on a porté en gestation pendant des mois, voire des années, un spectacle comme l'on porte un enfant, comment, dans le cas d'une Vartan aussi maternelle, oublier la date de naissance du bébé ?

Beaucoup de gays dans le sillage lumineux de la Blonde, nous le savons ; avec les femmes et les jeunes, « éléments barbares les moins intégrés culturellement dans notre société », ils sont les principaux porteurs de la mythologie des stars. Entre mythe et marchandise, parce que le jeu en vaut la chandelle, Vartan s'est résignée à le jouer, leur renvoyant l'image qu'ils attendent, celle de l'idéal féminin, loin du cliché de la mère en blouse et en bigoudis qu'ils ont laissée en province. Même aveuglée par les projecteurs, pour les avoir repérés, devinés, sentis par-delà les années et les arbitraires de l'obscurité, Sylvie ne les ignore plus, ces amoureux de l'ombre. C'est à eux, sans doute, qu'elle délègue chaque soir ses mots de bienvenue et ses saluts finaux, un peu comme une mère protège toujours son plus fragile enfant.

Rappelez-moi en l'an 2000,
Si vous avez besoin de moi
En attendant, je vous embrasse de tout cœur,
Je pars ce soir vers le bonheur[661]...

« Une autre, une autre ! » À l'Olympia, les fans ne désarment pas. De refrains en chorégraphies variées, de clins d'œil nostalgiques à l'interprétation de chansons encore chaudes, de rires et de sourires en déguisements de larmes, du bouquet d'aigrettes au pantalon *seventies*, tout au long de ces deux parties, *elle* leur a tout donné. Ça n'était pas assez. « Une autre ! Une autre ! » Mais on devine un mouvement derrière le rideau rouge. Le voilà qui s'ouvre à nouveau. Victoire ! De la salle monte une clameur d'abord sourde et indistincte. Engoncée dans une paire de manches en plumes de coq laquées or (Gaultier a ressorti de ses cartons ce qu'il avait créé pour l'Israélienne Dana International), Sylvie réapparaît. Lucide, elle a dès le début troqué le costume de cirque dont le couturier l'avait affublée et qui la faisait ressembler à une chouette emperlousée contre une combinaison noire très sobre sur laquelle elle avait fait recoudre les plumes de coq.

Dans le monde du spectacle, les dernières sont toujours des moments forts, généralement émaillées de surprises de la part des copains ou de l'équipe... Une façon de saluer le boss ou la patronne pour lui dire « Merci, c'était bien, dis, quand reviendras-tu ? »

Pour l'heure, Vartan ne se doute de rien... Soudain, une clameur partie d'on ne sait où, des voix qui s'élèvent, faisant un sort à l'unisson et qui survolent une salle électrique. Derrière leur micro, les choristes apparemment complices reprennent le *la* en cœur. Ça y est, elle a compris ! En l'espace de deux minutes, sur l'air de *Ça c'est Paris,* sa chanson d'entrée, celle de la Miss, dans une sorte d'ode sortie de terre, les fans lui renvoient en boomerang l'or des deux heures trente-cinq de bonheur qu'elle vient de leur offrir. Et au-delà, des quarante années de leur relation si particulière :

Sylvie, c'est notre Blonde
La plus belle du monde
Chaque soir est un réel bonheur
Qui fait battre nos cœurs

Tes robes et tes paillettes
Nous font tourner la tête
Plus belle, tu resteras toujours
Sylvie de nos amours,

Ça c'est Sylvie ! Ça c'est Sylvie !

Parmi les exubérants, cet après-midi-là, au balcon avec Estelle pour chaperonne, Darina, Ilona, Emma découvrirent avec des yeux émerveillés les talents cachés d'une mère et grand-mère plume et rock. Elles ne furent pas les dernières à donner du clairon à celle qui, plus d'une fois, déléguera son cœur et ses yeux mouillés vers la mezzanine.

*

Passage réussi, donc, c'était presque inévitable. À la fin de la représentation, Roger Dumas, le vieux complice du tandem Dumas-Debout, ne peut se retenir d'aller féliciter Sylvie dans sa loge. « Oh, Roger, ce serait bien que nous montions quelque chose ensemble.

Écris-moi de nouvelles chansons. » Michel Fresnay est également du nombre des congratulateurs. Délicat, il s'est bien gardé de faire part à la Blonde de ses réserves, surtout sur le costume d'entrée : « Il faut faire très attention aux robes en satin, les créateurs de costumes de spectacle le savent bien : il boit la lumière et peut transformer dangereusement la silhouette d'une artiste[662]. » Costumier de spectacle est un métier qui ne s'improvise pas. « La scène n'est pas un podium, elle a ses lois », commente Fresnay.

Parisienne, l'émotion s'exporte ensuite en province, comme elle avait été japonaise au mois de juin précédent. Une semaine au Sweet Basil 139 de Tokyo, un endroit huppé pour clientèle fortunée, l'équivalent du Lido de Paris, avec deux récitals d'une heure chaque soir. Pour la première fois, là-bas, les fans furent déçus. Sans danseurs et sans couleurs, le simple tour de chant de Sylvie dans un lieu haut de gamme certes, mais fort restreint, priva l'ensemble de son très large public d'aller l'applaudir. 12 000 yens le dîner-spectacle... En outre, Sylvie souffrait alors de problèmes de poids plus importants encore et dans le choix de ses créations, Jean-Paul Gaultier avait encore frappé à côté de la plaque, donnant presque une légitimité au décret de Brigitte Bardot.

La joyeuse équipe de l'Olympia 99 se recompose une dernière fois au mois de mars 2000, à l'occasion d'un nouveau show télévisé : « Qu'est-ce qui fait rêver Sylvie ? » Envieux des parts d'audience obtenues par Antenne 2 avec « Irrésistiblement Sylvie », TF1 cette fois a pris le relais avec toujours Camilio Daccache au gouvernail. Patricia Kaas, Muriel Robin et Carlos viennent s'ajouter à la fête. Lorsque Sylvie interprète *La Tendresse* avec ce dernier, elle s'effondre. Trop de souvenirs heureux lui reviennent à la gueule. Carlos, c'était déjà l'avenue Michel Bizot, et les longues conversations avec papa Georges. Ensemble, ils évoquaient le parcours commun de leurs familles respectives et les affres de la dissidence. *La Vida loca* créé par Ricky Martin reste le ballet phare et marquant de cette émission qui ne réussit pas à égaler la première.

*

Puis plus rien. Le trou noir. Baissez le rideau !

De retour d'un voyage en Égypte avec Tony Scotti, Mireille Darc et Valéry-Anne Giscard d'Estaing pour compagnons de route et Christian Jacq comme guide, Sylvie annonce qu'elle va marquer une pause musicale pour se consacrer au cinéma[663]. Plus de vingt ans après un premier séjour chez Toutankhamon en compagnie de sa mère, de David et de l'omniprésent régisseur Hubert Leforestier, férue d'archéologie Vartan en a cette fois profité pour jouer à Dalida et enregistrer *C'est fatal* dans le temple de Louxor.

En fait de projets cinématographiques, elle n'a de concret que le tournage au Portugal à l'été 2001 d'un téléfilm, tiré d'un roman de Frédéric Dard, qu'elle décrit comme « extraordinaire », sous la direction d'Arnaud Sélignac avec qui elle a déjà failli tourner une comédie. En toute honnêteté, les propositions de film n'ont pas afflué depuis le four de *L'Ange noir*. En 1996, le metteur en scène Michel Fagado pensa à Sylvie pour monter une nouvelle version théâtrale d'*Un tramway nommé désir,* et en fit part à l'intéressée. Sans suite. Il y eut bien aussi ce film sur la mafia russe à laquelle elle était impatiente de se frotter par pellicule interposée, mais les choses prirent une tournure qu'elle n'avait pas forcément prévue... Dans cette dramatique programmée pour être tournée en Russie au printemps, elle aurait incarné une repentie de la mafia soviétique qui se met à table en dévoilant les agissements de ses anciens camarades. Sujet pour le moins sensible. Pressions sur la production, racket, menaces : l'entreprise parut de plus en plus compromise. En France, un seul périodique eut le cran de se faire l'écho de cette affaire. « Lorsque nous avons reçu le tuyau, Sylvie venait d'apprendre qu'elle ne ferait sans doute pas le film, révèle un journaliste de *France-Dimanche.* Elle avait l'air de ne pas vouloir céder au chantage. Finalement, elle a compris l'inutilité qu'il y a de se battre contre une pieuvre d'autant plus dangereuse qu'invisible[664]. »

Vartan ne voulait tout simplement pas tourner avec une flopée de gardes du corps en permanence autour d'elle. La vie des membres de la production ayant été directement menacée, Sylvie, symbole de liberté du côté des Balkans, dont les actions humanitaires ne sont pas là-bas du goût de ces messieurs aux costumes rayés et autres corrompus du système, aurait encouru les mêmes risques. Son livre de chevet d'alors était la biographie d'Ingrid Bétancourt, fameuse sénatrice colombienne qui lutta seule contre la corruption et « qui a placé au cœur de son engagement la santé des enfants de Bogotá, que la mafia locale confronte depuis tant d'années à la drogue[665]. » Une femme tombée depuis aux mains des guérilleros...

À chacun son métier. Jouer les passionarias, avec une enfant de trois ans et une famille à charge, outre le fait de se brûler au feu, n'aurait rien résolu. Déjà préoccupée par la santé de son fils, Ilona n'avait pas besoin d'un tel surpoids d'angoisse. À Loconville, en effet, Eddie donne de plus en plus d'inquiétude aux siens, offrant des signes de faiblesse alarmants. Plus solidaire que jamais, le clan Vartan fait bloc. Toute au tournage de son téléfilm au Portugal, les clauses de son contrat permettent néanmoins à Sylvie de rentrer en

France chaque semaine. Ce temps de libre, c'est à Eddie qu'elle le consacre. Hospitalisé, plus que jamais il a besoin d'elle. Aussi, chacun des retours de la petite sœur au Portugal sont-ils pour elle et pour lui autant de crève-cœurs. Impossible néanmoins pour la tête d'affiche de *Mausolée pour une garce* de déroger à ses obligations professionnelles...

*

Le samedi 23 juillet 2001, la presse annonce la pénible nouvelle : « Eddie Vartan, frère aîné de Sylvie, n'est plus. » La mort remonte à plusieurs jours déjà, mais pour éviter les mouvements déplacés de curieux potentiels, on a agi en conséquence. Chez les Vartan, on ne propulse pas ses morts à la une de *Match* avec un président de la République et une brochette de stars du meilleur cru pour figurants. Maigre consolation pour Sylvie alertée en plein tournage de l'imminence du décès : elle a eu le temps de rentrer en avion privé et de revoir son frère vivant une dernière fois. Triste privilège qui sera refusé à Ilona, leur mère, arrivée, elle, de Los Angeles.

Les obsèques ont lieu à Loconville et en très petit comité. Arnaud Sélignac, le réalisateur, a décidé de libérer son actrice pour plusieurs jours. Ne tenant pas à être vue dans Chaumont-en-Vexin, aussitôt arrivée dans sa propriété normande Sylvie téléphone au prêtre Verschere pour l'inviter à se joindre à elle au château de Gagny où, en compagnie de sa belle-sœur Florence, veuve d'Eddie, elle prépare la cérémonie. « Personne dans le village n'ayant été prévenu, confie le prêtre, les habitants de Loconville furent surpris de voir arriver ce cercueil suivi seulement par quelques personnes. Aucun d'entre eux n'assista à ces obsèques à caractère strictement privé. Nous n'étions en tout et pour tout qu'une petite trentaine ; la famille, quelques amis, dont les chanteurs Patrick Juvet et Carlos, et moi-même[666]. »

« Johnny aussi était présent, se souvient Carlos, et tous nous n'étions pas beaux à voir. C'était horrible de se retrouver dans cette petite église où nous l'avions marié lui et Sylvie, plus de trente-cinq années auparavant, dans une ambiance si extraordinaire. Et aujourd'hui, c'était ce pauvre Eddie qui nous réunissait. On le portait en terre. De notre côté, nous avions tous vieilli, c'était bizarre...[667] »

Devant le cercueil, perdue dans les souvenirs qui dans sa tête se sont fait la guerre, Sylvie est-elle revenue se promener dans la chambre 14 de l'hôtel d'Angleterre, à l'époque où, pour son grand frère qui devenait un homme, elle n'était encore que Djidjika ? Un jour qu'ils étaient seuls tous les deux, dans un grand cri Eddie s'était écroulé sur le vieux fauteuil en moiré rouge acheté d'occasion par les parents, en laissant croire qu'il était mort. Au grand désespoir de sa sœur. « Petite, c'était une vraie peste ! », devait-il avouer plus tard. « Elle m'embêtait tellement que c'était le seul moyen que j'avais trouvé pour qu'elle me laisse tranquille[668]. »

Ce jour-là, Eddie s'était relevé en riant et Sylvie lui avait fait fête...

Par principe et pour n'avoir pas à s'étaler sur les conditions particulièrement dramatiques de la fin de vie de son frère, dont nous respecterons le caractère privé, Mme Scotti restera publiquement muette sur cette disparition : « Ça m'est difficile d'en parler. Disons que toute vie a ses malheurs, ses drames ; la mort d'Eddie en est un pour moi. J'ai eu l'impression de perdre un jumeau. Et les gens qu'on aime, lorsqu'ils s'en vont, il n'y a pas plus mauvaise expérience[669]. »

À cette époque, sa maison d'Auteuil étant en travaux, à chaque retour du Portugal, Sylvie réside chez une amie décoratrice qui a mis son somptueux appartement parisien à sa disposition. C'est là qu'elle retrouve chaque fois la malheureuse Ilona qui s'est mis en tête de revivre à Loconville avec la veuve d'Eddie. Choquée par le drame, elle n'a plus envie de traverser à nouveau l'océan pour retourner aux États-Unis... Il aura fallu tout le bon sens et la force de persuasion de Sylvie pour faire entendre raison à la vieille dame.

*

À son retour à Lisbonne, les partenaires de Sylvie, Francis Huster et Francis Weber, font preuve de la solidarité qui sied en pareille circonstance. Huster : « C'est une fille bouleversante. En dépit du drame, elle n'a pas arrêté le tournage. Je peux dire qu'elle a des tripes... et un cœur en or[670]. » Puis, dépassant le simple jugement de valeur : « C'est la première fois que nous tournons ensemble et j'y prends grand plaisir. Elle me bluffe, m'impressionne. C'est une pro à 100 %[671] ! » (...) « Elle joue juste et sur le plateau, elle ne fait pas l'actrice. Bien au contraire, elle se montre consciencieuse[672]. » Il la compare à Jeanne Moreau et à Line Renaud : « Comme elles, Sylvie a une terrible rage de vivre. C'est ce qui la rend précieuse. Elle a quelque chose de très personnel, de très rare. J'en suis persuadé : Sylvie fera un malheur au cinéma[673]. » (...) « Si elle avait été américaine, elle aurait fait une carrière comme celle de Monroe[674]. »

Rien que ça !...

Pour autant, dans la fiction, sous les traits d'Agnès, une garce magnifique, une vraie de vraie, bouffeuse d'hommes à temps plein, manipulatrice surdouée, prête à tout pour asseoir sa soif de pouvoir et d'argent, Sylvie ne ménage pas son partenaire-ex-mari. « Des garces, croyez-moi, j'en ai côtoyé pas mal dans ma vie. Je les ai bien observées et c'est fou comme elles obtiennent tout ce qu'elles veulent[675] », lâche-t-elle, sans même un brin de cynisme au fond de l'œil.

L'action, une intrigue glacée dans un été douillet, se situe dans un port de Méditerranée dans les années 60. Arnaud Sélignac : « C'est un sujet très dur. Il fallait faire attention en l'adaptant pour la télévision. L'univers de Frédéric Dard englobe les bas-fonds et le luxe vulgaire, les médiocres et ceux qui mettent le monde à leurs pieds. Tous les personnages s'entrecroisent et se mélangent. Il y a un tourbillon d'amants et de tueurs, de paumés et de cocus, et là, une garce qui à elle seule vaut toutes les garces[676] ! »

Pourquoi s'escrimer à nouveau à jouer les salopes de service ? Sylvie aurait-elle des comptes à régler avec elle-même ? Est-ce une manière plus ou moins consciente de se venger par écran interposé des humiliations que lui a fait subir Johnny ? Déjà, au début des années 70, elle déclarait de manière assez étrange : « Je voudrais faire des rôles de ratée, de déclassée, de décadente, ce que je ne suis pas dans la vie, quoi[677] ! »

En 2001, les journalistes s'interrogent. La réponse de la Blonde fuse, presque crédible à force d'être invariable : pour nager à contre-courant. « Si dans ma carrière, j'avais dû écouter les conseils de mon entourage, je n'aurais jamais rien fait : ni le Palais des Congrès, ni même l'Olympia ! Alors, tant qu'à faire l'actrice, autant aller là où cela dérange[678] ! »

Quitte à voyager, autant voyager le plus loin possible. Or, c'est ailleurs qu'il faut aller chercher cette attirance. À l'instar de Stéphane Feuvrier ou d'Agnès, dans la vie Sylvie est une passionnée qui ne s'ignore pas mais dont les limites entre la démence et la raison ont été dès le départ fixées par elle-même. Dans son tréfonds, sans les envier, elle défendrait presque ces deux femmes capables de sentiments car elles lui ont donné la possibilité d'extérioriser des révoltes sourdes contre une sorte de « cassure » (le mot revient comme un reflux dans sa bouche) survenue dans la vie des unes et des autres à un moment donné. Pour Stéphane Feuvrier (*L'Ange noir)*, Sylvie la situait à l'époque de l'enfance. Pour Agnès, c'est plus indéfini : « Une fêlure lointaine, liée à la misère, à la guerre...[679] »

Et de Vartan ? Huster prend le risque de l'analyse : « Elle a vu la mort de près. Avoir été grièvement blessée dans un accident de voiture au début des années 70 lui a laissé une sorte de fêlure. Cela transparaît sur son visage, un peu étrange, mais aussi dans sa voix[680]. »

La cicatrice nous paraît bien plus ancienne, à l'époque où il fallut à une petite fille de huit ans se laisser arracher à ses odeurs, à ses âmes familières, plier bagages et sentiments sans explication, pour rouler vers un ailleurs qui n'était fait que d'espoirs luisants, fragiles et provisoires. Stéphane, Agnès et Sylvie : trois personnages en un, ou trois femmes dont les destins auraient pu être interchangeables avec des cartes différemment distribuées au départ.

*

Quarante-cinq jours après le premier tour de manivelle, le tournage de *Mausolée pour une garce* s'achève. À l'évidence et en dépit d'un fort audimat, le film diffusé sur France 3 à l'automne, le 17 novembre très exactement, est un raté, Sylvie n'a pas sorti son meilleur jeu. La Blonde sait combien son charme dépend pour beaucoup de sa plastique. Elle n'est pas au mieux de sa forme. Plus tard, en juillet 2002 à l'ambassade de Bulgarie à Paris, lors de l'assemblée générale de son association, c'est une tout autre femme, plus mince, jeune, belle, qui apparaîtra derrière ses lunettes fumées, les cheveux ramenés en une queue de cheval naissante. Vartan a décidé de laisser ses mèches s'épanouir. Pour l'occasion, elle qui refuse que l'on dise qu'elle vit aux États-Unis – Sylvie ne s'accorde plus que de très brefs séjours en France – a fait le voyage depuis Los Angeles. Dix petits jours avant d'aller retrouver sa mère à qui elle a toujours peur qu'il arrive quelque chose.

Quelques mois auparavant, manque de bol, les attentats du 11 septembre l'avaient empêchée de décoller de L.A. pour venir assister au festival de télévision de Monte-Carlo, à la présentation de son film.

*

Tout m'entraîne irrésistiblement vers toi, comme avant
Tout m'enchaîne irrésistiblement à toi, je le sens[681]...

Ces paroles pourraient à elles seules illustrer l'amour protocolaire et respectueux mais indéfectible et sans cesse grandissant qui relie Sylvie Vartan aux Japonais. « Moi qui me rends très souvent là-bas pour mes affaires, je puis vous dire qu'il n'y a pas un espace public, pas un hôtel, pas une boutique où quelque chose ne vienne vous rappeler Sylvie, témoigne Jean-Henri Martin. Même dans les ascenseurs, on entend la mélodie de *La plus belle pour aller danser,* réinstrumentée à la sauce japonaise. Vartan a visiblement frappé les esprits dès son premier séjour en 1965 et le phénomène n'est pas près de se consumer. Bien au contraire, ces dernières années, sa popularité a pris des dimensions impressionnantes. En contact permanent avec M. Hideki, ex-président du fan-club de Sylvie à Tokyo, lorsque je ne suis pas sur place, toutes les rumeurs japonaises vartanesques me reviennent de source sûre et vérifiée. Prenons *Irrésistiblement* par exemple ; cette chanson vieille des années 68 est en train en ce moment de vivre une épopée extraordinaire. Tout commença en 2000 lors de la sortie dans les salles japonaises d'un long métrage contant l'histoire d'une équipe de waterpolo : *Waterboys.* Gros succès auprès des jeunes. La musique choisie pour le générique était un certain *Irrésistiblement...* RCA Japon n'eut plus qu'à sticker « Inclus *Irrésistiblement* », sur le boîtier de la nouvelle compil de Sylvie pour booster les ventes du CD : 100 000 exemplaires, l'équivalent d'un disque d'or en France. Une nouvelle génération redécouvrait Sylvie, ainsi que la version 68 d'*Irrésistiblement.* Ce ne fut que le début... Deux ans plus tard, l'impact de cette chanson était encore si présent que Suntory, la célébrissime marque japonaise de thé, choisit pour support publicitaire pour l'une de ses boissons énergétiques au thé vert, je vous le donne en mille... *Irrésistiblement !* Toujours dans sa version originale. Un spot télévisé fut diffusé toutes les deux heures sur les différentes chaînes du pays. Du coup, vint à RCA l'idée d'une nouvelle compil en mai 2002. En quelques semaines, le record de 1999 fut pulvérisé : 1 500 000 disques vendus ! À nous Européens, seuls des éléments de comparaison pourraient nous permettre de mesurer l'ampleur et la signification d'un tel raz-de-marée. En voici donc un : dès le mois de juin, le disque de Sylvie devint n° 1 des ventes des compilations au Japon et n° 1 des ventes export, pour un classement à la 12e place sur le tableau des ventes générales, Japon et étranger compris. Mieux que Céline Dion ! C'est tout dire. Hallucinant pour une chanteuse sans aucune actualité directe dont on recense pas moins de 50 compilations et qui sera encore sollicitée en 2003 par Panasonic pour la pub d'une caméra numérique, avec le titre légendaire *La plus belle pour aller danser*[682]. »

Pour célébrer Noël 2001 dans un *prime time* japonais auquel participèrent entre autres Françoise Hardy et Brigitte Bardot, Sylvie, filmée dans les salons de l'hôtel George V à Paris, avait fait une apparition remarquée. Le lendemain, la presse ne parla que d'elle ; normal, n'est-elle pas membre de la famille ? Devant un tel plébiscite, en juin 2002, la Blonde se vit invitée au festival du Film français de Yokohama, dont, souvenons-nous, elle fut la présidente en 1995. Pour des « raisons personnelles », elle se désista en se faisant excuser par Jeanne Moreau auprès du public et des précédents présidents et présidentes, dont Carole Bouquet, Sabine Azéma, Isabelle Huppert, Claude Lelouch et Jean-Jacques Beinex, tous réunis pour fêter le dixième anniversaire de ce Festival. On chuchota alors qu'Ilona, sa mère, n'était pas au mieux de sa forme. Des bruits sans aucun fondement.

*

En 2002, dans son agenda presque désert, sur chaque page la Blonde a étalé un prénom en lettres d'or : Darina. Mère omniprésente et enfin démaquillée. Autour de ces deux filles de l'Est qu'un demi-siècle sépare, quelques repères affectifs fiables : Ilona bien sûr, phare de son existence, depuis ce jour d'août 1944 au sanatorium d'Iskretz. La mamma du clan, c'est elle, qui perpétue les traditions et ses propres habitudes, comme ce petit whisky en guise d'apéritif, auquel, selon Hubert Leforestier, elle ne renonce jamais avant le dîner. Lorsqu'elle ne sera plus, Sylvie deviendra la seule survivante de ce quatuor démuni mais soudé, qui débarqua à Paris, un matin de l'hiver 1952, en gare d'Austerlitz. « Ma mère, c'est une princesse, dit-elle. Elle me protège contre toutes les peurs. Quand je suis avec elle, je suis tranquille. J'ai l'impression d'avoir toujours sept ans. Tant qu'elle sera là, je resterai toujours une petite fille[683] »...

Juste à côté et loin à la fois, il y a le gentil David, un petit gars bien sous tous rapports, Emma et Ilona. David qui, avec sa grand-mère dont il a offert le prénom à l'une de ses filles, a tissé des liens puissants. Un jour, au cours d'une cérémonie d'anniversaire en l'honneur de la noble vieille dame, il se mit au piano pour jouer des compositions classiques de Georges Vartan, le père de Sylvie, que ce dernier avait enregistrées sur un mauvais vinyle, dans les années 50. On imagine l'émotion ambiante...

Depuis la disparition de la maman d'Estelle dans un accident de la route, en novembre 2002, Sylvie se sent d'autant plus responsable vis-à-vis de ses petites-filles. Au moment du drame, Vartan se trouvait en France avec Scotti et Darina pour affaires. Elle en profita pour emmener son mari et les trois fillettes en villégiature dans le sud de la France, chez son amie Michèle B. Cette dernière est l'une des composantes du carré d'amis. Il en faut.

Tony, fasciné par sa femme, vient parfaire le tableau existentiel de la Blonde. Près de vingt ans après leur mariage, une complicité d'adolescents les unit encore dans un respect et une admiration réciproques. De lui, elle a encore déclaré : « Il m'a débarrassé pour toujours de mes doutes, de mes angoisses. Il est venu à moi comme la foudre. Depuis, je marche en permanence sur un nuage. Il est tout pour moi : mon père, mon frère, mon ami, mon amant. Près de lui, je n'ai pas peur de vieillir[684]. »

Présent aussi : Michael, le neveu, fruit d'un premier mariage d'Eddie Vartan avec Doris, une ex-cover-girl américaine – en France, on l'a vue à l'écran dans *Elle cause pas, elle flingue* et *Profession aventurier* – contaminé par le virus du cinéma. Outre-Atlantique, le nom de Michael Vartan commence à inspirer les réalisateurs. Après un rôle dans *Ally McBeal,* on a pu l'apprécier dans celui d'un agent de la CIA (*Alias*). Plus anciennement, il avait déjà été « nominé » – selon l'expression consacrée par Romy Schneider – aux Césars pour le film *Fiorile* des frères Taviani.

Un peu plus loin, se tient Johnny, qui s'est juré de rock'n'roller jusqu'à cent cinq ans. Entre les deux « ex », les relations vont au gré des variations saisonnières. Parfois revient une polémique d'outre-siècle que l'on avait crue archivée. Jamais rien de grave. Le succès de *Sang pour sang,* l'album écrit par David Hallyday pour son père aux éditions Maritza Music et Sylvie Songs, éditions musicales appartenant à Vartan et à Scotti, est le dernier différend recensé. Une histoire de gros sous. Plus souvent revient la vieille querelle concernant l'éducation de David ; selon Johnny, Sylvie lui aurait enlevé son fils pour l'emmener vivre aux États-Unis, une version arrangée qui fait bouillir l'intéressée. Vingt ans après la rupture... Tout ceci serait-il l'expression du malaise permanent d'un homme blessé ne se sentant exister que par temps de pluie, ou bien ces querelles intestines traduiraient-elles un sentiment plus profond, la sensation d'une histoire d'amour au goût d'inachevé, qui n'aurait pas dit son dernier mot ? « Un soir que nous dînions Johnny, Sylvie et moi, quelques années après leur divorce, se souvient un ami, j'ai subitement lancé aux Hallyday : "Vous deux, vous finirez vos jours ensemble." "Ne dis pas de bêtises", m'arrêta Sylvie, gênée. Quant à Johnny, il esquissa son fameux sourire d'ange...[685] »

« J'ignore si Sylvie est heureuse dans son ménage, croit conclure Carlos, ce que je peux affirmer c'est qu'avec Laeticia, une fille fantastique qui a gardé toute sa pureté, Johnny a trouvé chaussure à son pied. »

Rien cependant ne peut jamais venir remplacer les amours de jeunesse. Sylvie le sait mieux que quiconque. Quelque part, son âme habite encore du côté de ces années folles où avec Carlos elle faisait le tour du monde entre deux éclats de rire et un coup de fil à Johnny pour lui dire combien il lui manquait. Des photographes aux musiciens en passant par les agents artistiques, toute l'époque se connaissait et dans le meilleur des cas se côtoyait pour faire festin dans la plus grisante des ambiances. Tout paraissait presque simple. Le business n'était alors qu'un show. On était loin des milliers de dollars brassés par Scotti dans ses bureaux californiens. Hallyday, c'était le bonheur artisanal, avec des pannes de moteur certes, beaucoup, mais avec aussi l'assurance que demain ne serait jamais comme aujourd'hui. Le plus beau restait toujours à venir. Le pire aussi. La passion était à ce prix. Longtemps Sylvie accepta la règle du jeu. Puis, elle opta pour la sécurité. Fuir pendant qu'il était encore temps. Pour ne pas tomber et ne plus pouvoir se relever.

En bout de chaîne, enfin, le petit carré des papillons de la reine qui gravitent autour de sa lumière. Sans rôle vraiment officiel, ils sont tous à la botte de la Blonde et, parce qu'ils la craignent et la redoutent, aucun d'entre eux ne s'aventurerait à la contrarier, la Dame a horreur de ça. Pour ces béni-oui-oui, Sylvie incarne tout à la fois Mme Einstein, la Callas, Marylin et la Pavlova et gare à qui oserait sourciller ! Tous de sexe masculin et homosexuels déclarés ou pas, ils jurent s'aimer les uns les autres puisque « amoureux » d'une même image, mais les luttes d'influence sont féroces et les coups de couteau dans le dos rempliraient des cimetières. Depuis toujours indispensables accessoires à la mécanique de leur gloire, la flatterie fonctionnant dans les deux sens, les vedettes savent utiliser ces pions et chacun y trouve son compte. Au fond, tant qu'il en ira ainsi, les moutons chers à Panurge ne seront-ils pas des mieux gardés ?...

ÉPILOGUE

« Je me sens mère avant tout, femme ensuite et artiste enfin[686] *! »*
Sylvie Vartan

Au seuil de ce deuxième millénaire, dans un paysage français dit « artistique » où le talent ne compte plus et qui marche au tambour de la banlieue ; où pour beaucoup trop de gens les références « culturelles » dorment sous la fausse férocité de présentateurs de télévision, insupportables petits flics au service de la pensée unique, qui se prennent pour les stars qu'ils invitent ; où la multiplicité a tout banalisé et où il est d'autant plus difficile d'imprimer sa marque ; où les morts vendent presque plus de disques que les vivants, par le fait d'héritiers madrés : quelle place la Blonde peut-elle bien encore tenir ?

En 1997, dans son spectacle du Cirque d'Hiver, Élie Kakou se mettait en scène sous la perruque rousse de son impossible attachée de presse, jalouse et possessive, dans un sketch intitulé *Je dis non* :

« "Je ne suis pas une star... je ne suis pas une star"... À qui il va faire croire ça ? S'il ne veut pas être une star, il n'a qu'à pas fréquenter les stars ! La dernière fois, il y a Sylvie Vartan qui est venue dans la loge. Ils se sont enfermés une demi-heure, tous les deux, après ils sont allés manger au restaurant tous les deux. Et ils m'ont laissée seule ici. Sylvie Vartan... pfft ! "La Maritza, c'est ma prière"... (parodie chantée et mimée). Elle aussi, c'est facile, hein[687] ! »

Plus loin, le même Kakou revint déguisé en insecte, cette fois-ci, pour un autre sketch, celui de *La Fourmi*. Après s'être assuré que son attachée de presse était hors d'écoute, il prit à son tour le public à témoin, lui faisant partager sa lassitude de son employée, et donnant de la visite de Sylvie dans sa loge une version plus... aérée :

« Mon attachée me fait des crises de jalousie... La dernière fois, il y a Sylvie Vartan qui est venue dans la loge ; je ne sais pas ce qu'elle a fabriqué, elle est entrée elle aussi, je ne sais pas si elle a dû jeter une boule puante ou si elle a pété. Mais alors... J'étais gêné, mais gêné ! Sylvie Vartan croyait que c'était moi et moi je croyais que c'était Sylvie Vartan ! On était gênéééééés ! J'ai été obligé de l'inviter au restaurant pour changer d'air[688]. »

Le second degré employé ici par l'humoriste démontre sa volonté de ne pas attenter à la mystification et aux mécanismes du star-system, un phénomène trop souvent traité avec condescendance par les grands gourous de la sociologie officielle, qui n'y voient qu'aliénation des masses naïves. Sensible aux blondes et brunes glamoureuses qui balisèrent son adolescence, le choix flatteur ou flatulant de Vartan par Kakou ne fut pas anodin. Outre le fait que Kakounet l'appréciait énormément, il témoigne de la popularité directe de la Blonde quelle que soit son actualité. Qu'elle ne soit pour les nihilistes et les esprits étriqués que « l'ex-femme à Johnny », ou bien le personnage que l'on sait pour les autres, elle est là, présente quelque part dans les esprits depuis plus de quarante ans. Son nom ne lui appartient plus comme elle n'appartient plus à son nom, mais elle a su se préserver tout en abandonnant aux foules la substance de rêve suffisante. Et un capital sympathie solidement établi.

*

Alors : star ou pas star, la Vartan ? Plus que cela, elle est un mythe. Comme l'on dit simplement BB pour évoquer qui l'on sait, on prononce « Sylvie » et tout le monde comprend. François Granon qui rencontra la Blondissime en janvier 1995 au cours d'une répétition du Casino de Paris suivie d'un déjeuner-interview a trouvé une autre jolie formule :

« Drôle de star que celle-là. Moins star que la Deneuve ou la Adjani, moins même que Barbara, ou Moreau, ou Huppert. Mais Vartan – ça se lit sur les cent cinquante muscles zygomatiques de toute la brasserie où nous déjeunons – est la star familière. Pas celle qu'on admire : celle qu'on aime. L'étoile qui vient de la terre et non du ciel. Peut-être parce que son histoire ressemble à celle de tout le monde. On débute trop tôt dans la vie, avec une petite frimousse à nez retroussé et une voix qui sort au goutte-à-goutte. Ça marche, parce que l'époque, bonne fille, consomme les minets ou les minettes sans se préoccuper des lendemains. Justement les lendemains arrivent avec leur tête de gueule de bois. Mais là, et c'est peut-être ce qui fait la différence entre Sylvie et les centaines de Cendrillon qui ont repris le chemin de la crémerie familiale, à Longwy ou à Marjerols, on se dit qu'on peut quand même s'en sortir... [689] »

Toutes ces Cendrillon, que Sylvie côtoie parfois, rarement, lorsqu'elle est en France, et toujours à leur insu... « En dehors de la scène, j'aime être passe-muraille. J'ai horreur qu'on me regarde ! Parfois, je me déguise : une perruque brune, un chapeau. Surtout jamais de lunettes foncées. Une fois, je suis même allée à Carrefour comme ça [690] ! »

L'anecdote pourrait être amusante, mais nous lui préférons la bonne foi d'un Charles Boyer : « La célébrité ? On lutte des années, d'abord pour émerger du lot, puis pour se faire remarquer parmi les meilleurs. Après, on s'achète des lunettes noires pour passer inaperçu [691]. »

*

Il serait facile aujourd'hui aux admirateurs de Vartan, ceux qu'elle a portés à bout de rêve au fil des décennies, tous ceux qui se sont un jour sentis touchés par sa lumière en décidant de poursuivre le chemin avec ses disques en fond sonore et ses spectacles comme lieux de prière, de lui témoigner leur gratitude. « Merci-tant », comme l'on disait en 1900. Merci et chapeau bas ! Le public est aux idoles ce que les sujets sont aux souverains. À la fin du parcours, lorsque de part et d'autre les cœurs ont su battre à l'unisson sans jamais tricher autrement que pour la bonne cause, il arrive un moment où les émotions se retrouvent, intactes, renforcées même par les effets de la nostalgie. Mais il ne saurait y avoir d'amour véritable envers un artiste sans générosité ni abandon total des sentiments. Or, le fanatisme conduit souvent à occulter l'essentiel. Va pour l'artiste aux robes flamboyantes et aux mises en scène à sensation, d'accord aussi pour la chanteuse populaire qui sut vaincre les obstacles et évoluer avec son temps sans trop avoir sacrifié aux modes, en s'attachant à toujours offrir le meilleur. Cependant, le plus beau cadeau que l'on puisse faire à cette femme c'est de la remercier d'avoir su protéger sa vie, d'avoir réservé à ceux qu'elle aime dans l'intimité ses sentiments les plus purs. En se préservant de la sorte, elle a préservé son public d'avoir à apprendre sa mort prématurée par les journaux du soir. Aimer son public comme l'on aime une maîtresse, en ne lui donnant jamais qu'une partie de soi, mais éviter les hommages posthumes et larmoyants où le commercial a le beau rôle. C'est ce qui fait qu'à l'heure où vont se refermer les pages de ce livre, Sylvie est encore là, présente en image dans l'esprit de tous ceux qui ont envie de lui dire qu'ils l'aiment aussi pour cette raison.

En septembre 2004, après avoir enregistré un nouvel album, elle fera un retour au goût d'adieux : douze représentations exceptionnelles sur la scène du Palais des Congrès de Paris, avec un show que l'on annonce d'ores et déjà spectaculaire et qui sera un *Best of* de sa prodigieuse carrière. Producteur de la vaste entreprise, un revenant : Jean-Luc Azoulay ! Jadis il lui fut totalement dévoué, elle lui enseigna beaucoup de ce qu'il sait aujourd'hui, ils se devaient donc de se retrouver et de gommer les mauvais souvenirs.

Pour apparaître dans toute sa majesté de sexagénaire, Sylvie aura repris l'entraînement, perdu plusieurs de ses kilos superflus et laissé pousser ses mèches. Lorsque l'on ose s'exhiber sur une scène à un âge certain, il faut en passer par là. Et comme tout a un prix, les meilleures places seront vendues à un tarif pratiquement jamais atteint au Palais des Congrès ! Les fans murmurent, se plaignant d'être considérés des « vaches à lait », mais ils payeront. Ils ont toujours payé. Comptant. « Demandez le programme de la star ! Demandez le programme ! »

Double événement, une exposition de plusieurs dizaines de ses robes « cultes » au palais Galliera (musée de la Mode) nous rappellera encore que la demoiselle fit ses débuts quelque quarante-trois années auparavant. À l'inverse de Molière ou de Joséphine Baker, il y a très peu de chance qu'elle finisse en consumant ses dernières forces sur la scène d'un théâtre ou d'un music-hall. Mistinguett, Chevalier ou Piaf autrefois, Hallyday actuellement, n'ont vécu et ne vivent que pour et par leur métier. Entre eux et le public, ce fut et c'est « à la vie, à la mort ! »

« À chacun son destin, mais je n'envie pas le sort des taureaux humains, écrivit pourtant Maurice Chevalier, lucide, à la fin de sa vie. Je sais trop, pour y être passé, la souffrance aiguë que la jalousie lucide peut apporter dans le ventre d'un vieux trop passionné[692]. »

Ainsi n'en ira-t-il pas de Sylvie car c'est ailleurs qu'elle a choisi son essentiel autant que son essentiel l'a choisie. À telle enseigne que lorsqu'on la regarde aujourd'hui évoquer son parcours artistique chez Michel Drucker un dimanche après-midi par exemple, confortablement installée dans les mousses d'un fauteuil rouge, on y voit l'image d'une grande bourgeoise devenue grand-mère qui, toute sa vie, a joué à l'artiste avant de revenir boire à sa source et de retrouver le monde d'où elle vient. Pourtant, la scène l'habite comme son souvenir habite la scène, où plutôt les scènes, toutes celles qu'elle a animées de par le monde ; elles sont nombreuses, nous l'avons vu.

*

Lentement, les dernières étoiles vieillissent, en attendant de rejoindre leur galaxie. Sur cette irréversible locomotive, Sylvie laisse voyager le paysage et goûte à tous les soleils terrestres de son automne de fille, de mère et de femme. Elle pourrait s'attribuer cette phrase d'Anouk Aimée : « Le temps avec moi est un gentleman. » Ou encore plagier superbement Sophia Loren : « Quand une femme arrive à l'âge mûr, elle ne peut plus rien cacher. Sa vie se lit sur son visage. » Elle préfère rester fidèle à elle-même, comme elle l'a toujours été, sans violons ni exhibitions, respectable à force de discrétion et d'intégrité. « C'est une femme qui est mal connue, insiste le costumier Michel Fresnay, parce qu'en France, malheureusement, lorsqu'on vous a rangé dans une catégorie, il est difficile d'en sortir. Sur le visage de Sylvie aujourd'hui, je lis l'écriture de l'équilibre et de la sérénité, de l'épanouissement et de la sécurité, du bonheur tout simplement. Elle est plus belle qu'à vingt ou trente ans. Avec les années, elle s'est ouverte, elle a évolué dans le bon sens. Ce qu'elle est aujourd'hui, elle l'avait probablement en elle avant, mais ça n'arrivait pas à sortir, les conditions n'étaient pas réunies[693]. »

En inscrivant son nom dans tous les dictionnaires, les académies littéraires ont choisi de faire entrer la petite émigrée bulgare au sang très mélangé dans l'histoire du XXe siècle, où sa carrière se confond avec quarante années d'événements sociaux-politiques capitaux.

Parce qu'elle n'affiche pas ses états d'âme, « nombreux, » selon ses dires, dans le conscient collectif, on croit Sylvie, prénom porte-bonheur adopté pour leurs filles par nombre de mamans fétichistes dans les années 60, l'incarnation de l'équilibre et du bonheur. Interrogée, l'actrice Michèle Morgan qui véhicule une image similaire auprès du public, entretient le même *a priori* positif sur la chanteuse. Un équilibre et un bonheur pervers. Au vrai, la souffrance existentielle est là, chez la Blonde, perceptible lorsqu'elle donne vie à un texte qui colle trop aux réalités. Elle peut vaciller, mais jamais, semble-t-il, la douleur n'aura raison d'elle : « J'ai besoin de me sentir tout le temps en alerte. » On veut le croire.

Dalida s'en est allée, comme elle l'avait souhaité, « à sa manière. » « Je ne suis pas meurtrie personnellement comme elle, avoue Sylvie. C'est ce qui est le plus dommageable. Moi, j'ai toujours relativisé. Chez nous, on voit le verre à moitié plein, pas le verre à moitié vide. Je ne me complais ni dans la nostalgie ni dans la douleur. Si je commençais, ce serait sans fin...[694] »

Or, s'il est une question en latence depuis 1976, *Qu'est-ce qui fait pleurer les blondes,* à laquelle nous espérons avoir répondu dans ce voyage au pays de sa vie, écoutons la chanson parler à la chanson avec Richard Anthony pour interprète. Dans un florilège de verbes et de sentiments dont on se sent parfois capable dans le show-biz, il a su avec courtoisie rendre à la Blondissime l'hommage qui lui revient : « Sylvie est celle d'entre nous qui a le mieux réussi. Sans doute est-ce celle qui le méritait le plus. Par son travail, par sa constance, par sa fidélité et son respect vis-à-vis du public, par son adresse à avoir su éviter les faux pas. Pour avoir toujours su refouler la haine pour ne donner que de la poésie et de la fantaisie[695]. »

De la Bulgarie, pour finir

« Il serait, pour moi, pour ma mère, pour mon fils, pour les petits-enfants que j'aurai un jour, encore plus regrettable que je ne laisse pas derrière moi une trace et un sillon plus durables que ceux pour lesquels on me connaît[696]. »
Sylvie Vartan

Peu à peu, la patrie d'Orphée s'ouvre au tourisme, mais reste à la traîne des autres anciens pays de l'Est. « À l'époque des communistes, on débarquait en horde pour visiter la Bulgarie, explique Maria Georgieva. Beaucoup de Russes, surtout. Entre les pays membres du Bloc, les échanges étaient nombreux et fructueux. Le capitalisme a cassé tout cela. Les gens semblent s'être détournés de nous[697]. »

Et pourtant !... Heureux celui qui fait voyage si beau...

Tout commence à Sofia. Les magasins remplis d'articles de luxe pour une clientèle inexistante, faute d'argent ; de jeunes chômeurs sofiotes qui consomment des gin-tonic en riant bruyamment jusqu'à point d'heure aux terrasses des cafés branchés de la capitale, au son des derniers *Bouddha-bar,* le Tzigane de faction dans le quartier qui vous joue son grand numéro et gagne en une semaine dix fois le salaire mensuel d'un manœuvre... Mille paradoxes attendent le nouvel arrivant. Libre à chacun de choisir. Sofia-la-Belle où, devant Alexandre Nevski, la cathédrale orthodoxe, sur des tréteaux installés à l'ombre de parasols Coca-Cola, les souvenirs de l'ancien régime, casquettes et décorations militaires, portraits de Lénine et autres colifichets très « coco », se vendent ou se bradent selon la tête et la nationalité du client. À l'instar de tous les peuples libérés trop soudainement d'un joug auquel ils s'étaient presque habitués, les Bulgares, à qui l'on a promis monts et merveilles, ont découvert et parfait l'art de savoir d'où vient l'argent. « Nous sommes toujours en train de nous plaindre et de tendre la main, en même temps que faisons-nous pour nous sortir par nous-même de la situation catastrophique dans laquelle l'ex-régime nous a laissés ?, s'insurge une attachée de l'ambassade de Bulgarie à Paris. Nous passons ainsi notre temps à nous tirer dans les pattes. C'est devenu chacun pour soi [698]. »

Or l'Histoire offre parfois de belles revanches. En 2001, cinq ans après son triomphal retour d'exil, le prince Siméon II, fils du roi Boris disparu en 1943 dans les conditions que l'on sait, est nommé Premier ministre. Plébiscité par plus de 65 % des électeurs, son parti fit un carton aux législatives. « Je ne suis pas une monarchiste convaincue, déclara alors Sylvie, en très bons termes avec la famille royale bulgare, nous l'avons vu. Pour moi seuls comptent l'homme et sa motivation. Et la motivation du roi Siméon, qui peut la mettre en doute ? Il est l'homme dont le pays a besoin [699] ».

« Premier ministre, c'est la place du mort, analyse de son côté notre attachée bulgare. Avant de beaucoup promettre, Siméon n'a pas pris la mesure de la tâche à accomplir. Aujourd'hui, son crédit est en baisse [700]. »

Voilà qui n'est pas pour déplaire aux profiteurs de l'ombre : les mafieux russes et bulgares qui s'engraissent aux dépens d'un pays en lambeaux. Des devises auxquelles les casinos de Monaco et de Vegas réservent le meilleur accueil... *Mais qui se soucie de nous ?,* pourrait chanter aujourd'hui le peuple de Bulgarie.

*

Face au palais de la Culture de Sofia, où Sylvie a gravé à jamais son nom, une petite chapelle orthodoxe expiatoire rend aujourd'hui hommage aux victimes du communisme, dont une partie des milliers de noms sont inscrits sur un mur sombre, à l'extérieur. C'est ici que Stéphane Courtois, auteur du *Livre noir du communisme*, est venu se recueillir en 1997, lors de la présentation triomphale de son ouvrage en Bulgarie.

Totleben, l'ancien quartier des Vartan, a subi depuis 1990 quelques modifications. Depuis la libéralisation des prix, des promoteurs rachètent une à une les vieilles maisons. « Bientôt, il ne restera plus rien, déplore Kamen Todorov, l'ami d'enfance d'Eddie. Jusqu'au changement de régime, tout ici avait gardé son cachet, mais aujourd'hui... [701] »

Au 51, la maison de grand-père Robert n'est plus qu'un souvenir. Seul est resté en place par la volonté provisoire du nouveau maître des lieux le sapin planté par lui. Pour combien de temps encore... Détruite en 2001, à sa place se dresse un « minipalais » de trois étages construit par un entrepreneur de la ville pour son fils, célèbre sportif sofiote. Lorsque l'année suivante, elle apprit ce « sacrilège », de manière tout à fait fortuite lors de la réunion annuelle de son association, dans les salons de l'ambassade de Bulgarie à Paris, Sylvie reçut comme un coup de poignard au cœur : « Encore un pan de ma vie qui s'écroule...[702] »

Reste Lakatnik, où elle pourrait aller se retrouver dans la chambre de ses parents louée aux Mladenov et demeurée intacte. Mais à quoi bon déranger les fantômes, leur destin n'est-il pas de vivre cachés ? Mieux vaut exister au présent en faisant acte d'utilité. Sous l'égide de sa présidente, l'Association Sylvie Vartan pour la Bulgarie s'y emploie : « Ce pays est psychologiquement cassé, trop habitué qu'il a été à l'esclavage moral. La confiance collective ou individuelle a été tuée dans l'œuf, on a l'impression d'une nation lobotomisée. Le pire, c'est qu'aujourd'hui, ceux qui ont le savoir et la possibilité de faire changer les choses n'ont pas forcément l'envie d'attendre une éternité pour y arriver, et on assiste à une fuite des cerveaux à l'étranger. Il faut savoir que les hôpitaux manquent absolument de tout et que les médecins sont de véritables apôtres pour travailler dans de telles conditions[703]. »

Décorée de l'Ordre du Cavalier de Madara, la plus haute distinction du pays, en 1998, à l'époque où elle recouvre sa nationalité bulgare, Sylvie se montre très réticente à mélanger les genres : « Délicat d'être trop présent quand on a un nom. Il faut jouer sur le fil du rasoir, un peu comme pour un fan-club, car on est également très critiqué. C'est même pire pour une association humanitaire car il y a un enjeu plus important et c'est complexe à manier[704]. » L'une des raisons sans doute pour lesquelles la Blonde assimile à une démarche personnelle le reversement de plusieurs de ses cachets à son association. Pour assurer le suivi et le bon fonctionnement de tout ce qui a été entrepris jusque-là, aussi souvent que possible, elle fait le voyage jusqu'en terre bulgare : « J'y fais de mon mieux, une goutte dans un océan[705]. »

*

En fait de goutte d'eau, les accomplissements de Djidjika au pays de son enfance « jaune et bleu ciel » tiennent du prodige eu égard aux conditions extrêmement difficiles des conjonctures économique et politique. « Je n'ai aucune raison d'être fière, déclara-t-elle un jour, je n'ai pas inventé de vaccin, je n'ai pas sauvé de vies humaines[706]. » Aujourd'hui, ceci ne vaut plus, mais si Vartan a sauvé et sauve encore des vies de l'autre côté des Balkans, elle continue néanmoins de parler le langage de l'humilité. En quelques chiffres répartis sur dix années, l'Association Sylvie Vartan pour la Bulgarie, ce sont quelque 5,5 millions de francs (838 470 euros) d'aide totale à 42 hôpitaux, 36 orphelinats, 31 lieux d'enfants et de personnes défavorisées et à 15 établissements scolaires ou culturels. Avec les familles Vartan et Scotti qui restent les principaux donateurs, les 200 membres de l'association (essentiellement des fans), ont ainsi permis l'achat et l'envoi en Bulgarie de plusieurs tables d'opérations et à plâtrer, de 26 autres appareils médicaux, de 40 000 boîtes de médicaments, de 7 000 jouets, 2 000 livres scolaires, de tonnes de nourriture et surtout de 17 « berceaux bleus ». Ce que l'on appelle des « berceaux bleus », ce sont des appareils hypersophistiqués qui permettent de sauver les nourrissons atteints de maladies infantiles et parfois mortelles telles que la jaunisse.

« C'est fantastique et touchant de voir la façon dont Sylvie s'implique dans son œuvre, nous dit Jean-Marc Sagnes, secrétaire général de l'association. Elle y met de la rigueur et beaucoup de sentiment. Nous sommes en contact permanent. Il ne se passe pas deux jours sans que je reçoive d'elle un message sur mon répondeur ; elle pense à des détails inimaginables pour lesquels elle me demande mon avis. Sans bruit, sans tapage, elle s'active dans l'ombre avec ses propres moyens et ceux que l'on veut bien mettre à sa disposition, pour agir au mieux et faire en sorte que parmi 8 millions de Bulgares, les enfants les plus défavorisés reçoivent leur part de soulagement[707]. »

Un grand « concert » réunissant pour un soir divers artistes français et internationaux acquis à la cause bulgare : pourquoi pas ? Opération difficile à mener à bien. Outre la réticence de Vartan à aller vers les autres pour demander et obtenir, parmi la caste artistique pour l'heure peu nombreux sont ceux qui lui ont apporté un soutien significatif. En son temps, Estelle, son ex-belle-fille, fit un don très important. Nul en revanche ne s'étonnera de l'appui de Daniel Filipacchi, demeuré président d'honneur de *Match*. Le 25 mars 1999, le temps d'une photo pour les cinquante ans du célèbre hebdomadaire, « les vieux amis » se retrouvèrent, immortalisés par Jean-Marie Périer, en même temps que l'abbé Pierre, Michèle Morgan, Simone Veil, Farah Dibah, Alain Delon, Jeanne Moreau, Claude Pompidou, Bernard Pivot, Jean-Claude Killy et quelques-uns de celles et ceux qui ont marqué le demi-siècle. Sylvie repartit ce jour-là avec un chèque très important en poche. « Oncle Dan » et « Sylvie-va-t'en » : il semble que les bons restent et gagnent toujours à la fin. Comme dans les westerns !

*

« Avec Gandhi et Gorbatchev, le pape Jean XXIII fut sans doute l'une des éminences de son siècle[708] », estime l'abbé Rosset, un prêtre savoyard qui, sans bénéficier de la médiatisation d'un abbé Pierre, n'en a pas moins voué sa vie aux faibles. Laissons donc le mot de la fin à celui qui n'était encore dans les années 30 que monseigneur Roncalli, nommé « visiteur apostolique en Bulgarie » par Pie XI. D'abord contrarié par la perspective d'une telle mission dans un pays dont personne ne voulait et qui ressemblait à un purgatoire, Roncalli devait quitter Sofia la mort dans l'âme : « Où que j'aille, si un Bulgare passe devant ma porte, que ce soit la nuit ou qu'il soit pauvre, il trouvera ma bougie allumée – référence à la coutume irlandaise qui consiste à laisser une bougie allumée sur le rebord de la fenêtre, le soir de Noël, pour indiquer à Jésus et à Marie que la famille les attend –. Frappez, frappez. On ne vous demandera pas si vous êtes catholique ou non : le titre de « frère bulgare » suffira. Deux bras fraternels vous accueilleront et la chaleur du cœur d'un ami en fera un jour de fête[709]. »

NOTES

Préambule

1. *Les Clés du show-biz,* Éditions N° 1.
2. *Paris-Match* du 15 août 1991.

Première partie

Le roman bulgare

3. « Radioscopie », 17 décembre 1979.
4. Entretien avec l'auteur, juin 2002, Sofia.
5. Mensuel bulgare *Journal*, janvier 1991.
6. Entretien avec l'auteur, juin 2002, Plovdiv.
7. Entretien avec l'auteur, janvier 2003, Paris.
8. Robert Madjar, *Daniel Filipacchi, La Vie secrète du poids lourd de la presse,* Michel Lafon, 1997.
9. Entretien avec l'auteur, juin 2002, Lakatnik.
10. Entretien avec l'auteur, juin 2002, Sofia.
11. Eddie Vartan, *Il a neigé sur le mont Vitocha,* Fixot, 1990.
12. Entretien avec l'auteur.
13. Entretien avec l'auteur.
14. Eddie Vartan, *Il a neigé sur le mont Vitocha*, *op.cit.*
15. Sylvie Vartan, *Si je chante,* Éditions N° 1, Filipacchi, 1981.
16. *Idem.*
17. Eddie Vartan, *Il a neigé sur le mont Vitocha*, *op.cit.*
18. *Métro*, 9 décembre 2002.

19. Rebecca, février 1968.
20. *Journal*, janvier 1991.
21. Entretien téléphonique avec l'auteur, janvier 2003.
22. Entretien anonyme, juin 2002, Sofia.
23. *Marie-Claire*, août 1964.
24. Entretien téléphonique avec l'auteur.
25. *Métro*, 9 décembre 2002.
26. *Idem.*
27. Entretien avec l'auteur.
28. Archives diplomatiques du Quai d'Orsay.
29. *Idem.*
30. *Idem.*
31. *Idem.*
32. *Idem.*
33. Entretien avec l'auteur.
34. *Métro*, 9 décembre 2002.
35. Camilio Daccache, *Sylvie Vartan*, Vade Retro, 1996.
36. Entretien avec l'auteur.
37. Archives diplomatiques du Quai d'Orsay.
38. Entretien avec l'auteur, mars 2003, Paris.
39. Dominique Bona, *Romain Gary,* Mercure de France, 1987.
40. Jacques Ourevitch, *Mes noces secrètes,* La Table ronde, 1969.
41. Entretien téléphonique avec l'auteur.
42. Entretien avec l'auteur, juin 2002, Sofia.
43. Ilona vécut également à Vienne où elle travailla dans une pâtisserie, *Bonne Soirée*, 14 avril 1993.
44. Entretien avec l'auteur.

Deuxième partie

Salut la copine !

45. Max de la Roche, *Recueil anthologique de phrases sélectionnée,* Editan.
46. Archives diplomatiques du Quai d'Orsay.
47. Jacques Ourevitch, *Mes noces secrètes, op.cit.*
48. « Fréquenstar » Sylvie Vartan, 1992.
49. Jacques Ourevitch, *Mes noces secrètes, op.cit.*
50. « Fréquenstar » Sylvie Vartan, 1992.
51. Sylvie Vartan, *Si je chante, op.cit.*
52. Émission de radio « La pure vérité », 1979.
53. Jacques Ourevitch, *Mes noces secrètes, op.cit.*
54. *Libération*, 17 novembre 1994.
55. Sylvie Vartan, *Si je chante, op.cit.*
56. Eddie Vartan, *Il a neigé sur le mont Vitocha, op.cit.*

57. Entretien avec l'auteur, novembre 2002, Paris.
58. *Paris-Match*, 1955.
59. *Le Monde*, 2 novembre 1965.
60. Marie-Laure Augry & Anne Cassel, *Peut mieux faire,* TF1 Fixot.
61. Entretien avec l'auteur, mars 2002, Paris.
62. Entretien téléphonique avec l'auteur, avril 2002.
63. *Idem.*
64. Sylvie Vartan, biographie, 1968, site officiel Sylvie Vartan.
65. Jean-Chrysostome Dolto, *Je m'appelle Carlos*, Ramsay, 1996.
66. Émission de télévision « Irrésistiblement Sylvie », octobre 1998.
67. Entretien avec l'auteur.
68. Entretien avec l'auteur, mars 2002, Paris.
69. « Fréquenstar » Sylvie Vartan, 1992.
70. *Idem.*
71. Entretien avec l'auteur, mars 2002.
72. Radio Canada, 2001.
73. *Idem.*
74. *Télé 7 jours*, 28 octobre 1989.
75. Brigitte Bardot, « Telle quelle », 1983.
76. Entretien avec l'auteur, mai 2002.
77. Paulette Coquatrix, *Mes noces d'or avec l'Olympia,* Le Castor astral, 2001.
78. Sylvie Vartan, biographie, 1968, site officiel Sylvie Vartan.
79. Entretien avec l'auteur, décembre 2003.
80. Twist films, mars 1963.
81. *La Presse médicale*, décembre 1962.
82. *Marie-France*, août 1964.
83. Entretien avec l'auteur, mars 2002.
84. Pierre Delanoë, *La Vie en chantant,* Julliard, 1980.
85. Robert Madjar, *Daniel Filipacchi, La Vie secrète du poids lourd de la presse*, Michel Lafon, 1997.
86. Le film illustré du 15 décembre 1962.
87. *Idem.*
88. Pierre Delanoë, *La Vie en chantant, op.cit.*
89. *Idem.*
90. Pierre Delanoë, *La Vie en chantant, op.cit.*
91. Sylvie Vartan, *Si je chante, op.cit.*
92. Robert Madjar, *Daniel Filipacchi, La Vie secrète du poids lourd de la presse, op.cit.*
93. *Elle*, 7 novembre 1994.
94. *Gala*, 24/30 juillet 1997.
95. Interview radio Anne-Marie Peysson, RTL.
96. Jean Peigné, *Salut les sixties,* Éditions de Fallois, 2003.
97. Robert Madjar, *Daniel Filipacchi, La Vie secrète du poids lourd de la presse, op.cit.*

98. Michel Serrault, *Vous avez dit Serrault ?* Éditions Florent Massot, 2001.
99. Richard Anthony, *Il faut croire aux étoiles,* Michel Lafon, 1994.
100. *Tribune de Genève*, 22 mars 1963.

Troisième partie

L'ère Johnny H.

101. *Télérama*, mai 1990.
102. Johnny Hallyday, *Destroy,* Michel Lafon, 1997.
103. *Idem.*
104. Entretien avec Jean-Jacques Debout.
105. Brigitte Bardot, *Initiales BB,* Grasset, 1996.
106. *France-Soir* du 14 juin 1973.
107. *Idem.*
108. Supplément du *Soir* illustré du 14 mars 1963.
109. *Écho de la Bourse*, mars 1963.
110. *Hit Magazine* (supplément du numéro 9).
111. Entretien avec l'auteur, septembre 2003.
112. Il s'agit de Lucien Morisse, sur Europe 1 et du disque *T'aimer follement.*
113. Il s'agit du maréchal Juin, en septembre 1960, à l'Olympia.
114. *Paris-Presse-L'Intransigeant* du 9 janvier 1964.
115. *Idem.*
116. *Libération*, 17 novembre 1994.
117. *Hit Magazine* (supplément du numéro 9).
118. *Music-Hall*, juillet 1963.
119. Entretien avec l'auteur.
120. Entretien avec l'auteur, novembre 2002, Paris.
121. Richard Anthony, *Il faut croire aux étoiles, op.cit.*
122. *Idem.*
123. Daniel Lesueur, *Johnny Hallyday*, Alternatives, 1999.
124. *L'Express*, 18 juillet 1963.
125. *Idem.*
126. *Idem.*
127. Paulette Coquatrix, *Mes noces d'or avec l'Olympia, op.cit.*
128. Philippe Lemoine et François Sombreuil, *Claude François story,* Éditions Alain Mathieu, 1978.
129. Entretien avec l'auteur, février 2002.
130. *Idem.*
131. Jean-Chrysostome Dolto, *Je m'appelle Carlos, op.cit.*
132. *Avec moi* (R. Bernet / M. Emere / Del Shannone).
133. *L'Aurore* du 22 août 1963.
134. *Idem.*

135. Jean-Chrysostome Dolto, *Je m'appelle Carlos, op.cit.*
136. *Le Monde*, 23 août 1963.
137. Jean-Chrysostome Dolto, *Je m'appelle Carlos, op.cit.*
138. *Paris-Presse*, 24 octobre 1964.
139. *Paris-Presse* du 22 avril 1965.
140. *Capri* : « La revanche des croulants », octobre 1963.
141. *Paris-Presse-L'Intransigeant*, 9 janvier 1964.
142. « Nous, les garçons et les filles », mars 1964.
143. Entretien avec Laurent Dostes, mars 2001.
144. Max de la Roche, *Recueil anthologique de phrases sélectionnées, op.cit.*
145. *Les Nouvelles littéraires.*
146. *Le Monde* du 7 septembre 1963.
147. *Paris-Presse*, 24 octobre 1964.
148. « Le film illustré », 15 décembre 1962.
149. Johnny Hallyday, *Destroy, op.cit.*
150. *Idem.*
151. Entretien avec l'auteur, mars 2003.
152. Interview à *Journal*, janvier 1991.
153. Entretien avec l'auteur, juillet 2002.
154. Chancel s'était inspiré d'un article paru le 7 novembre 1967 dans *Le Monde.*
155. Entretien avec l'auteur, octobre 2002.
156. Entretien avec l'auteur, juin 2002, Lakatnik.
157. Maurice Chevalier, *80 berges,* Julliard,
158. *Paris-Presse-L'Intransigeant* des 9 janvier 1963 et 24 octobre 1963.
159. Entretien avec l'auteur, mai 2002.
160. Entretien avec l'auteur, novembre 2002, Paris.
161. « Nous, les garçons et les filles », mars 1964.
162. Entretien avec l'auteur, novembre 2002, Paris.
163. Entretien avec l'auteur, avril 2003, Paris.
164. Serge Loupien, *Johnny Hallyday, La Dernière Idole,* Grasset, 1984.
165. *X Magazine*, été 64.
166. *Idem.*
167. *Idem.*
168. *Cinémonde*, 2 février 1965.
169. « Nous, les garçons et les filles », mars 1964.
170. *Idem.*
171. La pure vérité, 1964.
172. *Marie-Claire*, janvier 1966.
173. *Bonjour Bonheur.*
174. *Marie-Claire*, août 1964.
175. Danielle Darrieux, *Danielle Darrieux, Filmographie commentée par elle-même*, Ramsay, 1995.
176. *Marie-France*, août 1964.

177. « Amis du film et de la télévision », décembre 1964.
178. *Elle* du 25 septembre 1964.
179. Entretien avec l'auteur, janvier 2003, Loconville.
180. Jean Tulard, *Dictionnaire du cinéma,* Robert Laffont.
181. Yves Mourousi, *Les 300 Inévitables,* Julliard, 1974.
182. Le ministre a confirmé les faits à l'auteur en octobre 2003, à Aumale.
183. *One More Time* (M. Roblin / T. Brown / J. Halliday / E. Vartan).
184. « Sylvie, sa vie », Canal +, novembre 1994.
185. Line Renaud, *Les Brumes d'où je viens,* Éditions N° 1.
186. *Ève*, décembre 1965.
187. *Charme*, mars 1965.
188. *Vertiges* du 5 mai 1965.
189. *Charme*, mars 1965.
190. *Maguli* du 1er février 1965.
191. *Cinémonde*, 2 février 1965.
192. Long Chris, *Johnny, À la cour du roi,* Filipacchi, 1986.
193. Entretien avec l'auteur, septembre 2003.
194. *Hit Magazine* (suplément du numéro 9).
195. Entretien avec l'auteur, janvier 2003.
196. *Hit Magazine* (suplément du numéro 9).
197. Entretien avec l'auteur, novembre 2002.
198. Long Chris, *Johnny Hallyday, À la cour du roi, op.cit.*
199. Entretien avec l'auteur, novembre 2002.
200. Long Chris, *Johnny Hallyday, À la cour du roi, op.cit.*
201. Interview radio, Anne-Marie Peysson.
202. *France-Soir*, 31 juillet 1971.
203. *Paris-Jour*, 6 avril 1968.
204. Interview France Inter, décembre 1995.
205. Sylvie Vartan, *Si je chante, op.cit.*
206. Radio : La pure vérité, 1979.
207. *Paris-Match*, 7 mai 1966.
208. Fantoni et Brierre, *Johnny Hallyday, Histoire d'une vie,* Fixot, 2000.
209. *Paris-Match*, 7 mai 1966.
210. *Idem.*
211. *Idem.*
212. Interview radio avec Anne-Marie Peysson.
213. *Paris-Match*, 7 mai 1966.
214. Entretien téléphonique avec l'auteur.
215. 27 août 1966.
216. Entretien avec l'auteur, novembre 2002.
217. *Paris-Match*, 27 août 1966.
218. Johnny Hallyday, *Destroy, op.cit.*
219. *OK / Les Aventures de Steve Carson*, avril 1969.
220. Long Chris, *Johnny Hallyday, À la cour du roi, op.cit.*

221. *Le Monde*, 29 octobre 1966.
222. *Marie-Claire*, 11 octobre 1966.
223. Sylvie Vartan, *Édition spéciale*, Éditions des Archers.
224. Long Chris, *Johnny Hallyday, À la cour du roi, op.cit.*
225. *Candide*, avril 1967.
226. *Candide*, avril 1967.
227. Henry Poisot, *L'Age d'or de la chanson française,* Éditions Saint-Germain-des-Prés.
228. Entretien avec l'auteur, octobre 2002, Paris.
229. Entretien avec l'auteur, avril 2003.
230. Régine, *Mes p'tits papiers,* Pauvert, 2002.
231. « Noir et Blanc », novembre 1967.
232. *Elle*, 5 août 1965.
233. « Champs-Élysées », janvier 1966.
234. *Elle*, 5 août 1965.
235. *Le Monde*, 11 novembre 1968.
236. *Idem.*
237. *Elle*, 5 août 1965.
238. Entretien avec l'auteur, octobre 2002, Paris.
239. *France-Soir*, août 1967.
240. Bernard Violet, *Les Mystères Delon,* Flammarion, 2000.
241. *Le Monde*, 25 septembre 1967.
242. *Le Monde*, 7 novembre 1967.
243. Entretien avec l'auteur, novembre 2002.
244. *Le Monde*, 19 avril 1968.
245. *Le Monde*, 21 avril 1968.
246. *Elle*, 25 février 1985.
247. *Le Monde*, 31 octobre 1970.
248. *France-Soir*, 2 novembre 1970.
249. *Paris-Jour*, novembre 1970.
250. *Le Soir*, 24 novembre 1968.
251. Entretien avec l'auteur, 1991.
252. Entretien avec l'auteur, février 2002.
253. *Le Monde*, 22 février 1969.
254. Pierre Delanoë, *La Vie en chantant, op.cit.*
255. « Motel », décembre 1968.
256. Entretien avec l'auteur, juin 2002, Sarlat.
257. *OK/Les Aventures de Steve Carson*, avril 1968.
258. Richard Anthony, *Il faut croire aux étoiles, op.cit.*
259. *Paris-Match*, 7 mai 1966.
260. Daniel Lesueur, *Johnny Hallyday,* Alternatives, 1999.
261. Entretien avec l'auteur, novembre 2002.
262. *Hit*, (supplément au numéro 9), 1972.
263. Entretien avec l'auteur, novembre 2002.
264. « Fleurtissimo », 1969.
265. « Pop Music », 27 mai 1971.

266. Daniel Lesueur, *Johnny Hallyday, op.cit.*
267. Interview exclusive à Laurent Dostes, 13 mars 2001.
268. J-D Brière et M. Fantoni, *Johnny Hallyday, Histoire d'une vie, op.cit.*
269. *Hit*, (supplément au n° 9) 1972.
270. *Idem.*
271. *France-Soir*, 14 août 1977.
272. *Idem.*
273. Entretien avec l'auteur, novembre 2003.
274. Entretien téléphonique, mars 2002.
275. Entretien avec l'auteur, avril 2003.
276. *Paris-Match*, 19 septembre 1970.
277. *France-Soir*, 1er mars 1970.
278. *Idem.*
279. Câline, novembre 1965.
280. Rebecca, février 1968.
281. *Salut les copains*, mai 1970.
282. *Vital*, octobre 1981.
283. *Salut les copains*, juin 1970.
284. *Pop Music*, 27 mai 1971.
285. Entretien avec l'auteur, janvier 2003.
286. Long Chris, *Johnny, À la cour du roi, op.cit.*
287. Michel Mallory, *Johnny, Vingt ans d'amitié,* Black Dragon/Archimbaud, 1994.
288. *Idem.*
289. *Idem.*
290. *Paris-Match*, 14 août 1987.
291. Long Chris, *Johnny, À la cour du roi, op.cit.*
292. Entretien avec l'auteur, août 2003.
293. *France-Soir*, 29 septembre 1970.
294. *Paris-Match*, 19 septembre 1970.
295. Rebecca, février 1968.
296. Entretien avec l'auteur, octobre 2002, Paris.
297. *Paris-Jour*, 22 septembre 1970.
298. *Le Monde*, 23 septembre 1970.
299. *Combat*, 23 septembre 1970.
300. *Les Nouvelles littéraires*, 1er octobre 1970.
301. « Ma musique à moi », RTL 1976.
302. *Mademoiselle Age tendre*, novembre 1972.
303. Entretien avec l'auteur, avril 2003.
304. Entretien téléphonique avec l'auteur, décembre 2002.
305. *Mademoiselle Age tendre*, juin 1972.
306. *France-Soir*, 17 septembre 1970.
307. *Midi-Première*, mars 1975.
308. *Le Nouvel Observateur*, 21 novembre 1981.
309. *L'Humanité-Dimanche,* 27 septembre 1972.

310. *Le Soir*, 9 novembre 1972.
311. *La Libre Belgique*, 9 novembre 1972.
312. « L'oreille en coin », 1989.
313. *Salut les copains*, octobre 1972.
314. *Idem.*
315. *France-Soir*, 13 juin 1975.
316. *Idem.*
317. *Mademoiselle Age tendre*, novembre 1972.
318. *Noir et Blanc*, 5/11 octobre 1970.
319. *Paris-Jour*, 6 avril 1968.
320. *Paris-Jour*, 28 septembre 1971.
321. Rebecca, février 1968.
322. Jean Tulard, *Dictionnaire du cinéma, op.cit.*
323. Entretien avec l'auteur, octobre 2002.
324. Entretien avec l'auteur, novembre 2002.
325. Johnny Hallyday, *Destroy, op.cit.*
326. François Jouffa, Jacques Barsamian,*Johnny, 60 ans*, L'Archipel, 2002.
327. *Elle*, 18 septembre 1972.
328. *France-Soir*, 3 septembre 1972.
329. *Elle*, 18 septembre 1972.
330. *Bonne Soirée*, 2 octobre 1977.
331. *Salut les copains*, avril 1973.
332. *Le Figaro*, 28 février 1973.
333. *Paris-Match*, 2 février 1974.
334. 17 juin 1973.
335. Michel Mallory, *Johnny, Vingt ans d'amitié, op.cit.*
336. *L'Express*, 10/16 octobre 1977.
337. Interview radio Anne-Marie Peysson, RTL.
338. François Reinchenbach.
339. *Paris-Match*, 31 octobre 1986.
340. *Idem.*
341. Entretien téléphonique avec l'auteur, avril 2003.
342. *Confidences*, janvier 1987.
343. *France-Soir*, 4 mai 1968.
344. *Le Monde*, 6 octobre 1977.
345. Sylvie Vartan, *Si je chante, op.cit.*
346. *Paris-Match*, 2 février 1974.
347. Entretien avec l'auteur, février 2002.
348. *Idem.*
349. *Paris-Match*, 2 février 1974.
350. *France-Soir*, 20 mars 1974.
351. *Le Monde*, 3 octobre 1975.
352. Lettre à l'auteur, 11 décembre 2002.
353. Entretien téléphonique avec l'auteur, décembre 2002.

354. Maritie et Gilbert Carpentier, *Merci les artistes*, Anne Carrière, 2001.
355. Louis Bozon, *Marlène, la femme de ma vie*, Michel Lafon, 1992.
356. *Bonne Soirée*, 2 octobre 1977.
357. *Paris-Match*, 11 mai 1984.
358. Long Chris, *Johnny, À la cour du roi, op.cit.*
359. *Paris-Match*, 26 décembre 1970.
360. *Idem.*
361. *Idem.*
362. *Ciné-Revue*, 20 mars 1980.
363. *Idem.*
364. *France-Soir*, 13 juin 1975.
365. *France-Soir*, 24 septembre 1975.
366. *Vidéo international*, septembre 1983.
367. *Idem.*
368. Entretien avec l'auteur, mai 2002.
369. *Idem.*
370. *Idem.*
371. *Le Quotidien de Paris*, 11 octobre 1975.
372. Entretien avec l'auteur, octobre 2002.
373. Long Chris, *Johnny, À la cour du roi, op.cit.*
374. Lettre à l'auteur, 11 décembre 2002.
375. *Elle*, 25 février 1985.
376. *Elle*, 7 novembre 1994.
377. *Elle*, 25 février 1985.
378. Témoignage de l'auteur.
379. « Numéro 1 », janvier 1986.
380. *Bonne Soirée*, 2 octobre 1977.
381. *Valeurs actuelles.*
382. *Le Monde*, novembre 1975.
383. *Le Nouvel Observateur*, 21 novembre 1981.
384. Max de la Roche (*Recueil anthologique de phrases sélectionnées*), *op.cit.*
385. *La Libre Belgique*, 25 octobre 1976.
386. *Vital*, octobre 1981.
387. *Paris-Match*, 15 mai 1976.
388. *Paris-Match*, 15 mai 1976.
389. *Idem.*
390. Édition Spéciale Sylvie Vartan, Édition des Archers.
391. Johnny Hallyday, *Destroy*, *op.cit.*
392. Entretien avec l'auteur, mai 2002.
393. Henry Poisot, *L'Âge d'or de la chanson française, op.cit.*
394. Roger Peyrefitte, *L'Enfant de cœur,* Albin Michel, 1979.
395. *Idem.*

396. Johnny Hallyday, *Destroy, op.cit.*
397. Entretien avec l'auteur, octobre 2002.
398. *Elle*, 25 février 1985.
399. Sylvie Vartan, *Si je chante, op.cit.*
400. Roger Peyrefitte, *L'Enfant de cœur, op.cit.*
401. *Idem.*
402. *Idem.*
403. Entretien avec l'auteur, décembre 2002.
404. *Hit Magazine*, juin 1978.
405. Roger Peyrefitte, *L'Enfant de cœur*, *op.cit.*
406. Entretien avec l'auteur, décembre 2002.
407. *Noir et Blanc*, 5/11 octobre 1970.
408. « Numéro 1 », avril 1985.
409. Entretien avec l'auteur, octobre 2002.
410. Entretien avec l'auteur, décembre 2002.
411. *France-Soir*, 14 août 1977.
412. *Idem.*
413. *Idem.*
414. *Idem.*
415. *Idem.*
416. *Idem.*
417. *France-Soir*, 1977.
418. Entretien avec l'auteur, avril 2003.
419. *Le Figaro*, 22 octobre 1977.
420. *Télé Moustique*, 27 septembre 1983.
421. *Elle*, 27 octobre 1975.
422. *Le Monde*, 6 octobre 1977.
423. Entretien avec l'auteur, décembre 2002.
424. Entretien avec l'auteur, novembre 2002.
425. *Podium*, octobre 1982.
426. *Télé Moustique*, 18/24 mars 1978.
427. Daniel Lesueur, *Johnny Hallyday,* Alternatives, 1999.
428. Georges Tabet, *Vivre deux fois,* Laffont.
429. *Paris-Match*, 18 mai 1979.
430. *Le Nouvel Observateur*, 21 novembre 1981.
431. *L'Amour au diapason* (M. Mallory / J. Renard).
432. Entretien téléphonique avec l'auteur, avril 2002.
433. *Paris-Match*, 4 janvier 1980.
434. *OK- Magazine*, 1980.
435. *Paris-Match*, 4 janvier 1980.
436. Fantoni et Brierre, *Johnny Hallyday, Histoire d'une vie, op.cit.*
437. *Paris-Match*, 4 janvier 1980.

Quatrième partie

Une autre femme

438. *Vidéo 7*, janvier 1985.
439. *Paris-Match*, 6 juin 1980.
440. *Paris-Match*, 12 juin 1981.
441. J-D Brierre/M. Fantoni, *Johnny Hallyday, Histoire d'une vie, op.cit.*
442. *Figaro Magazine*, 12 novembre 1994.
443. *Vital*, octobre 1981.
444. *Idem.*
445. *Paris-Match*, 12 juin 1981.
446. *Paris-Match*, octobrc 1981.
447. *Vidéo Magazine*, septembre 1983.
448. Entretien avec l'auteur, décembre 2002.
449. Cf. Sylvie Coulomb et Didier Varrod *Histoires de chansons,* Balland, 1987.
450. *Elle*, 25 février 1985.
451. Roger Peyrefitte, *L'Enfant de cœur, op.cit.*
452. Entretien avec l'auteur, mars 1986.
453. Entretien avec l'auteur, décembre 2002.
454. *Jours de France*, 1985.
455. Entretien avec l'auteur, qui fut témoin de la scène.
456. Entretien avec l'auteur, octobre 2002.
457. *Idem.*
458. *Le Journal français d'Amérique*, décembre 1982.
459. *Paris-Match*, 10 décembre 1982.
460. *Idem.*
461. *Idem.*
462. *Forum*, juin 2001.
463. Entretien avec l'auteur, mai 2002.
464. *Los Angeles Times.*
465. Sylvie Vartan, *Live in Las Vegas.*
466. Entretien avec l'auteur, décembre 2002.
467. *Daily Variety.*
468. Article repris par la « Scotti Brothers Artists Management » pour les besoins d'une publicité sur Vartan.
469. *VSD*, 1er/7 septembre 1983.
470. Entretien avec l'auteur, décembre 2001.
471. Entretien avec l'auteur, mai 2002.
472. Entretien avec l'auteur, décembre 2002.
473. Entretien avec l'auteur, mai 2002.
474. *Pop review*, décembre 2002.
475. Entretien avec l'auteur, 2002.
476. *Paris-Match*, septembre 1989.

477. *VSD*, 1er/7 septembre 1983.
478. *Elle*, 2 mai 1983.
479. *Paris-Match*, 11 mai 1984.
480. *Sud-Ouest*, 9 février 1993.
481. *Elle*, 2 mai 1983.
482. *Jours de France*, septembre 1983.
483. *Le Parisien*, 16 novembre 1994.
484. *Vidéo international*, septembre 1983.
485. *Vidéo international*, septembre 1983.
486. *VSD*, 1er/7 septembre 1983.
487. *Idem*.
488. *VSD*, 1er/7 septembre 1983.
489. *Vital*, octobre 1981.
490. Entretien avec Laurent Dostes, mars 2001.
491. *Nous deux*, supplément au n° 1889.
492. « Numéro 1 », septembre 1983.
493. *Idem*.
494. *Idem*.
495. *L'Express*, septembre 1983.
496. Sylvie Vartan, *Si je chante, op.cit.*
497. Serge Loupien, *Johnny Hallyday, La Dernière Idole, op.cit.*
498. *Paris-Match*, 11 mai 1983.
499. *Paris-Match*, 14 août 1987.
500. *Idem*.
501. Sylvie Vartan, *Si je chante, op.cit.*
502. *Elle*, 25 février 1985.
503. *Idem*.
504. *Marie-Claire*, octobre 1966, cité.
505. *Idem*, cité.
506. *Voici*, 14/20 janvier 1991.
507. *Télé Z*, juin 1997.
508. Entretien avec l'auteur.
509. *Les Dossiers du Canard*, décembre 1984.
510. *Idem*.
511. Entretien avec l'auteur, juin 2000.
512. Entretien avec l'auteur, novembre 2003.
513. *Elle*, 12 novembre 2001.
514. *Paris-Match*, 3 septembre 1982.
515. *Paris-Match*, 11 mai 1984.
516. *Elle*, 12 novembre 2001.
517. *Elle*, 25 février 1985.
518. *Elle*, 25 février 1985.
519. *Idem*.
520. *Paris-Match*, 31 octobre 1986.
521. *Jours de France*, juin 1985 et « Numéro 1 », juin 1986.
522. *Paris-Match*, octobre 1999.

523. Entretien avec l'auteur, février 2000.
524. Cool, n° 15.
525. Jacques Barbary de Langlade (avec la collaboration de Pierre Pothier), *Maxim's, cent ans de vie parisienne,* Robert Laffont.
526. Entretien avec l'auteur, mars 2000.
527. Sylvie Coulomb & Didier Varrod, *Histoires de chansons, op.cit.*
528. *Paris-Match*, 14 août 1987.
529. *Idem.*
530. *Voici*, 14/20 janvier 1991.
531. « Numéro 1 », janvier 1986.
532. Serge Loupien, *Johnny Hallyday, La Dernière Idole, op.cit.*
533. *Elle*, 20 juillet 1998.
534. « Numéro 1 », janvier 1986.
535. Georges Debot, *Pauline Carton,* Jean Dullis éditeur.
536. Line Renaud, *Les Brumes d'où je viens, op.cit.*
537. Pascal Sevran, *Le Music Hall français de Mayol à Julien Clerc,* Orban.
538. Entretien avec l'auteur, novembre 2002.
539. *Idem.*
540. *Graffiti*, décembre 1989.
541. *Télé 7 jours*, 28 octobre 1989.
542. Entretien avec l'auteur, mai 2001.
543. *Paris-Match*, septembre 1989.
544. *Le Parisien*, 22 janvier 1991.
545. Johhny Hallyday, *Destroy, op.cit.*
546. *Madame Figaro*, 19 novembre 1994.
547. Entretien avec l'auteur, novembre 2002.
548. *L'Événement du jeudi*, 25/31 octobre 1990.
549. *Télérama*, 25 janvier 1991.
550. Entretien avec l'auteur, mars 2003.
551. Entretien avec l'auteur, décembre 2002.
552. Entretien avec l'auteur, mars 2003.
553. Maritie et Gilbert Carpentier, *Merci les artistes, op.cit.*
554. Interview Sonia Kevorkian, *Journal*, janvier 1991.
555. Entretien avec l'auteur, juin 2002.
556. Entretien avec l'auteur, juin 2002.
557. *Le Parisien*, 22 janvier 1991.
558. Entretien avec Laurent Dostes, mars 2001.
559. Conversation téléphonique avec l'auteur, septembre 2001.
560. Extrait de conférence de presse, Théâtre d'Aubervilliers, Saison 1990/1991.
561. *Idem.*
562. Dossier de presse destiné aux médias en 1990.
563. *France-Soir*, 8 octobre 1990.
564. Entretien avec l'auteur, décembre 2002.
565. Platine, 31 mai 1996.

566. Entretien téléphonique avec l'auteur, novembre 2002.
567. Entretien avec l'auteur, mars 2003.
568. *Idem.*
569. *Le Parisien*, 22 janvier 1991.
570. *L'Express*, 17/23 janvier 1991.
571. Entretien avec l'auteur, mai 2002.
572. *Platine*, 31 mai 1996.
573. *Confidences magazine*, décembre 1987.
574. Vidéo *Johnny, Les Coulisses du Parc.*
575. *Le Feu* (S. Wraght / Ad. M. Mallory).
576. *Noir et Blanc*, octobre 1970.
577. *Le Monde*, 7 janvier 1998.
578. *Le Figaro*, 26/27 février 1994.
579. *Le Parisien*, 21 juin 1993.
580. *Idem.*
581. Entretien avec l'auteur, mars 2003.
582. Entretien avec l'auteur, décembre 2002.
583. *L'Express*, 17/23 novembre 1994.
584. *Le Parisien*, 24 février 1994.
585. *Sud-Ouest*, 9 février 1993.
586. *Sortir*, 16/23 novembre 1994.
587. *Sud-Ouest*, 9 février 1993.
588. *France-Soir*, 25 février 1994.
589. *Tribune de Genève*, 3 février 1993.
590. *Confetti Magazine*, 16/29 novembre 1994.
591. *Idem.*
592. *Confetti Magazine*, 16/29 novembre 1994.
593. *L'Humanité*, 9 novembre 1994.
594. *Nous deux*, 29 novembre 1994.
595. *Gala*, 9/15 juin 1994.
596. *France-Dimanche*, 3/9 décembre 1994.
597. *Confetti Magazine*, 16/29 novembre 1994.
598. *Le Film français*, 25 novembre 1994.
599. *Libération*, 16 novembre 1994.
600. *Info-Matin*, 16 novembre 1994.
601. Entretien avec l'auteur, décembre 2002.
602. *Max*, février 1991.
603. *L'Humanité*, 9 novembre 1994.
604. *Le Journal de Montréal*, 5 novembre 1994.
605. Entretien avec l'auteur, février 2002.
606. *Le Parisien*, 16 novembre 1994.
607. Conversation avec l'auteur, 1996.
608. Entretien avec l'auteur, mars 2003.
609. Entretien avec l'auteur, juillet 1999.
610. *Libération*, janvier 1995.
611. *Idem.*

612. Entretien avec l'auteur, avril 2002.
613. Entretien avec l'auteur, mars 2003.
614. *Idem.*
615. Entretien avec l'auteur, mai 2002.
616. Entretien avec l'auteur, août 2001.
617. *Votre Beauté*, novembre 1996.
618. *Libération*, 22 octobre 1996.
619. *Paris-Match*, octobre 1999.
620. « Numéro 1 », juin 1986.
621. *Idem.*
622. *Idem.*
623. *Idem.*
624. *Idem.*
625. Sylvie Coulomb & Didier Varrod, *Histoires de chansons, op.cit.*
626. *Paris-Match*, octobre 1999.
627. *Idem.*
628. *Idem.*
629. Entretien avec l'auteur, mars 2003.
630. Pascal Sevran, *La Vie sans lui,* Albin Michel, 2000.
631. Entretien avec l'auteur, janvier 2002.
632. Entretien avec l'auteur, mars 2002.
633. *Mademoiselle Âge tendre*, février 1970.
634. Entretien avec l'auteur, février 2002.
635. *Idem.*
636. Les Vamps.
637. Entretien avec l'auteur, février 2002.
638. *Idem.*
639. *Votre Beauté*, novembre 1996.
640. Entretien avec l'auteur, mars 2002.
641. Entretien avec l'auteur, 2003.
642. Entretien avec l'auteur, juin 2003.
643. *Idem.*
644. Entretien avec l'auteur, mars 2003.
645. Entretien avec l'auteur, août 2001.
646. Entretien avec l'auteur, 2002.
647. *France-Soir*, 8 décembre 1972.
648. Entretien avec l'auteur, février 2002.
649. La pure vérité, 1979.
650. Entretien avec l'auteur, février 2002.
651. *Elle*, 20 juillet 1998.
652. *Idem.*
653. Entretien avec l'auteur, juin 2003.
654. *Elle*, 12 novembre 2001.
655. Entretien avec l'auteur, avril 2002.
656. *Paris-Match*, 12/18 juin 2003.
657. *Paris-Match*, octobre 1999.

658. Entretien avec l'auteur, mars 2003.
659. *Elle*, 20 juillet 1998.
660. Casino de Paris, 1995.
661. *Rappelez-moi en l'an 2000* (Y. Dessca / P. Delanoë / M. Carceles).
662. Entretien avec l'auteur, mai 2002.
663. « Questions de femmes », octobre 2001.
664. Entretien téléphonique avec l'auteur, octobre 2002.
665. Entretien avec Laurent Dostes, mars 2001.
666. Entretien avec l'auteur, janvier 2003, Chaumont-en-Vexin.
667. Entretien avec l'auteur, octobre 2002.
668. *France-Soir*, 14 août 1977.
669. « Questions de femmes », octobre 2001.
670. *Télé Poche*, 17/23 novembre 2001.
671. *Idem*.
672. *Télé Loisirs*, novembre 2001.
673. *Idem*.
674. *Télé Poche*, 17/23 novembre 2001.
675. *TV Hebdo-Le Parisien*, 11/17 novembre 2001.
676. *Sud-Ouest*, novembre 2001.
677. *France-Soir*, 26 mars 1971.
678. *TV Hebdo-Le Parisien*, 11/17 novembre 2001.
679. *Idem*.
680. *TV Hebdo-Le Parisien*, 11/17 novembre 2001.
681. *Irrésistiblement* (G. Aber / J. Renard).
682. Entretien avec l'auteur, mars 2003.
683. *Elle*, 7 novembre 1994.
684. *France-Dimanche*, 3 septembre 1994.
685. Entretien avec l'auteur, 2002.

Épilogue

686. *Télérama*, 25 janvier 1991.
687. « Élie Kakou au Cirque d'Hiver », sketches Élie Kakou.
688. *Idem*.
689. *Télérama*, 28 janvier 1995.
690. *France-Soir*, 14 juillet 1997.
691. Max de la Roche (*Recueil anthologique de phrases sélectionnées*), *op.cit.*
692. Maurice Chevalier, 80 Berges, *op.cit.*
693. Entretien avec l'auteur, mai 2002.
694. *France-Soir*, 14 juillet 1997.
695. Richard Anthony, *Il faut croire aux étoiles, op.cit.*

696. *Télé 7 Jours*, 22/28 décembre 1990.
697. Entretien avec l'auteur, juin 2002.
698. Entretien avec l'auteur, juin 2000.
699. *Point de vue*, 29 mai 1996.
700. Entretien avec l'auteur, juin 2000.
701. Entretien avec l'auteur, juin 2002.
702. Témoignage de l'auteur.
703. « Questions de femmes », octobre 2001.
704. Entretien avec Laurent Dostes, mars 2001.
705. *La Provence*, 24 octobre 1998.
706. *Sud-Ouest*, 9 février 1993.
707. Entretien avec l'auteur, mars 2003.
708. Entretien avec l'auteur, novembre 2002.
709. Peter Hebblethwaite, *Jean XXIII, Le Pape du concile,* Bayard, 2000.

BIBLIOGRAPHIE

ACHARD Maurice, *Les Années soixante, en noir et blanc,* A.M. Métailié, Paris, 1980.

ALAN, *Dans l'ombre de Johnny,* Carrère, Paris, 1987.

AMADE Louis, *Et ce sera ta passion de vivre, Amade raconte Bécaud,* Hachette/RTL, Paris, 1982.

ANTHONY Richard, *Il faut croire aux étoiles,* Michel Lafon, Paris, 1994.

BAEVA Iskra, KALINOVA Evguenia, *La Bulgarie contemporaine, entre l'Est et l'Ouest,* L'Harmattan, Paris, 2001.

BARDOT Brigitte, *Initiales BB,* Grasset, Paris, 1996.

BONA Dominique, *Romain Gary,* Mercure de France, Paris, 1987.

BOUSQUET Georges, *Histoire du peuple bulgare,* Imprimerie Chaix, imprimerie et librairie centrales des Chemins de Fer, Paris, 1909.

BOZON Louis, *Marlène, La Femme de ma vie,* Michel Lafon, Paris, 1992.

BRIÈRE Jean-Dominique, FANTONI Mathieu, *Johnny Hallyday, Histoire d'une vie, (nouvelle édition),* Fixot, Paris, 2000.

CANETTI Elias, *Histoire d'une jeunesse, La Langue sauvée,* Paris, Albin Michel, 1981. (Prix Nobel de littérature 1981)

CARPENTIER Maritie Gilbert, *Merci les artistes !,* Anne Carrière, Paris, 2001.

CHALVIDANT Jean, MOUVET Hervé, *La Belle Histoire des groupes de rock français des années 60,* Lanore, Paris, 2001.

COQUATRIX Paulette, avec François Jouffa, *Mes noces d'or avec l'Olympia,* Le Castor astral, Paris, 2001.

COULOMB Didier, VARROD Didier, *68/88, Histoires de chansons,* Balland, Paris, 1987.
COURTOIS Stéphane (sous la direction de), *Du passé faisons table rase !* Histoire et mémoire du communisme en Europe, Robert Laffont, Paris, 2002.
DACCACHE Camilio, SALMON Isabelle, *Sylvie Vartan,* Vade retro, Paris, 1996.
DARRIEUX Danielle, *Danielle Darrieux, Filmographie commentée par elle-même,* Ramsay, Paris, 1995.
DELANOË Pierre, *La Vie en chantant,* Julliard, Paris, 1980.
DELASSEIN Sophie, *Barbara, Une vie,* L'Archipel, Paris, 1998.
DIMITROV Bojidar, *Bulgarie, Histoire illustrée,* Borina, Sofia, 2002.
DOLTO Jean-Chrysostome, *Je m'appelle Carlos,* Ramsay, Archimbaud, Paris, 1996.
EKMEKDJIAN Monique, *Les Prénoms arméniens,* Éditions Parenthèses, Marseille, 1992.
FILOW Bogdan, *L'Ancien Art bulgare,* Librairie Félix Alcan, Collection « Art et esthétique », Paris, 1922.
FLEURY Alain, *Un collège français en Bulgarie, (Saint-Augustin, Plovdiv, 1884-1948),* L'Harmattan, Paris, 2002.
GOYA Chantal, *Tu t'appelles Chantal Goya comment ?,* Zélie, Paris, 1993.
HEBBLETHWAITE Peter, *Jean XXIII, Le Pape du Concile,* Bayard, Paris, 2000.
HERMANN Chantal, Joëlle THOMAS, Cathy WAECKERLE, *54 vu en 84, 30 ans c'est épatant !,* Autrement, Paris, 1984.
HALLYDAY Johnny, *Destroy,* Michel Lafon, Paris, 1997, 1998.
JOUFFA François, BARSAMIAN Jacques, *Johnny, 60 ans*, L'Archipel, Paris, 2002.
KRAVCHENKO Victor, *J'ai choisi la liberté, La Vie publique et privée d'un haut fonctionnaire soviétique,* Self Éditions, Paris, 1947.
LEBEY Claude (sous la direction de), *Maxim's, Cent Ans de vie parisienne,* Robert Laffont, Paris, 1990.
LEMOINE Philippe, François SOMBREUIL, *Claude François Story, Clo-Clo raconté par ceux qui l'ont aimé,* Alain Mathieu, Paris, 1978.
LESUEUR Daniel, *Johnny Hallyday, Discographie complète et cotations,* Alternatives, Paris, 1999.
LONG CHRIS, *Johnny, À la cour du roi,* Filipacchi, Paris, 1986.
LOUPIEN Serge, *Johnny Hallyday, La Dernière Idole,* Grasset, Paris, 1984.

MADJAR Robert, *Daniel Filipacchi, De Salut les copains à Elle et Paris-Match, la vie secrète du poids lourd de la presse,* Michel Lafon, Paris, 1997.
MALLORY Michel, *Johnny, Vingt Ans d'amitié,* Black Dragon/Archimbaud, Paris, 1994.
MISTINGUETT, *Toute ma vie,* Julliard, Paris, 1954.
MORIN Edgar, *Les Stars,* Éditions du Seuil, Paris, 1972.
MOUROUSI Yves, *Les 300 Inévitables,* Julliard, Paris, 1974.
OUREVITCH Jacques, *Mes noces secrètes,* La Table ronde, Paris, 1969.
PÉRIER Anne-Marie, *Alphabelle, Dictionnaire illustré de la beauté pour les jeunes filles,* Denoël, Paris, 1968.
PEYREFITTE Roger, *L'Enfant de cœur,* Albin Michel, Paris, 1979.
PEIGNÉ Jean, *Salut les sixties,* Éditions de Fallois, Paris 2003.
RÉGINE, *Mes p'tits papiers,* Pauvert, Paris, 2002.
SERVAT Henri-Jean, *Dans la cour des grands,* Le Pré aux Clercs, Paris, 2000.
SERRAULT Michel,... *Vous avez dit Serrault ?,* Florent Massot, Paris, 2001.
SEVRAN Pascal, *La Vie sans lui,* Albin Michel, Paris, 2000.
TÉNOT Franck, *Je voulais en savoir davantage,* Albin Michel, Paris, 1997.
THEVENET Jean-Marc, *1960, Les Années de chrome,* Éditions du May, Paris, 1987.
TISOT Henri, *Le Fils du pâtissier,* Plon, Paris, 1985.
TODOROV Tzvetan (textes commentés par), *La Fragilité du bien,* Albin Michel, Paris, 1999.
VARTAN Eddie, *Il a neigé sur le mont Vitocha,* Fixot, Paris, 1990.
VARTAN Sylvie, *Beauty book,* Éditions N° 1, Paris, 1985.
VARTAN Sylvie, *Si je chante,* Éditions N° 1, Filipacchi, Paris, 1981, complété et réédité en 1983.
VIOLET Bernard, *Les Mystères Delon,* Flammarion, Paris, 2000.
Johnny, Le Rebelle Amoureux, Fayard, Paris, 2003.

REMERCIEMENTS

Tout commença par une chaude après-midi de l'été 1999.

Me retrouvant avenue Rapp, dans l'un des salons de réception de l'ambassade de Bulgarie à Paris, à écouter Maria Neznakomova, attachée culturelle près l'ambassadeur, me raconter les turpitudes de l'âme slave, je pris soudain toute la mesure de la difficulté qui m'attendait. En matière de biographie, je n'en étais pas à mon coup d'essai, mais cette fois, long, très long serait le chemin si je voulais mordre au plus près et au plus juste dans un personnage aussi secret, fuyant et éclectique que celui sur lequel j'avais jeté mon dévolu. Un projet très ancien, que je savais devoir exploiter un jour, en son temps.

Or, l'heure avait sonné.

Pourquoi Sylvie Vartan ?

Question curieuse comme le sont à peu près toutes celles auxquelles on n'a pas très envie de répondre, surtout lorsque le rationnel n'est pas notre cousin. Mettons que parce que c'était elle, parce que c'était moi...

Si j'ai eu en effet maintes fois l'occasion d'observer l'artiste sur scène, à plusieurs années d'intervalle, je n'ai rencontré la Dame que par deux fois. La première, en 1991, à la faveur d'un spectacle donné au Palais des Sports de Paris, en plein cœur de la tourmente de la guerre du Golfe. Approche furtive d'après-spectacle entre une vedette timide et un admirateur qui ne l'était pas moins, sous le regard de Valéry-Anne Giscard d'Estaing et d'Étienne Daho.

Pour la seconde entrevue, le 2 juillet 2002, onze années s'étaient écoulées et le contexte n'était plus le même. Ce jour-là, Sylvie Vartan, détendue et radieuse, présidait, toujours à Paris, l'assemblée générale de son association philanthropique en faveur de la Bulgarie. Dans le même salon de l'ambassade bulgare où trois années auparavant, Maria Neznakomova m'avait fourni les premiers tuyaux et indiqué les démarches à suivre pour parvenir à mener à bien mes recherches dans son pays, j'informai officiellement la Vartan de mon intention d'écrire un livre sur sa vie. Question de principe.

Au vrai, le travail était déjà bien avancé. Le mois précédent, j'étais rentré de Bulgarie, les poches remplies d'informations capitales et d'anecdotes extraordinaires. C'est au cours de ce voyage que le mot pèlerinage prit tout son sens. La Bulgarie est un pays de nostalgie et je ne suis resté insensible ni à l'un ni à l'autre. Partout, comme personne auparavant, grâce à une formidable chaîne de solidarité, j'ai eu le privilège, le bonheur et l'émotion de pouvoir marcher sur les traces de la petite Djidjika – surnom donné à Sylvie par son grand-père Robert Vartan.

Partout, d'Iskretz où elle est née à Sofia où elle a grandi, en passant par Lakatnik où chaque été l'enfant partait en villégiature avec sa famille, le souvenir de Sylvie a été mon compagnon de route. Avec pour guide officiel, pendant plusieurs jours, Maria Georgieva, une universitaire traductrice de Proust et de Marguerite Yourcenar. Une tête Maria, un caractère aussi... Sa parfaite connaissance de la politique – en 1992, à Sofia, elle fut membre du gouvernement – et ses analyses pertinentes m'ont ouvert des horizons inespérés pour mieux comprendre le fonctionnement et les états d'âme de ce peuple martyrisé tout au long de son histoire. Une donnée indispensable pour tenter de cerner la personnalité de Sylvie, issue de cette culture et de bien d'autres mélanges puisque, à l'origine juive par sa mère, ses racines sont également arméniennes du fait de son ascendance paternelle.

De retour à Paris, les membres de la communauté arménienne qui n'ignorent rien de l'appartenance de Vartan à leur peuple me donneront les raisons de ce « désistement » commun à bien des leurs.

Lorsqu'elle a pris connaissance de mon projet, rien dans sa réaction amicale ne me laissait présager que Sylvie – qui se défilera par la suite devant mes demandes répétées d'interviews – confierait à l'un de ses proches qui me le rapporta à son tour : « S'il veut écrire un livre, je ne peux pas l'en empêcher, mais ce sera sans mon accord. »

Quels que soient la façon d'agir peu professionnelle et le mode de transmission pas plus chevaleresque choisi par la Dame pour faire connaître plus que son point de vue : sa volonté, désormais j'étais un homme averti !

Les motifs de cette réticence ? Ils peuvent être multiples. Les personnages publics bâtissent souvent leur notoriété avec une idée bien précise de l'image qu'ils souhaitent donner d'eux-mêmes et qui ne cadre pas forcément avec la réalité. En un mot ils trichent et louvoient, se rendant ni plus ni moins coupables d'escroquerie aux sentiments vis-à-vis de ceux à qui ils doivent leur fortune.

Vartan entrerait-elle dans ce mauvais schéma ? En dépit de certains signes qui pourraient tendre à le démontrer, on aurait tort de le croire. Pratiquement tous les témoignages concordent et plaident en faveur d'une femme plutôt intègre avec les autres, parce qu'avec elle-même.

Pourquoi donc une telle frilosité ?

La Blonde n'irait tout de même pas pousser l'inélégance jusqu'à nous faire admettre que le métier public qui est le sien ne comporte pas sa part de concessions et de retours de manivelle ! La curiosité des masses que l'artiste utilise pour se vendre et vendre du fantasme, paraît on ne peut plus légitime dès lors que la dignité de la personne n'est pas atteinte. Le public a le droit de « savoir. »

Dans quelle mesure ?

Dans notre pays, en fixant les limites, c'est la loi qui décide et qui tranche et de façon de plus en plus disproportionnée au regard des « infractions » commises par tel auteur ou tel autre journaliste. Il n'est que de prendre pour exemple le marché de la presse dite *people.* Pour être juteux, celui des poursuites judiciaires par les vedettes qui s'estiment flouées ne l'est pas moins. L'échange de bons compromis devenant alors celui des mauvais procédés.

Reste qu'ayant été trop loin dans mes démarches et mon travail de recherche, je ne pouvais plus faire marche arrière. Amis de la chanteuse, paroliers, compositeurs, danseurs, chorégraphes, costumiers, photographes, imprésarios, régisseurs, journalistes, animateurs de télévision, habilleuses, comédiens, fans énervés : ils sont innombrables ceux qui acceptèrent la plupart du temps par amour pour Sylvie de lever chacun un petit coin du voile. À Paris, à Sofia et ailleurs, je les ai tous écoutés, entendus, en prenant toujours bien garde de ne jamais tomber dans le jeu cynique des règlements de comptes par personne interposée. Tout auteur se prétendant biographe se doit de recourir à la prudence tant dans ses jugments que dans l'exploitation des éléments qu'il recueille. L'instinct et une certaine psychologie enfin sont les meilleurs alliés pour tenter de cerner la personne dont on reçoit les confidences. Tel ou tel comportement se voulant souvent plus qu'un révélateur, un gage de crédibilité du témoignage apporté.

Il serait criminel de ma part d'oublier un seul de ces « amis » d'une longue aventure. Aussi, pour la France, je ne peux commencer la distribution des prix sans rendre un hommage particulier à certains amis de la chanteuse, eux-mêmes dans le métier.

Je pense à Carlos qui s'est prêté au jeu du souvenir avec la gentillesse et la subtilité qui le caractérisent, mais aussi au costumier Michel Fresnay qui m'a raconté la femme et l'artiste avec un talent, une perspicacité et un humour dont bien des commerçants de la psychanalyse et autres charlatans de l'ère nouvelle auraient bon goût de s'inspirer et de mettre à profit.

Avec le comédien et parolier Roger Dumas, à l'intarissable verve, Hubert Leforestier, secrétaire particulier de Sylvie, devenu son régisseur et demeuré son ami intime vient compléter ce peloton de tête. Sans oublier bien sûr Josette Sureau, la « potesse » de Johnny, qui a sillonné de longues années durant les routes de France au service de Sylvie, faisant à l'occasion office de boîte à lettres entre les amants terribles lorsque le climat était à l'orage...

Viennent ensuite trois personnes qui m'ont particulièrement aidé dans cette immense tâche, trois inconditionnels de « la Blonde », à la science vartanesque édifiante : Jean-Henri Martin, Patrice Lefèbvre et Jean-François Weber. Pieux collectionneurs devant l'éternel, pendant de longs mois ils m'ont ouvert les armoires de leurs précieuses archives, me permettant ainsi de reconstituer la carrière de Sylvie, dont le squelette me fut fourni par le président du site officiel Sylvie Vartan. À cet égard et pour tous les précieux renseignements fournis, que Laurent Dostes soit également remercié.

De la même manière, je m'incline devant mesdames :

• Maguy Chauvin (l'un des premiers imprésarii suisses de Johnny).

• Germaine Prudhommeau (présidente des anciennes élèves du lycée Hélène Boucher à Paris).

• Dominique Martinelli (choriste de Sylvie Vartan).

• Micha Bayard (inoubliable figure des shows de Maritie et Gilbert Carpentier).

• Nelly Giraud (habilleuse de Sylvie Vartan pendant de nombreuses années).

• Lydie Callier (danseuse de Sylvie Vartan, puis metteur en scène de ses clips).

Ainsi que mesdames : Michèle Morgan, Maritie Carpentier,

Danièle Gilbert, Jacqueline Abtey, Catherine Ergis, Cathy Innedjian, Liliane Boyer, Arlette Chouraqui, Ménie Grégoire.

Une gratitude égale envers messieurs :
• Doudou Morizot (ex-régisseur à l'Olympia).
• Jean-Michel Boris (ex-administrateur de l'Olympia).
• Arthur Plasschaert (l'un des premiers chorégraphes de Sylvie).
• Bruno Batlo (danseur presque « attitré » de Vartan).
• Joseph F. (voisin des Vartan, avenue Michel Bizot, à Paris XIIe, au début des années 60).
• Jean-Louis Rancurel (le plus attendrissant des photographes des *sixties*, mémoire vivante de cette époque).
• Jean-Pierre Broggi (c'est lui qui, avec sa mère, apporta les premiers soins à Sylvie Vartan lors de l'accident de voiture qui la défigura, en 1970).

Ainsi que : Claude Benzaquen (alias Frankie Jordan), Franck Ténot, Vartoch', Roger Pierre, Camille Garcin, Jean-Marc Sagnes, Marco Martin, Thierry Bogoltz, Alfredo Arias, Guy Lux, Olivier G., Pierre Spano, Raphaël Mezrahi, Tony Rallo, Gilles Rousselot, Marc Benois, Roberto Rosello, Paul Papazian, Pierre Messmer.

À Paris toujours, je remercie l'ensemble de la communauté arménienne de la capitale pour l'accueil et l'aide que j'y ai reçus, notamment de :
• Raymond Kevorkian (historien).
• Rafi Aslanian (ex-élève au collège Saint-Augustin de Plovdiv).
• Alice Aslanian et son frère M. Samuélian (tous deux directeurs de la Librairie arménienne de Paris).
• Toute l'équipe du magazine *Nouvelles d'Arménie.*
• Philippe Pilibossian.

Je voue la même reconnaissance envers l'ensemble du personnel du service des archives du ministère des Affaires étrangères à Paris, qui m'ont permis d'accéder aux dossiers bulgares et de retrouver ainsi après des semaines de recherches, la trace de Georges Vartan, modeste employé à la Légation de Sofia et d'avoir la possibilité d'offrir aujourd'hui au lecteur des éléments aussi passionnants qu'inédits sur ce que fut précisément la période bulgare des Vartan avant leur arrivée en France, à la fin de l'année 1952.

Merci à la maison Février, (dernier plumassier de spectacle recensé à Paris) et à sa dynamique directrice, Nicole.

À Loconville, je sais gré à Mme Germaine Parrain et à sa fille Mme Audiguier de m'avoir fait partager leurs souvenirs. De même qu'à Chaumont-en-Vexin au père Verschuere de m'avoir apporté certaines précisions.

Comme un bouquet final, il me reste à jeter par brassées des roses aussi tendres et odorantes que celles qui peuplent leur beau pays, à tous les Bulgares qui m'ont accompagné dans cette magnifique entreprise.

• À Sofia, tout d'abord, j'exprime ma gratitude à Marie-Claude Durm et à Albena Charbanova, respectivement attachée de coopération et secrétaire à l'Institut français. Merci également à Vela et Bogdan Goranova qui m'ont permis d'établir un contact avec l'acteur bulgare Iosco Sertchdjiev, ami d'enfance de Sylvie, et de retouver la trace de son frère Nicolaï Sertchdjev, en Allemagne. Merci à Lily Kostadinova de m'avoir raconté avec autant de précisions le souvenir qu'elle garde de Sylvie enfant. Merci enfin à Kamen Todorov, ancien voisin des Vartan boulevard Totleben à Sofia et ami personnel d'Eddie, pour ses confidences et sa visite guidée du quartier.

• À Plovdiv, berceau des Arméniens de Bulgarie, et donc de la famille Vartan originaire de Turquie, je n'ai pas oublié la réception chaleureuse du père assomptionniste Daniel Gillier, ainsi que celle de Matthieu Royet, délégué général de l'Alliance française en Bulgarie et du dévouement de sa secrétaire Lubomila Zaharieva. Grâce à leur concours, il m'a été possible de rencontrer l'un des plus éminents historiens des Arméniens de Plovdiv : Hagop Guiliguian, un petit bout d'homme dans la force de l'âge, à l'émouvante générosité.

• À Lakatnik, petit village de montagne, les Mladenov, sans doute les amis les plus proches des Vartan avec les Brink, m'ont procuré les sensations les plus intenses en me faisant visiter la maison que leur louaient les Vartan et dont l'aménagement intérieur n'a strictement pas changé depuis cinquante ans. Ni le lit des parents, ni celui des enfants, ni celui des grands-parents... Même la grille à laquelle Djidjika s'agrippait à l'époque de ses premiers pas est toujours à la même place. Un décor intemporel dans lequel Itcho Madlenov et sa sœur Maria Alexieva, professeur d'histoire à Sofia, entretiennent le souvenir du temps passé, en savourant chaque moment présent en compagnie de leurs enfants et petits-enfants. Cette sensation d'éternité dont parle souvent Sylvie dans ses interviews et qu'il lui fut donné de connaître à Lakatnik, région enchanteresse. Maria Alexieva s'est montrée d'une sollicitude remarquable, pendant mon séjour et après mon retour en France, à travers ses lettres et ses envois de photos d'époque, si précieuses...

• En plus de Mme Françoise Wolf à qui je suis également redevable, une autre Bulgare de Paris, arrivée en 1973, m'a été du plus grand secours : mon amie Temenouga Lekova. Elle fut mariée au fils d'un ministre du roi Boris, assassiné en 1945 en même temps que le prince Cyril. Émoustillée par ce formidable jeu de piste qui peu à peu m'a permis de reconstituer le puzzle, Temenouga n'a pas dosé ses efforts, dépensant sans compter son énergie et jouant de ses relations.

À elle et à tous les Bulgares, je dédie cet ouvrage.

Enfin, merci à mes éditeurs Thierry Billard et Guillaume Robert. Je les aime.

CRÉDITS PHOTOGRAPHIQUES

Page 1 : © Photothèque Rancurel.
Page 2 : © Maria Alexieva.
Page 3 : © Photothèque Rancurel.
Page 4 et 5 : © Photothèque Rancurel.
Page 6 : © Photothèque Rancurel.
Page 7 : © AFP.
Page 8 et 9 : © Magnum / Bruno Barbey.
Page 10 : © Photothèque Rancurel / Patrick Bertrand.
Page 11 : © Photothèque Lecœuvre.
Page 12 : © Joseph Caprio.
Page 13 : © Michel Fresnay.
Page 14 : © AFP / Éric Feferberg.
Page 15 : © Joseph Caprio / © Gérard Houin.
Page 16 : © Joseph Caprio.

TABLE

Troisième partie

L'ère Johnny H.

Quatrième partie

Une autre femme

Composition et mise en page

NORD COMPO
multimédia

CET OUVRAGE
A ÉTÉ ACHEVÉ D'IMPRIMER
SUR ROTO-PAGE
PAR L'IMPRIMERIE FLOCH
À MAYENNE EN MARS 2004

N° d'éd. FF861201. N° d'impr. 59616.
D. L. : mars 2004.
(Imprimé en France)